150 Jahre
Wissen für die Zukunft
Oldenbourg Verlag

Java 6 Core Techniken

Essentielle Techniken für Java-Apps

von
Prof. Dr. Friedrich Esser

Oldenbourg Verlag München

Dr. Friedrich Esser, Professor für Informatik an der Hochschule für Angewandte Wissenschaften (HAW) in Hamburg, hält Vorlesungen und Praktika im Umfeld der Programmiersprachen, insbesondere Java sowie Algorithmen & Datenstrukturen.
Sein Hauptinteresse liegt zurzeit bei neuen funktionalen Sprachen, die von der Java Plattform unterstützt werden (Scala, Fortress, . . .). Als Berater und Gutachter unterstützt er seit vielen Jahren Firmen bei komplexen IT-Projekten im betriebswirtschaftlichen Umfeld.

Bibliografische Information der Deutschen Nationalbibliothek

Die Deutsche Nationalbibliothek verzeichnet diese Publikation in der Deutschen Nationalbibliografie; detaillierte bibliografische Daten sind im Internet über <http://dnb.d-nb.de> abrufbar.

© 2008 Oldenbourg Wissenschaftsverlag GmbH
Rosenheimer Straße 145, D-81671 München
Telefon: (089) 4 50 51-0
oldenbourg.de

Lektorat: Dr. Margit Roth
Herstellung: Anna Grosser
Coverentwurf: Kochan & Partner, München
Gedruckt auf säure- und chlorfreiem Papier
Druck: Grafik + Druck, München
Bindung: Thomas Buchbinderei GmbH, Augsburg

ISBN 978-3-486-58411-0

Inhaltsverzeichnis

Vorwort   **XI**

1 Java 6 Basics..1

1.1   **Enumerationen**...2

1.2   **Import statischer Member**..4
          1.2.1 Das Ende eines Anti-Patterns...4

1.3   **Interfaces vs. Klassen**..5
          1.3.1 Typ vs. Implementierung..7

1.4   **for-each Schleife**...8

1.5   **Variable Anzahl von Argumente**...10

1.6   **Autoboxing** 12

1.7   **Überblick über Mustang-Features**.......................................13

1.8   **Neue I/O-Methoden**..14
          1.8.1 File...15
          1.8.2 Console-I/O...17

1.9   **Floating-Point Essentials**..19
          1.9.1 Floating-Points vs. Reelle Zahlen...................................19
          1.9.2 Neue Konstante und Methoden in Java 6.........................24
          1.9.3 Floating-Point Constraints 27

1.10   **Typsichere Array-Kopien**..29

1.11   **Erweiterung des Collection-APIs**..32
          1.11.1 API-Überblick..32
          1.11.2 Utility-Klasse Collections..36
          1.11.3 Queue, Deque und ConcurrentStack...............................38
          1.11.4 Konsistenz von hashCode(), equals() und compare()......43
          1.11.5 Navigierbare Container..49
          1.11.6 ConcurrentSkipListSet...53
          1.11.7 ConcurrentMap...55
          1.11.8 CopyOnWrite..56

1.12   **Fazit**..**58**

1.13   **Referenzen**..**58**

2 Generische Techniken...**59**

2.1   **Generics Grundlagen**..**61**
         2.1.1 Generisches Anti-Pattern...61
         2.1.2 Klassische Design-Prinzipien 63
         2.1.3 Generics vs. Object...65
         2.1.4 Eine einfacher Typ-Variable <T>...65
         2.1.5 Einschränkungen für <T>..68
         2.1.6 Generische Methoden...71
         2.1.7 Typ-Inferenz 73

2.2   **Arrays und Typ-Hierarchien mit Generics**..**75**
         2.2.1 Arrays vs. generischen Listen..75
         2.2.2 Invarianz..77

2.3   **Wichtige generische Begriffe**..**80**

2.4   **Restriktionen zu Generics**..**84**
         2.4.1 Unerlaubte generische Ausdrücke 84

2.5   **Finden von Typ-Einschränkungen**..**88**
         2.5.1 Generics, ein statisches Konzept..92

2.6   **Wildcard-Ausdrücke**..**94**
         2.6.1 Syntax und Eigenschaften von Wildcards..94
         2.6.2 Ungebundene Wildcards..96
         2.6.3 Wildcards mit extends..100
         2.6.4 Wildcards mit super...102
         2.6.5 Finden aktueller Typen mit Wildcards...104
         2.6.6 Wildcard Capture...106

2.7   **Covariant Return beim Overriding**..**107**

2.8   **Overriding mit covarianten Parameter-Typen**...**109**

2.9   **Overloading bei gleicher Signatur**...**113**

2.10   **Type-Token Varianten**..**114**
         2.10.1 Class-Token Idiom..115
         2.10.2 Anlage eines Arrays zum aktuellen Typ..118

2.11   **Das Self-Type Idiom**..**120**
         2.11.1 Self-Types im Einsatz...120

2.12   **Enumerationen**...**126**
         2.12.1 EnumSet...129
         2.12.2 EnumMap..130

      2.12.3 Anonyme Klassen in enum..134

2.13   FAQ...**137**

2.14   Fazit...**147**

2.15   Referenzen...**148**

3 Reflektive Techniken..149

3.1   Überblick..**149**
      3.1.1 Compilieren & Linken: Java vs. C/C++...150
      3.1.2 Laden via ClassLoader..151
      3.1.3 Sicherheit und Performanz...153
      3.1.4 Zentrale Aufgaben von Reflexion..153
      3.1.5 Reflexion-API ist read-only...154

3.2   Klassen-basiertes Reflection-API...**155**
      3.2.1 Klassen-Modell...155
      3.2.2 Ermitteln einer Class<T>-Instanz...156

3.3   Class & Member...**158**
      3.3.1 Warnungen unterdrücken: asSubClass() und cast().........................159
      3.3.2 Neue Class-Methoden isX()..162
      3.3.3 Namenskonventionen zu Class-Methoden getX().............................165
      3.3.4 Getter für Klassen/Interface-Namen 166
      3.3.5 Getter für Klassen/Package-Beziehungen..167
      3.3.6 Getter für Felder, enum-Konstante...170
      3.3.7 Getter für Methoden..172
      3.3.8 Getter für Konstruktoren & statische Methoden.............................174
      3.3.9 Modifier, Member, AccessibleObject..176
      3.3.10 Klasse Field..178
      3.3.11 Klasse Constructor, Initialisierung..181
      3.3.12 Klasse Method..184
      3.3.13 Klasse Array...188
      3.3.14 Problemfall primitiven Typen...192

3.4   Interface-basiertes Reflexion-API..**194**
      3.4.1 Type 196
      3.4.2 GenericDeclaration, TypeVariable, Field.......................................196
      3.4.3 Generische Methoden in Class, Method & Constructor....................199
      3.4.4 ParameterizedType, WildcardType, GenericArrayType...................202
      3.4.5 Super Type Token..206

3.5   Fazit...**211**

3.6   Referenzen...**211**

4 Annotations-Techniken..213

4.1   Überblick..214
4.1.1 Standard-Annotationen in Package java.lang................................216

4.2   Deklaration und Einsatz..219
4.2.1 Restriktionen & Beispiele..221

4.3   Meta-Annotationen..227

4.4   Allgemeine Standards...233
4.4.1 Richtlinien für Annotations-Gültigkeit...............................234

4.5   Core-Annotationen..235
4.5.1 Defekt-sensitive Annotationen..235
4.5.2 Standard-Annotationen in Java 6..238

4.6   Modifizieren bestehender Annotationen 240

4.7   Laufzeit-Zugriff auf Annotationen..241

4.8   Runtime-Auswertung von Annotationen......................................243

4.9   Validieren mit Hilfe von Annotationen....................................246
4.9.1 Validierung, Test-Frameworks & AOP.....................................246
4.9.2 Ein minimales Validierungs-Framework...................................247
4.9.3 Test und Analyse der Validierung.......................................252

4.10   Implementierung von Annotationen...254

4.11   Annotations-Prozessoren..259
4.11.1 Annotation-Prozessor-API..260
4.11.2 Zugriff auf Programm-Elemente...265
4.11.3 Restriktionen für Prozessoren...267
4.11.4 Decorator-Style...268
4.11.5 Factory-Einsatz...269
4.11.6 Prozessor-generierte Validierung......................................270

4.12   Annotation vs. Konfiguration...276

4.13   Fazit..276

4.14   Referenzen...277

5 Service & Component-Techniken...279

5.1   ClassLoader-Techniken..280
5.1.1 Namensräume..280
5.1.2 Struktur der Klasse ClassLoader..282
5.1.3 ClassLoader Delegation & Hierarchie....................................283
5.1.4 SecureClassLoader & Berechtigungen.....................................286
5.1.5 URLClassLoader...289

5.1.6 Implizites/explizites Laden & Versions-Management..................................293

5.1.7 Thread Context-ClassLoaders...297

5.1.8 Child-First ClassLoader...302

5.1.9 Spezielle ClassLoader...307

5.1.10 Super-Packages und Module (Java 7)...310

5.2   Services – ein erster Überblick...313

5.3   Persistenz & JDBC 4...314

5.3.1 Persistenz-Alternativen..314

5.3.2 Persistenz mittels einer RDBMS..315

5.3.3 JDBC 4...317

5.3.4 Derby...318

5.3.5 Neue JDBC 4 Features...320

5.3.6 Query, DataSet<T>, @Select und @Update..321

5.4   Das DAO-Pattern am Beispiel...327

5.4.1 Beispiel Student-Kurs-Beziehung...327

5.4.2 DAO Design-Pattern...330

5.4.3 Generisches DAO-Interface...331

5.4.4 EoD mit generischen DAO...333

5.5   Automatisches Laden von Services...344

5.5.1 Klasse ServiceLoader...345

5.6   Dynamisches Proxy...350

5.6.1 Proxy API...350

5.6.2 Proxies als Adapter..356

5.6.3 Das Decorator-Pattern..363

5.6.4 Proxy als Decorator...365

5.6.5 Duck Typing – in Java..371

5.7   JMX – Java Management Extensions...376

5.7.1 JMX-Überblick..376

5.7.2 Arten von MBeans...377

5.7.3 Standard MBean..378

5.7.4 MXBeans..385

5.8   Fazit...392

5.9   Referenzen..393

6 Compiler & Scripting Techniken..395

6.1   Das Compiler-API...396

6.1.1 Javac Mimikry...396

6.1.2 Überblick über das Package javax.tools...398

6.1.3 Compilierung mit Fehlern und Diagnose..401

6.1.4 Setzen der Pfade mit StandardLocation..403

    6.1.5 DiagnosticCollector und String-Source...404
    6.1.6 Der mühsame Weg zur In-Memory Class...407

6.2   Das Scripting API..415
    6.2.1 Dynamisch vs. Statisch vs. Funktional...415
    6.2.2 API Überblick..416
    6.2.3 Eingebundene Skript-Sprachen..418
    6.2.4 Einbinden von Skript-Sprachen..420
    6.2.5 Ausführung von Skripts aus Java..421
    6.2.6 Aufruf von Funktionen aus Java..425
    6.2.7 Das Invocable Interface..427
    6.2.8 Invocable an Beispielen..428
    6.2.9 Das Compilable Interface..430
    6.2.10 Java aus Skript-Sicht..432
    6.2.11 JavaScript Anbindung an Java..432
    6.2.12 JRuby Anbindung an Java..437
    6.2.13 JavaFX Anbindung an Java..442

6.3   Fazit..444

6.4   Referenzen..445

       Index..447

Vorwort

Java ist erwachsen geworden. Eine (erfolgreiche) Programmiersprache braucht nach ihrer „Geburt" etwa zehn Jahre dafür. In dieser Dekade entstehen unzählige Programme, APIs und reichlich Literatur, auf die Hochschulen und Industrie zurückgreifen können. Misst man Java-Bücher nicht in Metern, sondern unterteilt sie grob in Kategorien, so findet man neben Dummy- und 21-Tage-Büchern, Lehrbücher und umfangreichen Kompendien, dominiert von der Gruppe der Spezialtitel. Nach dieser Klassifizierung ist dieses Buch ist ein Zwitter. Vom Charakter her ist es ein Lehrbuch. Die Zielgruppe sind jedoch Leser, die bereits ausreichend Erfahrung mit Java gesammelt haben und kein x-tes Lehrbuch benötigen, das den Ballast der Einführung für Einsteiger mit sich schleppt.

Die Schwerpunkt dieses Buches liegt auf Core-Techniken. Der Begriff „Core" ist nicht scharf abgegrenzt. Es sind die Techniken, die unabhängig vom Anwendungsbereich eingesetzt werden, um optimale Ergebnisse zu erzielen. Manche dieser Techniken wie Generics, Reflexion oder Annotationen können ohne konkrete Anwendung verstanden werden. Service- und Komponenten-Techniken sind dann eher auf spezielle Bereiche ausgerichtet.

Das Buch füllt aus der Sicht des Autors eine Lücke. Denn mit Java 5 begann eine neue Phase, die die Sprache im Kern verändert. Java 6 stellt dann eher eine Art der Konsolidierung dar. Das betrifft nicht nur die Standard-APIs – auch als Retrofitting bezeichnet –, sondern die Umsetzung von etlichen JSRs, d.h. neuen Anforderungen der Java-Gemeinde, gegossen in Java-Spezification-Requests.

Neue Sprachelemente ziehen zwangsläufig neue Programmiertechniken nach sich. Generics und Annotationen sind zwar aus Client-Sicht einfach zu verwenden, aber überaus anspruchsvoll bei der Entwicklung eigener Frameworks. Open-Source-Projekte wie die von Apache, Google oder *java.net* sind recht gute Indikatoren, inwieweit exzellente Java-Entwickler neue Techniken akzeptieren und umsetzen. Gleiches gilt sicherlich für Reflexion, Management-APIs wie JMX, Loader-Techniken, In-Memory-Compilierung und last but not least etwas, das mit Scripting umschrieben wird und eine unaufhaltsame Tendenz widerspiegelt! Unabhängig von der Sprache Java gewinnt die Plattform an Bedeutung. Denn sie bietet eine umfassende Bibliothek sowie eine äußerst performante VM auf Basis von Byte-Code. Genau das ist notwendig, um eine kommende Generation von Sprachen vom Betriebssystem zu isolieren. Das sind reichlich Gründe, sich als Java-Entwickler die neuen Techniken einmal en détail anzuschauen.

Dieses Buch konkurriert bei der Darstellung der Techniken keineswegs mit den Foren und Blogs, die ebenfalls diese Themen behandeln. Es will vielmehr einen fachlichen Rahmen, eine Einführung, Vertiefung und auch eine kritische Bewertung bieten, die man sich sonst mühsam „er-googlen" müsste. In den Referenzen am Ende jedes Kapitels dominieren URLs zum Thema eindeutig die traditionellen Literaturhinweise. Das liegt daran, dass sich aktuelle Ideen zu den behandelten Techniken viel schneller über das Netz verbreiten und diese Quellen einen Einstieg in weitere Diskussionen liefern. Fachbücher sind kein Anachronismus, sondern ungemein wichtig, Wissen (nicht Information!) zu fokussieren, selektieren und zu bewerten. Ob das mit diesem Buch gelungen ist, muss jeder Leser individuell entscheiden. Der Autor ist bereits zufrieden, wenn zwei oder drei der vorgestellten Techniken eine wertvolle Hilfe bieten.

An sich können die Kapitel voneinander unabhängig gelesen werden. Das erste Kapitel entstand aufgrund der Anregung von Testlesern (präziser, von Studierenden des 2. und 3. Studienjahres im Bachelor-Studiengang Informatik der HAW Hamburg). Sie empfanden ein einführendes „Warm-Up" als sehr hilfreich. Denn beherrscht man dieses Wissen nicht, wird der Rest eher unverständlich bleiben. Die Reihenfolge der nachfolgenden fünf Kapitel richtet sich danach, inwieweit die Techniken aufeinander aufbauen. Da es aber gegenseitige Abhängigkeiten gibt, ist ein Vor- und Zurückblättern unvermeidlich.

Noch ein abschließender Hinweis! Nicht alles, was zum Core von Java 6 gehört, hat es in das Buch geschafft. Die Entscheidung fiel nicht leicht. Die schwierigste Entscheidung bestand darin, Concurrency auszublenden. Glücklicherweise gibt es dazu zumindest ein exzellentes Buch (siehe Referenz 1. Kapitel). XML wird zwar verwendet, aber der neue Pull-Parser *StAX* wird nicht vorgestellt. Wesentlich wichtiger als ein weiteres XML-API wären die *REST*-basierten Techniken. Allerdings berührt das schon die so genannte Enterprise-Programmierung und würde den Rahmen des Buches sprengen. Die ca. 450 Seiten zu den Core-Techniken sind ohnehin „deftige Kost". Viel Spaß beim Lesen!

Hamburg, im Februar 2008

Friedrich Esser

P.S.: Ich möchte mich bei dem Oldenbourg-Verlag für die Geduld mit einem „neuen" Autor bedanken und insbesondere auch für die fachlichen Unterstützung durch Frau Dr. Margit Roth und Herrn Dr. Rolf Josef Jäger.

1   Java 6 Basics

*In diesem Kapitel geht es um die einfachen Sprachanpassungen in Java 5
und Ergänzungen in Java 6. In diesem Zusammenhang werden auch sprach-
liche Elemente angesprochen, die als Basiswissen zum Verständnis der weiteren Kapitel notwendig sind. In Java 5 zählen insbesondere dazu*
> *– Enumerationen*
> *– Import statischer Member*
> *– die for-each Schleife*
> *– variable Anzahl von Argumenten, kurz Varargs*
> *– Autoboxing und Unboxing primitiver Typen*

Zu den grundlegenden API-Erweiterungen im Core zählen u.a. neue
> *– I/O-Methoden*
> *– Floating-Point Methoden*
> *– Kollektionen und das Concurrent Package*

Die Versionen Java 5 und 6, auch unter den Namen *Tiger* bzw. *Mustang* bekannt, bilden an
sich eine Einheit. Java 5 war der „große Wurf". Es wurden mit Generics und Annotationen
maßgebliche Sprachänderungen durchgeführt, die durch Enumerationen, Autoboxing, eine
neue Art der for-Schleife sowie einem mächtigen Concurrent-Package abgerundet wurden.
Aber es fehlte die Zeit für die Feinarbeit! Dieses „Finishing" ist nicht unerheblich, da es
praktisch die gesamte Plattform betrifft. Erst mit dem Java 6 Release im Dezember 2006 findet es einen offiziellen Abschluss. Betrachtet man allerdings die vielen JSRs, die zum Ende
2006 offen waren, werden periodische Updates zu Java 6 unvermeidlich sein. Aber auch so
ist die Liste der Änderungen in Mustang lang und eindrucksvoll. Besonders erschwerend
war die allgegenwärtige Forderung nach der Kompatibilität zum alten Java bis 1.4. Ob dies
noch für Java 7 alias *Dolphin* gelten wird, ist noch offen.

Das Thema dieses Buchs ist ein Überblick über fortgeschrittene Java-Techniken, die den
Kern bzw. Core der Sprache ausmachen. Das setzt neben soliden Grundkenntnissen voraus,
dass man die Sprachanpassungen in Java 5 sowie das aktuelle Core-API von Java 6 einzusetzen versteht. Deshalb wird dieses Standardrepertoir in diesem einführenden Kapitel zuerst
vorgestellt. Ein Ignorieren dieser neuen Java 5-Features ist nicht mehr möglich, denn seit der
Einführung in 2004 tauchen sie in jedem neuen Code auf!

Bis auf die Enumerationen laufen alle Sprachänderungen unter dem Label „nice to have", treffender auch mit „syntaktischer Zucker" tituliert. Denn intern werden sie vom Compiler auf die alten Konstrukte umgesetzt. Aber das ist bereits von inneren Klassen bekannt, die auch nur der Compiler kennt. Die JVM kennt jedenfalls nur äußere Klassen.

Nachfolgend wird alles so einfach und kurz wie möglich dargestellt. Enumerationen werden beispielsweise nur in ihrer simplen Form angesprochen, ohne auf ihren generischen Hintergrund einzugehen. Generics und Annotationen werden zwar der Vollständigkeit bzw. Korrektheit halber verwendet, aber alles ohne großen Hintergrund. Die Details werden in den folgenden Kapitel ohnehin nachgeholt. Im zweiten Teil dieses Kapitels werden die API-Änderungen am Java 6 Core besprochen. Was zum Core gehört, ist nicht unbedingt einfach abzugrenzen. Deshalb beschränken wir uns auf den Teil, der von jedem Java-Programmierer verstanden werden muss. Dazu gehören sicherlich die Kollektionen. Außen vor bleibt erst einmal das Scripting- und Compiler-API. Auch XML oder JDBC würden einfach den Rahmen dieses Kapitels sprengen.

1.1   Enumerationen

Enumerationen sind den C/C++ Programmierern schon seit langem vertraut. Selbst die Lehrsprache Pascal kannte sie bereits. Bis zur Version 5 musste man Enumerationen in Java entweder als konstante statische ganze Zahlen (normalerweise vom Typ int) definieren oder eigenhändig Klassen bauen. Das erstere ist recht fehleranfällig, das letztere recht aufwändig und aufgrund von Problemen bei der Serialisierung sogar überaus anspruchsvoll.

Deshalb waren Enumerationen überfällig und können in ihrer einfachen Form wie in C/C++ geschrieben werden. Im Gegensatz zu anderen Konventionen gibt es keine verbindliche Schreibweise von Enumerationen. Folgende Variationen sind beliebt:

```
enum Currency { DOLLAR, EURO, YEN }
enum currency { DOLLAR, EURO, YEN }
enum Currency { dollar, euro, yen }
enum currency { dollar, euro, yen }
```

Die Präferenz liegt auf der ersten Schreibweise. Der Grund: In Wirklichkeit ist eine enum eine spezielle Art von Klasse und Klassennamen beginnen mit einem Großbuchstaben. Da enum-Member Konstante sind, werden sie laut Java-Konvention groß geschrieben. Für die Leser, die enums aus anderen Sprachen kennen, vorab ein Alleinstellungsmerkmal von Java. Wie auch in C/C++ stecken hinter den einzelnen symbolische Namen wie DOLLAR ganze Zahlen, aber in Java kann man sie nicht selbst setzen. Die Zahl 0 steht immer für die erste Konstante, d.h. DOLLAR wird intern als 0 gespeichert. Ein explizites Setzen wie nachfolgend in C/C++ ist nicht erlaubt:

```
enum Currency { DOLLAR=0, EURO, YEN }   // Fehler
```

Die Verwendung von Enumerationen ist somit auch typsicher. Man kann sie – vergleichbar den `boolean` Werten `true` und `false` – nicht als ganze Zahlen ansprechen bzw. zu `int` casten. Die folgenden Konstrukte sind alle nicht erlaubt:

```
Currency cur= 1;
if (cur==1) {        // Fehler
    ...
}
switch (cur) {
   case 0: /* ... */      // Fehler
   case 1: /* ... */      // Fehler
   case 2: /* ... */      // Fehler
}
```

Das nächste Beispiel zeigt, dass die Syntax von `switch` erweitert wurde.

```
Currency cur= Currency.EURO;

if (cur==Currency.YEN) { // ohne enum-Name cur==YEN wäre ein Fehler!
    ...
}

switch (cur) {
   case DOLLAR:  /* ... */
   case EURO:    /* ... */
   case YEN:     /* ... */   // mit enum-Name Currency.YEN wäre ein Fehler!
}
```

Im Gegensatz zu `if` darf im `switch` hinter `case` kein Präfix `Currency` verwendet werden. Will man unbedingt an die ganze Zahl hinter der `enum`-Konstante heran, gibt es dafür die Methode `ordinal()`:

```
if (cur.ordinal() == 1)
   System.out.println("EURO");
System.out.println(cur);          // so ist die Ausgabe von EURO eleganter!
```

Die Konstanten werden aufgrund einer entsprechenden `toString()` per Default mit ihrem Namen ausgegeben. Dagegen gibt es keine Methode, die zu den ganzen Zahlen die zugehörige Konstante liefert. Man muss schon exakt den symbolischen Namen als `String` schreiben:

```
cur= Currency.valueOf("YEN");
cur= Currency.valueOf("Yen");   // löst eine Ausnahme aus!
```

Die letzte Anweisung wird kompiliert, führt aber zur Laufzeit zu einer `IllegalArgumentException`. Neben `ordinal()` gibt es noch eine nützliche statische Methode `values()`, die alle Enumerations-Member liefert (siehe Beispiel in Abschnitt 1.3).

1.2   Import statischer Member

Betrachtet man im letzten Abschnitt Anweisungen wie

```
Currency cur= Currency.EURO;
if (cur==Currency.YEN)
   // ...
```

stört das Präfix `Currency` vor den Konstanten. Die Verwendung in switch-case ist eleganter. Bisher musste in Java jedem statischen Member, ob Feld oder Methode, der Klassenname vorangestellt werden, sofern man außerhalb der zugehörigen Klasse darauf zugreifen wollte. Also hat man sich bei Sun schweren Herzens zu einer *statischen* `import`-Anweisung entschlossen. Damit sehen Felder und Methoden plötzlich wie globale Variable oder Funktionen in C aus und es ist im Code nicht mehr sofort klar, aus welcher Klasse sie eigentlich stammen. Obwohl dies zu negativen Reaktionen geführt hat, ist bei diszipliniertem Einsatz statischer Imports der resultierende Code einfach schöner:

```
// --- zuerst die Imports mit Package-Angabe, hier kap01
import static java.lang.Math.*;
import static kap01.Currency.*;
import static java.lang.System.*;
// ...

// --- der Zugriff ist nun über die einfachen Namen möglich
Currency cur= EURO;
if (cur==YEN)
   // ...

// --- ohne Präfix System.
out.println(PI);
```

Die Angabe des Package beim statischen Import darf nicht fehlen, selbst wenn man sich im selben Package wie die Klasse mit den statischen Membern befindet. Das Package zu diesem Kapitel hört auf den Namen `kap01`.

1.2.1   Das Ende eines Anti-Patterns

Mit Einführung des statischen Imports wird mit einem so genannten Anti-Pattern aufgeräumt. Um den Zugriff über den einfachen Namen auf Konstante in der Vergangenheit zu ermöglichen, wurden Interfaces definiert, die nur Konstante enthielten. Die Klasse, die dann auf diese Konstante unter dem einfachen Namen zugreifen wollte, brauchte dann nur das Interface zu implementieren. Da es wie ein Marker-Interface keine Methoden enthielt, reichte ein simples `implements`:

```
// --- das Anti-Pattern in Aktion:
interface LengthUnit {
  int CM= 1;
  int  M= 2;
  int KM= 3;
}

public class Any implements LengthUnit {
  // ...
  public void foo() {
    System.out.println(KM);   // Zugriff über einfachen Namen
  }
}
```

Was ist am dem Pattern so anti? Es ist ein klassisches Beispiel für den Missbrauch eines Interfaces! Das Interface wird zur Implementierung von Konstanten benutzt. Zu was dies führen kann, zeigt diese einfache Zuweisung:

```
LengthUnit lu= new Any();
```

Die macht überhaupt keinen Sinn. Das Interface `LengthUnit` hat kein Verhalten, nur diverse Konstante. Was soll also ein Typ wie `LengthUnit` oder eine Variable wie `lu` eigentlich bedeuten? Der neue statische Klassen-Import hat nun den gleichen Effekt. Fasst man die Konstanten in einer Klasse zusammen, bewirkt ein statischer Import einen Zugriff über den einfachen Namen. Es gibt somit keinen Grund mehr für den Einsatz des Anti-Patterns, basierend auf kuriosen Interfaces.

1.3   Interfaces vs. Klassen

Für das Verständnis von Kollektionen, Generics oder einer *Service Orientierten Architektur* (SOA) ist die klare Unterscheidung zwischen Verhalten (*Behavior*) und Zustand (*State*) notwendig. Ein Interface fasst eine Verhaltensweise bzw. einen Service von Objektes unter einem gemeinsamen Namen zusammen. Da ein Interface keine Implementierung des Service enthält, fehlen die Felder, die für die Speicherung des Zustands einer Instanz benötigt werden.

Klassen spielen dagegen in erster Linie die Rolle von *Objekt-Fabriken*. Dadurch, dass sie mehrere Interfaces implementieren können, kann eine Klassen-Instanz durchaus je nach Bedarf unterschiedliche Services anbieten. Die Instanzen spricht man dann auch idealerweise über eine Referenz des gerade benötigten Interface/Service an und ist so frei von der Art der konkreten Implementierung. Umgekehrt – wenn auch nicht direkt in der Sprache unterstützt – kann man den Service eines Interfaces auf mehrere Klassen verteilen. Das wird in der Regel über ein Proxy-Objekt realisiert, das ohnehin nur als Interface benutzt werden kann. Es verteilt dann intern den Service auf mehrere Klassen.

Somit hat man eine m-n Beziehung zwischen Klassen und Interfaces. Leider wird bei Java der Begriff Typ für Klassen und Interfaces gleichermaßen benutzt. Das ist nicht schön, denn es führt bei den Begriffen Sub/Super-Typ bzw. Einfach/Mehrfach-Vererbung zu Irritationen. Denn Typ-Beziehungen von Interfaces unterliegen der Mehrfach-Vererbung, Typ-Beziehungen von Klassen der Einfach-Vererbung. Die Zusammenhänge sind in Abbildung 1.1 als UML-Diagramm dargestellt.

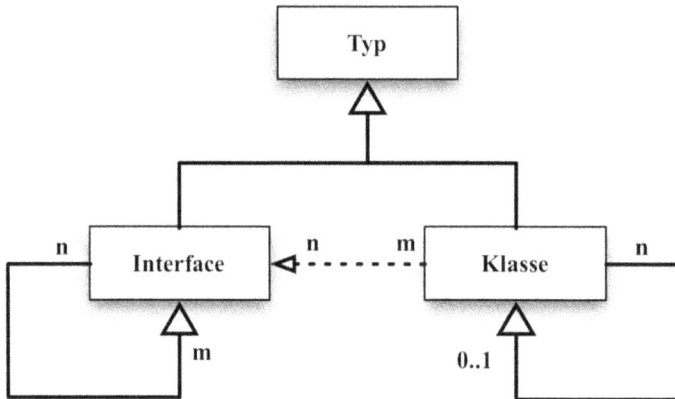

Abbildung 1.1   Beziehungen von Typ, Interface, Klasse

Eine klare begriffliche Unterscheidung wäre sicherlich schöner. Im Idealfall steht Typ für Interface. Bei Klassen ohne explizites Interface ist es die Menge der `public` deklarierten Methoden. Auf den Punkt gebracht:

▶ *Hinweis 1.1 Typen*

- Ein Interface beschreibt mit seinem Namen das Verhalten bzw. den Service eines Objekts in Form von einer Menge von Methoden unabhängig von der Implementierung. Da die Methoden nur in Verbindung mit dem Typ-Namen benutzt werden können, spricht man von einem *nominalen Typsystem*.

- Subtypen spezialisieren den Service durch Hinzufügen weiterer Methoden. Deklariert als Interfaces, erlauben sie Mehrfach-Vererbung. Diese Beziehung wird mit *IS-A* bezeichnet, eine Kurzform von „ist eine besondere Art von".

- Klassen implementieren das geforderte Verhalten und sind Fabriken für Instanzen. Die (Einfach-)Vererbung dient dazu, Felder und Code auf Subklassen zu übertragen.

- An der Spitze einer Klassen-Hierarchie findet man häufig abstrakte Klassen, die den generellen Code enthalten, der von allen konkreten Klassen genutzt werden kann. Dies vereinfacht die Implementierungen.

- Eine Klassen-Hierarchie braucht nicht mit der Sub/Super-Typ-Beziehung übereinzustimmen und kann sogar der logischen Typ-Beziehungen widersprechen.

1.3.1 Typ vs. Implementierung

Der letzte Punkt im Hinweis ist die eigentliche Schwierigkeit. Zum Beispiel sind im Collection-Framework die Container nach mathematischen Gesichtspunkten als Interfaces definiert. Bei der Implementierung findet man dagegen aus Effizienzgründen Klassen, die mehr als einen Typ implementieren. Man wäre schlecht beraten, ihre Instanzen als Klassentyp anzusprechen, da man dann Methoden aus widersprüchlichen Typen verwenden könnte.

Implementierung- und Typ-Beziehungen können sogar konträr sein. Hierzu drei Beispiele:

1. Typ-Beziehung	*2. Typ-Beziehung*
`Ellipse extends Circle`	`Circle extends Ellipse`
`Complex extends Real`	`Real extends Complex`
`Point3D extends Point2D`	`Point2D extends Point3D`

Jeder der drei Typen `Circle`, `Point2D` und `Real` hat Felder, die die zugehörigen Super-Typen `Ellipse`, `Point3D` oder `Complex` recht gut verwenden können. Für die Implementierung ist also die erste Typ-Beziehung von Vorteil. Alle Felder können wiederverwendet werden. Die zweite Typ-Beziehung ist aus der Sicht der Implementierung dagegen recht ungünstig, da man unnötige Felder inklusive der Getter und Setter vererbt. Die machen in der Subklasse keinen Sinn. Aber die erste Typ-Beziehung ist aus Typ-Sicht falsch. Die Beziehung lautet: „Kreis is-a Ellipse" bzw. „ein Kreis ist ein besondere Art von Ellipse, bei der die Hauptachsen a und b gleich lang sind". Setzt man sich über diese Typ-Beziehungen hinweg und wählt die erste Alternative, gibt es unerwünschte Effekte bei Methoden, die als Argumente Kreise, 2-dim Punkte oder reelle Zahlen erwarten. Diesen Methoden kann man Ellipsen, 3-dimensionale Punkte oder komplexe Zahlen übergeben, die zusätzliche Eigenschaften haben.[1] Verhindern kann man es nicht, da eine Subtyp-Instanz überall da übergeben werden kann, wo ein Supertyp erwartet wird. Fazit: Man steckt in einem Dilemma!

Retrofitting

In alten Java-Versionen wurde immer nur die konkrete `String`-Klasse als Parameter bei Methoden benutzt, die auch mit anderen string-artigen Klassen arbeiten könnten. Nachteil dieser Art werden öfter mittels *Retrofitting* beseitigt. Im `String`-Fall führte man ein Interface `CharSequence` ein, welches nachträglich von allen string-artigen Klassen implementiert wird. Nun kann man Methoden deklarieren, die als Parameter `CharSequence` verwenden und nicht auf `String` fixiert sind. Diese Methoden können gleichermaßen von den konkreten Klassen wie `String`, `StringBuffer`, `StringBuilder` und `CharBuffer` verwendet werden.

---

[1] Rein funktional betrachtet, kann man das eventuell als korrekte Subtyp-Beziehung ansehen!

1.4   for-each Schleife

Die neue for-each Schleife wird vom Compiler intern in die alte `for` Schleife umgewandelt, ist also nur syntaktischer Zucker. Sie ist recht praktisch, da sie den Zugriff auf die Elemente von Arrays und Kollektionen vereinheitlicht und sich auch viel eleganter schreiben lässt. Allerdings hat sie gewisse Einschränkungen, so dass man auf die alte `for` Schleife keineswegs verzichten kann. Stellen wir anhand einer Matrix die neue `for`-Schleife vor:

```
double[][] dMatrix= { {1.1,-1.5,1.8},
                      {-2.9,2.7},
                      {3.4} };
```

```
// --- der Typ der Elemente von dMatrix ist double[], der von row double
for (double[] row: dMatrix) {
  for (double element: row)
    System.out.print(element+" ");
  System.out.println();
}
```

Die Eleganz erhält die for-each dadurch, dass sie auf die übliche Laufvariable verzichtet und statt dessen direkt eine Laufvariable mit vorangestelltem Element-Typ des Containers benutzt. Bei einer Matrix ist dies zuerst eine Zeile vom Element-Typ `double[]` und für jede Zeile dann der Element-Typ `double`. Kollektionen lassen sich somit ohne explizite Angabe des Iterators elegant durchlaufen:

```
Object[] oArr= { new Date(),new Integer(2),"Hallo" };
```

```
// --- hier die wenig empfehlenswerte nicht-generische Variante
List list= Arrays.asList(oArr);
for (Object o: list)
  System.out.println(o);
```

Eine rohe bzw. raw `Collection` wie `List` ohne Typ-Angabe seiner Elemente enthält Elemente vom Typ `Object`. Der Typ der Laufvariable ist somit `Object`. Da jeder Java-Programmierer bereits generische Kollektionen kennt, folgt noch die generische Variante einer Liste von Punkten. Dafür benötigen wir eine minimale implementierte `Point`-Klasse.

```
class Point {
  float x,y; // --- im Package Zugriff!

  public Point(float x,float y) {
    this.x= x;
    this.y= y;
  }
}
```

Die zugehörige Liste kann sehr einfach durchlaufen werden, um beispielsweise die x-Werte der Punkte zu ändern:

```
// --- eine Liste von zwei Punkten, angelegt mit Hilfe der Klasse Arrays
List<Point> pList= Arrays.asList(new Point(-1,0),new Point(3,1));

// --- ohne Cast von Object möglich:
for (Point p: pList) {
  p.x= -p.x;
  System.out.print(p.x+","+p.y+" ");     ⇨ 1.0,0.0 -3.0,1.0
  }
```

Versucht man nun, alle Punkte der Liste auf den Ursprung zu setzen, erlebt man eine Überraschung.

```
Point origin= new Point(0,0);
for (Point p: pList) {
  p= origin;
  System.out.print(p.x+","+p.y+"  ");   ⇨ 0.0,0.0  0.0,0.0
}

// --- Erneuter Test zeigt: keine Änderung angekommen!
for (Point p: pList) {
  System.out.print(p.x+","+p.y+" ");     ⇨ 1.0,0.0 -3.0,1.0
}
```

Die Ausgabe des letzten Tests zeigt deutlich, dass mit der for-each Schleife Elemente einer Kollektion nicht neu gesetzt werden können. Präziser:

▶ *Hinweis 1.2 Besonderheiten der for-each Schleife*
Mit der for-each Schleife

- können die Werte der Elemente von Arrays, deren Typ primitiv ist, nicht geändert werden.
- können die Referenzen der Elemente von Arrays und Kollektionen von Objekten nicht geändert werden.
- muss grundsätzlich das gesamte Container (Array, Kollektion, ...) durchlaufen werden.

Das Verhalten der for-each Schleife ist damit äquivalent zum Aufruf von Methoden. Auch bei Methoden werden die Argumente immer nur als Werte, d.h. als Kopie übergeben (*call by value*). Dies bedeutet, dass die Änderungen von Argumenten in der Methode nach außen unwirksam sind. Bei primitivem Typ sind dies die Werte direkt, bei Referenz-Argumente sind es die Zeiger auf die Instanzen. Somit kann man über p zwar den Wert von p.x ändern, aber nicht die Referenz p selbst. Die ist nach der for-each wie bei einem Methodenaufruf unverändert.

Die alte wie die neue for-Schleife lassen sich natürlich auch mit Enumerationen benutzen. Im Fall von for-each geht das besonders elegant:

```
for (Currency c: Currency.values())
    System.out.println(c);
```

Die statische Methode `values()` liefert ein Array mit allen enum-Member, das dann durchlaufen werden kann.

1.5   Variable Anzahl von Argumente

Eine variable Anzahl von Argumenten – kurz *Vararg* – ist neben Enumerationen allen C-Programmierern bekannt und wurde schon im letzten Beispiel bei der statischen Methode `Arrays.asList()` verwendet. Benötigt man eine variable Anzahl von Argumenten, schreibt man statt der Methode

```
resultType myMethod (AnyType[] args)    { /* ... */ }
```

die Varargs-Variante, wobei man die eckige Klammer einfach durch drei Punkte ersetzt:

```
resultType myMethod (AnyType... args)   { /* ... */ }
```

Ein Vararg ist nur als letzter Parameter erlaubt, da es sonst zu Zweideutigkeiten beim Aufruf der Methode kommen kann.

▶ *Hinweis 1.3 Einsatz des Vararg-Parameters*
- Benötigt eine Methode als letzten Parameter ein Array, sollte man statt eines Arrays immer ein Vararg wählen.
- Innerhalb der Methode wird ein Vararg wie ein Array behandelt.
- Beim Aufruf der Methode wird ein Array passender Länge angelegt, in das die einzelnen Argumente gespeichert werden. Wird kein Argument übergeben, hat das Array die Länge Null.

Befolgt man den Hinweis, ist man bei der Verwendung der Methode weitaus flexibler und natürlich kompatibel zu der äquivalenten Methode mit einem Array-Parameter. Der Benutzer der Methode hat jetzt Wahlfreiheit. Er kann die Methode konventionell mit einem Array als letztes Argument aufrufen oder er kann statt dessen null bis beliebig viele Argumente angeben. Selbst der Aufruf ohne Argumente ist erlaubt:

```
result= myMethod();
```

Die wohl bekannteste statische Methode `main()` kann somit wie im Listing 1.1 geschrieben werden und wird vom Compiler als Ersatz für die alte `main()` akzeptiert.

Listing 1.1   Flexibilität von Varargs

```java
public class TestVarargs {

  public static double average(double... dArr) {
    if (dArr==null)
      return Double.NaN;

    // --- nur zu Test-Zwecken, siehe unten!
    System.out.print("[dArr: "+dArr.length+"] ");
    double sum= 0.;

    // --- intern ist ein Vararg ein Array
    for (double d: dArr)
      sum+=d;

    return sum/dArr.length;
  }

  public static void main(String... args) {
    double[] dArr0= { };
    double[] dArr=  { 1.,2.,3. };

    System.out.println(average(1.,2.,3.));    ⇨    [dArr: 3] 2.0
    System.out.println(average(1.,2.));       ⇨    [dArr: 2] 1.5
    System.out.println(average(1.));          ⇨    [dArr: 1] 1.0
    System.out.println(average(dArr));        ⇨    [dArr: 3] 2.0
    System.out.println(average(dArr0));       ⇨    [dArr: 0] NaN
    System.out.println(average(null));        ⇨    NaN
    System.out.println(average());            ⇨    [dArr: 0] NaN
  }
}
```

Das Listing beweist, dass die Methode `average()` sehr flexibel verwenden werden kann. Die letzte Ausgabe zeigt, dass ein Aufruf von `average()` ohne Argument nicht gleichbedeutend mit einem Aufruf `average(null)` ist, sondern mit einem Array der Länge Null.

Hätte man statt eines Varargs ein Array-Parameter genommen, könnte man `average()` auch nur mit einem `double`-Array oder `null` verwenden. Das macht verständlich, dass auch Sun in der gesamten Plattform alle letzten Parameter vom Typ Array gegen Typ Var-args ausgetauscht hat.

1.6   Autoboxing

Betrachtet man Java aus der Sicht der reinen Objektlehre – sozusagen aus der Ecke von Smalltalk & Co. – so stolpert man immer wieder über die Unterschiede zwischen primitiven Typen und Referenz-Typen. Nicht nur, dass diese beiden Arten von Typen in der Semantik unterschiedlich sind, störend ist vielmehr die häufig vorzunehmende Umwandlung von/nach den Wrapper-Typen wie beispielsweise int ⇔ Integer. Besonders unangenehm ist die Arbeit mit Kollektionen.

C# – bei seiner Geburt ein Java-Dolly – begegnete dieser Schwierigkeit von Anfang an mit *Autoboxing*. Dieser Begriff steht für die automatische Umwandlung eines primitiven Typs in sein zugehöriges Wrapper-Typ. Die Umkehrung, also vom Wrapper zurück zum zugehörigen primitiven Typ nennt man folglich *Unboxing*. Hier hat nun Java 5 nachgezogen und macht die Umwandlung – sofern notwendig – durch eine Intervention des Compilers transparent. Das soll mit Hilfe der Methode checkBoxing() demonstriert werden.

Listing 1.2   Autoboxing und Unboxing

```
public class TestBoxing {
  public static int checkBoxing (Number n) {
    // --- Liefert nur den Namen der Klasse und setzt n != null voraus
    String s= n.getClass().getName();
    System.out.print(s.substring(s.lastIndexOf('.')+1)+": ");

    if (n instanceof Integer)
      return (Integer)n;
    if (n instanceof Double && Double.isNaN((Double)n))
      return (Integer)null;
    return n.intValue();
  }

  public static void main(String... args) {
    System.out.println(checkBoxing(1));            ⇨ Integer: 1
    System.out.println(checkBoxing(1.0));          ⇨ Double: 1
    System.out.println(checkBoxing(1f));           ⇨ Float: 1
    System.out.println(checkBoxing((byte)128));    ⇨ Byte: -128
    System.out.println(checkBoxing(Double.NaN));   ⇨ Exception...
  }
}
```

Die Methode checkBoxing() prüft die Fähigkeit des Compilers, anhand des primitiven Typs den passenden Wrapper-Typ zu wählen und dann das Autoboxing vorzunehmen. Wählt der Compiler ein Integer-Typ muss anschließend das Integer-Objekt wieder in eine int unboxed werden.

Als letztes wird das Verhalten beim Unboxing eines `null`-Werts getestet. Dies wird grundsätzlich mit einer `NullPointerException` zur Laufzeit beantwortet. Die letzte Anweisung löst somit eine Ausnahme aus. Eine Alternative zur Ausnahme wäre sicherlich ein Wert wie `NaN`, da er logisch äquivalent zu `null` ist. Der steht aber leider nur für `Double` und `Float` zur Verfügung. Beim Unboxing zeigt sich mithin der entscheidende Unterschied von primitiven Typen und zugehörigen Referenztypen. Referenzen können `null` sein und dann ist ein Unboxing unmöglich. Als vorsichtiger Programmierer muss man daher ein stillschweigendes Unboxing vorsichtshalber immer in ein `try-catch` einschließen. Vergisst man das, weil die Automatik so schön einfach ist, kann das Programm, zumindest aber die Thread abrupt beendet werden.

1.7   Überblick über Mustang-Features

Wie bereits eingangs erwähnt, bietet Java 6 keine aufregenden Spracherweiterungen, sondern nur eine Unzahl von Verbesserungen in der Plattform bzw. im API. Dies war dringend notwendig, da mit den Neuerungen in Java 5 viele neue Baustellen entstanden. Neben kleinen Fehlerbereinigungen wurden alleine wegen Generics und Annotationen unzählige Anpassungen im Detail notwendig. Alle Features und Verbesserungen wurden unter dem so genannten *Umbrella JSR 270* zusammengefasst und das ist eine respektable Liste. Die folgende Aufzählung enthält nur die wesentlichen Verbesserungen und Ergänzungen zum Java SE5, ohne auf die Java Enterprise-Edition *Java EE* einzugehen.

* **GUI**
  Das AWT wurde besser an das jeweilige Betriebssystem angepasst (Splash-Screen, System-Tray, Dialoge, etc.). Threads – ein Problem für jede GUI wie SWT oder Swing – wurde mit `SwingWorker` vereinfacht. Einzelne Komponenten wie `JTable` wurde im Detail verbessert (beispielsweise bessere Sortier/Filter-Möglichkeiten).

* **XML und Web-Service**
  Mit StAX wurde ein neues Streaming API eingeführt, dass gegenüber SAX den Vorteil hat, dass es ein Pull-Parser ist, der besser aus der Anwendung gesteuert werden kann. Mit JAX-WS 2.0 wurden die neuesten Web-Service Standards wie SOAP 1.2 und WSDL 2.0 implementiert. Interessant ist die Integration in die Java Standard Plattform 5 und nicht wie bisher nur in Java EE.

* **Datenbank**
  Mit JDBC 4.0 wird ein einfacheres API für den Datenbankzugriff ausgeliefert, was auch eine Unterstützung für XML enthält. Die große Überraschung ist allerdings, dass man mit Apache Derby eine in Java geschriebene RDBMS mit Java SE6 ausliefert.

* **Monitoring und Management**
  Speziell zur Überwachung laufender Applikationen gibt es ein verbessertes Monitoring und Management in Java 6.

* **Annotationen**
  Die Unterstützung für Annotationen wurde durch ein Pluggable Annotation-Processing

API verbessert. Somit können Annotationen Dritter zur Laufzeit besser ausgeführt werden. Annotationen bekommen damit immer mehr den Charakter von Spracherweiterungen, was vielleicht nicht unbedingt im Sinne der Erfinder ist.

- **Scripting Sprachunterstützung**
  Die Interaktion zwischen Script-Sprachen und Java war Anlass für ein JSR 223 „Scripting for the Java Platform". Als wesentliche Sprachen zählen hierzu Python, Ruby und vor allem JavaScript zur Interaktion mit Web-Browsern. Den Hype, den AJAX bzw. Google mit desktop-ähnlichen Applikationen im Browsern ausgelöst haben, führte wahrscheinlich zu diesem speziellen API.

Nahezu alle oben genannten Punkte erweitern den Core und füllen einzeln ganze Kapitel. Deshalb beschränken wir uns hier bewusst auf die einfachen API-Anpassungen, die mit Java 6 zum Standardrepertoir jedes Java-Programmierer gehören sollten. Dazu zählen Erweiterungen bei Floating-Points, bei Arrays und Containern im Package `java.util` bzw. `java.util.concurrent` und eventuell den „Pseudo"-Verbesserungen in `java.io`. Da XML, Monitoring, Scripting und vor allem Annotationen aber definitiv zu den wichtigen Techniken gehören, werden sie im zweiten Teil des Buches angesprochen.

1.8   Neue I/O-Methoden

Bevor die minimalen Anpassung im Package java.io angesprochen werden, ein kurzer Abriss zur Vorgeschichte! Das gesamte I/O-System ist seit Java 1.0 eine große Baustelle. Zuerst gab es nur eine Input-/Output-Hierarchie für Streams, bis man recht schnell feststellte, dass diese Hierarchie Unicode-Zeichen nicht wirklich gut unterstützt. Also wurden Reader- und Writer-Hierarchien für Unicode-Streams hinzugefügt. Die Hierarchien der Zeichen-Streams existieren seitdem parallel zu den byte-orientierten Streams. Sie haben natürlich viele Gemeinsamkeiten wie low-level und high-level Streams und funktionieren beide nach dem *Decorator-Pattern*. Man baut sich folglich die gewünschte Stream-Instanz durch Ineinander-Schachteln von Konstruktoren geeigneter I/O-Klassen zusammen. Im Stil der 90iger Jahre war das Framework nahezu klassen-basiert aufgebaut, um zukünftige Änderung möglichst anspruchsvoll, besser gesagt unmöglich werden zu lassen.

Die offensichtlichen Defizite wurden schließlich so groß, dass man sich in Java 1.4 entschloss, ein interfaces-basiertes *NIO* in die Standard-Edition aufzunehmen. Aber nicht anstatt des alten APIs, sondern zusätzlich! Seitdem arbeitet der ambitionierte Java-Entwickler konzeptionell mit Stream-Klassen und Channel-Interfaces. Dieses System inklusive Encoding/Decoding-Änderungen, Memory-Mapping und Threading ist recht komplex. In vielen Unternehmen wird deshalb das NIO entsprechend respektvoll beäugt. Alle warten nun auf den „großen Wurf". Man ahnt es, Java 6 ist es leider nicht! Die Sache ist wieder einmal auf die kommende Version 7 alias Dolphin verschoben. Aber zugegeben, wie im Automobilbau können Detailverbesserungen an einem alten Modell trotzdem funktional sein.

1.8.1   File

Ergänzungen findet man in der uralten Java 1.0 Klasse `File`. `File` hat nichts mit der oben erwähnten Stream-Hierarchie zu tun. Es ist eine singuläre Klasse, deren Sinn darin besteht, Datei- und Verzeichnisnamen des jeweiligen Betriebssystem zu abstrahieren. Anstatt mit Strings soll mit `File` gearbeitet werden, womit `File` aber alle möglichen Datei- und Verzeichnisdienste anbieten muss. Und genau da fehlten einige, die nun hinzugefügt wurden.

Listing 1.3   Speicherplatz berechnen in Java 6

```java
public class TestFile {

  public static void main(String... args) {
    // --- holt die Partition:
    File f= new File("/");

    // --- gesamter verfügbarer Speicherplatz
    System.out.println(f.getTotalSpace());          ⇨ 79682387968
    // --- der noch frei Speicherplatz (ohne Garantie):
    System.out.println(f.getFreeSpace());           ⇨ 54356234240
    // --- der freie Speicherplatz, der von der JVM benutzt werden kann
    System.out.println(f.getUsableSpace());         ⇨ 54094090240

    // --- Ein USB-Stick
    f= new File("/volumes/hta_stick");
    // --- Liefert benutzen Speicherplatz oder 0, wenn Stick nicht eingesteckt
    System.out.println(
      f.getTotalSpace()-f.getFreeSpace());          ⇨ 106496

    f= new File("/System/Library/Frameworks/"+
        "JavaVM.framework/Versions/1.6.0/commands/javac");
    // --- Ist javac ausführbar?
    System.out.println(f.canExecute());             ⇨ true
  }
}
```

Die ersten drei Methoden berechnen Speicherplatz in einer Partition. Ein physikalischer Speicher wird bekanntlich in ein oder mehrere Partitionen unterteilt. Jedes Verzeichnis bzw. jede Datei gehört zu einer Partition. Eine sicherlich nützliche Information ist die Größe und der freie Speicherplatz einer Partition. Es gilt die folgende Beziehung:

```java
getTotalSpace() >= getFreeSpace() >= getUsableSpace()
```

Unter MAC OS X wird unterhalb von /volumes ein USB-Stick eingebunden. Beim Vergleich mit der OS X-Information zum hta_stick-Stick stellt man Übereinstimmung fest (siehe Abbildung 1.2).

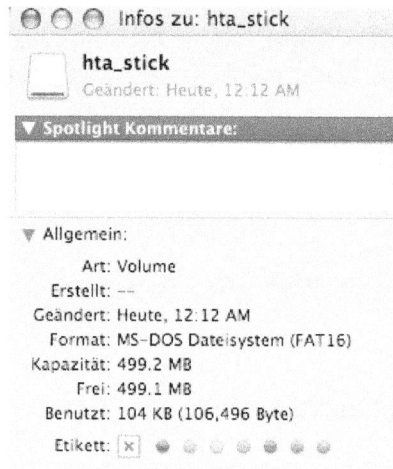

Abbildung 1.2   Berechnung des belegten Speicherplatzes

Die letzte Anweisung in Listing 1.3 testet auf Ausführbarkeit des Java 6 Compilers unter Mac OS X. Zur Vollständigkeit noch die restlichen neuen Methoden in Mustang, wobei das Subskript $_{opt}$ für optional steht. Da es in Java keine optionalen Parameter gibt, wird dies durch Überladen der Methoden erreicht. Im folgenden Fall also eine Methode nur mit dem ersten Parameter und eine weitere mit beiden:

```
boolean setExecutable(boolean executable,
                      boolean_opt ownerOnly);

boolean setReadable(boolean readable,boolean_opt ownerOnly);

boolean setWritable(boolean writable,boolean_opt ownerOnly);
```

Der Parameter ownerOnly bestimmt, ob sich das Setzen nur auf den Besitzer (true) oder auf alle Benutzer (false) beziehen soll. Will man die set-Operation nur auf den Besitzer beziehen, sind die Setter ohne ownerOnly besser, da dann automatisch ownerOnly auf true gesetzt ist. Nur im Fall, dass der Setter erfolgreich ausgeführt wird, wird als Ergebnis true zurückgeliefert. Gibt es im Betriebssystem keinen Unterschied zwischen Besitzer und allen Benutzern, so wirkt der Setter grundsätzlich auf alle. Ist ein SecurityManager installiert, kann im Fall einer Sicherheitsverletzung auch eine SecurityException ausgelöst werden.

1.8.2   Console-I/O

Ein passender Untertitel zu diesem Kapitel wäre an sich: *Das Grauen hat einen Namen*!
Denn etwa genauso lange wie es System.in gibt, wurde diese Art der Eingabe über die
Konsole von Entwicklern heftigst kritisiert. In 1997 wurde eine offizielle Anfrage auf Verbesserung *RFE* (*R*equest *F*or *E*nhancement) eingereicht. Sun reagiert in Mustang mit Methoden einer neuen Klasse java.io.Console, die den Forderungen nun nachkommt.

Wirklich? Angesichts der vergangenen acht Jahren und der Art, wie die neuen Methoden
implementiert sind, kommen Zweifel auf, ob Sun überhaupt eine Verbesserung wollte. Denn
von C her gibt es schon lange das, was gefordert wurde und an sich sollte eine Übertragung
auf Java im Rahmen des Möglichen liegen. C bietet Methoden wie getch(), getche()
oder kbhit() bzw. einer curses-Bibliothek unter Unix. Kann also prinzipiell nicht so
schwer sein, denkt man sich.[2] Zeigen wir nur die beiden Kern-Methoden von Console zur
Abschreckung. Es ist das, was die Sun-Ingenieure nach zehn Jahren implementiert haben.

Listing 1.4   Die „ultimative" Methode console.readline()

```
public class TestConsole {
  public static void main(String... args) {
    Console console = System.console();
    if (console==null) {
      System.out.println ("Console nicht verfügbar");
      System.exit(1);
    }

    // --- die beiden Parameter von readline() haben die gleiche
    //      Funktion wie String.format() und basieren auf java.util.Formatter
    //      eine einfache Variante wäre: String input = console.readLine();
    String input=
      console.readLine("%s","Eingabe mit RETURN beenden: ");
    System.out.println(input);

    // --- eine Alternative zu readLine(), die readPassword()
    char[] pw;
    pw= console.readPassword("%s", "Gib Passwort:");
    System.out.println(pw);
  }
}
```

Zuerst muss man sich von System die Konsole holen. Arbeitet man von einem Terminal-
Fenster – vorausgesetzt, dass keine Umleitung der Standard-/Ausgabe gemacht wurde – bekommt man das Console-Objekt. Ansonsten – innerhalb einer IDE wie Netbeans – erhält

---

[2]   Zumal sich der alte Programmierer gerne auch an Turbo Pascal der 80iger Jahre erinnert, wo Console-Input der
       Standard war.

man `null`. Nun kann man sich ähnlich zu dem Stream `BufferedReader` mit einer der beiden `readLine()`-Methoden eine Eingabezeile als `String` holen. Das erfolgt immer mit Eingabe-Echo, ohne geht es nicht! Es werden also alle Zeichen auf der Tastatur – zumindest bei Mac OS X – inklusive der Umlaute und Sonderzeichen wie eckige Klammern akzeptiert.

Verschreibt man sich bei einem der nicht-ASCII-Zeichen, hört der Spaß allerdings auf. Denn korrigiert man seinen Fehler und löscht nach hinten – standardmäßig von allen Konsolen unterstützt – löscht man zwar in der Konsole das Zeichen, beispielsweise ein `'ä'`, aber im Zeichenpuffer von Java bleibt ein Rest stehen, der bei dem Ausdruck der Eingabe mit der Ausgabe ? angezeigt wird. Drückt man zweimal die Löschtaste, ist tatsächlich das `'ä'` im Ausdruck weg. Dafür fehlt in der Konsole aber das Zeichen vor dem `'ä'`! Verstanden? Nicht unbedingt! Deshalb zur visuellen Unterstützung die Abbildung 1.3. Im Terminal-Fenster wird die `main()` aus Listing 1.4 ausgeführt.

```
⊖ ○ ⊖                    Terminal — bash — 80x24
esser:~/excellence01/build/classes friedrichesser$ java kap01.Main01_06
Eingabe mit RETURN beenden: Größe
Größe
esser:~/excellence01/build/classes friedrichesser$ java kap01.Main01_06
Eingabe mit RETURN beenden: Grö
Grö?
esser:~/excellence01/build/classes friedrichesser$ java kap01.Main01_06
Eingabe mit RETURN beenden: Gr
Grö
esser:~/excellence01/build/classes friedrichesser$ ▌
```

Abbildung 1.3   Eingabe mit Hilfe der Klasse Console

Zuerst wird ohne Korrektur `"Größe"` eingegeben. Die Ausgabe ist korrekt. Bei den nachfolgenden beiden Programmausführungen wurde `"Größe"` eingegeben und anschließend zweimal bzw. dreimal nach hinten gelöscht. Folglich steht dann als Eingabe bei den Programmausführungen einmal `"Grö"` bzw. `"Gr"`. Die zugehörige Ausgabe von `input` ist aber `"Grö?"` bzw. `"Grö"` und dokumentiert das oben angesprochene Problem.[3]

Bei `readPassword()` ist das Echo ausgeschaltet und der Cursor bleibt bei der Eingabe auf der Stelle hinter dem `':'` stehen. Auch nicht schlecht! Wie wäre es – zumindest optional – mit einem Stern pro Tastendruck? Da aber Passwörter vom Benutzer immer korrekt eingegeben werden und dabei Nicht-ASCII-Zeichen ohnehin verboten sind, hat man ja als Programmierer keine Probleme. Fazit: Das neue Console-IO gehört nicht zu den Sternstunden der Programmierung!

---

[3]   Hoffen wir auf einen kompetenten Sun-Ingenieur im Jahre 2014. Die Frage ist nur, ob es dann noch steinalte Programmierer gibt, die auf ihre geliebte Konsole beharren.

1.9   Floating-Point Essentials

Floating-Point gibt es wie I/O auch bereits seit der Version 1.0. Sie folgen dem IEEE 754 Standard, der aber immer nur in Teilen umgesetzt wurde. In Java 6 sind wieder einige Empfehlungen der IEEE 754 umgesetzt worden. Da Gleitkommazahlen insbesondere in der Ingenieurwissenschaft intensiv genutzt werden, ist eine Auffrischung des Standardwissens auf den Stand Java 6 sehr wichtig.

Es gibt leider nur zwei primitive Floating-Point Typen `float` (32 Bit) und `double` (64 Bit), die sich am Standard IEEE 754 orientieren. Passende Methoden zu beiden Typen findet man dann in der Klasse `Math`. Für die Darstellung der Neuerungen reicht in der Regel ein Typ, da sie für den anderen analog ist. In vielen Fällen wählen wir den Typ `double`, da sich die Werte ohne Suffix `f` einfacher schreiben lassen. Weiterhin wird bewusst auf „die große Theorie" zugunsten von Beispielen verzichtet.[4]

1.9.1   Floating-Points vs. Reelle Zahlen

Lernt man als Ingenieur eine Programmiersprache wie Java, besteht eine erste Erfahrung darin, den Unterschied zwischen mathematischen Zahlen mit zugehörigen Operationen und der Übertragung in Java-Code zu erlernen. Sofern nicht, sind die vom Programm ermittelten Ergebnisse – obwohl durchaus mathematisch korrekt codiert – reine Glückssache.

IEEE 754 komprimiert

Die erste Erfahrung ist die Auseinandersetzung mit Wertebereich und Präzision von `float` und `double`. Sie sind aufgrund der Bit-Länge unterschiedlich, wobei aber ihr interner Aufbau sehr ähnlich ist:

```
float
      1 Bit Vorzeichen,  8 Bit Exponent und 23 Bit Mantisse
      Wertebereich: {0,±1.4·10⁻⁴⁵ … ±3.40·10⁺³⁸} ∪ {±∞} ∪ {NaN}
double
      1 Bit Vorzeichen, 11 Bit Exponent und 52 Bit Mantisse
      Wertebereich: {0,±4.9·10⁻³²⁴ … ±1.80·10⁺³⁰⁸} ∪ {±∞} ∪ {NaN}
```

Alle Werte werden normiert abgelegt. Die Zahl Null wird beispielsweise als spezielles Bitmuster `0...0` des Exponenten gespeichert und existiert je nach Vorzeichen als `-0` und `+0`. Der Exponent `1...1` signalisiert einen der drei Werte ±`Unendlich` oder `NaN` (*Not-a-Number*). `NaN` steht je nach Interpretation für eine ungültige oder für keine Zahl.

Aufgrund der Größe der Mantisse lassen sich maximal 9 bzw. 17 Ziffern/Stellen einer Dezimalzahl in einer `float` bzw. `double` ablegen. Das nennt man *Präzision* (*accuracy*). Sie ist nicht zu verwechseln mit der Genauigkeit einer Berechnung, die völlig „aus dem Ruder" laufen kann. Besteht eine Zahl aus mehr Stellen als die Präzision erlaubt, werden Stellen au-

---

[4]   Siehe hierzu weiterführende Literaturangaben/Links am Ende des Kapitels.

ßerhalb des Bereichs einfach ignoriert. Aber selbst, wenn die Anzahl der Stellen innerhalb der Präzision liegen, ist Vorsicht geboten.

Repräsentation

Von der Stellenanzahl her ist ein Wert wie `0.1` wohl kein Problem, wenn da nicht die Konvertierung zwischen Dezimal und Binär wäre. Denn die führt zu vergleichbaren Problemen, wie die bei der Umwandlung von rationalen Zahlen `a/b` in Dezimalzahlen. Beispielsweise lässt sich die rationale Zahl 1/3 nicht exakt als endliche Dezimalzahl darstellen. Und genau das gilt auch für viele Dezimalzahlen wie `0.1`, die keine exakte binäre Repräsentation haben. Bei Überschreitung des normalen Wertebereichs bzw. bei ungültigen Operationen spielen die besonderen Werte `Infinity` und `NaN` ein wichtige Rolle. Vor allem `NaN` zerstört das normale Verhalten von reellen Zahlen, die mathematisch gesehen total geordnet sind.

Damit sind die wesentlichen Unterschiede zwischen Floating-Point und reellen Zahlen zwar angesprochen. Aber es es fehlen noch Details und Beispiele.

Präzision am Beispiel

Präzision kann schon an einem einfachen Beispiel demonstriert werden:

```
System.out.println(1E16 + 1);      ⇨ 1.0E16
```

Die Zahl `1000000000000001` überschreitet mit 17 Stellen die Präzision eines `double`, womit die Addition von `1` wirkungslos ist. Verschiedene dezimale Werte – als Dezimal-String geschrieben – führen zu gleichen Floating-Points, wenn sie erst außerhalb der Präzision gleich sind:

```
float f= 1.00000001f;

System.out.println(f);                                    ⇨ 1.0
System.out.println(
    Float.parseFloat(Float.toString(f))==f);    ⇨ true
```

Wie man sieht, trifft der dezimale (String-)Wert von `f` in der ersten Ausgabe nicht den zuerst angegebenen Wert von `f`. Aber eine reine Konvertierung binär → dezimal → binär liefert immer dieselbe Zahl.

Dezimal-Binär-Konvertierung

Die Konvertierung von dezimalen Werten in interne binäre Werte führt zu Problemen, wie das folgende Code-Fragment zeigt.

```
double d= 0.3;
while (d != 0.0) {
  if (d<0) {
```

```
      System.out.println(d);              ⇨ -2.7755575615628914E-17
      break;
   }
   d-= 0.1;
}
System.out.println(0.1+0.1+0.1);          ⇨ 0.30000000000000004
```

Die Ausgabe bestätigt, dass 0.1 in binärer Form nicht exakt abgespeichert werden kann. Bereits einfache Additionen und Subtraktionen können zu mathematisch inkorrekten Werten führen. Ohne break hätte man oben eine Endlosschleife programmiert.

▶ *Hinweis 1.4   Test auf Gleichheit, Ungleichheit*
  •   Vergleiche mit == und != können aufgrund von Ungenauigkeiten bei Floating-Point zu falschen logischen Werten führen. Sie sind deshalb grundsätzlich zu vermeiden und durch einen Intervall-Test zu ersetzen (siehe Abschnitt 1.9.2).

Aufgrund der nicht exakten Umwandlung gibt es auch Überraschungen bei der Umwandlung von float in double:

```
float f= 0.2F;
System.out.println(Float.toString(f));    ⇨ 0.2
System.out.println(Double.toString(f));   ⇨ 0.20000000298023224

double d= 0.2;
System.out.println(d==f);                 ⇨ false
```

Hier führt der Wert 0.2 auf unterschiedliche float und double Mantissen-Werte. Zwischen zwei benachbarten float-Werten liegen nun einmal über ein halbe Milliarde double-Werte, genauer:

$$2^{52-23} = 2^{29} = 536 \text{ Millionen}$$

Diese double-Werte werden alle durch den unteren/oberen float-Wert repräsentiert.

Spezielle Werte Infinity, NaN

Neben dem normalen Wertebereich existieren im Gegensatz zu integralen Typen wie int und long noch spezielle Werte:

```
System.out.println(Double.MAX_VALUE * 1.1);   ⇨ Infinity
System.out.println(1.0/-0.);                   ⇨ -Infinity

System.out.println(0./0);                      ⇨ NaN
System.out.println(5.%0);                      ⇨ NaN
```

```
System.out.println(Float.POSITIVE_INFINITY+
                   Float.NEGATIVE_INFINITY);     ⇨ NaN
System.out.println(Float.POSITIVE_INFINITY*0);  ⇨ NaN
```

Die `Infinity`-Werte resultieren immer aus einem Überlauf des Wertebereichs. Ungültige Operationen führen dagegen zu `NaN`. Diese drei speziellen Werte können nie wieder durch eine Operation in den normalen Wertebereich überführt werden. Ein Versuch führt automatisch zu `NaN`, wie die letzten beiden Ausgaben zeigen. Insbesondere kann `NaN` nie wieder verlassen werden.

▶ *Hinweis 1.5   NaN vs. totaler Ordnung*

- `NaN` zerstört die totale Ordnung von Floating-Points. Mit Ausnahme von `NaN` gilt für zwei Zahlen `d1`, `d2` immer, dass genau einer der Vergleiche `true` ist:

    d1>d2 oder d1==d2 oder d1<d2

Für `NaN` sind alle drei Vergleiche `false`. Damit wird der schönste Sortier-Algorithmus für `float` oder `double` zerstört, sofern er nur auf dem Vergleich mit `<`, `>` oder `==` basiert. Das hat Sun natürlich bei ihren Sortier-Algorithmen in `Arrays` berücksichtigt:

```
double[] dArr={2.0,Double.NaN, -1.,Double.NaN,-100.,
               100.,Double.POSITIVE_INFINITY,Double.NaN};
Arrays.sort(dArr);

System.out.println(Arrays.toString(dArr));
            ⇨ [-100.0, -1.0, 2.0, 100.0, Infinity, NaN, NaN, NaN]
```

Die `NaN`-Werte werden von Sun als größte Werte oberhalb von Unendlich eingeordnet. Wie diese Sortierung vorgenommen wird, ist sicherlich auch interessant.[5]

Verlust von Genauigkeit

Um ein Gefühl für Genauigkeit zu bekommen, betrachtet man am besten eine mathematisch einfache Funktion wie :

$$\text{calc}(n) = n!\, e^n / n^n$$

Die einzelnen Faktoren $n!$, e^n und n^n überschreiten selbst für kleine n sehr schnell den normalen Wertebereich. Klüger ist also folgende Art von Berechnung, hier am Beispiel von `n=5` demonstriert:

```
5!e⁵/5⁵ =  e/5 * 2e/5 * 3e/5 * 4e/5 * 5e/5
```

Die einzelnen Faktoren sind immer im „grünen Bereich" und für relativ große n kommt man noch zu brauchbaren Ergebnissen. Es gibt zwei einfache Möglichkeiten, diesen Ausdruck

---

[5]   Und kann leicht in den Sourcen zu `Arrays` eingesehen werden.

mit Hilfe einer `for`-Schleife zu berechnen, aufsteigend oder absteigend. Da die Anforderung an die Präzision nicht hoch ist, wählen wir den Typ `float` für die Berechnung (Anmerkung: statischer Import der Klasse `Math`):

```
// --- die Variation mit Typ double führt zu der äquivalenten Methode calcD()
static float calc1F(int n) {
  float res= 1F;
  // --- Math.E ist zwar eine double, wird aber aufgrund von *= nach float konvertiert
  for (int i= 1; i<=n; i++)
    res*= i*E/n;
  return res;
}
```

```
// --- die absteigende Variante:
static float calc2F(int n) {
  float res= 1F;
  for (int i= n; i>=1; i--)
    res*=i*E/n;
  return res;
}
```

Ein erster Test mit `n= 100` liefert wie erwartet Übereinstimmung:

```
System.out.printf("%4.2f\n",calc1F(100)); ⇨ 25,09
System.out.printf("%4.2f\n",calc2F(100)); ⇨ 25,09
```

Als nächstes soll das Ergebnis einmal für `n= 295` berechnet werden. Hier kommt es zu einer krassen Abweichungen der Ergebnisse:

```
System.out.printf("%4.2f\n",calc1F(295)); ⇨ 33,42
System.out.printf("%4.2f\n",calc2F(295)); ⇨ Infinity
```

Der erste Wert scheint noch ok, der zweite ein Overflow oder Fehler zu sein. Also wechselt man zur Überprüfung den Typ `float` den `calc1F()` gegen Typ `double` aus. Die `double`-Variante `calcD()` führt zum Ergebnis :

```
System.out.printf("%4.2f\n",calcD(295));   ⇨ 43,06
```

Das erste Ergebnis ist somit auch falsch!

Fazit
Bei der Verwendung des Typs float wird man sehr schnell ein Opfer der Genauigkeit. Besser, man beherzigt die folgenden Regel.

▶ *Hinweis 1.6   Floating-Point Regeln*

- Verlust von Präzision aufgrund von Dezimal-Binär-Konvertierung und (einfachen dezimalen) Operationen.

- Berechnungen sollten grundsätzlich mit dem Typ `double` durchgeführt werden.

- Der Typ `float` ist nur zum Speichern von Dezimalzahlen nützlich, deren Werte keine hohe Genauigkeit benötigen.

- Berechnungen sollten so programmiert werden, dass sie einen Over- bzw. Underflow signalisieren und nicht einfach nur ein falsches Ergebnis liefern.

Bei Geldwert-Berechnungen wird man prinzipiell bereits am ersten Punkt scheitern. Die Dezimal-Binär-Konvertierung ist zu ungenau. Die Wahrscheinlichkeit ist hoch, Geld zu erschaffen oder zu vernichten. Der zweite und dritte Punkt ist einfach umzusetzen. Die Methode wie `calcF()` ist durch `calcD()` zu ersetzen.

Problem Genauigkeit

Ein wirklich hartes Problem bereitet die Frage nach der Genauigkeit, angesprochen im ersten und vierten Punkt. Alle vier oben verwendete Arten der Programmierung `calc1F()` ... `calc2D()` sind jedenfalls reichlich naiv. Es gibt nichts, was signalisiert, dass das Ergebnis nicht mehr korrekt ist. Da hilft auch eine Umstellung auf `double` wenig. Denn sie verschiebt nur die Fehlergrenze!

Es gibt leider keine allgemeine Methode sicherzustellen, ob und wie genau das Ergebnis ist. Das ist von der Berechnung abhängig. Es gibt aber zumindest eine Art der konservativen Programmierung, die in Abschnitt 1.9.3 nach den nun folgenden Neuerungen in Java 6 vorgestellt werden soll.

1.9.2   Neue Konstante und Methoden in Java 6

Bei Java 6 wurden neue Konstante für `float` bzw. `double` eingeführt:

Neue Java 6 Konstante	*float*	*double*
`SIZE`	32	64
`MIN_EXPONENT`	-126	-1022
`MAX_EXPONENT`	127	1023
`MIN_NORMAL`	1.17549435E-38F	2.2250738585072014E-308

`MIN_NORMAL` ist die interessanteste der Konstanten, da bis zu diesem Wert die „normale Mathematik" gilt. Zwischen `MIN_NORMAL` und `MIN_VALUE` regiert der Zufall.

Erhärten wir dies mit einem Beispiel:

```
System.out.println(7.5e-324);              ⇨ 1.0E-323
System.out.println(7.4e-323<7.5e-323);     ⇨ false
System.out.println(7.4e-308<7.5e-308);     ⇨ true
```

Der letzte Vergleich liegt oberhalb von `MIN_MORMAL`, ist also korrekt. Die neuen Methoden `Math.getExponent()` liefern auch Einblick in die Speicherung der besonderen Werte Infinity, `NaN` und `0`:

```
System.out.println(getExponent(Float.POSITIVE_INFINITY));  ⇨ 128
System.out.println(getExponent(Float.NEGATIVE_INFINITY));  ⇨ 128
System.out.println(getExponent(Float.NaN));                ⇨ 128
System.out.println(getExponent(Float.MIN_VALUE));          ⇨ -127
System.out.println(getExponent(0F));                       ⇨ -127
```

Für die Extremwerte des Wertebereichs werden die größten und kleinsten Byte-Werte des Exponenten reserviert.[6] Die Exponenten enthalten Werte zur Basis 2. Möchte man dagegen die Exponenten zur Basis 10 bestimmen, beispielsweise für `float.MAX_VALUE`, so muss man umrechnen:

```
System.out.println(
         (int)(log10(2)*getExponent(Float.MAX_VALUE)));   ⇨ 38
```

Methoden ulp(), nextUp(), nextAfter()

Schon Java 5 führte den Begriff *Unit in the last Place* – kurz *ulp* genannt – ein. Ein ulp steht für den relativen Fehler, der mit einem Zahlenwert verbunden ist. Hat man einen beliebigen festen Wert `d`, so sind `d ± ulp` die benachbarten Zahlen von `d`, die dezimal unterschiedlich angezeigt werden. Werte im ulp-Intervall werden dann entweder als `d`, `d-ulp` oder `d+ulp` angezeigt.

Für integrale Typen wie `int` oder `long` hat `ulp` für den gesamten Wertebereich immer den Wert 1. Da der Wert eines ulps für Dezimalzahlen aber von der Größenordnung abhängig ist, findet man hierzu eine Methode `Math.ulp(double d)`. Bei Floating-Points steigt mit jeder 10er-Potenz der Abstand zweier benachbarter Werte um etwa das 10fache. Denn die Mantisse ist immer konstant. Ulps helfen also zur Bestimmung der *relativen Präzision*. Eng im Zusammenhang mit ulps stehen die neuen Java 6 Methoden `nextUp()` und `next-After()`. Für `d >= 1` gilt die mathematische Beziehung:

```
ulp(d) = nextUp(d) - d
```

Bei der Methode `nextAfter(double d, double direction)` kann man noch mit der Richtung `direction` bestimmen, welche der beiden benachbarten Werte man will. Interessant ist aber an sich nur `nextUp()`, da die Methode auch wesentlich schneller ist.

---

[6]   Wobei nach IEEE 754 der Wertebereich `-127...128` ist, was von dem des Java-Typs `byte` abweicht.

```
System.out.println(ulp(1.0)+"  ,  "+(nextUp(1.0)-1.0));
                    ⇨ 2.220446049250313E-16 , 2.220446049250313E-16
System.out.println(ulp(123E8)+"  ,  "+(nextUp(123E8)-123E8));
                    ⇨ 1.9073486328125E-6 , 1.9073486328125E-6
```

Warnung: Unterhalb von MIN_NORMAL hat die normale Mathematik keine Gültigkeit. Beispielsweise ist das *Assoziativ-Gesetz* (a*b)*c= a*(b*c) verletzt:

```
System.out.println(Double.MIN_VALUE == ulp(0.));      ⇨ true
System.out.println(ulp(0.)*(1./ulp(0.)));             ⇨ Infinity
```

Da ulp(0.) gleich MIN_VALUE ist, sollte man damit nicht rechnen. Erst MIN_NORMAL liefert das normale mathematische Verhalten:

```
System.out.println(
        Double.MIN_NORMAL*(1./Double.MIN_NORMAL));  ⇨ 1.
```

Hinweis 1.7 Basis-Arithmetik und Math-Funktionen

- Bei allen Berechnungen oder Funktionen der Math-Klasse ist ein Ergebnis mit einem Fehler <= ulp/2 optimal. Denn im ungünstigsten Fall liegt ein Ergebnis ulp/2 vom nächsten darstellbaren Wert d entfernt, d.h.:
  ulp(resultat) <= ulp(d)/2
- Für die Basis-Arithmetik sowie die meisten Funktionen in Math ist der Fehler eines Ergebnisses <= ulp.

Werden zwei dezimale Zahlen d1 und d2 auf gleich bzw. ungleich getestet, ist nach dem zweiten Punkt des Hinweises zu prüfen, ob einer der beiden Werte in einem ulp-Intervall des anderen liegt. Leider testet Double.equals() die Gleichheit wie folgt:[7]

```
d1.doubleValue()== d2.doubleValue()
```

Deshalb benötigt man zusätzlich ein toleranteres equals():

```
// --- NaN-Test fehlt!
static boolean equals(double d1,double d2) {
  return abs(d1 - d2) <= (ulp(d1)>ulp(d2)? ulp(d1): ulp(d2));
}
```

Die Methode liefert true, wenn aus der Sicht beider Werte der Abstand <=ulp ist. Im folgenden Beispiel wenden wir dieses equals() auf Basis-Operationen mit dem binär sehr ungünstigen Wert 0.1 an (siehe hierzu auch den Abschnitt Dezimal-Binär-Konvertierung oben).

---

[7] Da dies durch eine Bit-Vergleich gemacht wird, bilden NaN und ±0 die Ausnahmen (siehe Sourcen von Double.equals()).

```
double d1= 0.1+0.1+0.1;
double d2= 0.1 *3.;
double d3= 0.1+0.1+0.1+0.1+0.1+0.1+0.1+0.1+0.1+0.1;
```

```
System.out.println(ulp(0.3));            ⇨ 5.55111e5123125783E-17
System.out.println(d1-0.3);              ⇨ 5.551115123125783E-17
System.out.println(equals(d1,0.3));      ⇨ true
System.out.println(d2-0.3);              ⇨ 5.551115123125783E-17
System.out.println(equals(d2,0.3));      ⇨ true

System.out.println(ulp(1.));             ⇨ 2.220446049250313E-16
System.out.println(d3-1.);               ⇨ -1.1102230246251565E-16
System.out.println(equals(d3,1.));       ⇨ true
```

Wie man sieht, ist der `ulp`-Abstand in diesem Fall optimal, da bei `ulp/2` nur der letzte Vergleich `true` liefern würde.

Methoden scalb(), copySign()

Die Methode `scalb(double d, int scaleFactor)` berechnet $d * 2^{\text{scaleFactor}}$ und ist i.d.R. schneller und präziser, da sie mit Potenzen zur Basis 2 arbeitet. Dies setzt voraus, dass kein Overflow stattfindet.

```
System.out.println(Math.scalb(3.,4));            ⇨ 48.0
System.out.println(Math.scalb(3.,1025));         ⇨ Infinity
```

Mit `copySign()` kann das Vorzeichen von einem Floating-Point auf die andere übertragen werden:

```
System.out.println(Math.copySign(3.,-1.23));      ⇨ -3.0
System.out.println(
  Math.copySign(Double.NEGATIVE_INFINITY,10.));   ⇨ Infinity
```

1.9.3   Floating-Point Constraints

Mit dem Begriff Constraints wird der weite Bereich des Constraint-Based-Programming verbunden. Im folgenden wird nur anhand eines kleinen Beispiels aufgezeigt, welche Bedeutung gut gewählte Restriktionen auch für Berechnungen haben können.

Die im letzten Abschnitt von 1.9.1 gewählte Funktion zum `calcD()`-Beispiel war der wesentliche Teil der *Stirlingschen* Formel. Diese Formel bietet eine Abschätzung für die Fakultät $n!$:

$$\text{calcS}(n) = n!e^n / n^n \sqrt{2\pi n} \rightarrow 1 \quad \text{für } n \rightarrow \infty$$

Damit ist diese Methode als Testkandidat für Constraints ideal geeignet, da man das Ergebnis für große n mathematisch vorhersagen kann. Zuerst ist es wichtig, für den Ablauf einer Berechnung überhaupt *Constraints* (Restriktionen) zu finden.

Invariante: In Floating-Point-Fall wählen wir eine sehr plausible Invariante

* Das Ergebnis jedes Rechenschritts muss im Intervall `MIN_NORMAL...MAX_VALUE` liegen (Gründe siehe letzten Abschnitt 1.9.2).

Gibt es bei Berechnungen beispielsweise aufgrund des Assoziativ-Gesetzes Alternativen, muss man die wählen, deren Ergebnis die Invariante einhält. Bei der Stirlingschen Formel gibt es grundsätzlich nur zwei Alternativen. Die Multiplikation von unten mit aufsteigenden i-Werten führt zuerst zu sehr kleinen (Zwischen-)Ergebnissen, die mit absteigenden i-Werten führt dagegen zuerst zu sehr großen. Dies kann man ausnutzen:

```java
static double calcS(int n) {
    double res= 1.0, rold;
    double fac= E/n;
    for (int i=1,j=n; i<=j;) {
        // --- rold hält den Wert für 2. Alternative fest
        rold= res;

        // --- 1. Alternative: Prüfen einer Multiplikation „von unten"
        if ((res*=i*fac) > Double.MIN_NORMAL)
            i++;
        // --- 2. Alternative: Prüfen einer Multiplikation „von oben"
        else if ((res=rold*j*fac) < Double.MAX_VALUE)
            j--;

        // --- Invarianz-Verletzung: Konsequenz Exception
        else
            // return NaN     <-- Alternative
            throw new ArithmeticException(
                "Overflow: "+res+" Index "+ i +","+ j);
    }
    return res/Math.sqrt(2*PI*n);   // liefert für n<=0 NaN
}
```

Vergleicht man dies mit der naiven Form der Berechnung:

```java
static double calcD(int n) {
    double res= 1.;
    for (int i= 1; i<=n; i++)
        res*=i*E/n;
    return res/Math.sqrt(2*PI*n);
}
```

so wird man bei einem Vergleich von `calcS()` positiv überrascht:

```
System.out.printf("%4.10f\n",calcS(100));          ⇨ 1,0008336779
System.out.printf("%4.10f\n",calcD(100));          ⇨ 1,0008336779

System.out.printf("%4.10f\n",calcS(1000));         ⇨ 1,0000833368
System.out.printf("%4.10f\n",calcD(1000));         ⇨ 1,0000833368

System.out.printf("%4.10f\n",calcS(2100));         ⇨ 1,0000396833
System.out.printf("%4.10f\n",calcD(2100));         ⇨ 12,1640829183

System.out.printf("%4.10f\n",calcS(10000000));     ⇨ 1,0000000086
```

Wie man sieht, läuft bei `calcD()` der Wert etwa bei n= 2100 „aus dem Ruder". Die Methode `calcS()` arbeitet dagegen noch bei zehn Millionen zuverlässig und bestätigt damit auch die Stirlingsche Formel.

▶ *Hinweis 1.8 Früh-Diagnose von Fehlern mit Hilfe von Invarianten*
- Liegt ein Resultat einer Berechnung im erlaubten Wertebereich, kann es keinen Fehler mehr signalisieren und wird akzeptiert. Deshalb müssen Fehler mit Hilfe von *Pre-Conditions* (erlaubter Wertebereich von Variablen) und Invarianten, die jede Operation einzuhalten hat, frühzeitig signalisiert werden.

Je nach Bedarf kann ein Fehler bei einem Floating-Point-Ergebnis als `NaN` oder als Ausnahme signalisiert werden.

1.10   Typsichere Array-Kopien

Im Gegensatz zu Listen sind Arrays von fixer Größe. Sie sind extrem schnell und angenehm zu verwenden, da sie in die Sprache eingebaut sind.[8] Sehr unangenehm sind dagegen Anpassungen des Arrays in der Größe, sei es, weil das Array zu groß oder zu klein gewählt wurde. Die Anpassung mit Hilfe von `System.arraycopy()` ist nicht unbedingt intuitiv und durchaus fehleranfällig. Deshalb gibt es nun in Java 6 sehr effiziente Kopiermethoden. Diese Methoden sind für jeden primitiven Typen überladen:

primitiveType`[] copyOf(`*primitiveType*`[] originalArray, int newLength);`

Der Typ *primitiveType* steht wie üblich für `byte`, ... , `double`. Zusätzlich gibt es noch eine einfache generische Versionen, die an Stelle von *primitiveType* eine Typevariable `T` verwendet:

`T[] copyOf(T[] originalArray, int newLength);`

---

[8]   Deshalb wird ihre Schreibweise wahrscheinlich in Java 7 auch auf Kollektionen übertragen werden.

Gegenüber der Alternative `Object[]` ist die Variante `T[]` analog zu `List<T>` typsicher. Für `T` kann jeder beliebige Typ eingesetzt werden. Eine weitere Version ist ebenfalls generisch, sieht jedoch ohne Generics-Kenntnisse recht abschreckend aus:[9]

```
public static <T,U> T[] copyOf(U[] original, int newLength,
                               Class<? extends T[]> newType);
```

Mit dieser Variante kann man ein Array in ein anderes kompatibles Array kopieren. Kompatible Typen sind alle Arrays von Super-Typen der Elemente des Original-Arrays. Ist der Element-Typ eine Klasse sind dies die Superklassen oder die von der Klasse implementierten Interfaces. Ist der Element-Typ ein Interface, sind es die Super-Interfaces (oder `Object`). Der Typ des neuen Arrays wird mit Hilfe der zugehörigen `Class`-Instanz als letztes Argument übergeben. Damit ist dann auch eine Überprüfung möglich, aber leider erst zur Laufzeit. Unabhängig davon, ob man nun Generics versteht oder nicht, können generische Methoden wie normale Methoden aufgerufen werden. Lässt man alle spitzen Klammer wie `<T,U>` einfach weg und ersetzt `T` und `U` durch `Object`, wird die Methode sogar recht einfach. Schließlich gibt es noch eine hilfreiche Ergänzung zu `copyOf()`:

```
T[] copyOfRange(T[] originalArray, int from, int to);
```

Die Methode `copyOfRange()` besitzt anstatt der neuen Länge zwei Parameter, um den von-bis-Kopierbereich festzulegen. Die Kopie startet bei `from` und hört bei `to-1` auf (also exklusiv `to`). Somit ist die Länge des neuen Arrays `to-from`. Ein Beispiel.

Listing 1.5   Array-Kopien mittels copyOf() und copyOfRange()

```
public class TestArrayCopy {

  public static void main(String... args) {
    int[] iArr= {1,2,3};
    int[] jArr= new int[6];
    int[] kArr= new int[2];

    // --- bis Java 5: die alte Art, Arrays zu kopieren
    System.arraycopy(iArr,0,jArr,0,iArr.length);
    System.arraycopy(iArr,0,kArr,0,kArr.length);

    // --- ab Java 6: die neue Art, Arrays zu kopieren
    jArr= Arrays.copyOf(iArr,6);
    kArr= Arrays.copyOf(iArr,2);
    System.out.println(Arrays.toString(jArr)); ⇨ [1, 2, 3, 0, 0, 0]
    System.out.println(Arrays.toString(kArr)); ⇨ [1, 2]
```

---

[9]   Generics werden erst im nächsten Kapitel behandelt.

```
// --- Kopieren eines Teils eines Arrays
Double[] dArr= {1.,2.,3.};
System.out.println(Arrays.toString(
    Arrays.copyOfRange(dArr, 0, 2)));           ⇨ [1.0, 2.0]


// --- Kopieren in ein kompatibles Array:

// --- Number ist ein Super-Typ vom Element-Typ Double des Originals dArr
Number[] nArr= Arrays.copyOf(dArr,6,Number[].class);

// --- Object ist ein Super-Typ vom Element-Typ Double des Originals dArr
Object[] oArr= Arrays.copyOf(dArr,6,Object[].class);

System.out.println(dArr.getClass()); ⇨ class [Ljava.lang.Double;
System.out.println(nArr.getClass()); ⇨ class [Ljava.lang.Number;
System.out.println(oArr.getClass()); ⇨ class [Ljava.lang.Object;

// --- Mit der class-Angabe wird erzwungen, dass nun oArr ein Number-Array
//     referenziert. Das ist möglich, aber sicherlich verwirrend:
oArr= Arrays.copyOf(dArr,6,Number[].class);

System.out.println(oArr.getClass()); ⇨ class [Ljava.lang.Number;

// --- Das kompiliert zwar, aber führt in beiden Fällen zur Ausnahmen, denn:
//     Double ist keine Superklasse von Float und Float nicht von Double
Float[] fArr= {1f,2f,3f};

dArr= Arrays.copyOf(fArr,6,Double[].class);
    ⇨ Exception in thread "main" java.lang.ArrayStoreException

fArr= Arrays.copyOf(dArr,6,Float[].class);
    ⇨ Exception in thread "main" java.lang.ArrayStoreException
  }
}
```

Die letzten beiden Anweisungen werden leider vom Compiler nicht als fehlerhaft erkannt![10]
Dagegen können einfache Unverträglichkeiten wie beispielsweise

```
nArr= Arrays.copyOf(dArr,6,Object[].class);
```

durchaus vom Compiler erkannt werden. Hier soll ein `Object`-Array erschaffen werden,
aber einem `Number`-Array zugewiesen werden. Das ist bereits statisch ein Fehler.

---

[10] Voraus eilende Generics-Erklärung: T muss ein Supertyp von U sein. Aber T und U haben in copyOf() keine
logische Abhängigkeit. Folglich kommt es bei einem Typ T, der kein Supertyp von U ist, zu einer Array-
StoreException zur Laufzeit.

1.11   Erweiterung des Collection-APIs

Für die üblichen Programmieraufgaben sind Kollektionen und Arrays wichtiger als Spracherweiterungen. Bereits in Java 5 wurde das Collection-Framework stark erweitert. Es kam insbesondere ein neues Package `java.util.concurrent` hinzu, dass echte Parallelverarbeitung in Kollektionen zulässt und zusätzlich sogar ein solides Fundament für asynchrone Programmierung bietet. Ohne das Concurrent-Package war man bis dato gezwungen, mit Hilfe `Vector`, `HashTable`, synchronized Wrapper – abgesehen von eigenen Implementierungen – nicht wirklich performante Container zu benutzen. Nun gibt es attraktive Alternativen. Die Ergänzungen in Java 6 sehen zwar wenig spektakulär aus, dokumentieren aber wichtige Detailarbeit. Mit `ConcurrentSkipListSet` bzw. `ConcurrentSkipListMap` wurde sogar eine innovative Implementierung eines *lock-free* Algorithmus vorgestellt. Nachfolgend beschränken wir uns auf die Java 6-Erweiterungen. Die bereits vorhandenen Java 5 Container werden allerdings im Kontext mit besprochen.

1.11.1   API-Überblick

Aus der Sicht von Datenstrukturen bietet dass API vier unterschiedliche Container-Typen: *Menge* (Set), *Liste* (List), *Warteschlange* (Queue) und *assoziatives Array*[11] (Map). Eine kompakte Übersicht unter Weglassen der generischen Parameter bietet die folgende tabellarische Übersicht.[12]

Interfaces	*nicht-abstrakte Implementierungen*
Set	HashSet, EnumSet, LinkedHashSet, CopyOnWriteArraySet$_c$
SortedSet	
NavigableSet	TreeSet, ConcurrentSkipListSet$_c$
List	ArrayList, LinkedList, CopyOnWriteArrayList$_c$
Queue	PriorityQueue
BlockingQueue	ArrayBlockingQueue$_c$, DelayQueue$_c$, LinkedBlockingQueue$_c$, PriorityBlockingQueue$_c$, SynchronousQueue$_c$
Deque	LinkedList, ArrayDeque
BlockingDeque	LinkedBlockingDeque$_c$

---

[11]   Kann man über einen Schlüsseln und nicht (nur) über die Position auf ein Array-Element zugreifen, nennt man das Array assoziativ.

[12]   Das `'c'` im Index bedeutet: gehört zu Package `java.util.concurrent`.Veraltete Klassen wie `Vector`, `Stack` oder `HashTable` wurden weggelassen, da es bessere Concurrent-Alternativen gibt.

Interfaces	*nicht-abstrakte Implementierungen*
`Map`	`HashMap, LinkedHashMap, IdentityHashMap,` `ENumMap, WeakHashMap`
`SortedMap`	
`ConcurrentMap`	`ConcurrentHashMap`$_c$
`NavigableMap`	`TreeMap`
`Concurrent-` `NavigableMap`	`ConcurrentSkipListMap`$_c$

Zu den beiden Interfaces `SortedSet` und `SortedMap` gibt es keine direkte Implementierung. Queues, die erst ab Java 5 eingeführt wurden, haben dagegen viele unterschiedliche Implementierungen. Es gibt zwei Interface-Hierarchien (Abbildung 1.4 bzw. 1.5), wobei in zwei Fällen auch die Mehrfach-Typ-Vererbung von Interfaces genutzt wird.

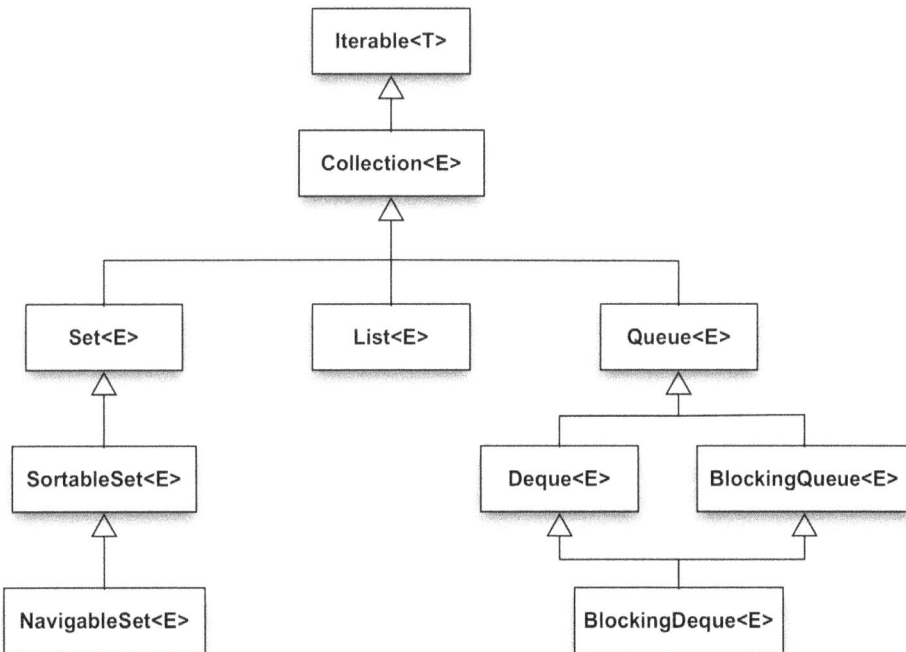

Abbildung 1.4 Collection-Hierarchie

Für Kollektionen ist der Ausgangspunkt seit Java 5 ein `Iterable`-Interface. Es wurde hinzugefügt, um das Iterieren aller Kollektionen mittels der for-each Schleife zu ermöglichen.

Die Blocking-Interfaces befinden sich im Package `java.util.concurrent`. Sie machen nur im Zusammenhang mit asynchroner Programmierung Sinn.

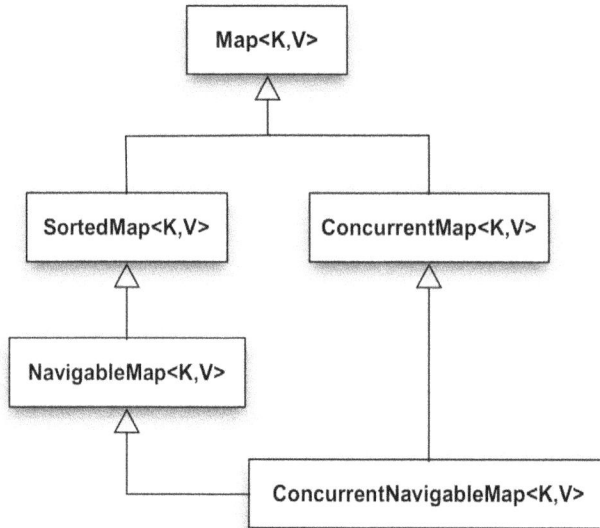

Abbildung 1.5 Map-Hierarchie

Aufgrund der drei Map-Methoden

- `Set<Map.Entry<K,V>> entrySet()`
- `Set<K> keySet()`
- `Collection<V> values()`

können Maps immer unter der Sicht einer Kollektion betrachtet werden. Die beiden Concurrent-Map-Interfaces gehören zum Package `java.util.concurrent`. Beide Hierarchien wurden in Java 6 um Navigation erweitert. Wie der Name besagt, erlaubt dies ein auf- oder absteigendes Durchlaufen des Containers. Interessant ist die Namensgebung. Sie steht im Zusammenhang mit den folgenden Begriffen:

- **Bounded**
  Einen Container nennt man gebunden, wenn seine Aufnahmekapazität für Elemente limitiert werden kann. Unbounded Container sind unbeschränkt wachsend.

- **Blocking**
  Ist für eine Operation die entsprechende Bedingung (Precondition) nicht erfüllt, kann die Operation so lange suspendiert (blockiert) werden, bis die Bedingung gegeben ist. Das macht nur Sinn bei asynchroner Programmierung, beispielsweise weil die Kapazität eines bounded Container beim Einfügen überschritten wird oder kein Element zur Entnahme existiert.

- **Concurrent**

  Dieses Präfix signalisiert den sicheren Zugriff auf den Container von mehreren Threads aus. Die so genannten synchronized Wrapper bieten zwar einen ähnlichen Service, aber nur die Concurrrent-Versionen sind wirklich performant.

- **Navigable**

  Im Gegensatz zu den sortierten Vorgängern kann ein navigierbarer Container vorwärts und rückwärts traversiert werden und erlaubt die Suche nach nächstliegenden (*closest match*) Elementen.

- **Ordering**

  Die *natürliche* Ordnung (natural ordering) wird durch das Interface Comparable festgelegt. Für eine abweichende Ordnung muss man bei der Anlage einen Comparator übergeben. Zusätzlich besteht bei der Anlage des Containers noch die Möglichkeit, einen anderen sortierten zu übergeben, dessen Ordnung übernommen werden soll (siehe auch Hinweis 1.9 mit Beispiel).

Im Gegensatz zur ersten Tabelle oben werden in der nachfolgenden Tabelle nur die in Java 6 neu hinzugekommen Interfaces mit ihren zugehörigen Implementierungen vorgestellt.

Interface	*Direkte Implementierung*
`NavigableSet<E>`	`TreeSet<E>` : Bereits vorhandene nicht thread-sichere Klasse, retrofitted.[13]
	`ConcurrentSkipListSet<E>` : Basiert auf `Concurrent-SkipListMap`.
`NavigableMap<K,V>`	`TreeMap<K,E>` : Bereits vorhandene nicht thread-sichere Klasse, retrofitted.
	`ConcurrentSkipListMap<K,V>` : Neue Klasse, basiert auf einem lock-free *CAS*-Algorithmus. Ein Compare-And-Set-Algorithmus verwendet atomare Operationen der Prozessoren und keine Locks und ist daher sehr effizient.
`Deque<E>`	`LinkedList<E>` : Bereits vorhandene nicht thread-sichere Klasse, retrofitted.
	`ArrayDeque<E>` : Neue nicht thread-sichere Klasse, die wie `ArrayList` array-basiert ist.
`BlockingDeque<E>`	`LinkedBlockingDeque<E>` : Thread-sichere verkettete Liste, optional mit Angabe der Bound (sonst `Integer.MAX_VALUE`).

Die in der Tabelle aufgeführten Interfaces und ihre zugehörigen Implementierungen werden im nächsten Abschnitt anhand von Beispielen vorgestellt.

---

[13]   Zu retrofitted siehe Unterabschnitt in 1.3.1

1.11.2   Utility-Klasse Collections

Die Klasse Collections ist ein Sammelbecken für Algorithmen bzw. statische Methoden, denen verschiedene Kollektions-Typen zugeordnet sind. Mit wenigen Ausnahmen ist deshalb zumindest der erste Parameter eine Kollektion. Auch diese Klasse wurde um zwei Utility-Methoden erweitert.

asLifoQueue() alias Stack

Da es bereits eine Klasse Stack<E> gibt, ist dies wohl der Grund, dass es kein Interface mit diesem Namen gibt, was sicherlich eine saubere Typ-Lösung gewesen wäre. Leider ist aber die Klasse Stack<E> einem Design-Fehler zum Opfer gefallen und von Vector<E> abgeleitet. Somit erbt sie zusätzlich alle Methoden von Vector. Beide sind zwar retrofitted, aber „sub-optimal" implementiert.

In Java 6 gibt es deshalb eine neue Methode asLifoQueue(), die eine Queue liefert, die sich wie ein Stack verhält. Das ist vom Ansatz her recht merkwürdig. Denn der Rückgabetyp signalisiert FIFO, der Methoden-Name dagegen einen LIFO alias Stack. Damit das funktioniert, muss man eine Deque-Instanz übergeben. Intern werden dann alle Queue-Methoden, die stack-konform sind, auf die Deque-Methoden „umgebogen". Somit wird die Queue-Methode add() logisch zu push() und remove() zu pop(). Das ist nicht so gut wie ein Stack-Interface, verhindert aber zumindest Fehler, wenn man einen Stack mittels Deque simulieren will und ist im Gegensatz zu Stack performant. Ein Beispiel:

```
Queue<String> stack= Collections.asLifoQueue(
                          new ArrayDeque<String>());
stack.add("A");
stack.add("B");
stack.addAll(Arrays.asList("C","D","E"));
System.out.println(stack);                    ⇨ [E, D, C, B, A]

// --- Bedingung genügt!
for (;!stack.isEmpty();)
   System.out.print(stack.remove()+" ");      ⇨ E D C B A
```

Die Methode addAll() kann natürlich nicht einfach intern die gleiche Methode von Queue aufrufen, sondern musste neu implementiert werden.

newSetFromMap()

Da Sets mit Hilfe von Maps implementiert werden können, war es nur logisch, eine neue Methode newSetFromMap() anzubieten, der man eine Map als Basis für eine Set übergeben kann. Der Vorteil: Eine Set übernimmt dann alle Eigenschaften wie die Ordnung oder die Thread-Sicherheit von einer Map.

Anhand des zweiten Typ-Arguments `Boolean` in

```
public static <E> Set<E> newSetFromMap(Map<E,Boolean> map)
```

erkennt man, dass das `Set`-Element als Schlüssel mit genau einem zugehörigen Wert `Boolean.TRUE` oder `Boolean.FALSE` in der Map eingetragen wird. Genau das implementiert eine Menge. Wichtig dabei ist, dass die Map, die der `newSetFromMap()` übergeben wird, leer ist. Die Methode sollte auch nicht für Maps benutzt werden, die bereits als Basis für vorhandene Set-Implementierungen dienen. Dazu gehören:

- `HashSet`, basiert auf `HashMap`
- `TreeSet`, basiert auf `TreeMap`
- `ConcurrentSkipListSet`, basiert auf `ConcurrentSkipListMap`

Sinnvoller sind beispielsweise folgende Sets:

```
Set<String> idSet= Collections.newSetFromMap(
                        new IdentityHashMap<String,Boolean>());
Set<String> lnkSet= Collections.newSetFromMap(
                        new LinkedHashMap<String,Boolean>());

String a= new String("a");
idSet.addAll(Arrays.asList("a","b",a,"a"));
lnkSet.addAll(Arrays.asList("a","b",a,"a"));
System.out.println(idSet);                      ⇨ [a, a, b]
System.out.println(lnkSet);                     ⇨ [a, b]
```

Da der Wert hinter der Variablen `a` und das Literal `"a"` unterschiedliche Instanzen sind, werden in der `IdentityHashMap` beide als unterschiedliche Elemente aufgenommen. Die beiden Literale `"a"` sind allerdings identisch. Die `LinkedHashMap` fügt dagegen aufgrund des Wertvergleichs nur ein `"a"`-Element ein.

Thread-sichere Collections-Wrapper

Mit Ausnahme von *deprecated*[14] Klassen wie `Vector` sind alle Kollektionen im Package `java.util` nicht thread-sicher implementiert. Braucht man Thread-Sicherheit, besteht eine Möglichkeit darin, zur der jeweiligen Implementierung eine entsprechende thread-sichere Variante zu bekommen. Dazu greift man dann auf die Utility-Klasse `Collections` zurück. Sie enthält statische Hilfsmethoden, die thread-sichere Wrapper für Kollektionen liefern. Das ist weder performant noch objektorientiert. Der erste Nachteil von Wrappern liegt darin, dass sie nur das kapseln, was sie auch kennen. Sie passen sich nicht automatisch an neue Klassen oder Interfaces mit neuen Methoden an. Das erfordert entweder einen neuen Wrapper oder die Anpassung des alten, da Wrapper Methoden nicht automatisch erben!

---

[14]   deprecated: missbilligt, d.h. ersetzt und verbessert durch Neueres.

Beispielsweise gibt es für die neuen navigierbaren Sets zur Zeit keine passenden Wrapper. Eine navigierbare Set wird also per Wrapper in eine thread-sichere sortierte Set umwandeln:

```
// --- synchronizedNavigableSet() gibt es nicht!
SortedSet<String> ss= Collections.synchronizedSortedSet(navSet);
```

Das ist nicht unbedingt ein Nachteil! Das zweite Handicap von Wrappern ist dagegen gravierender als das erste. Per synchronized (*intrinsic* locks[15]) werden parallele Zugriffe auf die jeweilige Kollektion ausgeschlossen. An sich setzt man Threads ja gerade dann ein, wenn man parallele Bearbeitung forcieren möchte. Sind praktisch alle Methoden synchronisiert, kann man genau so gut – analog zu einem Event-Dispatcher bei der GUI – nur mit einer Thread arbeiten. Anstatt neue Wrapper zu kreieren, ist es demnach besser, unmissverständlich auf das Concurrent-Package hinzuweisen. Denn für echte Parallel-Bearbeitung sollte man die Container in java.util.concurrent nutzen.

1.11.3   Queue, Deque und ConcurrentStack

In Java 6 werden Queues um eine wichtige Variante erweitert. Eine *Deque*[16] ist eine sogenannte „double ended Queue". Bei einer normalen Warteschlange werden nur am Ende Elemente eingefügt und am Kopf entnommen, bei einer Deque von beiden Seiten. Das Interface Deque wird im Package java.util vom Interface Queue abgeleitet. Deque hat neben LinkedList eine neue nicht thread-sichere direkte Implementierung ArrayDeque sowie eine thread-sichere Klasse LinkedBlockingDeque, die direkt BlockingDeque – ein Sub-Interface von Deque – implementiert.

Man unterscheidet Deques mit und ohne Limitierung der Aufnahmekapazität. ArrayDeque und LinkedList nehmen unbeschränkt viele Elemente auf, bei BlockingQueue kann dagegen die Anzahl limitiert werden. Wie auch aus der ersten Tabelle zu ersehen, implementiert die Klasse LinkedList drei Interfaces: List, Queue und Deque. Sie sollte daher nicht mehr als eigene Typen auftreten. Sonst mischt man munter unterschiedliche Methoden (siehe hierzu auch Abschnitt 1.3). Von einem klaren Programmierstil erwartet man eher eine List, eine Queue oder Deque, nicht aber eine Melange aus allen dreien.

```
// --- anstatt: LinkedList deque= new LinkedList();
Deque deque= new LinkedList();
```

Benötigt man eine Deque, hilft die IDE und der Compiler, verwendet man dagegen die auskommentierte Variante, wird man mit einem grundlegenden Ingenieur-Prinzip konfrontiert.[17]

Beim Einfügen, Löschen und Betrachten von Elementen einer Deque gibt es jeweils zwei verschiedene Varianten, sofern die Operation nicht durchgeführt werden kann. Die eine Va-

---

[15] Lock-Mechanismus, der bei Java in jedem Objekt eingebaut ist.

[16] Deque wird wie Deck ausgesprochen!

[17] „Alles, was schief gehen kann, geht auch schief!" Jeder Informatiker lernt das und umschreibt *that-which-shall-not-be-named* passend mit: „Der Rechner hat einen Virus", „OS/Version/Plattform ist inkompatibel!"

riante löst eine Ausnahme aus und die andere liefert beim Löschen oder Betrachten `null` bzw. beim Einfügen `false`. Für Deques, die nur eine beschränkte Anzahl von Elemente zulassen, ist wohl die letzte Variante besser geeignet. Damit gibt es zwölf spezielle `Deque`-Methoden, wobei sechs in der Wirkung absolut gleich mit der `Queue` sind.[18]

Op	Typ	Am Kopf		Am Ende	
		Ausnahme	*null / false*	*Ausnahme*	*null / false*
E	*Deque*	`addFirst(e)`	`offerFirst(e)`	`addLast(e)`	`offerLast(e)`
	Queue	-	-	`add(e)`	`offer(e)`
	Stack	`push(e)`	-	-	-
L	*Deque*	`removeFirst()`	`pollFirst()`	`removeLast()`	`pollLast()`
	Queue	`remove()`	`poll()`	-	-
	Stack	`pop()`	-	-	-
B	*Deque*	`getFirst()`	`peekFirst()`	`getLast()`	`peekLast()`
	Queue	`element()`	-	-	-
	Stack	`peek()`	-	-	-

Da `null` als spezieller Wert für nicht-vorhandene Elemente benutzt wird, kann `null` nicht in eine `Deque` eingefügt werden. Ein Versuch wird mit einer `NullPointerException` bestraft. Speziell für eine `BlockingQueue` oder `BlockingDeque` gibt es für Einfüge- und Lösch-Operationen noch zwei weitere Varianten.

Operation		*Ausnahme*	*null / false*	*Blockierend*	*Zeitschranke* *t=timeout, u=unit*
E	*Kopf*	`addFirst(e)`	`offerFirst(e)`	`putLast(e)`	`offerFirst(e,t,u)`
	Ende *(Queue)*	`addLast(e)` `add(e)`	`offerLast(e)` `offer(e)`	`putLast(e)` `put(e)`	`offerLast(e,t,u)` `offer(e,t,u)`
L	*Kopf* *(Queue)*	`removeFirst()` `remove()`	`pollFirst()` `poll()`	`takeLast()` `take()`	`takeFirst(t,u)` `take(t,u)`
	Ende	`removeLast()`	`pollLast()`	`takelast()`	`takeLast(t,u)`

---

[18]   In der ersten Spalte steht *E* dabei für Einfügen, *L* für Löschen und *B* für Betrachten.

Sun wäre nicht Sun, wenn es nicht gegen die reine Lehre der Algorithmen & Datenstrukturen verstoßen dürfte. Denn `Deque` bietet zwei Methoden, die Elemente innerhalb der `Deque` zu löschen. Da die beiden Methoden wohl häufig auch für Deques benutzt werden, wäre die Alternative gewesen, eine `List` anstatt einer `Deque` zu nehmen. Angesichts des o.a. Ingenieurs-Prinzips ist das (für Sun) nicht wirklich attraktiv.[19]

```
removeFirstOccurrence(Object o);    // Löscht erstes Auftreten von o
removeLastOccurrence (Object o);    // Löscht letztes Auftreten von o
```

Deque

Da Queues bereits seit Java 5 existieren, werden im Folgenden einige Methoden aus dem `Deque` Interface am Beispiel vorgestellt.

Listing 1.6   (Nicht-) blockierende Deque

```
public class TestDeque {
   public static void main(String... args) {

      // --- die nicht-blockierende Variante ohne Kapazitätsbeschränkung:
      //     Start mit 8 Elementen, ohne Angabe ist der Default 16
      Deque<String> dq= new ArrayDeque<String>(8);

      // --- nur holen, nicht entfernen: null= wenn leer
      System.out.println(dq.peekFirst());                    ➪ null
      System.out.println(dq.peekLast());                     ➪ null

      // --- Einfügen:
      //     Wenn nicht möglich: IllegalStateException bei der add-Variante
      //                         false bei der offer-Variante
      dq.addFirst("Hallo");
      System.out.println(dq.offerFirst("Hallo"));            ➪ true
      System.out.println(dq.offerLast("Welt"));              ➪ true
      System.out.println(dq);                      ➪ [Hallo, Hallo, Welt]

      // --- poll-Methoden: holen und entfernen: null= wenn leer
      System.out.println(dq.pollFirst());                    ➪ Hallo
      dq.offerFirst("Welt");

      // --- remove(First/Last): holen und entfernen. Ausnahme, wenn leer
      //     remove(First/Last)Occurence: false= wenn nicht möglich
      System.out.println(dq.removeLastOccurrence("Welt"));  ➪ true
      System.out.println(dq);                         ➪ [Welt, Hallo]
```

---

[19]   Vielleicht wäre ein Sub-Typ `SunDeque` origineller gewesen.

```
// --- die blockierende Variante:
//    Kapazität 2, ohne Angabe ist der Default: Integer.MAX_INT
BlockingDeque<String> bdq=
                    new LinkedBlockingDeque<String>(2);

System.out.println(bdq.offerFirst("Hallo"));          ⇨ true
System.out.println(bdq.offerFirst("Hallo"));          ⇨ true
System.out.println(bdq.offerLast("Welt"));            ⇨ false
System.out.println(bdq.pollLast());                   ⇨ Hallo
System.out.println(bdq.pollFirst());                  ⇨ Hallo
System.out.println(bdq.pollLast());                   ⇨ null
bdq.addFirst(null);                         ⇨ ... NullPointerException
    }
}
```

Die letzte Anweisung löst eine `NullPointerException` aus, da der Wert `null` als Element nicht erlaubt ist.

CAS-Implementierung: ConcurrentStack

Die Stack-Lösung mit `Collections.asLifoQueue()` ist zwar pragmatisch, jedoch logisch nicht zufriedenstellend. Brian Goetz hat 2006 mit Hilfe eines nicht-blockierenden *CAS*-Algorithmus eine Implementierung des Stacks vorgestellt. CAS steht für eine atomare *Compare-And-Set* Operation und kann somit in speziellen Fällen `synchronized` ersetzen. Zusammen mit atomaren Referenzen ist die Implementierung eines Stacks erstaunlich kurz. Dies ist auch einer der beiden Gründe der Vorstellung. Der andere liegt darin, dass die Implementierung einen guten Eindruck von der Wirkungsweise von CAS und atomaren Referenzen vermittelt. Das geht zwar über die reine Nutzung von Kollektionen hinaus, ist aber für ein besseres Verständnis der Container sehr hilfreich.

Obwohl der Name Stack als Klasse bereits vergeben ist, verwenden wir im Folgenden aus Klarheit ein Interface `Stack`:

```
// --- die essentiellen Stack-Methoden
public interface Stack<E> {
  boolean empty();
  E peek();
  E pop();
  void push(E element);
}
```

Die folgende CAS-Implementierung ist zwar generisch konzipiert, aber auch ohne tiefe generische Kenntnisse verständlich.

Listing 1.7   Eine ConcurrentStack-Implementierung

```java
public class ConcurrentStack<E> implements Stack<E> {
  // --- Atomare Referenzen: wie volatile Variable, aber mit thread-sicherem Update
  private final AtomicReference<Node<E>> top=
                             new AtomicReference<Node<E>>();

  private static class Node<E> {
    // --- thread-sichere Variable, nur in ConcurrentStack im Zugriff
    private final E element;
    private final Node<E> next;

    // --- aufgrund von finals thread-sichere Anlage
    private Node(E element, Node<E> next) {
      this.element= element; this.next= next;
    }
  }

  // --- atomicVariable.get() wie volatile thread-sicher
  public boolean empty() {
    return top.get()==null;
  }

  public void push(E element) {
    Node<E> curTop;
    // --- siehe hierzu Kommentar nach Listing!
    while (!top.compareAndSet(curTop=top.get(),
                             new Node<E>(element,curTop)));
  }

  public E pop() {
    Node<E> curTop;
    do {
      curTop= top.get();
      if(curTop==null)
        return null;
    } while (!top.compareAndSet(curTop,curTop.next));
    return curTop.element;
  }

  public E peek() {
    Node<E> curTop;
    return (curTop=top.get())==null?null:curTop.element;
  }
}
```

Die statisch innere Klasse `Node` ist rein `private`, da sie nur innerhalb von `Concurrent-Stack` benutzt werden soll. Der Kern der `push`-Operation ist CAS:

```
top.compareAndSet(curTop=top.get(),new Node<E>(element,curTop));
```

Die Argumente in der Methode werden vor dem Aufruf zuerst von links nach rechts ausgewertet. Aufgrund der atomaren Referenz `top` wird auch `curTop` atomar bestimmt. Dann wird eine neue `Node`-Instanz erschaffen. Konstruktor zusammen mit `private final` gewährleisten Thread-Sicherheit. Bei dem nun folgenden CAS-Aufruf wird `curTop` erneut mit dem aktuellen Top verglichen, der sich zwischenzeitlich verändert haben kann. Nur wenn der `curTop` noch identisch zum aktuellen Top ist, erfolgt atomar die nachfolgende set-Operation mit der `Node`-Instanz und das Ergebnis ist `true`. Ist dies nicht der Fall und `compareAndSet()` liefert `false`, wird die `while`-Schleife erneut durchlaufen.

Gegenüber den Algorithmen, die auf Locks basieren, ist CAS dann performanter, wenn eine Modifikation zwischen Holen und Setzen eines Werts durch eine andere Thread eher selten ist. Das ist in den weitaus meisten Fällen auch der Fall. CAS ist somit eine Art von optimistischen Locking, wogegen Blocking-Algorithmen eine pessimistische Strategie verfolgen.

Die `pop`-Operation läuft logisch identisch zu der `push`-Operation ab. Aufgrund der Design-Entscheidung `null` zu liefern, sofern der Stack leer ist, wurde eine `do-while` gewählt. In peek() wie in den anderen beiden Methoden ist `curTop` eine lokale Variable, also thread-sicher.

1.11.4   Konsistenz von hashCode(), equals() und compare()

Mit Ausnahme einer so genannten Identitäts-Menge wie beispielsweise

```
Collections.newSetFromMap(new IdentityHashMap<String,Boolean>());
```

ist für Sets der Wertvergleich beim Einfügen neuer Elemente essentiell. Die von der Klasse `Object` geerbte Methode `equals()` prüft prinzipiell nur auf Identität. Jede Klasse, die ihre Instanzen anhand ihrer Werte vergleichen möchte, muss also einen so genannten *strukturellen* Vergleich durchführen.

Für viele mathematischen Objekte ist dies einfach: Nur wenn aller ihre Felder gleich sind, sind auch zwei Instanzen gleich. Nicht-mathematische Objekte haben dagegen oft künstliche Schlüssel[20] zur Identifikation und die prüft `equals()` dann auf Gleichheit. Bei sortierten Containern ist neben der Gleichheit noch die Ordnung entscheidend. Denn nur total geordnete Instanzen einer Klasse lassen sich sortieren. Zwischen der Methode `hashCode()` und `equals()` sowie zwischen `equals()` und `compare()` gibt es Abhängigkeiten, die im weiteren anhand von Beispielen demonstriert werden.

---

[20]   Wie die Matrikel-Nummer für Studierende oder die RFIDs für die automatischen Identifizierung.

Zuerst benötigen wir eine möglichst einfache Klasse wie `Point`. In der ersten Version soll sie nur die Methode `equals()` enthalten.

```java
public class Point {
  protected int x,y;

  public Point(int x,int y) {
    this.x=x;
    this.y=y;
  }

  @Override
  public String toString() {
    return "("+x+","+y+")";
  }

  @Override
  public boolean equals(Object o) {

    // --- wird nur optional für Nachweis des Aufrufs benötigt!
    System.out.println("equals");
    return o instanceof Point?
           x==((Point)o).x && y==((Point)o).y : false;
  }
}
```

Führen wir einen kurzen Test durch:

```java
Set<Point> pSet1= new HashSet<Point>();
Point p1= new Point(1,1);
Point p2= new Point(1,2);

System.out.println(pSet1.add(p1));              ⇨ true
System.out.println(pSet1.add(p2));              ⇨ true
System.out.println(pSet1);                      ⇨ [(1,2), (1,1)]

Point p= new Point(1,1);
System.out.println(pSet1.contains(p));          ⇨ false
```

Laut Set-Kontrakt (siehe hierzu die Java-Dokumentation) testet die Methode `contains()` mittels `equals()`, ob eine Instanz in der Menge ist. Da sich `equals()` beim Aufruf melden müsste, wird `equals()` offensichtlich gar nicht erst aufgerufen und das Ergebnis von `contains()` ist `false`. Das ist logisch nicht haltbar, liegt aber an dem Kontrakt zwischen `hashCode()` und `equals()`. Deshalb fügt man im zweiten Schritt eine entsprechende Methode `hashCode()` zur Klasse `Point` hinzu:

```
public class Point {
  // --- wie oben ...

  @Override
  public int hashCode() {
    return x^y;
  }
}
```

Nun liefert die letzte Anweisung im Test oben das erwünschte Ergebnis:

```
System.out.println(pSet1.contains(p));        ⇨ equals
                                              ⇨ true
```

Für keine Klasse, die man implementiert, kann man ausschließen, dass ihre Instanzen in Containern wie beispielsweise `HashSet` oder `LinkedHashSet` eingefügt werden. Deshalb sollte der erste Punkt des folgenden Hinweises immer beachtet werden.

▶ *Hinweis 1.9   equals, hashCode und compare(To)*

- Damit `equals()` immer aufgerufen wird, muss das Resultat von `hashCode()` für Instanzen gleich sein, deren `equals()`-Vergleich `true` liefert. Die Umkehrung gilt nicht!

- Implementiert eine Klasse das Interface `Comparable` mit der Methode `int compareTo(T o)`, sagt man, die Klasse ist *natürlich* geordnet.

- Benötigt man eine von der natürlichen Ordnung abweichende Sortierung bzw. ist die Klasse nicht natürlich geordnet, kann man nachträglich mit Hilfe des Interfaces `Comparator` eine externe Methode `int compare(T o1, T o2)` angeben.

`T` steht wie `E` bei Kollektionen für einen beliebigen Typ, der durch die aktuelle Klasse ersetzt wird. Das Interface `Comparator` wird häufig als anonyme Klasse implementiert.

Um im Folgenden die Beziehung zwischen `equals()` und `compare()` zu testen, erweitern wir die `Point`-Klasse um zwei Distanz-Methoden. Die erste Methode `distance()` beruht auf dem euklidischen Abstand zum Ursprung. Eine weitere Methode `blockDistance()` – in USA auch *Manhattan-Distance* genannt – bestimmt den Abstand zum Ursprung entlang der x,y-Achsen. Der Block-Abstand ist somit der normale Weg, den man in amerikanischen Städten wie Manhattan zwischen zwei Punkten zurücklegen muss.

Für die Klasse `Point` führen wir nun eine natürliche Ordnung auf Basis der Block-Distanz ein. Dazu muss `Point` das Interface `Comparable<Point>` mit der einzigen Methode `compareTo()` implementieren. Der größere Abstand zum Ursprung entscheidet beim Vergleich zweier Punkte, welcher größer ist.

Listing 1.8   Eine Point-Klasse mit zwei Ordnungen

```java
public class Point implements Comparable<Point> {
  public static final Point ORIGIN= new Point(0,0);     // Ursprung
  protected int x,y;

  public Point() {}

  public Point(int x,int y) {
    this.x=x; this.y=y;
  }

  @Override
  public int hashCode() {
    return x^y;
  }

  @Override
  public String toString() {
    return "("+x+","+y+")";
  }

  // --- Vergleich der x,y-Werte. Sie ist unabhängig von Abstands-Messungen!
  @Override
  public boolean equals(Object o) {
    return o instanceof Point? x==((Point)o).x && y==((Point)o).y
                             : false;
  }

  // --- 1. Variante zum  Abstand zweier Punkte
  public int blockDistance(Point p) {
    return Math.abs(x-p.x)+Math.abs(y-p.y);
  }

  // --- 2. Variante zum  Abstand zweier Punkte
  public double euclidianDistance(Point p) {
    return Math.sqrt((x-p.x)*(x-p.x)+(y-p.y)*(y-p.y));
  }

  // --- Ein Punkt ist größer als ein anderer, wenn er weiter vom Ursprung entfernt ist.
  public int compareTo(Point p) {
    return blockDistance(ORIGIN)==p.blockDistance(ORIGIN)?0:
           blockDistance(ORIGIN)>p.blockDistance(ORIGIN)?1:-1;
  }
}
```

Der nächste Test verwendet die Klasse `TreeSet`. Hier gibt es eine böse Überraschung, die auf die Inkonsistenz von `equals()` und `compareTo()` zurückzuführen ist:

```
Set<Point> pSet1= new TreeSet<Point>();

// --- zwei verschiedene Punkte
Point p1= new Point(-2,-2);
Point p2= new Point(0,4);

pSet1.add(p1);
pSet1.add(p2);
System.out.println(pSet1);                        ⇨ [(-2,-2)]
System.out.println(pSet1.contains(p2));           ⇨ true

// --- import static kap01.Point.*;
System.out.println(p1.blockDistance(ORIGIN));     ⇨ 4
System.out.println(p2.blockDistance(ORIGIN));     ⇨ 4
```

Die Klasse `TreeSet` ignoriert `equals()` völlig und verwendet nur `compareTo()`. Da es vier Punkte mit Abstand 1, acht Punkte mit Abstand 2, etc. gibt, kann von allen Punkten mit gleichem Abstand in eine `TreeSet` nur jeweils einer aufgenommen werden. Dies schließt eine Übereinstimmung von `equals()` und `compareTo()` aus. Der Abstand definiert mathematisch gesehen nur eine *Quasi-Ordnung*. Egal welche Ordnung man wählt, Punkte lassen sich wie komplexe Zahlen nicht total ordnen:

Aus p1<=p2 und p2<=p1 folgt nicht p1=p2.

Die Idee, in der Deklaration von `Point` einfach das Interface `Comparable` wegzulassen

```
public class Point { ... }
```

ist keine Lösung. Dann wird zur Laufzeit von `TreeSet` eine `ClassCastException` ausgelöst. Eine Alternative zur natürlichen Ordnung besteht darin, dem Konstruktor von `TreeSet` einen `Comparator` in Form einer anonymen Klasse zu übergeben:

```
Set<Point> pSet1= new TreeSet<Point>();
Set<Point> pSet2= new TreeSet<Point>(
  // --- ein Point-Comparator, definiert als anonyme Klasse
  new Comparator<Point>() {
    public int compare(Point p1,Point p2) {
      return p1.euclidianDistance(ORIGIN)==
             p2.euclidianDistance(ORIGIN)?0:
             p1.euclidianDistance(ORIGIN)>
             p2.euclidianDistance(ORIGIN)?1:-1;
    }
});
```

Ein Test mit den beiden Mengen `pSet1` und `pSet2` zeigt bei der Ausgabe die unterschiedlichen Ordnungen:

```
Point p1= new Point(2,2);
Point p2= new Point(-2,-2);
Point p3= new Point(0,3);
pSet1.add(p1); pSet2.add(p1);
pSet1.add(p2); pSet2.add(p2);
pSet1.add(p3); pSet2.add(p3);

System.out.println(pSet1);                    ➪ [(0,3), (2,2)]
System.out.println(pSet2);                    ➪ [(2,2), (0,3)]
```

Da `TreeSet` neben `Set` auch `SortedSet` und `NavigableSet` implementiert, hängt die Ausgabe von der Sortierung, d.h. von `compare()` bzw. `compareTo()` ab. In beiden Fällen wird aber der Punkt `p2` ignoriert. Zu beachten ist also:

▶ Hinweis 1.10 Konsistenz von equals() und compare()

- Nur im Fall, dass man in `compare()` bzw. `compareTo()` eine totale Ordnung wählen kann, ist die Konsistenz zu `equals()` gewährleistet. Ist dies nicht möglich, führt die Wahl einer `Set`-Implementierung wie beispielsweise `TreeSet`, die nicht mit `equals()` auf Gleichheit prüft, zu Fehlern.

Neben den beiden vorgestellten Konstruktoren in `TreeSet` gibt es noch zwei weitere:

```
TreeSet()                               // natürliche Sortierung

TreeSet(Comparator<? super E> c)        // Sortierung basiert auf Comparator

TreeSet(Collection<? extends E> c)      // Übernahme der Elemente, aber
                                        // immer natürliche Sortierung

TreeSet(SortedSet<E> s)                 // Übernahme der Elemente
                                        // und der Sortierung
```

Die letzten beiden Konstruktoren sind mit Vorsicht zu verwenden, denn:

```
System.out.println(
  new TreeSet<Point>(pSet2));                        ➪ [(0,3), (2,2)]
System.out.println(
  new TreeSet<Point>((SortedSet<Point>)pSet2));      ➪ [(2,2), (0,3)]
```

Die `TreeSet`-Instanz wird in der ersten Anweisung also Typ der Variablen `pSet2`, d.h. als einfache `Set` angesprochen. Daher wird auch der Konstruktor aufgerufen, der nur eine `Collection` erwartet. In der zweiten Anweisung wird dagegen durch den Cast nach `SortedSet` der `TreeSet`-Konstruktor für `SortedSet` aufgerufen.

1.11.5 Navigierbare Container

Basierend auf den Interfaces `SortedSet` bzw. `SortedMap` wurden in Java 6 navigierbare Sets bzw. Maps abgeleitet, die man – neben vielen anderen neuen Operationen – in beiden Richtungen durchlaufen kann. Die neuen Interfaces in Package `java.util` hören somit auf `NavigableSet` und `NavigableMap` und im Package `java.util.concurrent` dann auf `ConcurrentNavigableMap`. Je nach Package stehen für die Interfaces entsprechende Implementierungen bereit.

NavigableSet

Als sortiertes `Set` setzt `NavigableSet` entweder eine natürliche Ordnung voraus oder dem Konstruktor wird ein `Comparator` übergeben, wobei die jeweilige Vergleichsmethode nach Hinweis 1.10 konsistent mit `equals()` sein sollten. Das folgende Listing enthält alle interessanten neuen Methoden von `NavigableSet`:

Listing 1.9   Methoden für NavigableSet

```
package kap01;

import java.util.*;
// --- erspart System bei der Ausgabe, siehe unten
import static java.lang.System.out;

public class TestNavSet {

  public static void main(String... args) {
    NavigableSet<String> ns= new TreeSet<String>();
    ns.addAll(Arrays.asList(
        "1","2","10","ä","ab","a","Abc","ABC","AB","z"));

    // --- aufsteigend sortiert: Vorsicht bei Zahlen und Umlauten!
    out.println(ns);              ⇨ [1, 10, 2, AB, ABC, Abc, a, ab, z, ä]

    // --- kleinstes Element, größer/gleich ö existiert nicht, daher:
    out.println(ns.ceiling("ö"));                    ⇨ null

    // --- in diesem Fall liegt über zz das Element ä
    out.println(ns.ceiling("zz"));                   ⇨ ä

    // --- größtes Element kleiner/gleich 0 existiert nicht, also:
    out.println(ns.floor("0"));                      ⇨ null
    out.println(ns.floor("100"));                    ⇨ 10
```

```
// --- Element strikt größer als 0
out.println(ns.higher("0"));                                    ⇨ 1
```

```
// --- Element strikt kleiner als 2
out.println(ns.lower("2"));                                     ⇨ 10
```

```
// --- Intervall bis 2 exklusive die Grenze 2
out.println(ns.headSet("2"));                                   ⇨ [1, 10]
```

```
// --- Intervall von 2 inklusive der Grenze 2
out.println(ns.tailSet("2"));        ⇨ [2, AB, ABC, Abc, a, ab, z, ä]
```

```
// --- Anhängen des Zeichens 0, somit exklusive 2 (wie HeadSet)
out.println(ns.tailSet("2\0"));      ⇨ [AB, ABC, Abc, a, ab, z, ä]
```

```
// --- Intervall von..bis exklusive obere Grenze
out.println(ns.subSet("10","Abc"));        ⇨ [10, 2, AB, ABC]
```

```
// --- Intervall von..bis inklusive obere Grenze durch Anhängen von 0
out.println(ns.subSet("10","Abc\0"));  ⇨ [10, 2, AB, ABC, Abc]
```

```
// --- holt und löscht erstes Element
out.println(ns.pollFirst());      ⇨ 1
```

```
// --- holt und löscht letztes Element
out.println(ns.pollLast());       ⇨ ä
out.println(ns);                  ⇨ [10, 2, AB, ABC, Abc, a, ab, z]
```

```
// --- absteigender Iterator
for (Iterator<String> i= ns.descendingIterator();
     i.hasNext();
     out.print(i.next()+" "));   ⇨ z ab a Abc ABC AB 2 10
  }
}
```

Eine Diskussion der Ausgabe ist wohl nicht notwendig, da die Ausgaben die Wirkungen der Methoden recht gut zeigen.

NavigableMap

Maps eignen sich vorzüglich für In-Memory-Datenbanken. Wie bei einer RDBMS der Primärschlüssel, verbindet eine Map mit jedem Element einen eindeutigen Schlüssel. Ein Eintrag vom Interface-Typ Map.Entry ist dann ein Key-Value-Pair, verbindet also ein identifizierenden Schlüssel mit einem Wert.

Eine Map hat Methoden, die anstatt Elemente entweder Schlüssel oder Einträge liefert. Ansonsten sind die Methoden äquivalent zu denen von NavigableSet. Präfixe wie ceiling, floor oder higher haben bei Maps die gleiche Bedeutung wie bei Sets. Gleiches gilt für Methoden wie pollFirstEntry, pollLastEntry bzw. headMap, subMap oder tailMap.

Für ein Beispiel zu einer Map deklarieren wir eine kleine Klasse Airport, die nur das Ident und den Namen eines Flughafens kapseln soll.

```java
public class Airport {

  // --- das Ident eines Flughafens besteht aus einem dreistelligen Akronym,
  //     das international festgelegt ist.
  private final String id;
  private String name;

  public Airport(String id, String name) {
    this.id=id;
    this.name= name;
  }

  public String getId() {
    return id;
  }

  public String getName() {
    return name;
  }

  public void setName(String name) {
    this.name= name;
  }

  @Override
  public String toString() {
    return id+": "+name;
  }
}
```

Anhand einer Airport-Map werden einige Methoden der Map demonstriert. Der Schlüssel bzw. Key ist das Ident des Flughafens, der Wert die Airport-Instanz selbst.

Listing 1.10   NaviableMap<String,Airport>

```
package kap01;

import java.util.*;
import static java.lang.System.out;
import static java.util.Map.Entry;

public class TestNavMap {
  public static void main(String... args) {
    NavigableMap<String,Airport> aMap=
                                new TreeMap<String,Airport>();
    // --- drei Flughäfen:
    aMap.put("AAL",new Airport("AAL","Aalborg"));
    aMap.put("TXL",new Airport("TXL","Berlin"));
    aMap.put("SHA",new Airport("SHA","Shanghai"));

    out.println(aMap);
      ⇨ {AAL=AAL: Aalborg, SHA=SHA: Shanghai, TXL=TXL: Berlin}
    out.println(aMap.headMap("S") +" und "+
            aMap.tailMap("S"));
      ⇨ {AAL=AAL: Aalborg} und {SHA=SHA: Shanghai, TXL=TXL: Berlin}

    // --- ohne statischen Import müsste man Map.Entry schreiben:
    Entry<String,Airport> entry= aMap.lastEntry();

    out.println(entry);                       ⇨ TXL=TXL: Berlin
    out.println(aMap.ceilingEntry("P"));   ⇨ SHA=SHA: Shanghai
    out.println(aMap.descendingMap());
      ⇨ {TXL=TXL: Berlin, SHA=SHA: Shanghai, AAL=AAL: Aalborg}

    Set<String> kSet= aMap.descendingKeySet();
    out.println(kSet);                        ⇨ [TXL, SHA, AAL]

    // --- beide nachfolgenden Operationen löschen Einträge in der Map
    kSet.remove("AAL");

    out.println(aMap.pollLastEntry());
    out.println(aMap);                     ⇨ {SHA=SHA: Shanghai}

    // --- Löst zur Laufzeit eine Ausnahme aus:
    entry.setValue(new Airport("AAR","Aarhus"));
                          ⇨ ... UnsupportedOperationException
  }
}
```

Leitet man eine Set von Map ab, so basiert sie auf den Original-Einträgen der Map. Die Methode `remove()` wirkt sich daher auch auf die Map aus. Versucht man dagegen, Änderungen über einen Entry-Eintrag vorzunehmen, wird eine `UnsupportedOperationException` ausgelöst. Dies zeigt die letzten Anweisung.

1.11.6   ConcurrentSkipListSet

Zu `NavigableSet` gibt es eine Implementatierung `ConcurrentSkipListSet`. Das Hinzufügen bzw. Entfernen einzelner Element ist atomar, d.h. logisch unteilbar. Atomare Operationen können nicht unterbrochen werden, laufen also entweder ganz oder gar nicht ab. Im Normalfall wird dies dadurch erreicht, dass die komplette Methode synchronisiert wird. Es gibt allerdings auch Alternativen (wie beispielsweise die CAS-Implementierung von `ConcurrentStack` in Abschnitt 1.11.3).

Auch bei der `ConcurrentSkipListSet` ist das Einfügen, Entfernen und Zugreifen auf Elemente aus verschiedenen Threads parallel möglich. Ein Einfügen von `null` ist wie bei (nahezu) allen Concurrent-Implementierungen nicht möglich, da `null` als Rückgabewert signalisiert, dass es keinen Wert mehr gibt.

Nicht atomar sind bei dieser Implementierung die sogenannten Bulk- bzw. Massen-Operationen wie `addAll()`, `removeAll()`, `containsAll()` und `retainAll()`. Iteriert man also in einer Thread über die Set, während man parallel in einer anderen diese Methoden aufruft, ist das Ergebnis nicht *deterministisch*. Deterministisch nennt man Operationen, die vorhersehbar sind und durch wiederholte Aufruf reproduziert werden können. Der Vorteil von nicht deterministischen Methoden liegt insbesondere darin, dass sie keine Ausnahmen auslösen. Das gilt allerdings nicht bei dem Versuch, eine `null` als Wert einzufügen.

Die zugehörigen Iterationen nennt man *weakly consistent*. Der Begriff „schwach konsistent" besagt, dass Iterationen neben den anderen Operationen parallel ablaufen und die Elemente liefert, die der Iterator nach seiner Erschaffung in der Set vorfindet. Elemente, die vom Iterator geliefert werden, können durchaus zwischenzeitlich gelöscht worden sein. Andererseits können bereits neue Elemente in der Set eingefügt worden sein, die der Iterator nicht unbedingt anzeigt.

Das folgende Listing zeigt die Parallelverarbeitung anhand von drei Threads, die nicht fair gestartet werden. Der Ablauf ist sehr stark vom Scheduler abhängig und dieser wiederum vom Betriebssystem. Deshalb wurde noch eine zufällige Schlafzeit zwischen 0 und TIME in jedes `run()` eingebaut.[21]

---

[21]   Mit 5 msec ist TIME nicht unbedingt optimal gewählt, da u.a. bei MS Windows XP die Latency (genauer wohl der periodic clock interrupt) normalerweise etwa 10 msec betragen soll.

Listing 1.11   Parallelverarbeitung in Concurrent Set

```java
public class TestConNavSet {
  static Random random= new Random();
  static final int TIME= 5;

  static void sleep() {
    try { Thread.sleep(random.nextInt(TIME));
    } catch (Exception e) {}
  }

  public static void main(String... args) {
    final NavigableSet<String> cSet=
                    new ConcurrentSkipListSet<String>();
    // --- erste Thread: bulk-Operation, Einfügen von 7 Elementen
    new Thread (new Runnable() {
      public void run() {
        sleep();
        cSet.addAll(Arrays.asList("4","7","3","1","5","2","6"));
      }
    }).start();

    // --- zweite Thread: Iterieren über die gleiche Menge
    new Thread (new Runnable() {
      public void run() {
        sleep();
        // --- da weakly consistent, ist die Iteration/Ausgabe nicht vorhersehbar
        for (Iterator<String> i=
             cSet.descendingIterator(); i.hasNext();)
          System.out.print(i.next()+" ");   ⇨ 3 2 1
                                            ⇨ 7 6 5 4 3 2 1
                                            ⇨ 7 6 3 2 1
        /* auch leere Ausgabe möglich */  ⇨
      }
    }).start();

    // --- dritte Thread: bis auf "1","2","3" alle Elemente löschen
    new Thread (new Runnable() {
      public void run() {
        sleep();
        cSet.retainAll(Arrays.asList("1","2","3"));
      }
    }).start();
  }
}
```

Obwohl nach Ablauf der drei Threads die Menge cSet nur die String-Elemente "1","2" und "3" enthält, sind Ausgaben zwischen den Extremen „leer" und der Anzeige der gesamten Menge möglich.

1.11.7   ConcurrentMap

Eine ConcurrentMap ist erste Wahl, sofern Maps parallel bearbeitet werden müssen. Synchronisierte Wrapper einer normalen Map sind bei parallelem Zugriff aus mehreren Threads in der Performanz unterlegen. Es gibt zwei Implementierungen: ConcurrentHashMap und ConcurrentSkipListMap. Abgesehen von den Besonderheiten einer Map entspricht das Verhalten von ConcurrentSkipListMap der oben besprochenen ConcurrentSkipList-Set.

ConcurrentNavigableMap

Das Interface überschreibt an sich nur covariant[22] die bereits vorhandenen Methoden der Super-Interfaces wie SortedMap oder NavigableMap. Liefert beispielsweise die Methode

```
SortedMap<K,E> headMap(K toKey)
```

so wird sie überschrieben mit

```
ConcurrentNavigableMap<K,E> headMap(K toKey)
```

Die einzige Implementierung zu dieser Map ist die Klasse ConcurrentSkipListMap. Alle Ausführungen, die zu ConcurrentSkipListSet im letzten Abschnitt gemacht wurden, lassen sich auf ConcurrentSkipListMap übertragen. Deshalb ist ein weiteres Beispiel wohl nicht notwendig.

ConcurrentHashMap

Abschließend darf ein Verweis auf die Implementierung ConcurrentHashMap des Interfaces ConcurrentMap nicht fehlen, auch wenn es sie bereits seit Java 5 gibt. Alle Operationen sind nicht-blockierend. Per Default können 16 Threads die Map parallel bearbeiten (löschen/ändern/einfügen), ohne sich also gegenseitig wie bei der Synchronisation zu blockieren. Der parallele Zugriff auf Einträge aus anderen Threads beruht auf der letzten abgeschlossenen Bearbeitung. Für Bulk-Operationen und den (zwangsläufig) schwach konsistenten Iterationen gelten die Aussagen aus Abschnitt 1.11.6. Die Anpassungen an den speziellen Einsatz, d.h. auch die parallele Arbeitslast lässt sich über die Konstruktoren steuern. Der folgende Konstruktor lässt eine ausreichende Adjustage zu:

```
ConcurrentHashMap (int initialCapacity,
                   float loadfactor,
                   int concurrencyLevel);
```

---

[22]   Der Rückgabe-Typ einer Methode wird beim Überschreiben der Methode in einen Subtyp abgeändert. Covarianz wird ausführlich im 2. Kapitel besprochen.

Die `initialCapacity` ist dann optimal, wenn sie der benötigten Aufnahmekapazität der
`Map` entspricht. Der `loadfactor` gibt an, wann eine Anpassung der Größe der `Map` erfolgen
soll. Dabei bedeutet ein `loadfactor` von `0.9` dass eine Überschreitung des Füllungsgrads
von 90% zu einer Größenanpassung der Map führt. Der `concurrencyLevel` ist dann optimal, wenn sie die Maximalanzahl der Threads trifft, die parallel die Map bearbeiten. Die nur
lesenden Threads zählen dabei nicht mit. Einfach einen zu großen Wert zu nehmen, ist nicht
vorteilhaft. Wenn wir nur ein oder zwei Threads in der Map löschen oder einfügen, sollte
auch der `concurrencyLevel` entsprechend auf 1 oder 2 gesetzt werden. Das erhöht mit Sicherheit die Performanz. Der No-Args-Konstruktor

```
ConcurrentHashMap ();
```

hat folgende Defaults: `initialCapacity` von `16` Einträgen (entries), `loadFactor` von
`0.75` und einen `concurrencyLevel` von `16`. Er ist ein feines kleines Beispiel für *Convention over Configuration*, ein Begriff, der mit Ruby On Rails en vogue wurde.

1.11.8   CopyOnWrite

Eine Eigenschaft wie die schwache Konsistenz der Iteratoren kann in bestimmten Fällen ungemein stören. Vor allem dann, wenn es – wie bei Observern, Listenern oder Handlern –
notwendig ist, über eine temporär fixe Menge bzw. Liste iterieren zu müssen. Dann dürfen
parallel laufende Bearbeitungen diesen Ablauf nicht stören. Genau für diesen Fall gibt es seit
Java 5 zwei spezielle Klassen. Da die eine Klasse `CopyOnWriteArraySet` intern auf der
`CopyOnWriteArrayList` basiert, genügt es, die Listen-Version zu betrachten.

CopyOnWriteArrayList

Wie der Name schon sagt, ist diese Implementierung eine besondere Concurrent-Variante
von `ArrayList`. Alle Operationen, die die Liste verändern, führen intern zu einem neuen
Array. Sofern aber die Liste nicht groß wird und ein stabiles Iterieren der Liste zu den
Hauptaufgaben zählt, überwiegen die Vorteile gegenüber den Geschwindigkeitseinbußen.
Im folgenden kleinen Beispiel werden Einfüge- und Lösch-Operationen während der Iteration durchgeführt. Die Iteration wird durch `sleep()`-Aufrufe verzögert, um die stabile Iteration zu demonstrieren.

Listing 1.12   Snapshot-Iterator bei CopyOnWriteArrayList

```
public class TestCoWList {

  static void sleep(int time) {
```

```
  try {
    Thread.sleep(time);
  } catch (Exception e) {}
}
public static void main(String... args) {
  final List<String> cowLst=
    new CopyOnWriteArrayList<String>(
                          Arrays.asList("1","2","3"));

  // --- Ausgabe der drei Elemente mit anschliessend 100 ms Verzögerung
  new Thread (new Runnable() {
    public void run() {
      System.out.println("Start Iterator");
      for (String s: cowLst) {
        System.out.println(s);
        sleep(100);
      }
    }
  }).start();

  // --- nach 50 ms: Löschen der "3" und Einfügen von "4"..."8"
  sleep(50);
  cowLst.remove(2);
  for (char c='4'; c<'9'; c++)
    cowLst.add(Character.toString(c));
  System.out.println(cowLst);
  System.out.println("Ende main");
  }
}
```

Ausgabe zu `TestCoWList`:

```
Start Iterator
1
[1, 2, 4, 5, 6, 7, 8]
Ende main
2
3
```

Die Ausgabe zeigt den stabilen Snapshot, eine Momentaufnahme, die der Iterator vornimmt. Die Iteration findet während der Veränderung der Liste statt und ist deterministisch.

1.1   Fazit

Die einfachen Spracherweiterungen in Java 5 sind wirklich nicht spektakulär, aber durchaus angenehm. Der Code wird einfacher und teilweise auch eleganter. Mit Enumerationen sind erstmalig typ-sichere Aufzählungen möglich, die vorher mühsam als `final static` Felder deklariert werden mußten. Wie wirkungsvoll die `enum`-Implementierung gegenüber der von C++ bzw. C# wirklich ist, wird erst klar, wenn sie im Rahmen von Generics noch einmal im Detail behandelt wird. Java 6 besticht durch Detailänderungen. Insbesondere sind hier die Ergänzungen zu Floating-Point sowie die API-Erweiterungen im Concurrent-Package sehr gut gelungen. Selbst die kleinen Ergänzungen bei den Arrays sind für die tägliche Arbeit hilfreich. Einziger Kritikpunkt ist das kuriosen Console-I/O. Es ist ziemlich unverständlich, dass eine Bibliothek wie in C in der Standard Edition nicht realisiert werden kann.

1.12   Referenzen

*   Gosling, J., Joy, B., Steele, G., Bracha, G. (2005). *The Java Language Specification.*
    3rd Ed., Prentice Hall PTR
*   Bloch, Joshua (2001). *Effective Java Programming Language.*
    Addison-Wesley, Amsterdam
*   Goetz, Brian (2006). *Java Concurrency in Practice.*
    Addison-Wesley Professional
*   Kurniawan,Budi (2007). *Java 6 New Features: A Tutorial.*
    Brainysoftware.com, Canada
*   JSR 270: *JavaTM SE 6 Release Contents.*
    `http://jcp.org/en/jsr/detail?id=270`
*   JSR 166: *Concurrency Utilities*
    `http://jcp.org/en/jsr/detail?id=166`
*   Sun Online Documentation: *Java Programming Language.*
    `http://java.sun.com/j2se/1.5.0/docs/guide/language/index.html`
*   Cowlishaw, M., Bloch, J., Darcy, J.D. (2004). *Fixed, Floating, and Exact Computation with Java's Bigdecimal.* Dr. Dobb's Journal/Portal.
    `http://www.ddj.com/java/184405721`
*   Leavens, Gery T. (2006). *Not a Number of Floating Point Problems.*
    Journal of Object Technology, Vol. 5, No. 2

2 Generische Techniken

Die Schwerpunkte in diesem Kapitel sind
  – Generics mit einfachen Typ-Variablen
  – Einschränkungen mittels Type-Bounds
  – Arrays vs. parametrisierte Kollektionen
  – Generische Restriktionen und Probleme
  – Wildcard mit/ohne extends und super
  – Wildcard Capture
  – Covarianz, Overloading und Overriding
  – Class-Token, Supertyp-Token, Self-Type Idiom
  – Enumerationen, anonyme Klassen

Software-Entwicklung wird aufgrund der steigenden Anforderungen nicht einfacher werden. Sauberer und gut verständlicher Code ist kein Luxus, sondern essentiell für den Erfolg. Jede neue Programmiersprache, jede Art von Spracharchitektur – sei sie nun objekt-, aspekt-, message- oder komponenten-orientiert – verspricht einen neuen Weg aus dem Dilemma. Hinter allem steckt der Wunsch, Software so zu schreiben, dass

* sie leicht verständlich ist.

* sie adaptierbar ist und als Komponente wiederverwendet werden kann.

* der Zeitaufwand für Änderungen und Erweiterungen „skalierbar" ist.

Diese Grundsätze sind scheinbar trivial. Ihre hässliche Seite zeigen sie in größeren Projekten, die dagegen verstoßen.[23] Häufig scheitern Entwicklungen daran, dass sie sich nach einiger Zeit als hoffnungslos unwartbar herausstellen. Auch wenn dies frühzeitig erkannt werden sollte, werden aufgrund des Termindrucks notwendige Verbesserungen auf die Zeit nach der Fertigstellung bzw. dem Deployment verschoben. Da zeigt dann erst der dritte Punkt seine Relevanz. Gerade erfolgreiche Software ist einer permanenten Entwicklung unterworfen. Das Design der Komponenten bzw. Frameworks muss dies berücksichtigen, sonst steht man schnell vor dem Problem, große Teile wieder „über Bord" werfen zu müssen. Ein immer wiederkehrendes Problem ist die adäquate Dokumentation, wie Komponenten, Klassen, Interfaces und letztendlich Methoden korrekt verwendet werden. Kleine Fehler können große Seiteneffekte auslösen. Und hier kommen Generics in's Spiel.

---

[23] Software mit mehr als 10^5 LOC (lines of code).

Experten vs. Code-Generatoren

In größeren Teams trifft man zwei Extreme an. Einerseits findet man Team-Mitglieder, die in Sprachen wie C++ mittels Mehrfach-Vererbung, Operator-Overloading, Templates und einem Präprozessor „wahre Wunder" vollbringen. Sie sind die Gurus oder *Nerds* und entsprechend selten anzutreffen. Es gibt ein Problem! Nerds brauchen Nerds, die ihren Code verstehen und warten können. Mit anderen Worten, sie machen sich unentbehrlich.

Den zweiten Phänotyp trifft man da schon häufiger. Es sind die virtuosen Meister mächtiger Tools, vorzugsweise großer Hersteller, deren Kurse sie auch bevölkern. Man nennt sie *Java-Joes*. Mit ihren Tools erzeugen sie einfach alles, Code und Konfiguration. Das ist schön einfach und erste Erfolge lassen sich auch sofort vorweisen. Die Sache hat einen Haken! Man muss immer getreu nach der Philosophie des Tool-Herstellers arbeiten. Wehe, man verlässt deren Erlebnispark. Dann werden die unzählig generierten Dateien zum Code-Dschungel. Tools sind für ihre Hersteller nur gewinnbringend, wenn regelmäßig neue Releases erscheinen. Wechselt man dann noch en passant die Design-Philosophie, bleibt man gut im Geschäft.

Generische Sichtweise

Auf den ersten Blick haben die beschriebenen Szenarien nichts mit Generics zu tun! Sofern man aber Methoden oder Funktionen mit ihren Parametern als eine unschätzbare Abstraktionsstufe kennen gelernt hat, wird man auch die Idee hinter Generics recht schnell erkennen. Denn die Rolle, die Parameter bei Methoden spielen, übernehmen die Typ-Parameter mit ihren Constraints bei Generics. Der Bau von Software-Komponenten wird dadurch einfacher und sicherer. Und vor allem: Generics haben die Tendenz, selbst-dokumentierend zu sein. Auch der Compiler bekommt mehr Informationen, um zu prüfen, ob die Komponenten auch passend benutzt werden.

Generics ist aber nur ein Teil einer fortgeschrittenen Technik. Hinzu kommen Reflexions, Annotationen oder message-orientierte Techniken. Wie erfolgreich diese Techniken sind, sieht man daran, dass in letzter Zeit Software wie Spring, Hibernate & Co. einen Hype ausgelöst haben. Vorsicht, wie seinerzeit das OO-Paradigma führen neue Sprachmöglichkeiten nicht automatisch zu besserem Code.[24]

Deshalb soll erst einmal abgegrenzt werden, was Generics eigentlich bedeutet und – vielleicht noch wichtiger – was es nicht bedeutet. Abschließend noch eine Anmerkung. Wie bereits im ersten Kapitel werden Package-Name und Imports weggelassen, wenn sie klar oder unwichtig sind. Die Beispiele sollen so kurz und prägnant wie möglich sein und – sofern man nicht nur lesen, sondern auch ausprobieren will – die IDE hilft ohnehin bei den passenden Imports.

---

[24] Denn ein wahrer Programmierer kann Assembler in jeder Sprache codieren.

2.1 Generics Grundlagen

Generics ist nicht neu und gab es bereits vor Java. Leider ist der Begriff nicht so klar umrissen. Denn wenn jemand sagt, er programmiere „generisch", kann dies bedeuten, dass ihn statische Typen nicht sonderlich interessieren. In Java ist sein Lieblings-Typ `Object`. Bei C++ sind Templates ein Synonym für generisch. Allerdings wird die Typ-Findung und -Prüfung dem Linker überlassen.

Die erste Berührung mit Generics hat jeder Java-Programmierer zwangsläufig bei der Benutzung einer Kollektion oder Map. Über die Syntax kommt man schnell hinweg und die Typ-Variablen lassen sich durch einen beliebigen aktuellen (Referenz-) Typ austauschen. Das ist wie in C++ schön einfach. Steigt man tiefer ein, stellt man fest, das Generics häufig mit Restriktionen in Form von Typ-Einschränkungen einhergehen. Da der Compiler eine fehlerhafte Verwendung aktueller Typen nicht akzeptiert, nimmt man auch diese Hürde. Die letzte Stufe ist es, die Generics anspruchsvoll zu machen. Es ist das Design optimaler eigener generischer Klassen und Methoden. Da merkt man schnell, dass der Lernaufwand asymptotisch steigt und es viele hässliche Restriktionen beim Umgang mit Typ-Parametern gibt. Deshalb ist dieses Kapitel auch relativ lang. An vielen Beispielen soll die Entwicklung eigener generischer Komponenten demonstriert werden.

2.1.1 Generisches Anti-Pattern

Die Gegner von Generics haben ein Hauptargument: „Viel zu viel Aufwand und Syntax für ein wenig Auto-Casting!". Sofern es zutrifft, ist es sicherlich wahr. Um zu erkennen, dass Generics mehr als Auto-Casting ist, soll hier ein beliebter Programmierstil als Anti-Pattern entlarvt werden. Betrachten wird eine Methode wie

```
Object execute(Object argument) { ... }
```

Diese Art von Methode ist bei Anfängern wie Experten gleichermaßen beliebt, den es ist angeblich „generischer Programmierstil". Als Beweis wird auf ähnliche API-Methoden mit Namen wie `run`, `call` oder `main` verwiesen. Die Methode ist höllisch flexibel, denn man kann intern den Code ändern, ohne den Kopf ändern zu müssen. Typ `Object argument` schluckt einfach alles, multi-dimensionalen Arrays genau so wie primitive Typen, Autoboxing sei Dank. Für den Rückgabetyp `Object` gilt Gleiches. Was ist nun „Anti"?

Die Methode hat den berüchtigten *Code-Smell*! Eine Methode, die darauf angewiesen ist, ihre Argumente erst nach einem Cast benutzen zu können, ist immer mit Vorsicht zu genießen. Jeder Cast führt zu einer mehr oder weniger langen Dokumentation, da mit ihm eine Annahme verbunden ist, was das Argument bedeutet. Schon die fundamentale Methode `equals(Object o)` führt zu langen Kommentaren und hässlichen Implementierungen.

Der Name `execute` ist übrigens in dem Sinn auch generisch, denn er passt zu jeder Methode. Nachfolgend ein (stark überzeichnetes) *Antidote*-Beispiel.

```
// --- Eine Kredit-Kalkulation (stark vereinfacht!):
//     Aufgrund von Object in Kombination mit Varargs alle Argumente möglich!
static Object calculate(Object... value) {
  double credit= 4800.0;
  double years= 4.0;

  try {
    // --- verschiedene Tests auf spezielle Typen
    if (value[0] instanceof String) {
      credit= Double.parseDouble((String)value[0]);
      years= Double.parseDouble((String)value[1]);
    }
    else if (value[0] instanceof Double) {
      credit= (Double)value[0];
      years=  (Double)value[1];
    }
    else if (value[0] instanceof Integer) {
      credit= (Integer)value[0];
      years=  (Integer)value[1];
    }
    // --- dann eben ein Hinweis
    else
      return "Ungültig!";
  } catch(Exception e) {
    // --- nimm die bis zur Exception gültigen Werte!
  }
  return credit*1.1/(12*years);
}
```

Die Methode ist höllisch flexibel, wie ein paar Tests beweisen:

```
System.out.printf("%5.2f\n",calculate("9600"));          ⇨ 220,00
System.out.printf("%5.2f\n",calculate("9600.","2."));    ⇨ 440,00
System.out.printf("%5.2f\n",calculate(9600));            ⇨ 220,00
System.out.printf("%5.2f\n",calculate(9600.));           ⇨ 220,00
System.out.printf("%5.2f\n",calculate("Hallo Welt"));    ⇨ 110,00
System.out.println(calculate(new Object()));             ⇨ Ungültig!
```

Sollte der feste Zinssatz variabel werden, kann optional noch ein dritter Wert übergeben werden. Es ist „abscheulicher" Code, von Casts verunstaltet. Die Methode wird – ohne jeden Zweifel – von einem langen Kommentar zur Benutzung begleitet. Aber mit Kommentaren ist das so wie mit Bedienungsanleitungen. Je umfangreicher die Bedienungsanleitung, um so frustrierter ist am Ende der Benutzer. Er will ein intuitiv zu bedienendes Gerät, ohne für jedes der 100 Features erneut die Anleitung durchlesen zu müssen. Wie übersetzt man das in die Programmierung?

2.1.2   Klassische Design-Prinzipien

Um nicht diesem abschreckenden „generischen" Stil zu verfallen, sollte man ein paar einfache Prinzipien beherzigen.

▷ *Hinweis 2.1   Das KISS[25]-Prinzip*
  * Die Signatur einer Methode muss klar und einfach sein. Die Namen, Typen der Parameter und der Rückgabe-Wert müssen den Service vermitteln.

Zur einfachen Signatur zählen in Java der Methodenname und die Typen der Parameter, bei der vollen Signatur zusätzlich noch der Typ der Rückgabe. Eine wirkungsvolle Art in Java besteht darin, Methoden bzw. Interfaces so zu entwerfen, dass möglichst viel über den Namen, vor allem aber über die Typen der Argumente und des Resultats vermittelt wird.

Eine Methode wie `calculate()` vermittelt gar nichts. Auch Methodennamen wie `execute`, `service`, `run` oder `call` sind nur in Ausnahmefällen passend.[26] Das Wort `foo` für Methoden ist ebenfalls kein Gegenbeispiel! Es wird dazu verwendet, ein Konstrukt oder eine Technik und sonst nichts zu vermitteln. Unterstützt wird KISS bei Java durch den

▷ *Hinweis 2.2   Prinzip Sicherheit*
  * Je eher Fehler beim Einsatz von Klassen, Interfaces oder Methoden erkannt werden, um so besser. Die „besten" Fehler sind die, die der Compiler erkennt und deshalb nicht beim Kunden auftreten.

Eine der wichtigsten Arbeiten eines Java-Compilers besteht darin zu prüfen, ob in einer Anweisung die richtigen Typen verwendet werden. Dies ist diametral entgegengesetzt zu dynamischen Sprachen wie Python, Ruby, JavaScript und sogar den Templates in C++. Dynamische Sprachen sind gerade deshalb so beliebt, weil sie erst zur Laufzeit Typ-Prüfungen vornehmen. Das geht auch nicht anders, da die Typen an die Werte und nicht an die Variablen gebunden sind.

Ein interessante Diskussion mit der Überschrift *Latent Typing* wurde im Februar/März 2005 in einem Generics-Forum von Sun geführt. Peter van Ahe, damals ein für Java zuständiger Sun-Ingenieur, erklärte den Zweck von Generics mit den einfachen Worten:

> *Generics sind dazu da, möglichst viel von der Dokumentation in die Spezifikation des Codes zu verschieben.[27]*

Zwei einfache Beispiele, eines aus dieser Foren-Diskussion und eines aus dem Weblog von Cedric Beust[28] demonstrieren den Unterschied zwischen einem *nominalen* Typ-System wie

---

[25]   Keep It Stupid Simple oder auch Keep It Straight and Simple

[26]   Wer die HTTP-Kommunikation als Gegenbeispiel aufführt, es ist keines! Denn da gibt es ein klar definiertes *REST*-Prinzip.

[27]   http://forum.java.sun.com/thread.jspa?threadID=600661&messageID=3247251

[28]   http://www.beust.com/weblog/archives/000269.html.

es Java besitzt, gegenüber einem *strukturellen* Typ-System wie in C++. Bei einem nominalen Typ-System sind zuerst die Klassen- bzw. Interface-Namen ausschlaggebend und nicht
nur die (zufällige) Übereinstimmung von Signaturen von Methoden wie beim strukturellen.
Das erste Beispiel:

```
interface Drawable {
  void draw();
}

class Cowboy {
  void draw() {
    presentGun();
    killOpponent();
  }
}
```

Das Interface `Drawable` ist strukturell gleich mit `Cowboy`, genau wie im nächsten Beispiel
`JarFile` und `NuclearBomb`.

```
public interface JarFile {
  void explode();
}

public interface NuclearBomb {
  void explode();
}
```

Ist nun `Cowboy` ein `Drawable`, da ja beide die Methode `draw()` besitzen. Oder ist gar eine
nukleare Bombe eine komprimierte Datei? Dann könnte man natürlich eine graphische Methode, die ein `Drawable` erwartet, einfach mit einer `Cowboy`-Instanz aufrufen oder gar eine
nukleare Bombe zünden, obwohl nur eine Datei dekomprimiert werden soll.

Bei Java ist dies – Compiler sei Dank – nicht möglich. Sicherlich kann dies bei der Programmierung auch ganz schön nerven. Wenn das gerechtfertigt ist, wie beispielsweise bei der
Web-Programmierung, sollte man (temporär) in das dynamische Lager wechseln.[29]

▶ *Hinweis 2.3   Generics erlauben Constraints*
- Aufgrund von Typ-Einschränkungen führt der Compiler eine strikte Prüfung der aktuellen Typen durch.[30]

Constraints sind eine mächtige Waffe gegen Fehler, und Generics setzt sie gezielt ein.

---

[29]   Hier bietet sich Scripting an (siehe Kapitel 6!).

[30]   Die Anhänger von Generics & Java nennt man deshalb auch Typoholics.

2.1.3   Generics vs. Object

Generics haben mit XML die vielen spitzen Klammern <..> und den erhöhten Schreibaufwand gemeinsam. Aber keiner verteufelt XML ernsthaft wegen der vielen spitzen Klammern! Generischer Code ist ausdrucksstark: Man muss nicht mehr versuchen, über Variablen-Namen und Kommentare (die ohnehin keiner liest) mitzuteilen, was man haben will. Der Compiler überwacht, dass der Benutzer genau das aktuell übergibt, was man so mühsam vorher deklariert hat. Ein triviales Beispiel: Man will in einer Liste zur weiteren Verarbeitungen einmal nur Zahlen, ein andermal nur Daten zulassen. Einmal abgesehen von der Schreibweise[31], was ist wohl klarer und vor allem typ-sicherer?

```
List numLst1;                    List<Number> numLst2;

List dateLst1;                   List<Date>   dateLst2;
```

Im nicht-generischen Fall kann man nur mit Hilfe der Variablen-Namen bzw. der Dokumentation verständlich machen, was in die Listen gehört, aber der Compiler muss trotzdem alles akzeptieren. Im generischen Fall sind die Variablen-Namen unwichtig! Die präzise Anweisung an den Compiler lautet „Nur eine Liste von Zahlen bzw. Daten". Der Compiler wird nun im weiteren immer prüfen, dass in numLst2 nur Objekte vom Typ Number, also z.B. Integer und Double eingefügt werden und in dateLst2 nur Date-Objekte. Neben der Typ-Sicherheit ist der Code auch viel klarer.

2.1.4   Eine einfacher Typ-Variable <T>

Beim Entwurf einer generischen Klasse verwendet man im einfachsten Fall eine Typ-Variable in spitzen Klammern <T> hinter dem Klassennamen. In der Klasse verwendet man dann die Typ-Variable T wie einen konkreten aktuellen Typ String oder Number.

```
public class SwapService<T> {
  private T t;

  public SwapService(T t) {
    set(t);
  }

  public void set(T t) {
    this.t= t;
  }
  public T get() {
    return t;
  }
```

---

[31] Die Syntax für Generics wurde an C++ Templates angelehnt. Das führt leicht zu Verwirrungen, wie die Diskussionen gezeigt haben. Jeder, der sich zum ersten Mal mit Generics beschäftigt, hält sie für eine Variante von C++ Templates. Wenn dann noch XML in Java 7 eingebaut wird, ... !

```
public T swap(T withArg) {
  T tmp= withArg;
  withArg= get();
  set(tmp);
  return withArg;
  }
}
```

Obwohl häufig nur von Klassen die Rede ist, gelten die Ausführungen gleichermaßen für Interfaces. Bereits aus dem `swap()`-Beispiel kann man einige interessante Merkmale ableiten:

▶ *Hinweis 2.4   Eigenschaften einfacher Typ-Parameter*
- Die Typ-Variable T ist ein Platzhalter für einen vom Benutzer der Klasse aktuell einzusetzenden beliebigen Typ. T ist für die gesamte Klasse gültig (siehe auch Abbildung 2.1).
- Eine Typ-Variable ist in der Regel nur ein Großbuchstabe, wie z.B. T für Typ, E für Element, K für Key oder V für Value.
- Allgemein bedeutet GenClass<T> nicht, dass GenClass eine Kollektion von Objekten vom Typ T enthält, sondern nur, dass GenClass den Typ T benutzt.

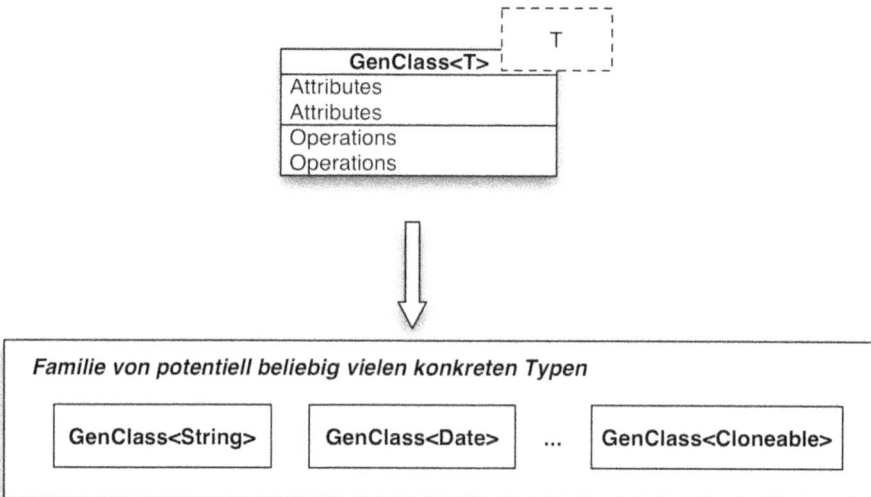

Abbildung 2.1: parametrisierte Typen einer generischen Klasse

Die Verwendung einer Typ-Variablen T und das Ersetzen von T durch einen aktuellen Typ ist analog zu den Parametern einer Methode, die beim Aufruf auch durch aktuelle Werte bzw. Argumente ersetzt werden müssen.

▶ *Hinweis 2.5   Generischer Typ, Typ-Parameter, parametrisierter Typ*

- Der Begriff generischer Typ wird für Klassen und Interfaces benutzt, die in ihrer Deklaration Typ-Parameter verwenden.[32]

- Ein Typ-Parameter besteht aus Typ-Variable(n), die durch Typ-Bounds eingeschränkt werden kann bzw. können.

- Ein parametrisierter Typ ist eine Klasse oder ein Interface, in dem die Typ-Variablen bzw. -Parameter durch aktuelle Typen ersetzt worden sind.

In der Klasse `SwapService` ist die Typ-Variable `T` für die gesamte Klasse definiert. In Abbildung 2.1 ist `GenClass<T>` ein generischer Typ und `GenClass<String>` einer der parametrisierten Typen. Mit Hilfe der Klasse `SwapService` kann sehr einfach demonstriert werden, dass der Compiler strikte Typ-Prüfung vornimmt. Dazu erschaffen wir verschiedene parametrisierte Typen:

```
// --- SwapService für String
SwapService<String> ss1= new SwapService<String>("Hallo ");

System.out.println(ss1.swap("Welt")+ss1.get());  ⇨ Hallo Welt
```

```
// --- SwapService für Double
SwapService<Double> ss2= new SwapService<Double>(1.23);

System.out.println(ss2.swap(-1.23)+ss2.get());   ⇨ 0.0

StringBuffer sb= new StringBuffer("Welt");
```

```
// --- Ein StringBuffer ist kein String. Der Compiler meldet Fehler!
ss1.swap(sb);
⇨ ...SwapService<java.lang.String> cannot be applied to ..StringBuffer
```

```
//--- SwapService für CharSequence erlaubt String und StringBuffer
SwapService<CharSequence> ss3=
            new SwapService<CharSequence>("Hallo");

System.out.println(ss3.swap(sb)+" "+ss3.get());  ⇨ Hallo Welt
```

Das Interface `CharSequence` ist der Super-Typ von `StringBuffer` und `String`. Deshalb akzeptiert die `swap()`-Methode die Typen `String` und `StringBuffer`. Leider muss man bei der Anlage einer Instanz im Konstruktor noch einmal den konkreten Typ wiederholen. Das ist mühselig und wird eventuell in Java 7 vereinfacht.

---

[32]   Der Begriff „generischer Typ" wird häufig auch für den Begriff „parametrisierter Typ" verwendet. Das ist nicht weiter schlimm. Allerdings unterscheidet das Reflexion-Framework für Generics strikt die Begriffe Generic und Parameterized.

2.1.5   Einschränkungen für <T>

Im Fall von `SwapService` stellt der Entwickler der Klasse keine weiteren Anforderungen an `T`. Das ist analog zu den bekannten Kollektionen. Sie können von allen Typen ohne Einschränkungen genutzt werden. Aber in den meisten Fällen muss der Entwickler dies anders sehen. Dann ist er gezwungen, für `T` gewisse Typ-Bounds bzw. -Einschränkungen zu fordern. Damit kann ein Benutzer der Klasse gezwungen werden, nur bestimmte parametrisierte Typen zu verwenden. Der Grund ist einfach. Man benötigt mehr Methoden als `Object` zu bieten hat.

> ### Hinweis 2.6   Typ-Variable T ohne Einschränkung
> - Verwendet man nur eine einfache nicht-eingeschränkte Typ-Variable `T`, dürfen von einer Instanz von `T` nur die Methoden von `Object` verwendet werden.

Muss der Entwickler irgendeine andere Methoden aufrufen, steht er vor dem gleichen Problem wie in der Methode `calculate()` (siehe Abschnitt 2.1.1). Er muss die Instanz von `T` zu dem Typ casten, der die Methode anbietet. Dazu hat er dann noch einen Kommentar für den Benutzer zu schreiben. Schreibt er keinen oder wird der Kommentar nicht gelesen, ist dem Benutzer nicht bewusst, dass `T` nicht jeder beliebige Typ sein kann. Natürlich bleibt immer noch der Griff zur Ausnahme bzw. `try-catch`, aber diesen Fehler zur Laufzeit zu melden ist reichlich ungeschickt wie das folgende Beispiel zeigt:

```
public class NumberService<T> {
  private T t;

  public NumberService(T t) {
    this.t=t;
  }

  public boolean equalIntVal1(T arg) {
    return ((Number)t).intValue()==((Number)arg).intValue();
  }

  public boolean equalIntVal2(T arg) {
    if (t instanceof Number)
      return ((Number)t).intValue()==((Number)arg).intValue();
    throw new IllegalArgumentException("Typ Number erwartet!");
  }
}
```

Beide Versionen von `equalIntVal()` leiden unter demselben Dilemma: Was tun, wenn der Benutzer keinen Typ `Number` für `T` wählt? In der ersten Methode `equalIntVal1()` wird das einfach ignoriert. Nicht gut, aber der explizite Einsatz von `instanceof` in der Variante `equalIntVal2()` ist auch nicht viel besser, mit oder ohne `try-catch`.

Wo liegt das Problem? Um die Methoden `intValue()` aufrufen zu können, muss man annehmen, dass `T` vom Typ `Number` ist. Ein `instanceof` bzw. Down-Cast kann aber erst zur Laufzeit überprüft werden. Die Klasse `NumberService` ist in beiden Fällen unsicherer Code. Eine weitaus bessere Lösung besteht darin, dem Compiler die Überprüfung zu überlassen. Dazu bindet man in der Klasse `BetterNumberService` an die Typ-Variable `T` einfach die Forderung, dass `T` ein Subtyp von `Number` sein muss:

```
public class BetterNumberService<T extends Number> {
  private T t;

  public BetterNumberService(T t) {
    this.t=t;
  }

  public boolean equalIntVal(T arg) {
    return t.intValue()==arg.intValue();
  }
}
```

Das Dilemma ist vom Tisch! `BetterNumberService` wird erst gar nicht compiliert, wenn `T` mit einem falschen aktuellen Typ parametrisiert wird. Der Code ist nicht nur kürzer, sondern auch noch eleganter. Denn `instanceof` und die Casts fallen weg. Der Vergleich zeigt es:

// --- verursacht Laufzeit-Fehler
```
new NumberService<String>("a").equalIntVal2("a");
```

// --- Compiler meldet Fehler
```
new BetterNumberService<String>("a").equalIntVal("a");
```

Die Syntax zu Type-Bounds ist recht kurz

▶ ***Hinweis 2.7   Typ-Variable mit Bounds***
- Muss `T` Methoden von verschiedenen Typen verwenden, können diese hinter `extends` angegeben werden. Dabei ist direkt hinter `extends` die Angabe höchstens einer Klasse erlaubt. Mit `"&"` können beliebig vieler Interfaces angefügt werden:

  ```
  T extends C & I1 & I2 & ... & In
  ```

- Ohne Einschränkung können für Instanzen vom Typ `T` nur die Methoden von `Object` benutzt werden. Mit jeder zusätzlichen Einschränkung stehen für `T` typsicher die Methoden des entsprechenden Bound-Typs zur Verfügung.

Anmerkung: Das Schlüsselwort ist immer `extends`, nicht etwa `implements`. Was auf den ersten Blick kompliziert erscheint ist nur die Vereinfachung dessen, was auch hinter dem

Klassennamen mit `extends` und `implements` geschrieben werden darf: höchstens ein Klasse, beliebig viele Interfaces.

Ein Ignorieren von Type-Bindungen – wie bei Kommentaren beliebt – ist nicht mehr möglich! Verletzt man sie, wird man vom Compiler unmissverständlich darauf aufmerksam gemacht. Die Einschränkung ist mathematisch gesehen die Schnittmengen aller Typen hinter `extends` (Abbildung 2.2). Für den praktischen Einsatz bedeutet dies, dass man die Methoden aller Typen hinter `extends` ohne Cast von Instanzen von T nutzen kann. Natürlich lässt sich eine Variable vom Typ T auch als Argument für alle Methoden nutzen, die einer der Typen in den Bounds erwartet. Typ-Bindungen sind letztendlich dafür da, die Prüfung des Typs von der JVM in den Compiler zu verlagern.

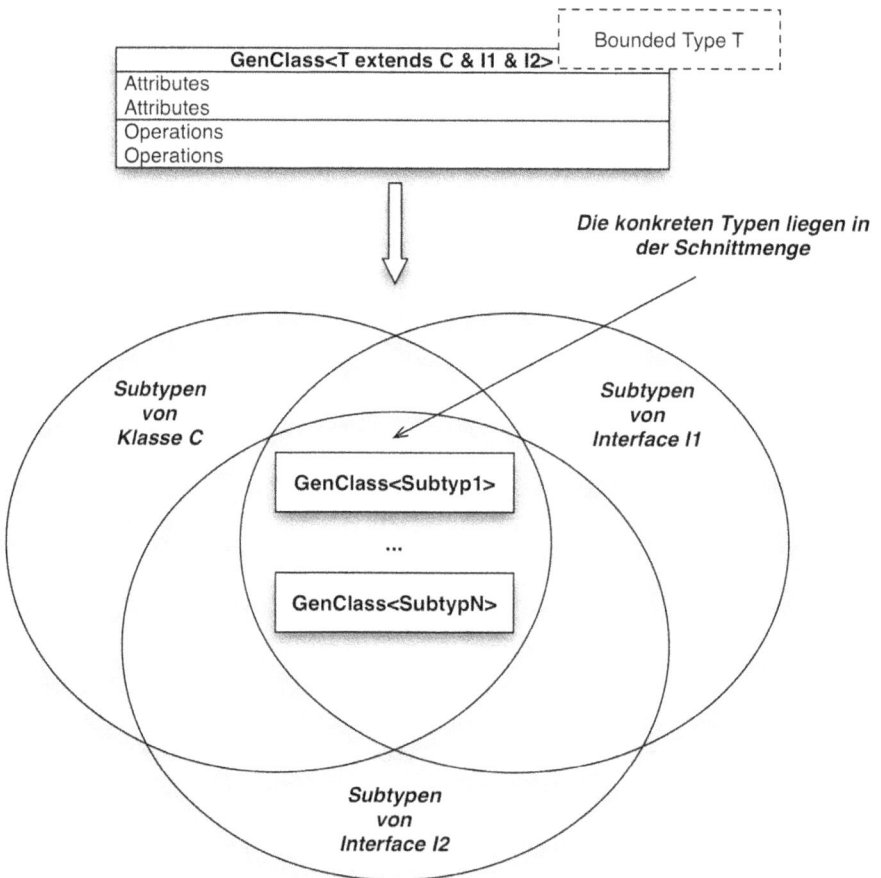

Abbildung 2.2: Type-Bounds – Einschränkungen, die die Menge der nutzbaren Methoden vergrößert

2.1.6   Generische Methoden

Typ-Variablen können nicht nur für Klassen, sondern genau für eine Methode deklariert werden. Sie werden dann direkt vor dem Rückgabetyp der Methode angegeben und gelten nur für den Code der Methode:

```
Modifier_opt <TypeParameter> resultat methode (parameter) {
  // ...
}
```

Vorzugsweise werden statische Methoden generisch definiert. Denn statische Methoden haben keinen Zugriff auf die Typ-Variablen ihrer Klasse (diese Restriktion wird später noch näher besprochen). Generisch Methoden trifft man gerne in Utility-Klassen an, in der sie per Definition ein Eigenleben führen. Die umhüllende Klasse hat nur die Aufgabe, statische Methoden mit ähnlichen Aufgaben unter einem gemeinsamen Namen als Namespace zusammenzufassen. Will man sie wie globale Methoden verwenden, genügt ein statischer Import der Klasse. Nachfolgend drei einfache generische Methoden aus der Klasse `Collections`, die ein Parade-Beispiel für eine Utility-Klasse ist.

```
public static <K,V> Map<K,V> emptyMap();

public static <T> Enumeration<T> enumeration(Collection<T> c);

public static <T> boolean replaceAll(List<T> list,
                                     T oldVal, T newVal);
```

Die drei Methoden sind einfach, da sie keine Type-Bounds haben. Generifizieren wir einmal eine eigene statische Methode mit einem simplen Service. Zuerst die nicht-generische Version, die anschließend passend geändert werden soll:

```
// --- true: Alle Zahlen num sind vom selben Typ: Byte, Integer, etc.
public static boolean equalType(Number... num) {
  if (num==null)
    throw new IllegalArgumentException("Kein null erlaubt");

  // --- liefert für Arrays der Länge 0 und 1 immer true
  //     Überprüft sonst alle Elemente auf gleichen Typ. Im ungünstigsten Fall müssen
  //     dafür alle Elemente des Arrays durchlaufen werden.
  Class clazz= null;
  for (Number n: num)
    if(clazz==null)
      clazz= n.getClass();
    else if (n.getClass() != clazz)
      return false;
  return true;
}
```

Die generische Version ist deutlich einfacher:

```
public static <N extends Number>
                 boolean equalGenType(N... num) {
  if (num==null)
    throw new IllegalArgumentException("Kein null erlaubt");

  // --- if (num.length<=1)
  //       return true;
  return num.getClass()!=Number[].class;
}
```

Die generische Version ist eleganter und liefert im Test – auf den letzten Fall – gleiche Ergebnisse:

```
System.out.println(equalType(1.,2.,3.,4f));                  ⇨ false
System.out.println(equalGenType(1.,2.,3.,4f));               ⇨ false

System.out.println(equalType((byte)1,2));                    ⇨ false
System.out.println(equalGenType((byte)1,2));                 ⇨ false

System.out.println(equalType(new Double[]{}));               ⇨ true
System.out.println(equalGenType(new Double[]{}));            ⇨ true

// --- hier ein kleiner Unterschied:
System.out.println(equalType(new Number[]{}));               ⇨ true
System.out.println(equalGenType(new Number[]{}));            ⇨ false
```

Um das Verhalten auch für leere Arrays anzugleichen, kann man die auskommentierten Anweisungen in equalGenType() hinzunehmen.

Der entscheidende Unterschied zwischen beiden Methoden liegt darin, dass der Compiler für N einen optimalen gemeinsamen Typ für alle Elemente sucht. Sind die Elemente vom gleichen Typ, ist genau dieser Typ optimal. Es kann nicht Number sein, da die Klasse keine Instanzen erlaubt. Sind zwei Elemente von unterschiedlichem Typ, muss der Compiler Number wählen. Im nicht-generischen Fall muss man dagegen per Code durch das Array iterieren. Die generische Version zeigt eine Inkonsistenz des numerischen Systems.

▶ *Hinweis 2.8 Subtyp-Beziehungen bei numerischen Typen*
- Im Gegensatz zu den primitiven Typen wie int und long ist Integer kein Subtyp von Long und Float keiner von Double. Der einzige Supertyp aller Wrapper-Typen ist Number.[33]

---

[33] Das ist keinesfalls optimal und bereitet bei Reflexion echte Kopfschmerzen. Das Number-(Mini-)Framework ist nicht unbedingt eine „Design-Höhepunkt"!

2.1.7 Typ-Inferenz

Wie die Methode `equalGenType()` im letzten Abschnitt zeigt, werden generische Methoden im Allgemeinen nicht mit aktuellen Typen für ihre Typ-Parameter aufgerufen. Der Grund liegt im Inferenz-Algorithmus:

- Anhand der aktuellen Typ-Argumente, mit der eine generische Methode aufgerufen wird, schließt der Compiler auf die aktuellen Typen der Typ-Parameter.

- Der Algorithmus sucht dabei – vereinfacht gesagt – den „untersten" Typ in der Typ-Hierarchie, der kompatibel zu den Typen der aktuellen Argumente ist.[34]

In seltenen Fällen versagt dieser Inferenz-Algorithmus und der Compiler kann keinen gemeinsamen passenden Typ ermitteln. Man kann aber gegebenenfalls den Typ, den man wünscht, auch explizit angeben. Die Syntax dazu ist nicht unbedingt intuitiv. Die Typangabe erfolgt hinter der Instanz bzw. Klasse zwischen dem Punkt und dem Methodennamen:

ClassOrInstance.`<actualTypeArguments>` `method(arguments)`

ClassOrInstance ist bei statischen Methoden der Klassenname und bei Instanz-Methoden `this`, `super` oder die Variable. In bestimmten Fällen ist `this` zwar nicht notwendig, sollte aber zur Klarheit immer angegeben werden. Wenn möglich, sollte eine aktuelle Typ-Angabe vermieden werden. Ein einfacher Test zeigt die Wahl durch Inferenz:

```
public class TestInference {
  static <T extends Object> void inference(T... args) {
    System.out.println(args.getClass());
  }
}
```

Die Methode gibt jeweils den vom Compiler ermittelten Typ für `T` aus. Die Beschränkung bei `T extends Object` kann man weglassen, aber hier ist die explizite Angabe klarer.

```
inference(new ArrayList(),new Vector());
                          ↳ class [Ljava.util.AbstractList;

ReadableByteChannel rbc= null;
WritableByteChannel wbc= null;

inference(rbc,wbc);       ↳ class [Ljava.nio.channels.Channel;

inference(new NullPointerException(),
          new IllegalArgumentException());
                          ↳ class [Ljava.lang.RuntimeException;
```

---

[34]   Der Algorithmus zur Bestimmung der aktuellen Typen ist im Detail überaus komplex und wird über mehrere Seiten in der Java Language Spezifikation (JLS 3) Abschnitt 15.12.2.7 beschrieben.

```
inference("a",new StringBuffer("a"), new StringBuilder("a"));
                                    ⇨ class [Ljava.io.Serializable;
```

Die letzte Wahl des Compilers enttäuscht irgendwie. Man erwartet doch eher CharSequence als optimalen Supertyp. Aber da es verschiedene Typ-Wege in einer Interface-Hierarchie nach oben gibt, hat sich der Compiler halt für Serializable entschieden.[35] Will man dagegen CharSequence, kann man dies durch eine explizite Angabe erzwingen:

```
TestInference.<CharSequence>inference("a",new StringBuffer("a"),
                                    new StringBuilder("a"));
                                    ⇨ class [Ljava.lang.CharSequence;
```

An dieser Stelle soll noch ein Vergleich der beiden equalType-Methoden aus dem vorherigen Abschnitt nachgeholt werden:

```
System.out.println(equalType());        ⇨ true
System.out.println(equalGenType());     ⇨ false
```

In beiden Fällen wird nicht null, sondern ein Array der Länge Null übergeben. Im ersten Fall ist das kein Problem, es wird ein Number-Array erzeugt. Im zweiten generischen Fall beschwert sich der Compiler mit einer Warnung (verkürzt):

```
warning: unchecked generic array creation of type N[] for varargs ...
```

Die Warnung ist ein Seiteneffekt des Inferenz-Algorithmus, den passenden Typ zu N[] zu ermitteln. Der Compiler kann keinen Typ ohne Argument ermitteln. Er beschwert sich also mit einer Warnung, wählt aber ebenfalls ein Number-Array. Warnungen wie diese kann man zwar ignorieren, doch allgemein gilt der folgende Grundsatz:

▶ *Hinweis 2.9 Compiler-Warnungen*
- Nur Code ohne Warnungen vom Compiler gelten als typsicher. Unter typsicher versteht man, dass es zur Laufzeit keine Ausnahmen aufgrund eines Typ-Fehlers geben kann.
- Warnungen, bei denen man aufgrund einer „sorgfältigen" Code-Analyse nachweisen kann, dass es zur Laufzeit keine Ausnahmen geben kann, dürfen ignoriert werden (dazu später mehr!).

Generische Methoden in generischen Klassen

Werden eigenständige generische Methoden in generischen Klasse oder Interfaces deklariert, sollte man unbedingt Namens-Kollisionen bei den Typ-Variablen vermeiden.

```
class DoNotDoThat<T> {
  <T> void anyMethod(T arg) { ... }
}
```

---

[35] Das Interface-Typ-System ist kein Baum wie bei Klassen, sondern ein azyklischer Graph.

Dies Klasse suggeriert, dass es nur eine Typ-Variable T gibt. Dies ist falsch! Das Problem ist hier das Gleiche wie bei normalen Variablen mit gleichen Namen. Man muss sie auseinander halten können. Für normale Variablen gibt es syntaktische Möglichkeiten, den Konflikt zu lösen. Bei den generischen Konstrukten fehlen sie. In diesem Fall ist der Typ T, im Klassennamen DoNotDoThat<T> in der Methode anyMethod() nicht zu erreichen.

2.2 Arrays und Typ-Hierarchien mit Generics

Java hat seit seiner Entstehung ein Problem mit Arrays. Sie sind fest in die Sprache eingebaut und verhalten sich nur teilweise wie vollwertige Klassen – so genannte *first-class* Objects. Denn Arrays sind zwar vom Typ Object, haben aber keine eigene Methoden, sondern nur ein length-Feld. Sie können nicht erweitert werden, ein Array mit passenden Methoden zu einem speziellen Typ anzulegen, ist unmöglich. Es besteht nur die Möglichkeit, diese Methoden in einer Utility-Klasse unterzubringen. Wie unschön das ist, sieht man recht gut an der Klasse java.util.Arrays, die für primitiven Typen, Object oder auch mittels Typ-Parametern hilfreiche Methoden wie fill(), sort() oder toString() anbietet (siehe hierzu auch Abschnitt 1.10). Die Methoden in Arrays sollten – objekt-orientiert gedacht – eigentlich Instanz-Methoden eines Arrays sein, beispielsweise

```
myArray.sort()   anstatt   Arrays.sort(myArray).
```

Vorab eine kurze Gegenüberstellung von Arrays und Listen: Arrays haben in Java nach der Anlage eine fixe Größe. Man kann keine Elemente löschen oder einfügen. Listen sind dagegen variabel in ihrer Länge und man kann Elemente löschen und einfügen. Arrays haben wiederum gegenüber Listen einen unschlagbaren Performance-Vorteil. Wenn man also die Anzahl der Elemente abschätzen kann, greift man zu einem Array und hat eine konstante Zugriffszeit für Lese/Schreib-Operationen der Elemente. Ist vorab nicht klar, wie viele Elemente man eigentlich benötigt, sollte man eher zu einer Liste greifen.

2.2.1 Arrays vs. generischen Listen

Um eine passende Gegenüberstellung von Listen und Arrays vorzunehmen, benötigen wir noch eine kleine Typ-Hierarchie von Elementen. Als erstes legen wir eine bean-artige Klasse Person an:

```
public class Person {
  private String name;

  public Person (String name) {
    setName(name);
  }
```

```
public void setName(String name) {
  if (name==null || name.length()<2)
    throw new IllegalArgumentException(
              "Name besteht aus mindestens zwei Buchstaben");
  this.name= name;
}

public String getName() {
  return name;
}

@Override
public String toString() {
  return "<Person>\n    <name>"+name+"</name>\n</Person>\n";
}
}
```

Listen und Arrays können ineinander umgewandelt werden. Nehmen wir hierzu als Ausgangspunkt ein Array von Person:

```
Person[] pArr= { new Person("Axel"),
                 new Person("Mia"),
                 new Person("Uwe") };

List<Person> pLst= Arrays.asList(pArr);
pArr= pLst.toArray(new Person[0]);

System.out.println(pArr);   ⇨ [Lkap02.Person;@52fe85
System.out.println(pLst);   ⇨ [<Person>
                                  <name>Axel</name>
                              </Person>
                              , <Person>
                                  <name>Mia</name>
                              </Person>
                              , <Person>
                                  <name>Uwe</name>
                              </Person>
                              ]
```

Die Konvertierungen geht an sich schön generisch. Nur bei der Umwandlung von pLst nach pArr muss man mit der Übergabe eines Type-Musters der Methode toArray() mitteilen, welchen Array-Typ sie erschaffen soll. Arrays haben eine fest eingebaute Methode toString(), die kurz und wenig benutzerfreundlich ist. Listen haben dagegen eine überschreibbare Methode toString(), die wiederum die toString()-Methode ihrer Elemente benutzt.

2.2.2   Invarianz

Ein wichtiges Prinzip in Verbindung mit generischen Konstrukten ist die Invarianz. Um sie vorzustellen, müssen wir `Person` um eine Subklasse `Employee` erweitern:

```java
public class Employee extends Person {
  private final int id;

  public Employee(int id, String name) {
    super(name);
    this.id= id;
  }

  public int getId() {
    return id;
  }

  @Override
  public String toString() {
    return "<Employee id=\""+id+"\">\n   <name>"
            +getName()+"</name>\n</Employee>\n";
  }
}
```

Wie im letzten Testbeispiel starten wir mit einem Array vom Typ `Person`. Da `Person` die Superklasse von `Employee` ist, können wir in das Array Mitarbeiter einfügen:

```java
Person[] eArr= new Employee[3];
eArr[0]= new Employee(100,"Hahn");
eArr[1]= new Employee(200,"Bohr");

System.out.println(eArr[0]);        ⇨  <Employee id="100">
                                            <name>Hahn</name>
                                        </Employee>

eArr[2]= new Person("Schröder");  ⇨  Exception in thread "main"
                                        java.lang.ArrayStoreException...
```

Dieser Code compiliert ohne irgend eine Fehlermeldung oder Warnung. Bei der Ausführung stürzt das Programm aufgrund eines Typ-Fehlers mit einer Ausnahme ab! Die Ursache liegt bei den Arrays:

Arrays sind nicht typsicher!

Typunsichere Arrays

eArr ist vom Typ Employee-Array. Somit kann für jedes Element die Methode getId()
aufgerufen werden. Durch die Zuweisung zu einem Array der Superklasse Person können
ohne Intervention des Compilers Instanzen von Person oder Subklassen von Person einfügt werden. Über eArr können dann von diesen Nicht-Employee-Instanzen die Methode
getId() aufgerufen werden, was zwangsläufig zum Absturz führen muss. Die JVM erkennt
das Problem. Sobald zur Laufzeit versucht wird, ein Element (irgend) eines Supertyps in
eArr einzufügen, reagiert die JVM mit einer Ausnahme. Die Alternative, den Fehler erst an
einer Stelle abzufangen, die an sich typsicher ist und mit der eigentlichen Ursache nichts zu
tun hat, ist nicht logisch und unattraktiv.

Hinweis 2.10 ArrayStoreException beim Einfügen über Supertypen eines Arrays

- Die Sub/Supertyp-Beziehung der Elemente darf nur dann auf das Array übertragen werden, wenn das Einfügen von Supertyp-Instanz ausgeschlossen ist. Ansonsten gibt es zur
  Laufzeit eine ArrayStoreException.

Übertragen wir die Arrays in äquivalente parametrisierte Listen:

```
Person[]                        List<Person>

Employee[]                      List<Employee>
```

Würden sich generische Listen wie die Arrays verhalten, könnte man eine List<Employ-
ee> einer List<Person> zuweisen. Damit würde ein Typfehler erst von der JVM erkannt
und Generics wären somit typ-unsicher. Die Zuweisung ist somit verboten. Diese Restriktion
ist unangenehm, aber leider nicht zu vermeiden. Formulieren wir dies in allgemeiner Form.
Sei SubClass eine Subklasse von BaseClass:

```
class BaseClass<T> {
  // ...
}
class SubClass<T> extends BaseClass<T> {
  // ...
}
```

Hinweis 2.11 Invarianz-Prinzip

- Die Zuweisung eines parametrisierten Typs von SubClass<T> zu der einer Superklasse
  BaseClass<T> ist nur erlaubt, wenn ihre aktuellen Typ-Argumente von T exakt übereinstimmen. Dies nennt man *Invarianz*.

```
BaseClass<Number> bc= new SubClass<Number>();   // <--- ok!

// --- Invarianz-Verletzung: Number ist nicht Integer
BaseClass<Number> bc= new SubClass<Integer>();
```

Kollektionen wurden bereits im ersten Kapitel ausführlich besprochen. Es folgen noch einige korrekte Zuweisungen generischer Kollektionen. Bei den folgenden Beispielen wird die Invarianz der Elemente strikt eingehalten.

```
Set<Person> pSet= new HashSet<Person>();

// --- eine LinkedList implementiert das Queue-Interface
Queue<String> sQueue= new LinkedList<String>();
Collection<Person> pCol= pSet;
Collection<String> sCol= sQueue;
```

Die Invarianz ist auch aus einem zweiten Grund notwendig. Sie könnte als Seiteneffekt die einfache Vererbung von Klassen untergraben. In einem generischen Konstrukt können beispielsweise zwei verschiedene Klassen-Hierarchien parallel nebeneinander auftreten, einmal für die „äußere" parametrisierte Klasse und dann noch für die Typ-Parameter. Wählen wir wieder ein Beispiel aus den Kollektionen. Ein Stack ist Subklasse von Vector und Integer eine Subklasse von Number.[36] Dann haben wir – wie Abbildung 2.3 zeigt – vier Möglichkeiten, die Klassen zu parametrisieren.

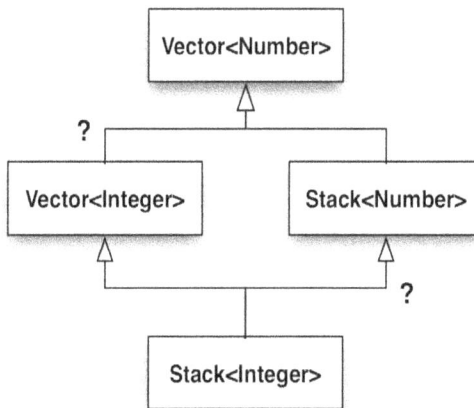

Abbildung 2.3: Mögliche Typ-Beziehungen ohne Invarianz

Welche dieser Typ-Beziehungen ist gültig? Nach dem Invarianz-Prinzip ist Stack<Integer> eine Subklasse von Vector<Integer> und Stack<Number> eine Subklasse von Vector<Number>. Wären die mit Fragezeichen versehenen Typ-Beziehungen auch gültig, hätten wir zwei Vererbungslinien integriert. Das ist faszinierend, doch in Java so nicht möglich. Eine pragmatische Lösung bieten Wildcards (siehe Abschnitt 2.6).

---

[36] Vector und Stack sind deprecated.

2.3   Wichtige generische Begriffe

In Verbindung mit generischen Ausdrücken und insbesondere auch der Invarianz werden immer wieder bestimmte Begriffe verwendet, die hier vorgestellt werden sollen. Die deutschen Übersetzungen klingen teilweise recht merkwürdig, so dass vorzugsweise die englischen Begriffe verwendet werden.[37]

Raw Type
- Mit *raw Type* bezeichnet man eine generischen bzw. parametrisierten Typ ohne seine Typ-Parameter bzw. -Argumente.

Alle Java-Klassen und Interfaces bis zur Version 1.4 sind also per Definition „rohe Typen". Mit dem Begriff des raw Types lässt sich das Invarianz-Prinzip auch anders formulieren: Ist der raw Type einer generischen Klasse der Subtyp einer anderen, so ist eine Zuweisung bei gleichen aktuellen Typ-Parametern erlaubt.

Die folgenschwerste Eigenschaft von Generics wurde wohl vom Sun-Management diktiert. Alle generischen Klassen und Interfaces können auch als raw Types verwenden werden. Die Forderung hieß schlicht Kompatibilität. Der alte Code sollte neben dem generischen weiter benutzt werden können.[38] Diese auf den ersten Blick angenehme Transition von Alt nach Neu führte im Nachhinein zu jeder Menge Probleme. Eine Regel lautet, generische Klassen nicht gleichzeitig als raw Type und als parametrisierten Typ zu verwenden.

▶ *Hinweis 2.12 Verwenden des raw Types*
- Der Compiler gibt bei unsicherer Verwendung eines generischen Typs als raw Type eine Warnung aus.
- Um die Typ-Sicherheit zu gewährleisten, sollten generische Klassen und Interfaces ausschließlich nur parametrisiert verwendet werden.
- Muss man Code übernehmen, der generische Klassen im raw Type verwendet, so sollte man ihn auch raw Type verwenden (bis eine gesamte Generifizierung möglich ist).

Verletzt man den dritten Punkt, zeigt die Kompatibilität ihr schmutziges Gesicht. Raw Types zusammen mit den zugehörigen parametrisierten Typen unterlaufen locker die Typ-Sicherheit von Generics. Generics werden faktisch nutzlos! Im folgenden Beispiel werden die Warnungen des Compilers ignoriert.

---

[37]   Das hat einen Vorteil: Es hilft auch beim Googeln, in Blogs und Foren.

[38]   Auch die alten Java-Programmierer werden so nicht verschreckt. Sun ist halt nicht MS, die Sprachänderungen einfach in den Markt drücken.

```
List rawLst= new ArrayList();
```

// --- Verwendung also raw Type ist ok, führt trotzdem zur Warnung!
//   ... warning: ... unchecked call to add(E) as a member of the raw type java.util.List
```
rawLst.add("Hallo");

List<String> sLst= new ArrayList<String>();
sLst.add("1");
```

// --- hier wird eine raw Type List und parametrisierte List im Code „gemischt".
```
rawLst= sLst;
```

//   ... warning: ... unchecked call to add(E) as a member of the raw type java.util.List
```
rawLst.add(2);
```

// --- Alles scheint so weit ok!
```
System.out.println(rawLst.get(0)+","+rawLst.get(1));    ⇨ 1,2
System.out.println(sLst);                               ⇨ [1, 2]
Object o= rawLst.get(1);
```

//   String s1= rawLst.get(1);

```
String s= sLst.get(1);
    ⇨ ...ClassCastException: ...Integer cannot be cast to java.lang.String
```

Der Compiler warnt immer bei Einfüge-Operationen, da eine rohe Liste ein Element mit beliebigem Typ akzeptiert. Einfügungen sind das eigentliche Problem! Beim Lesen eines Elements aus der rohen Liste `rawLst` lässt dagegen der Compiler ohne Cast überhaupt keine
Zuweisung außer zu `Object` zu. Das kann man durch „Mischen" der raw Types mit ihren
zugehörigen parametrisierten Typen aber locker aushebeln. Die scheinbare generische Typ-
Sicherheit ist weg und es gibt eine Ausnahme zur Laufzeit.

Type-Erasure

Mit welcher Technik war es den Sun-Ingenieuren möglich, Kompatibilität zwischen generischer und nicht generischer Nutzung generischer Klassen zu schaffen? Der Begriff lautet
Type-Erasure. Es bezeichnet die Technik der Umwandlung von generischem Code in nicht
generischen durch den Compiler. Dabei werden alle Typ-Variablen im Code ersetzt. Damit
ist der Bytecode der JVM praktisch frei von generischen Informationen. Die statischen Informationen zu generischen Konstrukten findet man allerdings in der `Class`-Instanz. Die
Auswertung ist nur reflexiv möglich und leider nicht vollständig (siehe hierzu Kapitel 3).

Der Begriff Erasure bezieht sich auf das Löschen der Typ-Variablen, aber erst nachdem der
Compiler alle Typ-Prüfungen durchgeführt hat. Er verwendet dann nur noch den raw Type
zur Code-Erzeugung. Die Technik dazu ist vergleichsweise einfach.

▶ *Hinweis 2.13 Ersetzen von Typ-Variablen*

- Eine Typ-Variable T im Code wird durch den Typ ihrer ersten Bound oder – sofern sie nicht vorhanden ist – durch den Typ Object ersetzt. Denn <T> ist logisch äqivalent zu <T extends Object>.

Anhand der Abbildung 2.4 erkennt man, dass der Code der Klasse TestErasure von T „gesäubert" wurde. An allen relevanten Stellen wurde statt T die Bound String eingesetzt. Der Bytecode der TestErasure.class enthält somit keine generische Informationen mehr. In diesem speziellen Fall ist damit kein Informationsverlust verbunden, da für T kein anderer Typ als String eingesetzt werden kann. Denn String ist final deklariert. Aber dieser Einsatz ist absolut atypisch.

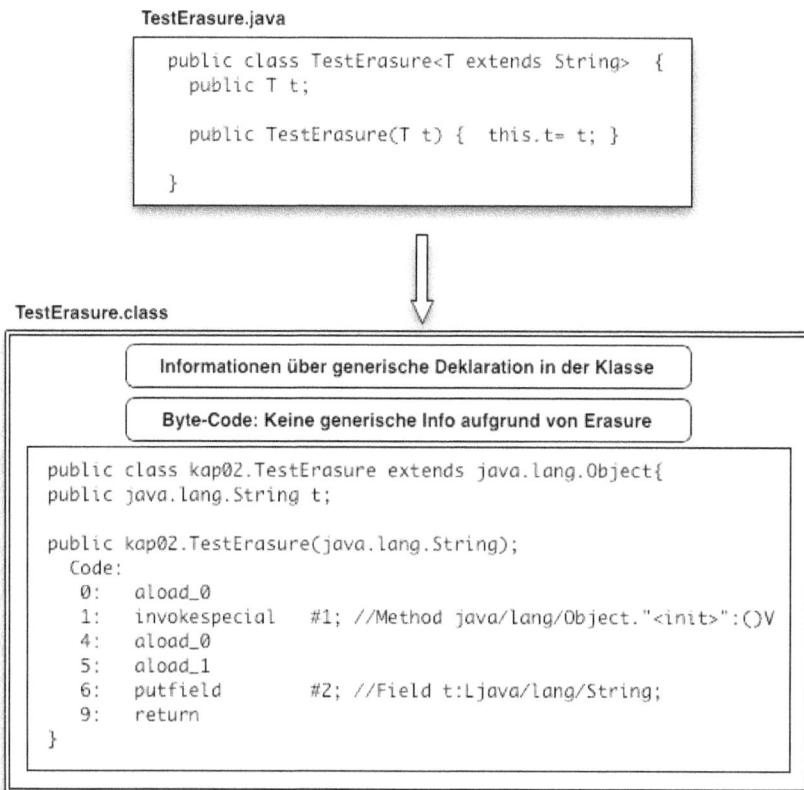

TestErasure.java

```
public class TestErasure<T extends String>  {
   public T t;

   public TestErasure(T t) {  this.t= t; }

}
```

TestErasure.class

Informationen über generische Deklaration in der Klasse

Byte-Code: Keine generische Info aufgrund von Erasure

```
public class kap02.TestErasure extends java.lang.Object{
public java.lang.String t;

public kap02.TestErasure(java.lang.String);
  Code:
    0:    aload_0
    1:    invokespecial    #1; //Method java/lang/Object."<init>":()V
    4:    aload_0
    5:    aload_1
    6:    putfield         #2; //Field t:Ljava/lang/String;
    9:    return
}
```

Abbildung 2.4: Bytecode mittels javap -c kap02.TestErasure

Sollten Casts notwendig sein, fügt sie der Compiler automatisch ein. Im Gegensatz zu Casts, die vom Programmierer eingesetzt werden, können die des Compilers keine Ausnahmen auslösen.

Catch 22 – Typ-Sicherheit gibt es nur dann, wenn der Compiler keine Warnungen beim Übersetzen gibt. Ignoriert man Warnungen, hat man wieder die Verantwortung. Wie bei eigenen Casts im Code kann es dann wieder zu Ausnahmen kommen.

Reifying

Im Java-Jargon bedeutet *Reifying* die Speicherung von Typ-Informationen – insbesondere in Verbindung mit den generischen Informationen – im Bytecode. Unter reifiable Types versteht man Typen, der vom Type-Erasure nicht betroffen sind und erhalten bleiben. Generische Typen sind aufgrund dieser Definition keine reifiable Types. Es gibt eine Ausnahme! Das sind die ungebundenen Wildcard-Ausdrücke (siehe Abschnitt 2.6).

Eine Typ-Information, die nicht reified ist, kann nicht im Code benutzt werden. Anders ausgedrückt, nur im Code festgehaltene Typen können rekonstruiert werden, bei den anderen ist das nicht möglich, auch nicht per Reflexion! Per Reflexion lassen sich allerdings die generischen Deklarationen der Klassen, Interfaces, Methoden und Felder im Source-Code ermitteln. Alle Laufzeit-Informationen zu den aktuellen Typen der Typ-Variablen fehlen. Eine unmittelbare Konsequenz daraus ist, dass man von `T` keine Instanzen mittels `new T()` erzeugen kann. Es kann zwar per Reflexion der Namen `T` des generische Parameters abgefragt werden, aber was nützt das? Im Bytecode ist weder `T` noch der aktuelle Typ der Typ-Variable enthalten. Die Konsequenz wäre, dass `new T()` bei einer Typ-Variable `T` ohne Bounds durch `new Object()` ersetzt werden würde. Das ist falsch und somit erst gar nicht nicht erlaubt!

Obwohl an dieser Stelle die Wildcard-Ausdrücke noch nicht besprochen wurden, werden sie der Vollständigkeit halber nachfolgend mit aufgezählt.

▶ *Hinweis 2.14 Reifiable Typen*
- Zu den reifiable Typen gehören die
  - primitiven und konkreten Typen wie beispielsweise `String`, `Exception`, `Thread` oder `Serializable`.
  - Element-Typen von Arrays.
  - raw Types der generischen Klassen und Interfaces.
  - ungebundenen Wildcard-Typen wie beispielsweise `Set<?>`, `List<?>[]` oder `Map<?,?>`.

Neben den Typ-Variablen gehören somit auch die parametrisierten Typen wie `List<Number>` und `List<String>` nicht dazu. Beide Typen von Listen sind nach dem Typ-Erasure im Bytecode nicht mehr zu unterscheiden.[39] Reifying wurde hier angesprochen, um die nachfolgenden Restriktionen und fehlerhaften generischen Konstrukte besser verstehen zu können. Denn praktisch alle Einschränkungen resultieren aus fehlenden Typ-Informationen.

---

[39] Siehe hierzu auch das Super Type Token in Abschnitt 3.4.6.

2.4   Restriktionen zu Generics

Aside: Global denkende Topmanager haben keine Probleme, sie sehen sich nur mit Heraus-forderungen konfrontiert. Hoffentlich sitzen sie nie in einem Flieger, dessen Pilot den Flug als Herausforderung ansieht!

Aus den Foren zu Generics kann man entnehmen, dass viele Java-Programmierer Generics nicht wie Sun als Herausforderungen, sondern als neues Problem ansehen. Dazu trägt maßgeblich die Erasure-Technik bei. Das Ziel des Sun-Managements war es, möglichst kompatibel zum alten Legacy Code zu sein. Diese Ziel ist durchaus lobenswert, aber der Preis war zu hoch. Er wird in Form von Restriktionen und nicht möglichen generischen Ausdrücken bezahlt.[40] Im Folgenden werden die wichtigsten derzeitigen Restriktionen aufgrund der Erasure-Technik zusammengefasst. Es besteht (eine geringe) Hoffnung, dass mit Java 7 zumindest einige davon wegfallen.[41]

▶ *Hinweis 2.15 Ignorieren von Compiler-Warnungen*
* Compiler-Warnungen, die auf Typ-Unsicherheit hinweisen, müssen in gewissen Fällen ignoriert werden (was in Sun-eigenem Code übrigens relativ häufig praktiziert wird).

Der Hinweis ist nicht sehr präzise, aber es wird noch an einigen Beispielen gezeigt, wann man Warnungen einfach ignorieren muss.

2.4.1   Unerlaubte generische Ausdrücke

Die nachfolgenden generische Konstrukte führen nicht zu Warnungen, sondern werden schlicht nicht compiliert. Sie werden anhand von kleinen Code-Fragmenten vorgestellt und erst am Ende in einem Hinweis zusammengefasst.

Probleme mit new und instanceof

Die Anlage mittels new und der Test mittels instanceof ist für generische Konstrukte praktisch ausgeschlossen. Hierzu fünf kleine Code-Fragmente:

```
public static <T> T makeT (T t) {
   // --- Fehler: kein new T() erlaubt!
   return new T();
}
public static <T> T[] makeTArray(T t) {
```

---

[40]   Wer einen Eindruck von den Problemen mit Generics bekommen will, braucht sich nur das generische Forum von Sun anzuschauen. Er findet genügend Lehrmaterial und endlose Wiederholungen von immer den gleichen Fragen: „Wie geht das ...?", „Warum kann man nicht ...?"

[41]   Einige profilierte Sun-Ingenieure haben Sun in Richtung Google verlassen und brauchen nicht mehr die Erasure-Lehre als allein selig machenden Weg zu verkünden. Statt dessen reden sie nun offen über bessere Lösungen. Siehe hierzu das Blog „Reified Generics for Java" von Neal Gafter (Google, vormals leitender Sun-Ingenieur) im November 2006 unter http://gafter.blogspot.com/2006_11_01_archive.html.

```
  // --- Fehler: kein Arrays mittels new T[] erlaubt!
  return new T[10];
}

static void noGenericArrayCreation() {
  // --- Fehler: Direkte Arrays von parametrisierten Klassen nicht erlaubt!
  List<String>[] sLstArr= new ArrayList<String>[5];
}

public static <T> T checkType(Object o) {
  // --- Fehler: kein instanceof -Test auf T erlaubt!
  if (o instanceof T)
    return (T)o;
  return null;
}

public static void checkGenClass () {
  List<Double> dLst= new ArrayList<Double>();
  // --- Fehler: Prüfen mit instanceof auf einen parametrisierten Typ nicht erlaubt
  //     instanceof erlaubt nur raw Types
  System.out.println(dLst instanceof List<Double>);
}
```

Probleme mit static, extends und catch

Die folgenden Fehler resultieren aus nicht erlaubten generischen Klassen- oder Interfaces-Konstrukten.

```
class NoStaticGenVar<T> {
  // --- Fehler: statische Member können nicht auf die Typ-Variablen der Klasse zugreifen
  static T t
  static foo(T t) { }
}

class NoClassLiteral<T> {
  public Class<T> getType() {
    // --- Fehler: Zu T gibt es keine Class-Instanz!
    return T.class;
  }
}

// --- Fehler: Eine Klasse kann keine Typvariable als Supertyp haben!
class DoNotExtend<T> extends T {
}

class NotInCatch<E extends RuntimeException> {
```

```
public void wrong() {
  try {
    int i= 0/0;
    // --- Fehler: in catch ist keine Typvariable erlaubt!
  } catch (E e) {
  }
}
}
```

Dagegen ist eine Typ-Variable in der `throws`-Clause erlaubt:

```
class GenException <E extends RuntimeException> {
  E e;
  public GenException (E e) {
    this.e= e;
  }
  public void thatIsOk() throws E {
    throw e;
  }
}
```

Die meisten dieser Restriktionen sind gar nicht lustig, da man mühsam um sie „herum-programmieren" muss. Fassen wir zusammen.

▶ Hinweis 2.16 Fehlerhafte generische Konstrukte

- Typ-Variable können nicht durch primitive Typen ersetzt werden.
- Von Typ-Variablen lassen sich keine Instanzen oder Arrays mittels `new T()` oder `new T[]` erzeugen.
- Arrays von parametrisierten Klassen und Interfaces sind nicht erlaubt.
- Ist T eine Typ-Variable, so ist `instanceof T` und `T.class` verboten.
- Typ-Prüfung einer Variablen v zu einer konkreten Klasse `concreteClass` mit Hilfe von `v instanceof SomeClass<concreteClass>` ist nicht möglich.
- Für parametrisierte Typen ist `.class` nicht erlaubt.
- Statische Felder und Methoden können nicht die Typ-Variablen der Klasse benutzen.
- Klassen und Interfaces können kein Subtyp einer Typ-Variablen sein.
- In `catch` darf keine Typ-Variable verwendet werden, in der `throws`-Liste sind sie dagegen erlaubt.

Der erste Punkt ist aufgrund von Autoboxing vergleichsweise harmlos. Der 7. Punkt mag vielleicht überraschen. Das Problem liegt darin, dass statische Variablen bzw. Methoden von allen Instanzen einer Klasse benutzt werden, es sie aber nur genau einmal pro Klasse gibt.

Haben wir also eine Klasse

```
class GenClass<T> {
  static T t;
  ...
}
```

mit zwei Instanzen verschiedener parametrisierter Typen

```
GenClass<String> cs;
GenClass<Double> cd;
```

so müsste `t` einmal vom Typ `String`, ein andermal vom Typ `Double` sein. Um diesem Dilemma zu entgehen, müsste folglich für jeden parametrisierten Typ ein statisches Feld `t` erzeugt werden. Das hätte den Sun-Designer aber ihr Erasure-Konzept zerstört, dass Typ-Variable durch genau einen passenden Typ ersetzt. Also wurden die Sache kurzer Hand verboten.

Da Typ-Prüfungen mittels `instanceof` verboten sind, könnte man auf die clevere Idee
kommen, mit `getClass()` generische Klassen auf ihren aktuellen Typ zu testen (siehe hierzu Reflexion). Etwa so:

```
List<Integer> iLst= new ArrayList<Integer>();
List<Number> nLst= new ArrayList<Number>();
List<Object> oLst= new ArrayList<Object>();

System.out.println(nLst.getClass()==iLst.getClass()); ⇨ true
System.out.println(nLst.getClass()==oLst.getClass()); ⇨ true
```

```
// --- die folgende Zuweisung ist nicht erlaubt:
Class<?> clazz= List<String>.class;
```

Logisch gesehen sind die drei aktuellen generischen `List`-Klassen verschieden, doch `get-
Class()` testet nur den rohen Typ der Liste, der immer gleich ist. Also liefert der Vergleich
aller parametrisierten Typen mittels `getClass()` immer `true`.

In Java 7 werden hoffentlich einige Punkte der Negativ-Liste in Hinweis 2.16 wegfallen. Es
gibt Vorschläge zu *Reified Generics*, die allerdings als Option angeboten werden sollen.
Denn Kompatibilität zum alten Code wird wohl oberstes Prinzip bleiben. Ob und wann dies
kommt ist bis dato ungewiss. Deshalb werden bestimmte Idiome wie die in Abschnitt 2.10
vorgestellten Type-Token Varianten zwischenzeitlich von Nutzen sein. Sieht man von den in
diesem Abschnitt besprochenen Restriktion ab, bleibt Generics eine wertvolle Technik,
denn:

Code zu lesen und zu verstehen, ist wichtiger als zu schreiben!

2.5   Finden von Typ-Einschränkungen

Beim Design einer generischen Klasse oder Methode ist die Suche nach den optimalen Type-Bounds nicht trivial. Die Einschränkungen dürfen weder zu restriktiv, noch zu offen sein. Fehler muss man in der Regel mit `instanceof` und unnötigen Casts bezahlen (siehe auch Abschnitt 2.1.5). Das Finden von optimalen Einschränkungen ist nicht trivial. Mit Finden ist dabei die systematische Suche aufgrund der Anforderungen gemeint. Dies soll an einer generischen Klasse `GenericArray` demonstriert werden, die ein Array von Elementen vom Typ E kapselt. Die Aufgabe besteht darin, passende Bounds für E zu finden.

Das gewählte Beispiel ist an sich einfach, verwendet aber Clone- und Serialisierungs-Methoden. Deshalb vorab ein paar Informationen. Die Methode `clone()` ist in `Object` nativ implementiert. Sie kann von Klassen-Instanzen nur aufgerufen werden, wenn diese das Marker-Interface[42] `Cloneable` implementieren. Die Methode `clone()` erstellt von einem Objekt eine Kopie, bei dem einfach die zum Objekt gehörigen Bytes übertragen werden. Das führt zu einem

Shallow-Copy

Bei einer flachen Kopie einer Instanz werden bei Feldern mit

* primitivem Typ die Werte kopiert.
* nicht-primitivem Typ nur die Referenz-Werte kopiert und nicht die Werte der Objekte, die sie referenzieren.

Der zweite Punkt besagt, dass sich ein Clone die Objekte, auf die seine Felder zeigen, mit dem Original teilt. Die Alternative zu einer flachen Kopie nennt man dann

Deep-Copy

* Im Gegensatz zu einer flachen Kopie werden auch bei den Referenz-Feldern die Objekte, auf die sie verweisen, kopiert. Dies geschieht – sofern notwendig – rekursiv.

Für eine tiefe Kopie muss man die `clone()`-Methode von `Object` passend überschreiben. Die einfachste Art, eine tiefe Kopie zu erzeugen, ist eine In-Memory-Serialisierung. Mit Hilfe der Methode `writeObject()` erzeugt man einen Byte-Stream aus dem Original-Objekt. Deserialisiert man anschließend den Byte-Stream mittels `readObject()`, enthält man automatisch ein Deep-Copy vom Original. Das macht man natürlich in-memory und nicht mit Hilfe eines externen Datenträgers (siehe Listing 2.1).

Betrachten wir nun den ersten Entwurf einer Klasse `GenericArray` mit einer ungebundenen Typ-Variablen E. Der Code im Listing 2.1 wird so nicht compiliert, da noch die notwendigen Bounds für E fehlen. Die Methoden sind so kurz wie möglich gehalten, da sie nur dazu dienen, nach Analyse die Bounds für E zu ermitteln. Ein Seiteneffekt der Implementierung

---

[42] Ein Marker-Interface hat keine Methoden. Es teilt die Welt aller Klassen bzw. Typen immer in zwei disjunkte Mengen, die dazugehören oder eben nicht.

besteht darin, die Limitierungen von Generics aufzuzeigen. Denn Generics können konzeptionell keinesfalls dynamische Typ-Probleme statisch lösen.

Listing 2.1 Suche der Type-Bounds für GenericArray<E>

```
1.   public class GenericArray<E /* Bounds ? */ > {
2.     E[] nArr;

3.     public Gen01(E... element) {
4.       nArr= element.clone();
5.       Arrays.sort(nArr);
6.     }

7.     public String toString() {
8.       return Arrays.toString(nArr);
9.     }

10.    public ByteArrayOutputStream writeToMemory() {
11.      // --- Serialisieren in ein Byte-Array
12.      try {
13.        ByteArrayOutputStream baos= new ByteArrayOutputStream();
14.        ObjectOutput oout= new ObjectOutputStream(baos);
15.        oout.writeObject(nArr);
16.        oout.close();
17.        return baos;
18.      } catch (Exception e) {
19.        return null;
20.      }
21.    }

22.    public E[] readFromMemory(ByteArrayOutputStream baos) {
23.      // --- Deserialisieren aus einem Byte-Array
24.      try {
25.        ObjectInput oin= new ObjectInputStream(
26.                          new ByteArrayInputStream(
27.                            baos.toByteArray())));
28.        return (E[])oin.readObject();
29.      } catch (Exception e) {
30.        return null;
31.      }
32.  }
```

Eine systematisch Suche sollte Regeln zum Erkennen von Typ-Einschränkungen beachten.

▶ *Hinweis 2.17 Such-Strategie zu Bounds*

- Zuerst sind die Anweisungen zu finden, in denen die Typ-Variablen nicht als Instanzen von `Object` verwendet werden können, sondern zusätzliche Typ-Eigenschaften besitzen müssen. Diese Typen gehören zu den Bounds.

- Besondere Typ-Mitteilungen an den Compiler wie beispielsweise Marker-Interfaces gehören ebenfalls zu den Bounds.

Im einfachsten Fall erkennt man erforderliche Typen am expliziten Aufruf von Methoden, die nicht zu `Object` gehören. Wenn sie implizit in anderen Methoden versteckt sind, wird es schwieriger. Hilft der Compiler? Sicherlich findet er fehlerhafte Anweisungen, aber leider keine passende Lösung dazu. Manchmal fallen die Fehlermitteilungen sogar recht kryptisch aus. Denken gehört also zur Strategie! Beginnen wir mit einer Code-Analyse:

In der 5. Zeile findet man eine Einschränkung für E. Die Methode `sort()` setzt voraus, dass Instanzen auch sortiert werden können. Entweder hat die zugehörige Klasse eine natürliche Sortierung, dann implementiert sie das Interface `Comparable` oder ihr wird nachträglich eine spezielle Sortierung mit Hilfe eines `Comparator` übergeben. In diesem Fall wählen wir E als Subtyp von `Comparable`. Das Interface `Comparable` ist natürlich generisch und erwartet den Typ der zu vergleichenden Instanzen. Das ist E selbst.

In der 15. Zeile ist eine weitere Einschränkung enthalten. E muss serialisierbar sein. Eine Klasse ist dann serialisierbar, wenn sie das Marker-Interface `Serializable` implementiert. Somit sehen die Bounds bisher wie folgt aus:

```
public class GenericArray<E extends Comparable<E> & Serializable>
```

Nun stellt sich die Frage, ob es weitere Einschränkungen gibt. In der 4. Zeile gibt es eine Anweisung, die an sich danach aussieht: `element.clone()`. Muss also der Typ E `Cloneable` sein? Wenn man den Typ des Parameters `E...` betrachtet, stellt man fest, dass er in Wirklichkeit für `E[]` steht. Also wird nicht ein Element gecloned, sondern das Array `E[]`. Arrays sind aber von Natur aus `Cloneable`.

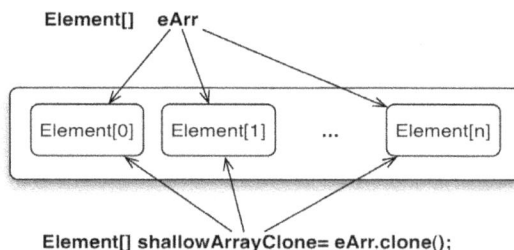

Abbildung 2.5: Clonen von Arrays – ein shallow Copy

Die Abbildung 2.5 versucht graphisch darzustellen, dass Array-Cloning ein Shallow-Copy ist. Sollten also die Elemente des Arrays keine primitiven Typen sein, werden nur die Referenzen kopiert. Die minimalen Bounds, die den Code ausführbar machen, sind also gefunden. Ein abschließender

▶ *Hinweis 2.18 Mehrfaches Auftreten einer Typ-Variablen in einer Bound*
- In einer Typ-Einschränkung kann eine vorher erklärte Typ-Variable nachfolgend verwendet werden. Dies signalisiert, dass derselbe Typ gemeint ist.

Der folgende Test hat zwei Aufgaben. Erstens dient er dazu, das Shallow Copy zu demonstrieren. Dazu verwenden wir `GenericArray` mit Werten vom primitiven Typ `int`. Aufgrund von Autoboxing und Unboxing wird vom Compiler automatisch eine Konvertierung in bzw. von einer `Integer`-Instanz durchgeführt.

```
GenericArray<Integer> iGA= new GenericArray<Integer>(1,3,2);
Integer[] arr= iGA.readFromMemory(iGA.writeToMemory());
arr[0]= -1;

System.out.println(Arrays.toString(arr));    ➭ [-1, 2, 3]
System.out.println(iGA);                      ➭ [1, 2, 3]
```

Das sieht doch wohl eher nach einem Deep-Copy aus. Aber Vorsicht, es liegt am Autoboxing. Zu jedem primitiven Wert wird eine neue `Integer`-Instanz erschaffen. Wählen wir also einen anderen aktuellen Typ für E:

```
// --- setzt aktuelles Datum, und Datum zum Zeitpunkt 0
Date[] dArr= {new Date(),new Date(0)};
GenericArray<Date> dGA= new GenericArray<Date>(dArr);

// --- sortierte Ausgabe
System.out.println(dGA);
    ➭ [Thu Jan 01 01:00:00 CET 1970, Thu May 31 14:39:13 CEST 2007]

// --- setzt Datum auf 01.01.1971
dArr[1].setTime(24*3600*365*1000L);

System.out.println(dGA);
    ➭ [Fri Jan 01 01:00:00 CET 1971, Thu May 31 14:39:13 CEST 2007]
```

An der letzten Ausgabe erkennt man das Shallow-Copy. Die Änderung am `Date`-Array schlägt auf das interne Array `nArr` durch. Das Shallow-Copy kann nur verhindern, dass die Sortierung im `nArr` sich auf das `dArr` auswirkt, denn es wurden ja die Referenzen kopiert.

Was wäre passiert, wenn man eine weitere Einschränkungen wie `Cloneable` in die Bounds aufnimmt? Die Einschränkung wäre nicht mehr minimal und somit auch nicht optimal! Denn `GenericArray<Integer>` kompiliert nicht mehr. Der Grund liegt darin, dass nun `Integer` oder die Superklasse `Number` `Cloneable` sein müsste. Ein Blick in die Plattform zeigt, dass beide nicht `Cloneable` sind:

```
class Number implements java.io.Serializable
class Integer extends Number implements Comparable<Integer>
```

Der Compiler akzeptiert also `Integer` nicht, was die Benutzung der Klasse `GenericArray` unnötig einschränken würde. Mit `Date` hat man dagegen keine Probleme, da

```
class Date implements java.io.Serializable,Cloneable,Comparable<Date>
```

Ein Deep-Copy erzeugt einen hohen Overhead. Deshalb ist es wichtig zu wissen, wann ein Shallow-Copy wie `clone()` auch bei Referenzen reicht.

▶ **Hinweis 2.19 Mutable vs. Immutable und Shallow-Copy**
- Eine Klasse nennt man *immutable*, wenn die Felder ihrer Instanzen nur bei der Anlage gesetzt werden können, sonst *mutable*.
- Für die Instanzen einer immutable Klasse hat ein Shallow-Kopie die gleiche Wirkung wie ein Deep-Copy.

Natürlich muss die Shallow-Kopie zu selben Klasse gehören, was bei `clone()` zwar unbedingt erwünscht, aber nicht sichergestellt ist. Alle primitiven Wrapper wie auch die Klasse `String` sind immutable.[43] Die Klasse `Date` ist dagegen mutable und verlangt deshalb nach einem Deep-Copy.

2.5.1   Generics, ein statisches Konzept

Die Klasse `GenericArray` in Listing 2.1 zeigt auch die Grenzen von Generics auf. Da Generics angetreten sind, unsichere Down-Casts zu vermeiden, sollte jedes Cast in einem Programm argwöhnisch betrachtet werden. In der 28. Zeile in Listing 2.1 findet man folgenden Cast:

```
return (E[])oin.readObject();
```

Es stellen sich zwei Fragen:

1. Kann man diese Rückgabe nicht generisch lösen, also den Cast vermeiden?
2. Bringt ein Cast zu einem Typ wie `E[]` eigentlich das erwünschte Ergebnis?

Zur ersten Frage: Die Methode `readObject()` ist nicht generisch und liefert immer ein `Object` zurück. Der Compiler kann zum Zeitpunkt der Compilierung nicht wissen, welcher Typ zur Laufzeit deserialisiert wird. Das deserialisierte Objekt kann aus allen möglichen

---

[43]   `String` ist nicht 100% immutable, da der Hashcode nicht bei der Initilisierung bestimmt wird. Aber das kann toleriert werden.

Quellen kommen, beispielsweise aus einer Datei. Hier nutzen Generics gar nichts. Man könnte zwar bei der Deklaration von `readObject()` den Rückgabetyp `Object` durch eine Typ-Variable `T` ersetzen. Aber wie bestimmt der Inferenz-Algorithmus den aktuellen Typ? Anhand der Typen der Parameter, die übergeben werden, könnte er dies versuchen. Aber es gibt keine. Den Typ des Resultats kann er zwar übernehmen, aber nicht beweisen, dass das Ergebnis von `readObject()` auch diesen Typ hat. Kurz, man muss wohl oder übel einen Cast vornehmen. Der Compiler revanchiert sich mit einer Warnung:

```
found   : java.lang.Object
required: E[]
        return (E[])oin.readObject();
```

Entweder – wie in diesem Fall – weiß man, was da kommt. Dann ist der Cast korrekt. Oder man ist gezwungen mit `try-catch`, `instanceof` oder Reflexion zu arbeiten.

▶ *Hinweis 2.20 Generics, ein statisches Konzept*

- Generics macht Code nur typsicher, wenn der Compiler die Typen statisch prüfen kann. Typen, die erst zur Laufzeit bekannt sind, können nicht geprüft werden.

- Kann man beweisen, dass der Cast korrekt ist, kann man eine Warnung innerhalb einer Methode mit der folgenden Annotation vor der Deklaration der Methode unterdrücken:

```
@SuppressWarnings("unchecked")
```

Diese Annotation setzt man in Listing 2.1 vor die Methode `readFromMemory()`.

Zur zweiten Frage: Der Cast nach `E[]` ist zwar logisch, aber leider auch ein Problem. Der Compiler entfernt bei der Übersetzung alle Typ-Variablen und ersetzt sie durch ihre Bounds (siehe Abschnitt 2.3, Type-Erasure). In diesem Fall wird `E` durch den Typ `Comparable` im Bytecode ersetzt. Man hat also effektiv nach `Comparable[]` gecastet.[44] Das ist nicht weiter schlimm, aber ist es das, was man wollte? Man kann die Sache einfach „ungenerisch" lösen und `E` durch `Object` ersetzen:

```
public Object[] readFromMemory(ByteArrayOutputStream baos) {
    // ...
    return (Object[])oin.readObject();
}
```

Das vermeidet unerwünschte Warnungen aufgrund von Generics mit Hilfe zweier unsicherer Casts, eine zu `Object[]` und eine zum aktuellen Typ wie beispielsweise `Integer[]`.

▶ *Hinweis 2.21 Cast nach Typ-Variable*

- Ein Cast nach Typ-Variablen führt bei der aktuellen Generics-Version nicht zum aktuellen Typ-Argument, sondern aufgrund von Type-Erasure zu einem Cast zur ersten Bound bzw. zu `Object`.

---

[44]   Nachweis durch: `javap -c kap02.GenericArray`

2.6   Wildcard-Ausdrücke

Beim Entwurf des generischen Java war den Sun-Designern bewusst, dass manche der Einschränkungen einfach zu unangenehm sind. Das hätte nur zur Folge gehabt, dass Entwickler notgedrungen zu rohen Typen greifen. Die Invarianz bei Typ-Hierarchien ist in vielen Fällen einfach unangenehm (siehe Abschnitt 2.2.2). Deshalb hat man bis zuletzt um eine flexible Lösung gerungen. Gewonnen hat Ende 2003 das Wildcard-Konzept.

2.6.1   Syntax und Eigenschaften von Wildcards

Eine *Wildcard* wird durch ein Fragezeichen „?" symbolisiert, meistens gefolgt von einem `extends` oder `super` Ausdruck. Es darf nicht eigenständig, sondern nur in parametrisierten Typen verwendet werden (siehe unten). Ein Wildcard-Ausdruck wird also anstatt eines einfachen aktuellen Typs verwendet. Steht `GenType` für eine beliebige generische Klasse bzw. Interface, so gibt es prinzipiell drei Wildcard-Möglichkeiten:

```
GenType<?>                          – bivariant
GenType<? extends ActualType>       – covariant
GenType<? super    ActualType>      – contravariant
```

Der bisher verwendete `ActualType` in parametrisierten Typen wird also entweder ersetzt oder um Wildcards erweitert. Steht `GenType` beispielsweise für Kollektionen und `Actual-Type` für Klassen wie `Person` oder `Integer`, so kann man folgende Typen konstruieren:

```
Set<?> anySet
List<? extends Person> personLst;
Map<? super Integer, List<? extends Person>> trickyMap;
```

Hinter jedem der drei Wildcard-Ausdrücke steht oben der zugehörige Begriff, mit dem er konzeptionell umschrieben wird. Vereinfacht gesagt, bedeutet

- *Covarianz*: Die Richtung einer Beziehungen von Typ A zu Typ B überträgt sich auf die Typen, die mit Hilfe von A und B gebildet werden.
- *Contravarianz*: Die Beziehungen von Typ A zu Typ B überträgt sich auf die Typen, die mit Hilfe von A und B gebildet werden, in entgegengesetzter Richtung.
- *Bivarianz*: Absolut beliebige Typen ohne Beschränkung der Richtung.

Covariantes Verhalten erwarten wir intuitiv. Sei A der Typ `Object` und B der Subtyp `Number`, so ist der daraus abgeleitete Array-Typ `B[]` der Subtyp von `A[]`. Denn ein `Number`-Array kann einem `Object`-Array zugewiesen werden. Oder bezogen auf Methoden: von einer Methode mit einem Parameter vom Typ `Object[]` erwartet man, dass man sie mit einem `Number`-Array aufrufen kann. Contravarianz ist dagegen nicht sehr intuitiv und wird in Abschnitt 2.6.4 näher besprochen.

Wildcard vs. Typ-Variable

In der Windows-Konsole wird das Fragezeichen ? als sogenanntes Metasymbol für ein beliebiges Zeichen angesehen. Verwendet man es mehr als einmal in einem Wort, kann es jedes Mal für ein anderes Zeichen stehen. Beispielsweise trifft der Ausdruck T?? dreistellige Wörter wie Tee, Tea, Txx oder Tzc. Mit diesem Metasymbol ist die Wildcard ? verwandt. Wird sie mehr als einmal verwendet, steht sie für beliebige unabhängige Typen. Das steht im krassen Gegensatz zu einer Typvariablen T. Ein T steht für einen unbekannten, aber festen Typ. Überall da, wo T verwendet wird, muss derselbe aktuelle Typ im Code eingesetzt werden. Betrachten wir zwei Methoden:

```
static <T> void oneType  (Map<T,T> map) { /* ... */ }
static     void twoTypes (Map<?,?> map) { /* ... */ }
```

Dann sind die beiden folgenden Aufrufe möglich, der dritte jedoch nicht:

```
oneType (new HashMap<String,String>());
twoTypes(new HashMap<Integer,String>());
oneType (new HashMap<Integer,String>());    // Fehler!
```

Eine kurze Zusammenstellung der generellen Eigenschaften von Wildcard-Ausdrücken.

▷ *Hinweis 2.22 Allgemeine Eigenschaften von Wildcards*

- Instanzen einer Wildcard sind nicht erlaubt, da eine Wildcard nicht für genau einen Typ steht.
- Wildcards können nicht wie eine Typ-Variable alleine benutzt werden, sondern nur in parametrisierten Typen.
- Wildcards können nicht bei der generischen Deklaration anstatt Typ-Variablen in Klassen, Interfaces oder vor Methoden verwendet werden.
- Wildcards dürfen nicht bei der Anlage von Instanzen in parametrisierten Konstruktoren auf der „obersten" Ebene benutzt werden.

Folgenden Konstrukte sind somit nicht erlaubt:

```
void notAllowed1(? extends Number num);         // 2. Punkt

Any<? extends Number> void notAllowed(/*...*/); // 3. Punkt

class Any<? extends Number> {                    // 3. Punkt
  // ...
}
```

Der 4. Punkt der Regel ist ein wenig komplizierter. Um ihn zu verdeutlichen, benötigen wir zusätzlich noch eine generische Klasse.

```
class AnyGen<T> {
   // ...
}
```

Zuerst die Ausdrücke, die nicht erlaubt sind, da die Wildcard auf der obersten Ebene erscheint:

```
List<?> wLst=   new ArrayList<?>();
List<?> anyLst= new ArrayList<? extends Number>();

lst.add(new AnyGen<?>());
```

Wildcards ab der zweiten Ebene sind dagegen vom vierten Punkt nicht betroffen:

```
List<AnyGen<?>> lst= new ArrayList<AnyGen<?>>(); // ok!

lst.add(new AnyGen<Object>());                    // ok!
lst.add(new AnyGen<String>());                    // ok!
```

Indirekt hat diese Wildcard-Regel wieder mit Reifying zu tun, was aber hier nicht weiter ausgeführt werden soll.

2.6.2   Ungebundene Wildcards

Ungebundene Wildcards sind äußerst wertvoll für generische Methoden, die gar keine genaue Information zum aktuellen Typ benötigen. Ohne würden sie viel besser funktionieren. Das erkennt man daran, dass man eine Typ-Variable verwendet, ohne sie in der Methode zu benutzen.

Im folgenden Beispiel soll die Methode `maxSize()` die Länge der Liste zurückgeben, die die meisten Elemente hat. Hier ein konventioneller Entwurf.

```
public static <T> int maxSize(List<T>... lst) {
   int max= -1;

   if (lst!=null)
     // --- lst ist ein Array von List<T>, deshalb wird iteriert:
     for (List<T> l: lst)
       if (max<l.size())
         max= l.size();

   return max;
}
```

Man erkennt sofort, dass die Typ-Variable `T` ein Dummy ist. Sie wird in der Methode nicht benutzt. Sofern das nicht stört, soll es egal sein.

Ein Test:

```
List<String> sLst1= new ArrayList<String>();
sLst1.add("1"); sLst1.add("2"); sLst1.add("3");

List<String> sLst2= new ArrayList<String>();
sLst2.add("a"); sLst2.add("b");

System.out.println(maxSize(sLst1,sLst2));          ⇨ 3
```

So weit ok! Es stört nur ein kleines Detail. Der Compiler gibt eine Warnung aus. Deshalb erweitert man sicherheitshalber den Test um eine dritte Liste

```
List<Integer> iLst= new ArrayList<Integer>();
iLst.add(1); iLst.add(2); iLst.add(3); iLst.add(4);

System.out.println(maxSize(sLst1,sLst2,iLst));
```

Nun kennt der Compiler kein Pardon! Denn die Variable T steht für genau einen Typ, aber
es werden zwei verwendet und das ließe sich ja beliebig erhöhen! Es gibt zwei Möglichkeiten den Fehler zu beheben. Man macht einfach die Methode nicht-generisch. Geht sicherlich,
ist aber nicht zufriedenstellend. Oder man teilt dem Compiler einfach mit, dass man beliebige Typen erlauben will, da sie im Code ohnehin nicht benutzt werden.

```
public static int maxSize(List<?>... lst) {
  int max= -1;
  if (lst!=null)
    for (List<?> l: lst)
      if (max<l.size())
        max= l.size();
  return max;
}
```

Diese Lösung ist erstens eleganter und beseitigt zweitens den Fehler inklusive der Compiler-
Warnung. Die Verwendung einer ungebundenen Wildcard hat allerdings noch andere interessante Nebeneffekte.

▶ *Hinweis 2.23 Einsatz und Eigenschaften eines ungebundenen Wildcards*
- Eine ungebundene Wildcard ersetzt Typ-Variablen für variierende unbekannte Typen in
  parametrisierten Ausdrücken.
- Der Wildcard-Ausdruck `SomeType<?>` ist der Supertyp aller generischen Typen der
  Form `SomeType<T>`, wobei T für einen beliebigen Typ steht.
- Eine Instanz, die durch eine ungebundene Wildcard repräsentiert wird, kann nur als Typ
  `Object` gelesen und mit `null` geschrieben werden.

Wildcard vs. Object

Eine Wildcard ist nicht mit dem Typ `Object` zu verwechseln. Ihre Wirkung ist recht verschieden. Kurz in Pseudo-Code:

```
SomeType<Object> != SomeType<?>
```

Eine Audruck mit `Object` unterliegt den strengen Invarianz-Regeln, d.h. so etwas wie

```
List<Object> oLst= new ArrayList<Number>();
```

wird nicht compiliert. Mit Wildcards erhält man die Flexibilität, die man von Arrays gewöhnt ist, wieder zurück. Das Problem bei Arrays besteht aber in der Möglichkeit, unterschiedliche Typ-Instanzen den Elementen zuzuweisen. Das ist nun mit dem dritten Punkt des Hinweises 2.23 „vom Tisch": bis auf `null` darf nichts mehr geschrieben werden. Da sich hinter ? jeder Typ verbergen kann, darf man Elemente auch nur als `Object` lesen.

```
List<Number> nLst= new ArrayList<Number>();
List<String> sLst= new ArrayList<String>();
List<Object> oLst= new ArrayList<Object>();
List<?> anyLst;
```

Der Liste `anyLst` kann man allen Arten von Listen zuweisen:

```
anyLst= nLst;
anyLst= sLst;
anyLst= oLst;
```

In die Liste `oLst` kann man schreiben:

```
oLst.add("Hallo");
oLst.add(1);
```

Aus der Liste anyLst kann man `Object` lesen und in die Liste `null` schreiben:

```
Object o= anyLst.get(0);
anyLst.add(null);
System.out.println(anyLst);
```

Dagegen sind die drei folgenden Anweisungen fehlerhaft:

```
// --- generische Collections bzw. Konstrukte sind invariant!
oLst= sLst;
// --- bei Wildcards-Collections bzw. Konstrukten ist nur das Schreiben von null erlaubt!
anyLst.add("Welt");
// --- bei Wildcards-Collections können die Elemente nur als Typ Object gelesen werden!
String s= anyLst.get(0);
```

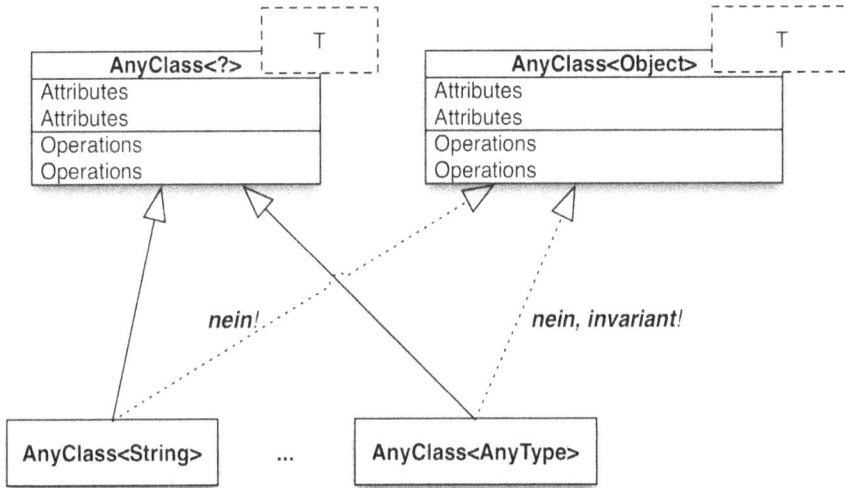

Abbildung 2.6: Vergleich von Wildcard und Typ Object

Die Abbildung 2.6 zeigt noch einmal die Zusammenhänge. Damit ist auch das Problem der Typ-Beziehungen in Abbildung 2.3 gelöst (siehe Abbildung 2.7).

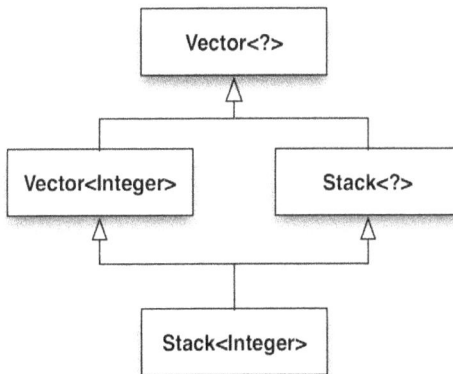

Abbildung 2.7: Wildcards für array-artige flexible Typ-Hierarchien

Da Löschen von Elementen unkritisch ist, können durchaus Elemente vom Wildcard-Typ ? gelöscht werden, was an sich nicht die Intention der Wildcard-Erfinder war. Ist anyLst wie oben eine ungebundene Wildcard-Liste, so sind diese beiden Anweisungen erlaubt:

```
anyLst.remove(0);
anyLst.clear();
```

2.6.3   Wildcards mit extends

Ungebundene Wildcards sind nur in den Fällen nützlich, in denen der Typ wirklich völlig unwichtig ist. Deshalb sind Wildcards in Verbindung mit `extends` wesentlich beliebtere Konstrukte. Bei

```
? extends SomeType
```

steht das `?` für einen nicht näher bekannten Subtyp von `SomeType`, der im Gegensatz zu einer Typ-Variablen `T` wieder beliebig variieren kann. Der Ausdruck umschreibt also die Familie aller Subtypen von `SomeType` inklusive `SomeType` selbst. Auch hier gilt wieder die einfache Regel: Wird eine Typ-Variable nicht benutzt, ersetze sie durch einen Wildcard-Ausdruck. Dazu ein Code-Fragment:

```
static <T extends Person> void printPerson(Collection<T> pCol) {
   for (Person p: pCol)
      System.out.println(p);
}
```

Es fällt sofort auf, dass `T` überhaupt nicht benutzt wird. Also wird `T` durch eine Wildcard ersetzt. Der folgende Code ist somit klarer:

```
static void printPerson(Collection<? extends Person> pCol) {
   // wie oben
}
```

Dem Benutzer einer Methode wie `printPerson()` werden zwei Dinge mitgeteilt:

1. Der Subtyp von `Person` ist völlig unwichtig und wird nicht benutzt.
2. Das Argument – in diesem Fall `Collection pCol` – wird nicht geändert, sondern nur gelesen. Denn es ist gute Sitte, nicht zu löschen.

Es ist besonders angenehm, dass durch die Verwendung von Wildcards die lästigen generischen Deklarationen vor den Methoden unnötig werden. Sie dürfen ohnehin nicht wie normale Typ-Variablen vor der Methode deklariert werden. Punkt 2 und 3 des Hinweises 2.23 werden nun entsprechend modifiziert.

▶ *Hinweis 2.24 Besonderheiten zu Wildcards mit extends*
*   Der Wildcard-Ausdruck `SomeType<? extends BaseType>` ist der Supertyp für alle Typen `SomeType<SubtypOfBaseType>`.
*   Eine Instanz, die durch `? extends BaseType` repräsentiert wird, kann nur als Typ `BaseTyp` gelesen und mit `null` geschrieben werden.

Somit kehrt auch bei gebundenen Wildcards die Flexibilität der Arrays zurück. Dies zeigt das folgende Code-Fragment.

```
List<Number>              numLst=  new ArrayList<Number>();
List<Float>               floatLst= new ArrayList<Float>();
List<? extends Number> wNumLst;

wNumLst= numLst;
wNumLst= floatLst;

Number n= wNumLst.get(0);
Collection<? extends Number> wNumCol= floatLst;
```

Die letzte Anweisung zeigt die Ausnutzung von zwei Supertyp-Beziehungen, die von Collection zu List und die von ? extends Number zu float. Dies wird auch noch einmal in Abbildung 2.8 dargestellt. Die folgenden Anweisungen zeigen die logische Äquiva-
lenz zwischen einer ungebundenen Wildcards ? und dem Wildcard-Ausdruck ? extends
Object:

```
List<? extends Object> wObjLst= numLst;
List<?> wLst;

wLst= wObjLst;
wObjLst= wLst;
```

Wie bei ungebundenen Wildcard-Ausdrücken greift auch der Schreibschutz:

```
wnLst.add(new Integer(1));     // Compiler meldet Fehler
```

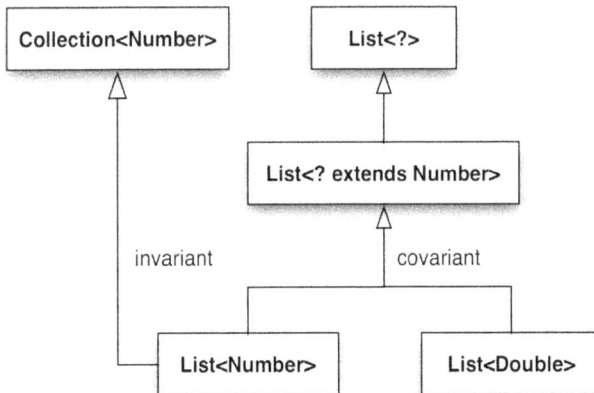

Abbildung 2.8: Invariante bzw. covariante Beziehungen

Noch ein Wort zu final in Verbindung mit Typen und extends. Der Modifier final hat
nur eine Wirkung bei Klassen. Er soll verhindern, dass man sie weiter ableitet.

Bei Typen bzw. generischen Typ-Beziehung verliert er seine Bedeutung. Er ist sinnlos für Interfaces und da auch nicht erlaubt. Also sind solche Wildcard-Ausdrücke wie

```
T extends String oder ? extends String
```

durchaus erlaubt und in manchen Fällen sogar nützlich (siehe auch Abschnitt 2.9).

2.6.4   Wildcards mit super

In Verbindung mit Wildcards hat das Schlüsselwort `super` eine weitere Bedeutung. Betrachtet man bei `extends` die Typ-Hierarchie von oben nach unten, so kehrt man mit Hilfe von `super` die Blickrichtung um. Der Wildcard-Ausdruck

```
? super SubType
```

steht für die Familie aller Supertypen bis hin zu `Object`. Im Gegensatz zur `extends`-Familie, die jederzeit erweitert werden kann, ist sie fix. Beschränkt auf Klassen sind das die Superklassen von `SubType` auf dem Weg zu `Object`. Die Anzahl ist überschaubar. Da aber auch Interfaces beteiligt sind, steht der Ausdruck ebenfalls für einen Typ-Baum nach oben. Das ganze Typ-System von Java ist aus graphischer Sicht ein *azyklischer Graph*.

Wildcards mit `extends` haben mehr Anwendungen, allein deshalb, weil sie auch für Klassen einen Baum von potentiell beliebig vielen Subklassen beschreiben. Aber überraschenderweise findet man einige Anwendungen, wo `super` durchaus nützlich ist. Dazu braucht man sich nur die aktuelle Plattform anzusehen. Zuerst zu den Eigenschaften!

▶ *Hinweis 2.25 Besonderheiten zu Wildcards mit super*
- Eine Referenz vom Typ `? super SubType` kann nur als Typ `Object` gelesen werden, da der genaue Supertyp unbekannt ist. Mithin ist nur das Lesen als `Object` typsicher.
- Einer Referenz vom Typ `? super SomeType` kann immer ein Wert vom Typ `SubType` zugewiesen werden. Jede Referenz eines Supertyps erlaubt diese Zuweisung.
- `RawType<? super SubType>` ist der Supertyp für alle generischen Typen der Form `RawType<SuperType>`.[45]

Der letzte Punkt ist schwer verdaulich und beschreibt ein Verhalten, dass mit Contravarianz bezeichnet wird. Im Gegensatz zu Covarianz ist Contravarianz nicht gerade intuitiv. Logisch ist es schon, denn: Der Wildcard-Ausdruck `? super SubType` umfasst alle Supertypen von `SubType`. Damit enthält er auch einen speziellen Supertyp wie `SuperType`. Die Zuweisungen sind somit konträr zu Wildcards mit `extends`:

```
List<? super Integer> superIntLst= new ArrayList<Integer>();

superIntLst.add(1);              // Hinweis 2. Punkt
Object o= superIntLst.get(0);    // Hinweis 1. Punkt
```

---

[45] `SuperType` steht für irgendeinen Supertyp von `SubType`.

Die folgenden beiden Anweisungen sind nicht erlaubt, da sie die ersten beiden Punkte des letzten Hinweises verletzen:

```
superIntLst.add(new Double(1.));
Integer i= superIntLst.get(0);
```

Die nachfolgenden Anweisungen nutzen ebenfalls den dritten Punkt des Hinweises aus:

```
List<Number> nLst= new ArrayList<Number>();
superIntLst= nLst;

List<Object> oLst= new ArrayList<Object>();
oLst.add("Hallo");
oLst.add(true);

superIntLst= oLst;

Object obj= superIntLst.get(0);
superIntLst.add(2);
System.out.println(superIntLst);          ⇨ [Hallo, true, 2]
```

Wildcards in Verbindung mit super haben inverse Eigenschaften zu Wildcards mit extends. Ist bei ? extends AType Lesen erlaubt, aber Schreiben bis auf null verboten, so ist bei ? super AType Schreiben erlaubt, aber Lesen bis auf Object verboten. Anders ausgedrückt, mit ? extends AType kann eine Instanz vom Typ AType gelesen und mit ? super AType wieder geschrieben werden. Umgesetzt in ein Beispiel:

```
public static <T> void saveCopy(List<? extends T> fromLst,
                                List<? super T> toLst,
                                boolean append) {
  if (fromLst !=null && toLst!=null)
    if (!append)
      toLst.clear();
    for (T t: fromLst)
      toLst.add(t);
}
```

Ein Test der Methode zeigt die Wirkung:

```
List<Integer>  intLst= new ArrayList<Integer>();
intLst.add(1);
intLst.add((int)'1');
List<Number>  numLst= new ArrayList<Number>();
saveCopy(intLst,numLst,false);
saveCopy(intLst,numLst,true);
System.out.println(numLst);          ⇨ [1, 49, 1, 49]
```

2.6.5   Finden aktueller Typen mit Wildcards

In Abschnitt 2.5 bestand die Aufgabe darin, optimale Type-Bounds bei der Definition von generischen Klassen und Interfaces zu finden. Wildcards werden dagegen für optimale parametrisierte Typen benötigt. Dies zeigt bereits die Methode saveCopy() im letzten Beispiel. Hier ein weiteres! Bei der Definition der generischen Interfaces zur Festlegung einer Ordnung macht eine Typ-Einschränkung wirklich keinen Sinn.[46]

```
interface Comparable<T> {              interface Comparator<T> {
   int compareTo(T o);                    int compare(T o1,T o2);
}                                         boolean equals(Object obj);
                                       }
```

Bei der Verwendung einer der beiden Vergleichsmethoden ist die Sicht eine andere. Hier ist eine Einschränkung mit Hilfe von Wildcards sinnvoll. Benutzen wir einmal die Collections.sort()-Methode, um aus einer unsortierten eine neue sortierte Liste zu erstellen. Eine triviale Lösung besteht darin, nur die einfache Typ-Variable T zu verwenden. Aber sicherlich möchte man sort() auch möglichst sicher und flexibel entwerfen, also:

```
public static <T> List<T> sort(List<? extends T> lst,
                               Comparator<? super T> cmp) {
  List<T> nLst= new ArrayList<T>(lst.size()); // neue Liste!
  for (T t: lst)
    nLst.add(t);
  Collections.sort(nLst,cmp);
  return nLst;
}
```

Im Gegensatz zu Comparator<T> lässt der Comparator<? super T> auch Vergleiche zu, die in Superklassen definiert sind. Das ist durchaus sinnvoll, da der Comparator einer Superklasse nur Felder verwenden kann, die auch in der Subklasse vorkommen. Um die entsprechende Wirkung zu zeigen, greifen wir wieder auf die Klasse Person mit ihrer Subklasse Employee zurück.

```
public class Person {
  private String name;
  // ... Abschnitt 2.2.1
}

public class Employee extends Person {
  private final int id;
  // ... siehe Abschnitt 2.2.2
}
```

---

[46]   Aber der Typ Object in equals() ist echt hässlich, aber dafür legacy-freundlich!

Ein zugehöriger Test zeigt die Flexibilität von sort():

```
List<Employee> empLst= new ArrayList<Employee>();
empLst.add(new Employee(30,"Boetcher"));
empLst.add(new Employee(10,"Böhm"));
empLst.add(new Employee(20,"Adams"));

System.out.println(
  sort(empLst,
    // --- Vergleich mit einem anonymen Comparator zu Employee
    new Comparator<Employee>() {
      public int compare(Employee e1,Employee e2) {
        return new Integer(e1.getId())
                      .compareTo(e2.getId());
      }
    }
));

System.out.println(
  sort(empLst,
    // --- Vergleich mit einem anonymen Comparator zu Employee
    new Comparator<Person>(){
      public int compare(Person e1,Person e2) {
        return e1.getName().compareTo(e2.getName());
      }
    }
));
```

Nachfolgend die zugehörigen Ausgaben aufgrund der toString()-Methoden in Person und Employee:[47]

```
[<Employee id="10">              [<Employee id="20">
   <name>Böhm</name>               <name>Adams</name>
</Employee>                       </Employee>
, <Employee id="20">             , <Employee id="30">
   <name>Adams</name>              <name>Boetcher</name>
</Employee>                       </Employee>
, <Employee id="30">             , <Employee id="10">
   <name>Boetcher</name>           <name>Böhm</name>
</Employee>                       </Employee>
]                                ]
```

---

[47] Umlaute werden natürlich nicht nach der Norm des Dudens sortiert, was ein „wahrer" Informatiker auch nicht erwartet hätte.

2.6.6   Wildcard Capture

In einigen Fällen ist es unangenehm, nicht auf den wahren Typ hinter einer Wildcard zugreifen zu können. Als Beispiel dient eine einfache Aufgabe: Es ist eine Methode zu schreiben, die eine Liste umkehrt. Da der Typ unwichtig ist, versucht man es auf dem direkten Wege mit einer Wildcard. Zuerst drei Lösungsversuche, die alle kläglich scheitern:

```
public static List<?> reverse1(List<?> list) {
  // --- geht nicht, das Erschaffen eines Arrays von Wildcard-Elementen ist nicht erlaubt!
  List<?> rLst= new ArrayList<?>();
  // ...
}

public static List<?> reverse2(List<?> list) {
  // --- list selbst umkehren, geht wegen list.add(o) nicht!
}

public static List<?> reverse3(List<?> list) {
  List<?> rLst = new ArrayList<Object>();
  // --- geht nicht, Zuweisung nicht erlaubt!
  rLst.add(list.get(0));
  // ...
}
```

In der Not greift man zu einer Indirektion und verlagert die Implementierung der Methode auf eine interne reverse()-Methode. Bingo! Der Typ hinter der Wildcard wird wie eine normale Typ-Variable gehandelt:

```
public static List<?> reverse(List<?> list) {
  // --- Wildcard Capture in reverseIntern()
  return reverseIntern(list);
}

private static <T> List<T> reverseIntern(List<T> list) {
  List<T> rLst = new ArrayList<T>();

  for (int i= list.size()-1; i>=0; i--)
    rLst.add(list.get(i));
  return rLst;
}
```

Ein einfacher Test zeigt die Wirkung:

```
List<?> wLst= Arrays.asList("A","B","C");
System.out.println(reverse(wLst));              ⇨ [C, B, A]
```

An sich müsste der Aufruf von `reverseIntern()` durch `reverse()` mit einer Liste vom Typ `List<?>` scheitern. Nur `T` kann durch einen konkreten Typ ersetzt werden. Aber der Compiler identifiziert einfach den unbekannten Typ hinter der Wildcard mit dem Typ `T`.

Dieses positive Verhalten nennt man *Wildcard Capture* und ist auf wenige Fälle begrenzt. Es ist immer auf Methoden beschränkt, die nur eine einzige Wildcard in einem Parameter verwenden. Egal welcher Typ sich dann hinter dem `?` versteckt, der Compiler „fängt ihn". Aber bereits bei zwei Wildcards ist ein Capture nicht mehr möglich. Der Compiler kann nun nicht mehr davon ausgehen, dass hinter den beiden Wildcards derselbe Typ steckt:

```
public static <T> void noCapture(List<T> lst1, List<T> lst2) {
  //...
}
```

Diese Anweisung

```
noCapture(wLst,wLst);
```

beantwortet der Compiler mit der Fehlermeldung (verkürzt):

```
<T>noCapture(java.util.List<T>,java.util.List<T>) in ... cannot
be applied to (List<capture#401 of ?>,List<capture#843 of ?>)
```

2.7 Covariant Return beim Overriding

Overriding bezeichnet das Überschreiben von Methoden einer Superklasse in einer Subklasse, um das Verhalten zu verändern. Bis Java 1.4 galt die Regel, dass Overriding nur erlaubt ist, wenn die volle Signatur[48] beibehalten wird. Somit durfte auch nicht der Rückgabe-Typ geändert werden. Die Regel war zu restriktiv und richtig lästig, da sie häufig zu hässlichen Casts in den Subklassen führt.

Jeder Programmierer kennt dies von der Methode `clone()` aus `Object`. Sie ist nicht nur vom Design her misslungen[49], sie liefert auch ein Ergebnis vom Typ `Object`, obwohl von der Logik her eine `clone`-Operation nur eine Instanz der zugehörigen Klasse zurückgeben sollte. Jede `clone`-Operation wird also zwangsläufig von einem Cast begleitet:

```
MyClass aClone= (MyClass)instanceOfMyClass.clone();
```

Für ein typsicheres Überschreiben müssen die Typen der Parameter – sofern nicht generisch – invariant sein (siehe hierzu auch Abschnitt 2.8). Für den Rückgabe-Typ muss dagegen nur sichergestellt sein, dass er kompatibel zu dem der überschriebenen Methode ist. Kompatibel ist ein Rückgabetyp genau dann, wenn er ein Subtyp des ursprünglichen Typs ist. Dies be-

---

[48] Zur vollen vs. einfachen Signatur siehe Abschnitt 2.1.2.

[49] Es ist schon recht merkwürdig, dass eine `protected` Methode zu einem Marker-Interface gehört!

zeichnet man auch als *narrower Type*. Und genau das versteht man unter dem Begriff *covariant return*. Das Beispiel implementiert einmal `clone()` „zufällig" als Shallow Copy und einmal mit Hilfe des Konstruktors. Werden Instanzen abhängig von der Zeit unterschiedlich initialisiert, liefern beide Varianten unterschiedliche Ergebnisse:

```java
public class TestCovarReturn implements Cloneable {
    private Date d;

    public TestCovarReturn() {
        d= new Date();
    }

    // --- Hier wird clone() covariant überschrieben
    public TestCovarReturn clone() {
        if (Math.random()<0.5)
            try {
                // --- dieser cast ist weiterhin notwendig!
                return (TestCovarReturn)super.clone();
            } catch (Exception e) {
                return null;
            }
        else
            return new TestCovarReturn();
    }

    public String toString() {
        return d.toString();
    }

    public static void main(String... args) {
        TestCovarReturn tcr= new TestCovarReturn();
        String s= tcr.clone().toString();
        String so= s;
        System.out.println(s);          ⇨ Mon Jun 04 16:28:00 CEST 2007
        do {
            try {
                Thread.sleep(1000);
            } catch (Exception e) {}
            s= tcr.clone().toString();
        } while (so.equals(s));
        System.out.println(s);          ⇨ Mon Jun 04 16:28:01 CEST 2007
    }
}
```

2.8 Overriding mit covarianten Parameter-Typen

Bei nicht-generischen Methoden müssen beim Überschreiben die Parameter-Typen invariant sein, d.h. exakt übereinstimmen. Jede Abweichung führt zu einem Overloading. Es wird eine weitere Methode mit gleichem Namen, aber unterschiedlicher Signatur erschaffen. Ein berühmtes Beispiel ist die Methode `equals()` aus `Object`. Überschreibt man sie in einer Subklasse mit einem Parameter vom Typ der Subklasse, ist das zwar durchaus logisch, aber kein Overriding sondern Overloading:

```
class EqualsDemo {
  // --- Fehler Overloading statt Overriding
  public boolean equals(EqualsDemo o) {
    // --- soll zur Demonstrartion immer false liefern!
    return false;
  }
}
```

Ein Test zeigt das Problem recht deutlich:

```
public class TestEquals {
    static void testEquals(EqualsDemo o1, Object o2) {
      System.out.println(o1.equals(o2));    // zeigt Overloading!
    }

    public static void main(String... args) {
      EqualsDemo ed= new EqualsDemo();
      testEquals(ed,ed);                              ⇨ true
    }
}
```

Anmerkung

Werden Methoden von Superklassen (nicht Interfaces!) überschrieben, sollten sie immer mit der Annotation `@Override` gekennzeichnet werden, damit der Compiler Fehler in der Signatur entdecken kann.

Bei generischen Methoden müssen die Typ-Regeln für Überschreiben gelockert werden. Covarianz in Rückgabe-Typen wird allein schon durch eine Typ-Variable als Rückgabewert erzwungen. Aber auch die Parameter-Typen sind davon betroffen. Diese Covarianz-Technik soll an einem Beispiel vorgestellt werden, das auch zeigt, wie und wo die Technik nützlich ist. Dazu verwenden wir wieder die `Person`-Hierarchie, erweitert um zwei von `Employee` abgeleitete Klassen `Manager` und `Trainee`, althochdeutsch auch unter Auszubildende bekannt.

```
public class Person                 { /* wie in Abschnitt 2.2.1 */ }
public class Employee extends Person { /* wie in Abschnitt 2.2.2 */ }
```

```
public class Manager extends Employee {
  // --- Felder name und id werden von Person bzw. Employee geerbt!
  private Date eoc;

  public Manager(int id,String name,Date endOfContract) {
    super(id,name);
    eoc= endOfContract;
  }

  @Override public String toString() {
    return getId()+": "+getName()+", Vertrag bis: "+
      DateFormat.getDateInstance(DateFormat.MEDIUM).format(eoc);
  }
}

public class Trainee extends Employee {
  private String ast;

  public Trainee(int id,String name,String training) {
    super(id,name); ast= training;
  }

  @Override public String toString() {
    return getId()+": "+getName()+", Ausbildung: "+ ast;
  }
}
```

Es fehlen noch zugehörige Abteilungen. Dazu wird eine abstrakte Klasse Department angelegt sowie zwei davon abgeleitete konkrete Klassen ManagingBoard für die Geschäftsführung und ein TraineeCenter.

```
public abstract class Department {
  private String name;

  public Department (String name) {
    this.name= name;
  }

  @Override public String toString() {
    return name;
  }

  public abstract void hire(Employee employee);
}
```

```
public class TraineeCenter extends Department {
  Set<Trainee> tSet= new HashSet<Trainee>();   // nur Trainee-Instanzen

  public TraineeCenter() {
    super("Ausbildungs-Zentrum");
  }

  @Override public String toString() {
    return super.toString()+": "+tSet;
  }

  @Override public void hire(Employee t) {
    tSet.add((Trainee)t);                 // leider ist dieses Cast notwendig!
  }
}

public class ManagingBoard extends Department {
  // --- eine Variante ohne Cast in hire()
  private Set<Employee> mSet= new HashSet<Employee>();

  public ManagingBoard() {
    super("Geschäftsführung");
  }

  @Override public String toString() {
    return super.toString()+": "+mSet;
  }

  @Override public void hire(Employee m) {
    mSet.add(m);          // wesentlich schöner, dafür logisch gesehen unsicher!
  }
}
```

Manager werden in der Geschäftsführung mit Zeitverträgen und Auszubildende zentral im Ausbildungszentrum eingestellt. Ein Problem beim klassischen Overriding liegt darin, dass diese Logik nicht adäquat durch den Compiler unterstützt werden kann. Das Problem:

```
ManagingBoard mb= new ManagingBoard();
TraineeCenter tc= new TraineeCenter();
mb.hire(new Trainee(1234,"Stift","Banklehre"));

System.out.println(mb);
⇨ Geschäftsführung: [1234: Stift, Ausbildung: Banklehre]
tc.hire(new Manager(1,"Boss",new Date()));
⇨ ClassCastException: kap02.Manager cannot be cast to kap02.Trainee
```

Der Test zeigt, dass beide Varianten von `hire()` unbefriedigend sind. Im `TraineeCenter` folgen wir der Logik und casten nach `Trainee`, da hier nur Auszubildende eingestellt werden dürfen. Im `ManagingBoard` verzichten wir auf einen Cast und vertrauen darauf, nur Manager einzustellen. Und das Resultat? Im ersten Fall wird ein Auszubildender zum Manager, im zweiten eine Ausnahme ausgelöst. Auch `instanceof` hilft nicht, das Problem sauber zur Compile-Zeit zu lösen.

Das eigentliche Übel liegt im Overriding! Es lässt nur den Parameter-Typ `Employee` zu. Wie vermutet, kann durch den Einsatz von covarianten Parameter-Typen das Problem zur Compile-Zeit elegant gelöst werden. Dazu muss die `Department`-Hierarchie nur ein wenig flexibler gestaltet werden:

```java
public abstract class Department<E extends Employee> {
  // ... wie oben

  // --- entscheidender Unterschied:
  //     Wir lassen beim Overriding Subtypen von Employee zu:
  @Override public abstract void hire(E employee);
}

public class ManagingBoard extends Department<Manager> {
  private Set<Manager> mSet= new HashSet<Manager>();
  // ... sonst wie oben

  // --- nur einen Manager bitte!
  @Override public void hire(Manager m) {
    mSet.add(m);
  }
}

public class TraineeCenter extends Department<Trainee> {
  // ... wie oben

  // --- nur einen Trainee bitte!
  @Override public void hire(Trainee t) {
    tSet.add(t);
  }
}
```

Der Test oben wird nun vom Compiler abgelehnt. Laufzeitfehler werden also zu statischen Fehlern und die Programmierung wird wesentlich eleganter: keine Casts, kein `instanceof` bzw. keine logischen Fehler! Der korrekten Verwendung steht nichts im Wege:

```java
mb.hire(new Manager(1,"Boss",new Date()));
System.out.println(mb);
           ➭ Geschäftsführung: [1: Boss, Vertrag bis: 05.06.2007]
```

2.9   Overloading bei gleicher Signatur

Die nun folgende Technik hat kaum praktische Relevanz und wird „nicht gerne gesehen".[50]
Sie zeigt, wie man mit Hilfe von Generics ein Überladen von Methoden erreichen kann, die
sich nur im Rückgabe-Typ unterscheiden. Die Implementierung wird allerdings von Casts
und einer expliziten Typ-Angabe begleitet.

Overloading ist im Gegensatz zu Overriding kein dynamischer Methodenaufruf. Der Compiler wählt anhand eines Algorithmus die optimal passende Methode. Das ist keineswegs trivial, wie das folgende Code-Fragment bereits beweist.

```java
static void overloaded(int i) {
  System.out.println("int i");
}

static void overloaded(Integer i) {
  System.out.println("Integer i");
}

static <N extends Number> void overloaded(N n) {
  System.out.println(n.getClass());
}
```

Der Compiler wählt die generische Version nur dann, wenn konkrete Typen nicht passen:

```
overloaded((byte)1);            ⇨ int i
overloaded(1);                  ⇨ int i
overloaded(new Integer(1));     ⇨ Integer i
overloaded(1L);                 ⇨ class java.lang.Long
overloaded(1.);                 ⇨ class java.lang.Double
```

Überladene Methoden erkennt der Compiler anhand ihrer unterschiedlichen einfachen Signatur (ohne den Rückgabe-Typ mit einzubeziehen). Deshalb können die beiden folgenden
Methoden nicht in einer Klasse(n-Hierarchie) stehen.

```java
public String overloaded() {
  return "Hallo";
}

public Integer overloaded() {
  return Integer.valueOf(1);
}
```

---

[50]   Deshalb kann dieser Abschnitt auch durchaus übersprungen werden, da er eine selten zu nutzende Technik vor-
stellt.

Allerdings kann man die Methoden passend generifizieren, um auch das zu erreichen:

```
public class Test {
  public static <S extends String> S overloadedRet() {
    // --- der Cast ist sicher, da die Klasse String final deklariert ist!
    return (S)"Hallo";
  }

  public static <I extends Integer> I overloadedRet() {
    // --- der Cast ist sicher, da die Klasse Integer ebenfalls final deklariert ist!
    return (I)Integer.valueOf(1);
  }

  public static void main(String... args) {
    // --- nun muss explizit die passende Methode angegeben werden!
    System.out.println(Test.<String>overloadedRet());  ⇨ Hallo
    System.out.println(Test.<Integer>overloadedRet()); ⇨ 1
  }
}
```

Zwei Dinge fallen unschön auf. Die beiden Casts werden von Warnungen begleitet. Da die Klassen `String` und `Integer` `final` deklariert sind, können sie mittels `@SuppressWarnings("unchecked")` ausgeschaltet werden. Allerdings bezieht der Inferenz-Algorithmus nicht den Rückgabe-Typ mit ein. Somit ist man gezwungen, den aktuellen Typ explizit anzugeben.

2.10   Type-Token Varianten

Die generische Syntax und Semantik sind so weit vermittelt. Was bleibt ist das Self-Type-Idiom mit seinem berühmtesten Vertreter `enum`. Beide werden abschließend besprochen. In diesem Hauptabschnitt beschäftigen wir uns aber zunächst mit dem so genanntes *Type-Token*-Idiom. Das hilft zumindest in bestimmten Situationen, die Nachteile der Erasure-Technik zu umgehen.

In Wirklichkeit verstecken sich hinter dem Label Type-Token mehrere Varianten. Ihre hauptsächliche Aufgabe besteht darin, einen adäquaten Ersatz für `new T()` bzw. `new T[]` zu liefern. Jede dieser Varianten hält zu einem Typ `T` auf unterschiedliche Weise zusätzliche Informationen fest. Diese werden dann zur Laufzeit als ein Ersatz für `new T()` bzw. `new T[]` genommen. Alle arbeiten reflexiv und gehören somit aus technischer Sicht in das nächste Kapitel. Aber die `Class`-Instanz, grundlegende Kenntnisse von Reflexion sowie die Nutzung einer Instanz-Factory gehören ja mittlerweile zum Standardwissen. Ergo werden – bis auf das Super Type Token und einer `enum`-basierten Factory – die einfachen Varianten hier besprochen.

2.10.1   Class-Token Idiom

Die Idee des *Class-Token*-Idioms stammt von Gilad Bracha und beruht auf der Generifizierung der Klasse Class. Zu jeder zur Laufzeit geladenen Klasse T wird genau eine Instanz
von Class<T> – auch *Typ-Literal* genannt – von der JVM erzeugt. Diese Class<T>-Instanz
kann dann reflektiv benutzt werden, um unter anderem Instanzen von T zu erzeugen.

Das sieht auf den ersten Blick optimal aus, ist es aber aufgrund der Erasure-Technik nicht
unbedingt. Diese Art von Generifizierung ist nämlich minimalistisch. Sie geht davon aus,
dass T ein konkreter und nicht etwa wieder ein parametrisierter Typ ist. Typen wie Object,
String oder Integer sind also optimal. Die zugehörigen Class-Instanzen sind dann:

```
Class<Object>   oClass= Object.class;
Class<String>   sClass= String.class;
Class<Integer>  iClass= Integer.class;
```

Für die konkreten Typen gilt sicherlich

```
System.out.println(sClass.equals(iClass));          ⇨ false
```

Der Spaß ist dann zu Ende, wenn T wiederum ein parametrisierter Typ wie beispielsweise
List<String> ist. Dann ist zwar

```
Class<List<String>> sListClass;
```

syntaktisch korrekt, wird aber nicht weiter semantisch unterstützt. Die folgende Zuweisung

```
sListClass= List<String>.class;
```

ist aufgrund der Restriktionen (Abschnitt 2.4.1) verboten. Denn nach der Typ-Prüfung entfernt der Compiler den Typ-Parameter, d.h. aus List<String> und aus List<Integer>
wird gleichermaßen der rohe Typ List, wie ein kurzer Test bestätigt:

```
Class<?> sLstClass= new ArrayList<String>().getClass();
Class<?> iLstClass= new ArrayList<Integer>().getClass();

System.out.println(sLstClass==iLstClass);           ⇨ true
```

Die beiden verschiedenen Typen List<String> und List<Integer> werden also von
derselben Class-Instanz repräsentiert und können zur Laufzeit nicht unterschieden werden.
Somit ist das Class-Token-Idiom genau passend für einfach parametrisierte Klassen der
Form class GenClass<T> bzw. GenClass<T extends Base>. In diesem Fall kann
man von Class die Methode newInstance() benutzen.[51]

```
String s= sClass.newInstance();
```

---

[51]   Eine Alternative zu newInstance() von Class wird am Ende von Abschnitt 2.12.3 besprochen.

Die Methode `newInstance()` erschafft immer eine Instanz vom Typ `T`, vorausgesetzt `T` hat einen No-Arg-Konstruktor. Hat `T` keinen Konstruktor ohne Argumente, ist es nicht ganz so einfach. Dann muss man über `Class<T>` in das Reflection-API einsteigen, um entsprechende Instanzen zu erzeugen. Ein vereinfachtes Beispiel als Muster für das Idiom ist eine statische Methode, der ein Class-Token und die Argumente für den Konstruktor übergeben werden:

```
public static <T> T newInstance(Class<T> token, Object... args) {
  try {
    if (args.length==0)
      return token.newInstance();
    Class<?>[] argType= new Class<?>[args.length];
    for (int i= 0; i<args.length;i++)
      argType[i]= args[i].getClass();
    for (Constructor<?> c: token.getConstructors())
      if (Arrays.equals(c.getParameterTypes(),argType))
        return token.cast(c.newInstance(args));
  } catch (Exception e) {
  }
  return null;
}
```

Werden keine Argumente übergeben, wird mit der `Class`-Methode `newInstance()` sofort eine Instanz von `T` erzeugt. Werden ein oder mehr Argumente übergeben, muss man via Reflection einen passenden Konstruktor wählen. Die oben vorgestellte Lösung ist nur ein Proof of Concept. Zu den übergebenen Argumenten wird zuerst ein `Class`-Array erstellt. Dieses wird dann mit dem `Class`-Array der Parameter jedes Konstruktors von `T` auf Übereinstimmung verglichen. Stimmen die Typen überein, wird `newInstance()` von der passsenden `Constructor`-Instanz mit den `args` aufgerufen. Alle Fehler werden schlicht mit `null` beantwortet. Da `Arrays.equals()` nur auf Gleichheit testet, werden Konstruktoren mit Interface-Typen nicht erkannt. Interfaces, generische Klassen sowie Arrays sind ausgeschlossen, was natürlich ein Schönheitsfehler ist. Nachfolgend mögliche und unmögliche Aufrufe:

```
System.out.println(newInstance(String.class ));          ⇨
System.out.println(newInstance(Integer.class,"1234"));   ⇨ 1234
System.out.println(newInstance(String.class,"Hallo"));   ⇨ Hallo
System.out.println(newInstance(
        String.class,new StringBuffer("Welt")));         ⇨ Welt
System.out.println(newInstance(ArrayList.class));         ⇨ []

// --- Alle drei Aufrufe sind fehlerhaft!
System.out.println(newInstance(Integer.class));          ⇨ null
System.out.println(newInstance(List.class));             ⇨ null
System.out.println(newInstance(int[].class,10));         ⇨ null
```

Unter dem Begriff *THC – Typesafe Heterogenous Container –* ist eine vielfach verwendete Variante bekannt, die von Joshua Bloch unter anderem auf einer JavaOne Konferenz 2006 demonstriert wurde. Die nachfolgende Klasse wird deshalb kurz THC genannt, entspricht aber ansonsten weitestgehend dem Original-Code. Der Original-Code ist leider nicht 100% typsicher (wie ein Beispiel zeigt) und wurde deshalb um eine weitere Methode überladen.

```java
class THC {
  private Map<Class<?>,Object> registry=
                           new HashMap<Class<?>,Object>();

  // --- diese Methode ist nicht typ-sicher für primitive Typen, die
  //     zusammen mit ihrer zugehörigen Class-Instanz  registriert werden!
  public <T> THC register(Class<T> token,T o)   {
    registry.put(token,o);
    return this;                        // vereinfacht erneuten Aufruf, siehe Test!
  }

  // --- Diese Methode wurde hinzugefügt:
  //     anhand der übergebenen Instanz wird die Class-Instanz bestimmt
  public THC register(Object o)   {
    registry.put(o.getClass(),o);
    return this;                       // dito
  }

  public <T> T find(Class<T> token) {
    return token.cast(registry.get(token));
  }

  public String toString() {
    return registry.toString();
  }
}
```

Ein Test zeigt, dass beide `register()`-Methoden von Vorteil sind:

```java
THC thc= new THC();
thc.register("Hallo").register(CharSequence.class,"Welt")
   .register(1.23)
   .register(Double.TYPE,1.234); // das Problem des Original THC
System.out.println(thc);
⇨    {class java.lang.String=Hallo, double=1.234,
      class java.lang.Double=1.23, interface java.lang.CharSequence=Welt}
System.out.println(thc.find(CharSequence.class)); ⇨ Welt
System.out.println(thc.find(Double.class));        ⇨ 1.23
System.out.println(thc.find(Double.TYPE));         ⇨ Exception
```

Die letzte Anweisung ist das Problem des THC-Patterns. Werden primitive Typen zusammen mit ihrem `Class`-Token oder -Literal in den Container eingefügt, führen sie zu einer `ClassCastException` beim Lesen des Werts. Überlässt man mit Hilfe der zweiten `register()`-Methode die Wahl der `Class`-Instanz dem Compiler, wählt der die Wrapper-Klasse zum primitiven Typ und das Lesen des Werts ist korrekt.

2.10.2   Anlage eines Arrays zum aktuellen Typ

Zeigen wir zuerst einen einfachen, aber un-generischen Weg, Arrays vom Typ `T[]` anzulegen. Er ist besonders beliebt, da er von Sun selbst eingesetzt wird. Hier ein Ausschnitt aus der Klasse `java.util.ArrayList` der Plattform, was gerne als Muster benutzt wird.

```
public class ArrayList<E> ... {
   // --- intern gibt es nur ein Array von Object für beliebige Element-Typen E
   private transient Object[] elementData;

   // --- und hier die beiden entscheidenden Methoden:
   public ArrayList(int initialCapacity) {
      super();
      if (initialCapacity < 0)
        throw new IllegalArgumentException("Illegal Capacity: "+
                                    initialCapacity);
      this.elementData = new Object[initialCapacity];
   }

   public E get(int index) {
      RangeCheck(index);
      return (E) elementData[index];    // Sun arbeitet mit Cast!
   }
}
```

Da der Compiler den Typ `E` ohnehin in `Object` umwandelt, wird also in `ArrayList` intern konsequent mit einem Array vom Typ `Object` gearbeitet. Denn ein `Object`-Array akzeptiert Elemente jedes Typs. Aber man (respektive Sun) hat peinlich darauf zu achten, dass nur Instanzen von einem Typ `E` in das Array aufgenommen werden. Ansonsten droht zur Laufzeit eine `ArrayStoreException` (siehe Abschnitt 2.2.2). Das interne Array darf also unter keinen Umständen von außen im Zugriff stehen. Sofern man die Wahl hat, ist auch hier ein Class-Token die bessere Alternative. Denn ein Cast von einem `Object`-Array zu einem `E`-Array funktioniert nicht wie erwartet:

```
public static <E> E[] newGenArray(int size) {
   return (E[])new Object[size];
}
```

Dieser Cast wird von einer Warnung begleitet, die durchaus gerechtfertigt ist.

Die folgende Anweisung wird zwar fehlerfrei compiliert, führt aber bei der Ausführung zu einer `ClassCastException`, genauer:

```
String[] sArr= newGenArray(5);
[Ljava.lang.Object; cannot be cast to [Ljava.lang.String;
```

Die Class-Token-Variante ist dagegen typ-sicher:

```
@SuppressWarnings("unchecked")
public static <E> E[] newGenArray(Class<E> classToken,int size) {
  return (E[])Array.newInstance(classToken,size);
}
```

Dazu wurde das `Array` aus dem Reflection-Package `java.lang.reflect` benutzt. Der Cast nach `E[]` ist äußerst unschön, beruht aber auf der Definition:

```
public static Object newInstance(Class<?> componentType,
                                 int length)
                        throws NegativeArraySizeException {
  return newArray(componentType,length);
}
```

Die Methode wurde von Sun wieder einmal aus Legacy-Gründen nicht wie folgt definiert:

```
public static <T> T[] newInstance(Class<T> componentType,
                                  int length)
```

Zuletzt eine typsichere Variante der Sun-Lösung, die eine array-ähnliche Klasse anbietet:

```
class GenArray<T> {
  private Object[] arr;

  public GenArray(int length) {
    arr= new Object[length];
  }

  @SuppressWarnings("unchecked")
  public T get(int pos) {
    return (T)arr[pos];
  }

  public void set(int pos,T element) {
    arr[pos]= element;
  }
}
```

Der Nachteil ist offensichtlich: Man kann keine eckigen Klammern mehr verwenden!

2.11   Das Self-Type Idiom

Enumerationen können wie in C/C++ genutzt werden, ohne ihren generischen Hintergrund zu kennen. Betrachtet man dagegen ihre Implementation, stellt man fest, dass sie aus generischer Sicht äußerst interessante Gebilde sind. Sie werden implizit – ohne dass man das selbst angeben darf – von der generischen Klasse `Enum` abgeleitet.

```
public abstract class Enum<E extends Enum<E>>
                      implements Comparable<E>, Serializable {
    // ...
}
```

Mit Erstaunen stellt man fest, dass die Klasse `Enum` generisch rekursiv definiert ist. Diese recht merkwürdige Konstruktion folgt einem Idiom mit dem bezeichnenden Namen *Self-Type* – „nur derselbe Typ erlaubt". Bevor man also `enum` im Detail betrachtet, sollte man Self-Types verstehen und selbst einsetzen können. Sie sind im Repertoir der generischen Idiome unverzichtbar.

Self-Type-Ausdrücke gehören zu den so genannten *F-Bounds*. Mit F-Bounds bezeichnet man eine Bound B zu einer Typ-Variable T, wobei B eine Funktion B= F(T) der Typ-Variable T ist. Obwohl Funktionen an sich klar sind, ist der Sinn bzw. die Bedeutung dieser Art von Funktionen nicht unbedingt einsichtig.

2.11.1   Self-Types im Einsatz

Self-Type Klassen haben immer eine generische Deklaration der Form

```
class BaseClass<S extends BaseClass<S>>
```

Die Klasse S ist somit ein Subtyp von `BaseClass` und übergibt sich selbst als generischen Parameter an `BaseClass`. S kann damit nur gegen aktuelle Typen ersetzt werden, die Subklassen von `BaseClass` sind. `BaseClass` kann nun mit einer noch unbekannten Subklasse S von sich selbst arbeiten. Daraus resultieren zwei Vorteile (siehe Abbildung 2.9):

▶ *Hinweis 2.26 Self-Type Eigenschaften*
- Alle Instanzen vom Typ S in der Klasse `BaseClass` werden zu Instanzen der noch unbekannten Subklasse S.
- Alle Methoden mit Parametern bzw. Ergebnisse vom Typ S werden zu Methoden mit Parametern bzw. einem Ergebnis vom Typ der noch unbekannten Subklasse S.

Der Wert des Idioms ist unbestritten und wird alleine durch die Existenz von `enum` bewiesen. Mit der Basisklasse `Enum` wird festgelegt, wie alle von ihr abgeleiteten `enum`-Klassen auszusehen haben.

```
BaseClass<Sub extends BaseClass<Sub>> {
  Sub field;
  ...

  Sub method();
  void method(Sub arg);
  ...
}
```

Typ Sub in Feldern und
Methoden von BaseClass
wird automatisch gegen
MySubClass ausgetauscht.

Der Effekt in Pseudocode

```
MySubClass extends BaseClass<MySubClass> {
  MySubClass field;
  ...

  MySubClass method();
  void method(MySubClass arg);
  ...
}
```

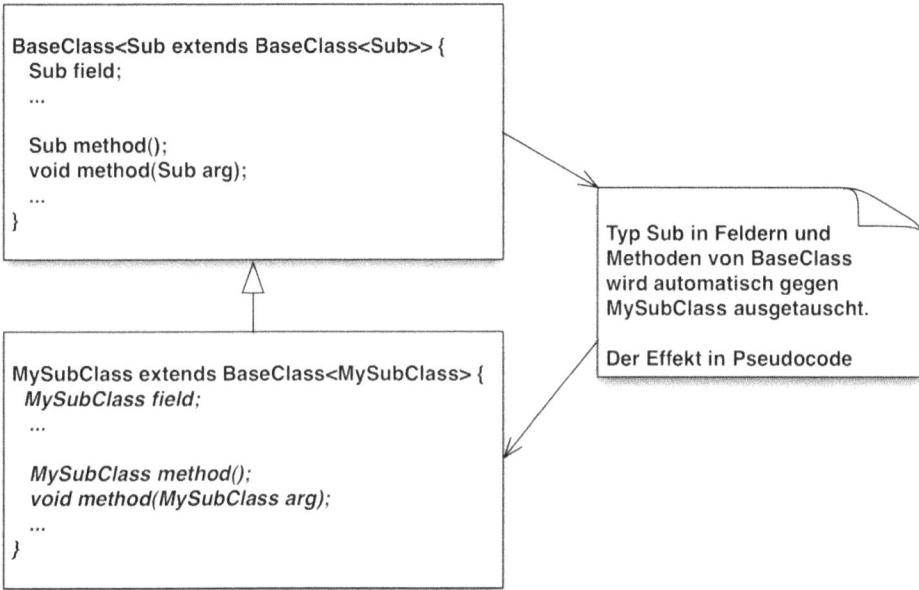

Abbildung 2.9: Rekursive Typ-Beziehung bei Self-Types

Auf Enum zu verweisen, hilft nicht unbedingt Self-Types selbst zu nutzen. Zuerst soll deshalb anhand eines Beispiels gezeigt werden, welche Probleme mit Self-Types gelöst werden können.

Tree-Strukturen mit Self-Type Elementen

Bäume sind hinlänglich bekannte rekursive Gebilde. Sie haben eine rekursive Datenstruktur und damit auch rekursive Methoden, um beispielsweise den Baum zu traversieren. Rekursive Datenstrukturen werden immer dadurch erzeugt, dass eine Instanz direkt oder indirekt wieder eine Instanz der eigenen Klasse referenziert (siehe Abbildung 2.10).

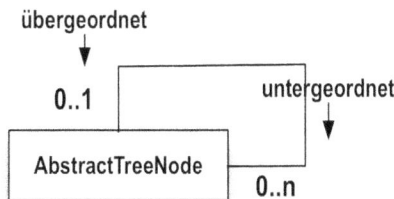

übergeordnet

0..1

untergeordnet

AbstractTreeNode

0..n

Abbildung 2.10: Rekursive Baumstruktur mit TreeNode-Elemente

Bäume sind deshalb so faszinierend, da sie unser hierarchisch organisiertes gesellschaftliches Leben abbilden.[52] Ergo gibt es unzählige graphische Hilfsmittel – Explorer oder Organigramme genannt –, die graphische Hilfe leisten. Eines der wichtigsten Widgets in jedem GUI ist somit ein Tree. Wie bei den anderen Kollektionen Set, List oder Queue möchte man auch bei einem Tree den Typ TreeNode seine Elemente vorab festlegen. Beispielsweise möchte man nur Elemente vom Typ String, File, Department oder Employee im Baum aufnehmen. Zu den Elementen in Bäumen – auch Knoten genannt – gibt es Begriffe, die im Weiteren verwendet werden (Abbildung 2.11).

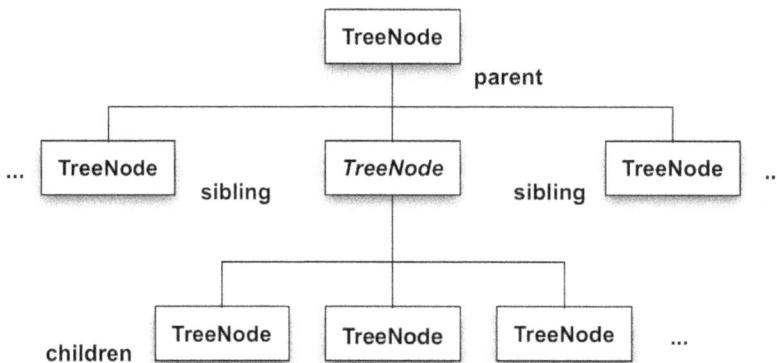

Abbildung 2.11: Beziehungen der Knoten in Bäumen zueinander

Ein TreeNode enthält unabhängig vom speziellen Typ viele generelle Methoden. Es ist also sinnvoll, mit einer abstrakten Basisklasse TreeNode zu starten, die die gemeinsame Funktionalität enthält. Von dieser leitet man die konkreten Knoten-Typen ab und ergänzt sie nur um ihre speziellen zusätzlichen Eigenschaften. Um den Code nicht unnötig aufzublähen, vermeiden wir die Verwendung von Interfaces, obwohl dies sicherlich besser wäre.

```
abstract class TreeNode {
  // --- Liste enthält alle direkt untergeordneten Nodes dieser TreeNode
  private List<TreeNode> children;

  // --- die direkt übergeordnete Node
  private TreeNode parent;

  public void setChildren(TreeNode... children) {
    this.children.clear();
    for (TreeNode child: children)
      this.children.add(child);
  }
  // --- weitere Methoden!
}
```

---

[52] Auch in einer Demokratie sind die Repräsentanten des Volkes einer Partei-Hierarchie unterworfen.

Bedingt durch `abstract` müssen von `TreeNode` konkrete Subklassen abgeleitet werden:

```
class StringNode extends TreeNode      { /* ... */ }
class DepartmentNode extends TreeNode { /* ... */ }
class ObjectNode extends TreeNode      { /* ... */ }
```

Betrachtet man in der Klasse `TreeNode` eine Methode wie `setChildren()` oder `setParent()` genauer, so erkennt man, dass diese Art der Implementierung ein Problem in sich birgt. Sie ist zu einfach!

- Alle Methoden, die den Typ `TreeNode` verwenden, können mit Instanzen beliebiger `TreeNode`-Unterklassen aufgerufen werden.

Diese Art von Tree-Framework kann aufgrund ihres Designs nicht verhindern, dass Instanzen von beliebigen Subtypen von `TreeNode` gemischt werden. Der Anwender aber sollte in der Lage sein, den Knoten-Typ festzulegen, so dass anschließend der Compiler statisch prüfen kann, ob der Baum nicht durch fehlerhafte Eintragungen korrumpiert wird. Will man explizit alle beliebige Typen im Baum zulassen, wählt man halt den Typ `Object` für den Knoten. Wieder gilt das generische Prinzip: *„Weniger Kommentar, mehr Spezifikation"*.

▶ ***Hinweis 2.27 Verwendung von Self-Types***
- Der Self-Type ist ideal, wenn man in einer Superklasse Typen zu Felder und Methoden einer noch unbekannten Subklasse festlegen will.

Modifizieren wir die Klasse `TreeNode` auf Basis des Self-Type-Idioms:

```
abstract class TreeNode<N extends TreeNode<N>> {
  private List<N> children;
  // ...
}
```

Mit dieser Deklaration werden die Subklassen gezwungen, sich der `TreeNode` als aktuellen Typ zu übergeben. Wählen wir als Beispiel `StringNode`:

```
class StringNode extends TreeNode<StringNode> {
  private String value;

  public StringNode(String value) {
    this.value= value;
  }

  @Override public String toString() {
    return value+super.toString();
  }
}
```

Abschließend eine Implementierung der Basisklasse `TreeNode`, um zumindest einen minimalen Test mit `StringNode` anbieten zu können.

```java
abstract class TreeNode<N extends TreeNode<N>> {
  private List<N> children;

  public TreeNode() {
    children= new ArrayList<N>();
  }

  // --- ein Setter, der alle Kinder-Knoten neu setzt
  public void setChildren(N... children) {
    this.children.clear();
    for (N child: children)
      this.children.add(child);
  }

  // --- ein Setter, der einzelne Kinder-Knoten hinzufügt
  public void addChild(N child) {
    children.add(child);
  }

  // --- ein Setter, der Kinder-Knoten an bestimmten Positionen setzt/überschreibt
  public boolean addChild(N child, int atPos) {
    if (0<= atPos && atPos <= children.size()) {
      children.add(atPos, child);
      return true;
    }
    return false;
  }

  @SuppressWarnings("unchecked")
  public N[] getChildren() {
    // --- die einfache Version children.toArray() führt zu einer ClassCastException
    return children.toArray(
      (N[])Array.newInstance(this.getClass(), children.size()));
  }

  @Override public String toString() {
    return children.toString();              // vorsicht: rekursiv!
  }
  @Override public int hashCode() {
    return children.hashCode();              // delegieren!
  }
}
```

Anmerkung und Tree-Test

Die Methode `getChildren()` verwendet die Version von `toArray()` aus `List`, die ein Array vom Typ `N[]` erwartet. Die Methode `toArray()` ohne eine Array-Angabe erzeugt immer ein Array vom Typ `Object[]` und gibt es zurück. Das wäre dann analog zur Methode `newGenArray()` in Abschnitt 2.10.2 und führt beim Aufruf zu einer `ClassCastException`.

Um ein passendes Array `N[]` als Argument für `toArray()` zu erzeugen, nutzt man wieder `Array.newInstance()` vom Reflection-API. Da `this` vom aktuellen Typ `T` ist, übergibt man mittels `this.getClass()` die Class-Instanz von `this` und die zugehörige passende Größe des Arrays. Dies sieht zwar alles ein wenig kryptisch aus, sollte aber spätestens nach dem dritten Kapitel keine Probleme mehr bereiten (siehe Abschnitt 3.3.13). Mit dieser minimalen `TreeNode`-Implementierung kann dann noch ein Self-Type-Test durchgeführt werden:

```
StringNode sRoot= new StringNode("Root");

sRoot.setChildren(new StringNode("C1"),new StringNode("C2"));

sRoot.getChildren()[0].setChildren(new StringNode("C1-1"));
sRoot.getChildren()[0].addChild(new StringNode("C1-2"),1);
sRoot.getChildren()[1].addChild(new StringNode("C2-1"));

System.out.println(sRoot); ⇨ Root[C1[C1-1[], C1-2[]], C2[C2-1[]]]
```

Die Ausgabe zeigt die in `toString()` versteckte Rekursion, die aufgrund der Anweisung `children.toString()` in `TreeNode` entsteht.

Abschließend noch ein Hinweis zur Verwendung von Self-Types, der vielleicht manche frustrierenden Versuche erspart.

▶ *Hinweis 2.28 Verwendung von Self-Types*
- Bei einem generischen Typ mit F-Bounds – hier also Self-Types – müssen die F-Bounds durch konkrete nicht-generische Typen ersetzt werden, bevor man von ihnen Instanzen erzeugen kann.

Self-Type-Klassen mit nur einem Parameter sind somit durch eine nicht-generische Klasse zu erweitern. Sonst sind keine Instanzen möglich und man kann sie nicht im Code verwenden. Die Klasse `TreeNode` muss also durch die konkrete nicht-generische Subklasse wie beispielsweise `StringNode` erweitert werden. Erst von diesem Subtyp sind dann Instanzen möglich.

2.12   Enumerationen

Jeder enum-Typ ist eine besondere von Klasse Enum abgeleitete Subklasse. Um Enumerationen nicht nur als einfache Aufzählungen, sondern auch als vollwertige Klassen nutzen zu können, übersetzen wir eine traditionelle enum-Lösung in eine neue. Hierzu werden auf traditionelle enum-Art verschiedene Windstärken definiert. Will man Eigenschaften bzw. Verhalten mit den Konstanten koppeln, benötigt man eine zusätzliche Klasse:

```
enum WindType {CALM,WINDY,STORM,HURRICANE};

class WeatherForecast {
  public String windInfo (WindType wt) {
    switch (wt) {
      case CALM:      return "Es wird windstill sein.";
      case WINDY:     return "Es wird windig.";
      case STORM:     return "Es wird stürmisch.";
      case HURRICANE: return "Es gibt einen Orkan.";
      default:        return "Es gibt ein Software-Problem.";
    }
  }
}
```

Die Lösung ist nicht sonderlich elegant. Sie wird es noch weniger, wenn man sich entschließt, die enum in die Klasse WeatherForecast einzubeziehen, um damit eine engere Bindung zu demonstrieren. Die Text-Information kann nicht an die enum-Konstante gebunden werden. Man benötigt einen zusätzlichen Typ. Betrachten wir eine enum-Alternative:

```
enum WindType {
  CALM("Es wird windstill sein."),
  WINDY("Es wird windig."),
  STORM("Es wird stürmisch."),
  HURRICANE("Es gibt einen Orkan.");

  // --- ein Feld zur Aufnahme der Information
  private String windInfo;

  // --- implizit private, public setzen ist nicht erlaubt!
  WindType(String windInfo) {
    this.windInfo= windInfo;
  }

  public String windInfo() {
    return windInfo;
  }
}
```

In `WindType` können somit zugehörige Eigenschaften und Methoden aufgenommen werden. Stellen wir nun die Verwendung enum-alt enum-neu gegenüber:

```
System.out.println(new WeatherForecast()
                      .windInfo(WindType.HURRICANE));
System.out.println(WindType.HURRICANE.windInfo());
```

enum-Klassen wie `WindType` unterstehen besonderen Regeln. Oben werden die Textinformationen als eine Eigenschaft der Konstanten – den `public final` Instanzen der Klasse – erfasst. Wie bei einer normalen Klasse werden die Eigenschaften der Instanzen bzw. Konstanten in Feldern wie beispielsweise in `windInfo` gespeichert. Im Konstruktor werden die Eigenschaften gesetzt. Ein enum-Konstruktor ist immer implizit `private` und erlaubt keinen anderen Zugriffs-Modifikator. Er wird vom Compiler automatisch um einen weiteren `int`-Parameter erweitert, der den `int`-Wert jeder Konstanten festhält. Die Anlage der Konstanten erfolgt also ganz normal wie der von Instanzen mit Hilfe von Konstruktoren. Eine enum erbt einige recht nützliche Methode von der Klasse `Enum`. Mit der Methode `toString()` und `hashCode()` sind es fünf Methoden, die von jeder enum-Klasse genutzt werden können. Das folgende Beispiel demonstriert die verschiedenen Methoden

```
System.out.println(
    WindType.HURRICANE.windInfo());          ⇨  Es gibt einen Orkan.


// --- statische Methode values() liefert alle Konstanten
System.out.println(Arrays.toString(WindType.values()));
                              ⇨ [CALM, WINDY, STORM, HURRICANE]


// --- die statische Methode valueOf() liefert zu einer enum-Class und
//    der Konstante als String geschrieben die zugehörige Konstante.
//    Exakte Schreibweise ist erforderlich, sonst IllegalArgumentException!
WindType wt= Enum.valueOf(WindType.class,"STORM");


// --- die statische Methode valueOf() gibt es auch in der enum selbst
wt= WindType.valueOf("CALM");
System.out.println(wt+": "+wt.hashCode());    ⇨ CALM: 6707027


// --- enum-Konstanten lassen sich entweder mit equals oder mit == vergleichen.
//    Beides ist korrekt!
System.out.println(WindType.WINDY.equals(
                  WindType.valueOf("WINDY")));       ⇨ true
System.out.println(WindType.WINDY ==
                  indType.valueOf("WINDY"));         ⇨ true


// --- Der String muss exakt die Konstante treffen!
System.out.println(
    WindType.valueOf("Windy"));      ⇨ IllegalArgumentException
```

Enumerationen folgen einer neuen Syntax für ihre Deklaration. Da sie bereits von Klasse
`Enum` abgeleitet sind, erlauben sie nur noch die Angabe von Interfaces. Hinter den `enum`-
Konstanten können Konstruktor-Argumente angegeben werden und – falls erwünscht – in
geschweiften Klammern anonyme Klassen implementiert werden. Diese enthalten dann Implementierungen zu Methoden nur speziell für diese Konstante.

enum Syntax:

> enum *EnumName Interfaces*$_{opt}$ {
>
>   *ConstName*$_1$ (*constructorArguments*)$_{opt}$ { *anonymousClass* }$_{opt}$,
>
>   . . .
>
>   *ConstName*$_n$ (*constructorArguments*)$_{opt}$ { *anonymousClass* }$_{opt}$;
>
>   *ClassCode*$_{opt}$
>
> }

Haben die Konstanten keine zugehörigen Werte, braucht man auch keine Konstruktoren zu
schreiben. Stehen jedoch hinter den Konstanten Werte, muss es im folgenden Klassen-Code
dazu passende Konstruktoren geben. Für besondere Fälle gibt es noch anonyme Klassen. Sie
werden im Abschnitt 2.12.3 behandelt. Die Konstanten werden von einem Semikolon vom
Klassencode getrennt. Dieser enthält dann die Felder, Konstruktoren und Methoden. Nachfolgend eine Zusammenfassung der wichtigsten Eigenschaften.

> ▶ *Hinweis 2.29 Besonderheiten von enum-Klassen*
> - enum-Klassen werden automatisch von `Enum` abgeleitet, sind `final`, erlauben also keine
>   Sub-Klassen und ihre Konstruktoren sind `private`.
> - Von `Enum` erben die enum-Klassen die Instanz-Methoden `toString()`, `hashCode()`,
>   `equals()` sowie die statischen Methoden `values()` und `valueOf()`.
> - Über die enum-Konstanten lassen sich alle Instanz-Methoden – die von `Enum` und die im
>   Klassenkörper selbst definierten – aufrufen.
> - Neben `equals()` können enum-Konstante auch immer mit `==` verglichen werden. Beide
>   liefern dasselbe Ergebnis, da es jede Konstante nur genau einmal gibt.
> - Die statische Methode `values()` liefert ein Array aller Konstanten.
> - Die statische Methode `valueOf()` liefert die zum `String`-Argument gehörige Konstan-
>   te. Stimmt der übergebene String nicht exakt mit dem Konstantennamen überein, gibt es
>   eine `IllegalArgumentException`.

Mit Einführung der Enumerationen wurde auch die `switch`-Anweisung und die `for`-Schlei-
fe erweitert (siehe hierzu das ersten Kapitel).

```
for (WindType w: WindType.values())
    System.out.println(w.windInfo());
```

Die for-each Schleife ist an sich ideal. Hat man allerdings nur über einen Teil der Konstanten zu iterieren, ist die alte `for`-Schleife nicht sehr komfortabel:

```
// --- 1. Version mit int:
for(int i= WindType.CALM.ordinal(); i<=WindType.STORM.ordinal();
    i++)
  System.out.println(WindType.values()[i].windInfo());
```

```
// --- 2. Version mit compareTo() ist sehr unschön
for (WindType w= WindType.CALM; w.compareTo(WindType.STORM)<=0;
     w= WindType.values()[w.ordinal()+1])
  System.out.println(w.windInfo());
```

Die letzte `for`-Schleife verwendet `compareTo()`. Ein Vergleich verwendet die natürliche Reihenfolge der enum-Konstanten.

2.12.1   EnumSet

Zusammen mit Enumerationen wurden die Kollektionen `EnumSet` und `EnumMap` eingeführt. Beide sind performante Implementierungen von Kollektionen. Eine parametrisierte `EnumSet` akzeptiert als aktuellen Typ nur eine `Enum`-Klasse. Sie bildet `Set`-Operationen von bis zu 64 Konstanten auf Bit-Manipulationen mit `long` ab.

```
abstract class EnumSet<E extends Enum<E>> extends AbstractSet<E>
```

`EnumSet`-Instanzen können nicht über Konstruktoren, sondern nur über statische Factory-Methoden erschaffen werden. Ansonsten verhalten sie sich wie normale Mengen:

```
package kap02;
import java.util.EnumSet;
import static kap02.Grade.*;

enum Grade { POOR,FAIR,GOOD,VERY_GOOD,EXCELLENT }

public class TestEnum2 {
  public static void main(String... args) {
    // --- 1. Möglichkeit: alle enum-Konstanten in die Menge übernehmen
    EnumSet<Grade> eAll=   EnumSet.allOf(Grade.class);

    // --- 2. Möglichkeit: leere Menge über Klassen-Instanz
    EnumSet<Grade> eNone=  EnumSet.noneOf(Grade.class);
    System.out.println(eNone);                          ⇨ []

    // --- 3. Möglichkeit: eine bestimmte Untermenge
    EnumSet<Grade> eOf=    EnumSet.of(POOR,FAIR);
    System.out.println(eOf);                            ⇨ [POOR, FAIR]
```

```
// --- 4. Möglichkeit: ein Intervall, d.h. von-bis
EnumSet<Grade> eRange= EnumSet.range(FAIR,EXCELLENT);
System.out.println(eRange);  ⇨ [FAIR, GOOD, VERY_GOOD, EXCELLENT]

// --- 5. Möglichkeit: Teil-Menge
EnumSet<Grade> eComplement= EnumSet.complementOf(eRange);
System.out.println(eComplement);                        ⇨ [POOR]

// --- ein Test
System.out.println(eOf.containsAll(eComplement));    ⇨ true
System.out.println(eOf.retainAll(eRange));           ⇨ true
System.out.println(eOf);                             ⇨ [FAIR]
    }
}
```

Aufgrund des statischen Imports kann direkt auf die Konstanten ohne Präfix `Grade` zugegriffen werden.

2.12.2   EnumMap

Die Klasse `EnumMap` erwartet als Schlüssel nur Konstante einer `enum`-Klasse. Mit Ausnahme der speziellen Konstruktoren verhält sie sich also wie eine normale Map.

```
EnumMap<K extends Enum<K>,V> extends AbstractMap<K,V> ...
```

Der Performance-Vorteil einer `EnumMap` basiert darauf, dass sie die Anzahl der Konstanten der Enumeration ermittelt, was eine optimalen Anlage der Map ermöglicht. Im Gegensatz zu `EnumSet` werden zur Anlage einer `EnumMap` wieder Konstruktoren verwendet:

```
public EnumMap(Class<K> keyType)
public EnumMap(EnumMap<K,? extends V> m)
public EnumMap(Map<K,? extends V> m)
```

Alle drei Konstruktoren benötigen eine `enum` als Klasse oder Instanz, die als Schlüssel verwendet werden soll. Dem ersten Konstruktor wird eine `enum`-`Class`-Instanz übergeben. Der zweite Konstruktor legt mit Hilfe einer `EnumMap`-Instanz eine neue `EnumMap` an und übernimmt die Eintragungen. Die letzten Konstruktoren unterscheidet sich vom zweiten nur dadurch, dass er auch eine normale Map zulässt, sofern die Schlüssel vom Typ `enum` sind. Somit konvertiert dieser Konstruktor eine normale Map in eine schnellere `EnumMap`, die alle Einträge übernimmt.

```
EnumMap<Grade,Integer> intGradeMap1=
                    new EnumMap<Grade,Integer>(Grade.class);

System.out.println(intGradeMap1);        ⇨ {}
```

```
intGradeMap1.put(GOOD,5);
intGradeMap1.put(FAIR,7);

System.out.println(intGradeMap1);          ⇨ {FAIR=7, GOOD=5}

EnumMap<Grade,Integer> intGradeMap2=
                    new EnumMap<Grade,Integer>(intGradeMap1);

System.out.println(intGradeMap2);          ⇨ {FAIR=7, GOOD=5}

Map<Grade,Integer> intGradeMap3= new HashMap<Grade,Integer>();
intGradeMap3.put(EXCELLENT,1);
EnumMap<Grade,Integer> intGradeMap4=
                    new EnumMap<Grade,Integer>(intGradeMap3);

System.out.println(intGradeMap4);          ⇨ {EXCELLENT=1}
```

Beispiel mit enum, EnumMap & Generics

Das folgende Beispiel ist im Code-Umfang ein wenig umfangreicher. Es spiegelt nicht nur die Umorganisation der deutschen Hochschulen im Zeichen des Bologna-Prozesses wider, sondern dient insbesondere dazu, das Zusammenspiel von enum und Generics zu demonstrieren.

Wir benötigen dazu zuerst ein Marker-Interface, welches die Aufgabe übernimmt, eine normale enum von einer enum speziell für Organisations-Strukturen zu unterscheiden.

```
public interface OrgType {
}
```

Jede größere Organisation ist in Einheiten untergliedert, die mit dem allgemeinen Begriff „Abteilungen" bezeichnet werden. Die Abteilungen werden je nach Typ der Organisation und ihrer Größe anders benannt. Hochschulen bezeichnen ihre Abteilungen traditionell beispielsweise mit Rektorat, Fakultät oder Lehrgebiet. Im Zeichen der Globalisierung werden die Abschlüsse an den Hochschulen einheitlich Bachelor oder Master genannt. Konsequenterweise gliedern sich die Hochschulen nunmehr gerne in Faculties und Departments.

Die folgende, sehr allgemein gehaltene Klasse OrgUnit ist von speziellen Organisations-Typen noch unberührt. Sie ist abstrakt und lässt als aktuelle Argumente nur Enumerationen vom Typ OrgType zu.

```
// --- die Bounds von O passt zu den oben angeführten Einschränkungen
//      ansonsten ist die Klasse ein triviales Bean
public abstract class OrgUnit<O extends Enum<O> & OrgType> {
  private final String ident;
  private O orgType;

  public OrgUnit(String ident,O orgType) {
    this.ident= ident;
    this.orgType= orgType;
  }

  public O getOrgType() {
    return orgType;
  }

  public String getIdent() {
    return ident;
  }

  @Override
  public String toString() {
    return ident;
  }
}
```

Wir benötigen noch eine enum zu einer (stark vereinfachten) Struktur einer Hochschul-Organisation:

```
public enum UniOrgType implements OrgType {
  PRAESIDIUM,
  VERWALTUNG,
  FAKULTAET,
  DEPARTMENT,
  LABOR
}
```

Basierend auf der Klasse OrgUnit und der enum UniOrgType enthält die folgende Klasse UniOrgUnit eine statische Methode getOrgUnits(). Diese verwendet intern eine Enum-Map, um zu jedem UniOrgType die zugehörigen Abteilungen als sortierte Menge festzuhalten. Da aufgrund der Sortierung die Instanzen geordnet werden müssen, muss UniOrgUnit das Interface Comparable implementieren.

```java
// --- dies ist dann eine konkrete Organisation zu einer Hochschule, die O in OrgUnit
//     durch die enum parametrisiert.
public class UniOrgUnit extends OrgUnit<UniOrgType>
                            implements Comparable<UniOrgUnit> {

   // --- der Methode wird eine ungeordnete Liste von Instanzen dieser Klasse
   //     übergeben. Sie liefert eine Map, die zu jedem UniOrgType (als key)
   //     die Menge aller  zugehörigen Organisations-Einheiten in einer Set (als value)
   //     enthält. Die Set-Einträge sind nach Namen sortiert.
   //     (siehe Methode compareTo() unten)
   public static EnumMap<UniOrgType, SortedSet<UniOrgUnit>>
                   getOrgUnits(List<? extends UniOrgUnit> uniOrgs) {

      EnumMap<UniOrgType,SortedSet<UniOrgUnit>>
        uniMap= new EnumMap<UniOrgType,SortedSet<UniOrgUnit>>
                                                (UniOrgType.class);

      // --- Initialisierung der Map mit den UniOrgType-Konstanten
      //     und einer leeren Menge
      for (UniOrgType uniOrgType: UniOrgType.values())
        uniMap.put(uniOrgType,new TreeSet<UniOrgUnit>());

      // --- jede OrgEinheit wird in die Set seines UniOrgType eingefügt
      for (UniOrgUnit uniOU: uniOrgs)
        uniMap.get(uniOU.getOrgType()).add(uniOU);

      return uniMap;
   }

   public UniOrgUnit(String ident,UniOrgType orgType) {
      super(ident,orgType);
   }

   // --- notwendig wegen Comparable
   public int compareTo(UniOrgUnit uniOU) {
      return getIdent().compareTo(uniOU.getIdent());
   }
}
```

Der abschließende Test enthält der Übersicht halber das gesamte Testprogramm inklusive Package-Name und statischem Import.

```
package kap02;

import java.util.Arrays;
import static kap02.UniOrgType.*;

public class TestUniOrg {
  public static void main(String... args) {
    UniOrgUnit[] haw= new UniOrgUnit[] {
      new UniOrgUnit("Präsidium der HAW",PRAESIDIUM),
      new UniOrgUnit("Studierendenzentrum",VERWALTUNG),
      new UniOrgUnit("Personalservice",VERWALTUNG),
      new UniOrgUnit("Forschung & Transfer",VERWALTUNG),
      new UniOrgUnit("Life Sciences",FAKULTAET),
      new UniOrgUnit("Technik und Informatik",FAKULTAET),
      new UniOrgUnit("Wirtschaft",FAKULTAET),
      new UniOrgUnit("Biotechnologie",DEPARTMENT),
      new UniOrgUnit("Informatik",DEPARTMENT),
      new UniOrgUnit("Maschinenbau",DEPARTMENT),
      new UniOrgUnit("AI",LABOR),
      new UniOrgUnit("TI",LABOR)
    };

    System.out.println(
             UniOrgUnit.getOrgUnits(Arrays.asList(haw)));
```
⇨ {PRAESIDIUM=[Präsidium der HAW],
   VERWALTUNG=[Forschung & Transfer,Personalservice, Studierendenzentrum],
   FAKULTAET=[Life Sciences, Technik und Informatik, Wirtschaft],
   DEPARTMENT=[Biotechnologie, Informatik, Maschinenbau],
   LABOR=[AI, TI]}
```
  }
}
```

Die Ausgabe des letzten `println()` ist an sich einzeilig und wird oben passend umgebrochen. Die Sortierung der Schlüssel erfolgt nach der Reihenfolge der enum-Konstanten.

2.12.3   Anonyme Klassen in enum

Event-Programmierung von GUIs ohne anonyme Klassen wäre mühsam. Dass man sie auch in enum-Klassen verwenden kann, ist eher eine exotische Variante. Man vermisst sie nicht unbedingt. Aber in bestimmten Fällen sind anonyme Klassen auch in Enumerationen sinnvoll, da sie den Code dahin platzieren, wo er hingehört. Gehört beispielsweise ein besonderes Verhalten – sprich Methode – nur genau zu einer Konstante und nicht zu den anderen, so kann man zwar mittels `if` oder `switch` Fallunterscheidungen betreiben, aber das ist wenig objekt-orientiert und erinnert an Spaghetti-Code.

Im folgenden Beispiel wird die enum Grade aus Abschnitt 2.12.1 spezialisiert zu einer enum Grade15. Sie ordnet jeder Grade-Konstanten eine untere und obere Note aus dem Notenspektrum von 0 bis 15 zu:

```
enum Grade15 {
  // --- Für POOR muss die untere Grenze anders bestimmt werden
  //   Zuerst die Varainte mit anonymer Klasse:
  //   Die Methode fromGrade() wird passend überschrieben
  POOR(4,"Nicht bestanden") {
    public int fromGrade() { return 0; }
  },
  // --- ohne anonyme Klasse:
  // POOR(4,"Nicht bestanden"),
  FAIR(8,"Bestanden"),
  GOOD(11,"Bestanden mit guter Leistung"),
  VERY_GOOD(14,"Bestanden mit sehr guter Leistung"),
  EXCELLENT(15,"Bestanden mit überragender Leistung");

  private String info;
  private int toGrade;

  Grade15(int toGrade,String info) {
    this.toGrade= toGrade;
    this.info= info;
  }

  public String gradeInfo() {
    return "Note "+fromGrade()+".."+toGrade()+": "+info;
  }

  // --- die untere Grenze ist die obere Grenze des vorherigen Konstante + 1
  //   Ausnahme: POOR
  public int fromGrade() {
    return Grade15.values()[ordinal()-1].toGrade+1;

    // --- ohne anonyme Klasse:
    //   if (this==POOR)
    //     return 0;
    //   return Grade15.values()[ordinal()-1].toGrade+1;
  }

  public int toGrade() {
    return toGrade;
  }
}
```

Das Beispiel ist sicherlich trivial. Man sieht hier vielleicht keinen unmittelbaren Vorteil in der Verwendungen einer anonymen Klasse. Aber es ist durchaus zu erkennen, das die spezielle Implementierung für eine Konstante hinter der Konstanten direkt an der „richtigen Stelle" ist. Noch ein wichtiger Hinweis, der daraus resultiert, dass auch anonyme Klassen in einer enum den normalen Java-Regeln unterworfen sind:

▶ *Hinweis 2.30 Zugriff anonyme Klasse in enum auf Felder*

- Auf die Felder der enum-Klasse kann man in der anonymen Klasse einer enum-Konstanten nur dann zugreifen, wenn sie nicht private deklariert sind.

Factory-Pattern mit einem enum Singleton

Die Methode newInstance() der Klasse Class<T> ist die berühmteste Factory für Instanzen von Klassen, sofern T ein nicht-generischer Typ ist (siehe Abschnitt 2.10.1). Zum generellen Einsatz von allen möglichen „Fabriken" wird zuerst ein Interface definiert:

```
interface Factory<T> {
  T newInstance();
}
```

Da wie bei Class eine Factory-Instanz für die Erzeugung beliebig vieler Objekte ausreicht, wird häufig eine abgeleitete Klasse als *Singleton* implementiert. Damit ist gewährleistet, dass nur eine Instanz zu Factory angelegt werden kann. Ist es Class.newInstance() nicht möglich, Typen wie List<String> und List<Integer> zu unterscheiden bzw. davon typsichere Instanzen zu erzeugen, so gilt dies nicht für die Implementationen von Factory. Jeder Typ wird in einer separaten Klasse gekapselt, wobei der Name der Klasse identifizierend ist. Überraschend einfach ist es, wenn man anstatt einer Klasse eine enum mit nur einer Konstanten wählt. Die zugehörigen anonymen Klasse implementiert dann newInstance(). Dann ist die Konstante gleichzeitig die Singleton-Instanz. Zwei Beispiele:

```
enum StringListFactory implements Factory<List<String>> {
  NEW {
    public  List<String> newInstance() {
      return new ArrayList<String>();
    }
  }
}

enum NumberListFactory implements TFactory<List<Number>> {
  NEW {
    public  List<Number> newInstance() {
      return new ArrayList<Number>();
    }
  }
}
```

2.13   FAQ

Mit fast achtzig Seiten ist Generics keine leichte Kost. Trotzdem mussten viele interessante Fragen und Antworten einer mehr konzeptionellen Sicht weichen. Bei der Zusammenstellung der Beispiele zu diesem Kapitel bestand die Herausforderung in Verständlichkeit und Kürze des Codes. Zu langer und schwieriger Code verdeckt das Wesentliche. Doch was soll man mit Fragen oder Lösungen anstellen, die es nicht „geschafft" haben, aber an sich interessant sind? Die meisten stammen aus Blogs oder Konferenzbeiträgen von Sun-Ingenieuren und wurden entsprechend häufig angesprochen. Ein Abschnitt wie FAQ scheint ein guter Abschluss zu sein. Auf umfangreiche Erklärungen wird allerdings verzichtet. Alles dient nur dem Zweck, Generics bei Bedarf weiter zu vertiefen. Googlen nach relevanten Stichworten ist dabei sehr effektiv.

Starten wir mit der Frage, die am Anfang – in den Jahren 2004 und 2005 – so oder ähnlich immer wieder gestellt wurde. Obwohl an sich bereits prinzipiell beantwortet (Abschnitt 2.2.2), hier noch einmal eine Variante in Form eines Code-Snippets.[53]

1. Was ist der Unterschied von Raw Type vs. parametrisierung vs. Wildcard?

Die Frage kann man in einen kleinen Test-Codes verpacken und beantworten. Nehmen wir wieder eine Liste in drei Varianten: `List` vs. `List<Object>` vs. `List<?>`.

```
// --- drei Variablen
List rawLst;           // umgeht alle generischen Regeln
List<Object> objLst;   // invariant
List<?> wcLst;         // Schutz vor Schreiben

// --- eine konkrete Instanz
List<String> strLst= new ArrayList<String>();
strLst.add("Hallo");

// --- Zuweisungen beliebiger generischer Liste möglich
rawLst= strLst;
wcLst= strLst;

// --- Zuweisung nicht möglich: objLst ist invariant
// objLst= strLst;

// --- Schreiben von null ist möglich, null gehört zu jedem Typ
wcLst.add(null);

// --- Schreiben von nicht-null Werten ist nicht möglich:
// wcLst.add("Welt");
```

---

[53] Dieser Abschnitt kann ohne Probleme übersprungen werden.

```
System.out.println(strLst);        ⇨ [Hallo, null]
```

```
// --- Warnung:
//     Durch Verwendung von raw Types wird der generische Typ-Schutz unterlaufen
rawLst.add(1);
```

```
System.out.println(strLst);        ⇨ [Hallo, null, 1]
for (String s: strLst)
    System.out.println(s);         ⇨ Hallo
                                     null
                                     ... ClassCastException ...
```

Gemeinsamkeiten und Unterschiede: Die rohe Liste rawLst sowie die Liste von Objekten objLst akzeptieren alle Typen von Elementen. Aber nur der rawLst kann man jede beliebige andere Liste zuweisen. objLst ist dagegen invariant. Der Wildcard-Liste wcLst kann man wie der rawLst alle möglichen Listen zuweisen, sie ist dafür aber bis auf null schreibgeschützt. Die Probleme bei der gemeinsamen Verwendung von generischem und rohem Typ zeigt das Beispiel wohl deutlich! Grundsatz:

Alle generischen Klassen und Interfaces sind nur generisch zu verwenden!

2. „Typsichere" Arrays von generischen Klassen?

Arrays sind typ-unsicher (Abschnitt 2.2.1). Wie steht es mit Arrays von parametrisierten Klassen, sind sie typ-sicher? Um die Frage zu beantworten, erschaffen wir eine einfache typsichere Klasse AGenericClass:

```
public class AGenericClass<T> {
  private T t;

  public AGenericClass(T t) {
    setT(t);
  }

  public T getT() {
    return t;
  }

  public void setT(T t) {
    this.t= t;
  }
}
```

Da die Anlage von Arrays von parametrisierten Typen verboten ist, legen wir ein Array mit raw AGenericClass-Elementen an und weisen sie anschließend einem Array von AGene-

ricClass<String> zu. Über den Umweg eines Arrays von Wildcard-Wrapper unterlaufen
wir dann locker den Typ-Schutz:

```
public class FAQ02 {
  public static void main(String... args) {
    // --- beide nachfolgenden Array-Anlagen sind nicht erlaubt:
    //   AGenericClass<String>[] sArr1=
    //       new AGenericClass<String>[] { new AGenericClass<String>("Hallo") };

    //   AGenericClass<String>[] sArr2= { new AGenericClass<String>("Hallo") };

    AGenericClass<String>[] sArr= new AGenericClass[] {
      new AGenericClass<String>("Hallo")
    };

    AGenericClass<?>[] wcArr= sArr;
    wcArr[0]= new AGenericClass<Integer>(1);

    String s= sArr[0].getT();                    ⇨ ClassCastException
}
```

Die Wildcard im AGenericClass<?> würde nur vor dem Setter setT() schützen.

3. Warum funktioniert Cloneable als Type-Bound nicht?

Ein Typ T soll Cloneable sein. Warum funktioniert diese Art von Lösung nicht?

```
class CloneProblem<T extends Cloneable> {
  public void foo (T t) {

    // --- Fehler: Der Compiler akzeptiert dies nicht
    T aCopy= (T) t.clone();
  }
}
```

▶ *Hinweis 2.31 Das Cloneable-Dilemma*

- Die Methode clone() in der Klasse Object ist per Design fehlerhaft!
    - Cloneable ist ein Marker-Interface. Aufgrund von extends Cloneable gibt es
      also keine public deklarierte clone()-Methode. In Klasse Object ist clone()
      protected deklariert. Somit kann eine Klasse C implements Cloneable die Me-
      thode clone() durchaus auch protected überschreiben.

Eine ziemlich verfahrene Situation. Der Compiler kann jedenfalls aus Cloneable nicht
schließen, dass es eine public clone()-Methode im Typ T gibt.

Was tun? Der Rat des ehemaligen Sun-Ingenieurs Peter van Ahe: *„Generisch misslungen, ansonsten wie in C++ Copy-Konstruktoren verwenden!"*

4. „Falscher" Aufruf einer Methode?

Warum wird die „falsche" Methode `method()` in `main()` aufgerufen?

```
class Base { }

  class Derived extends Base { }

  public class FAQ04 {
    static void method(List<Base> lst) {
      System.out.println("List<Base>");
    }

    static void method(Object o) {
      System.out.println("Object");
    }

    public static void main(String... args) {
      method(new ArrayList<Derived>());          ⇨ Object
    }
  }
```

Denkt man an „Fehler", denkt man covariant! Generische Konstrukten sind aber invariant. `ArrayList<Derived>` ist kein Subtyp von `List<Base>`, sondern nur von `List<Deri-ved>`. Also kann der Compiler die zugehörige Methode nicht wählen. Da aber `ArrayList<Derived>` ein Subtyp von `Object` ist, kann er die Methode `method(Object o)` wählen. Gäbe es die Methode nicht, müsste der Compiler einen Fehler melden.

5. Wildcard vs. Typ-Variable in Methoden: Wo liegen die Unterschiede?

Wählen wir wieder die Klasse `AGenericClass` (siehe 2. Frage), um verschieden deklarierte Methoden zu vergleichen:

```
    static void method1 (AGenericClass<?> arg) {
      // --- Schreiben von null und Lesen als Object erlaubt!
      arg.setT(null);
      Object o= arg.getT();
    }

    static <T extends Object> void method2 (AGenericClass<T> arg) {
      //...
    }
```

```
static <T> void method3 (AGenericClass<T> arg) {
   //...
}
```

Alle drei Methoden sind gleich, es gibt keinen Unterschied. Das Gleiche gilt für:

```
static <N extends Number> void method4 (AGenericClass<N> arg) {
   //...
}
```

```
static void method5 (AGenericClass<? extends Number> arg) {
   //...
}
```

▶ *Hinweis 2.32 Typ-Variable vs. Wildcard in Methoden*
- Eine Type-Variable, die nur einmal in einer Methode Parameter-Typ verwendet wird, sollte – sofern dies möglich ist – durch eine Wildcard ? ersetzt werden.

Das ist nicht immer möglich! Beispielsweise ist diese simple Methode von einem Austausch ausgeschlossen

```
<T> void method(T arg);
```

Der Hinweis gilt nicht für Rückgabe-Typen von Methoden, da dann das Ergebnis der Methode auch einen Wildcard-Typ für die Zuweisung benötigt, was unangenehm ist.

6. Welche Wildcard-Typen sind für Arrays erlaubt?

Obwohl eine ungebundene Wildcard logisch äquivalent zu ? extends Object ist, unterscheidet der Compiler bei der Anlage von Arrays diese beiden Typen. Somit ist

```
List<?>[] wLstArr1= new ArrayList<?>[5];
```

die einzige fehlerfreie generische Anlage eines Arrays. Bereits die logisch gleichwertige Anlage

```
List<?>[] wLstArr2= new ArrayList<? extends Object>[5];
```

ist nicht erlaubt. Arrays von rohen Typen können einzig in Arrays der zugehörigen Wildcard-Typen umgewandelt werden, da sie dann ja schreibgeschützt sind:

```
List<?>[] wLstArr3= new ArrayList[5];
```

7. Sind generic TypeDefs ok?

Brian Goetz hat unter dem Titel *The pseudo-typedef antipattern* vor einer Technik gewarnt, die eine Art C-ähnliche generische TypeDef-Variante darstellt.[54] Sie resultiert aus dieser Art von Zuweisungen:

```
Map<Class<? extends Widget>,Class<? extends Widget>>
    widgetMap= new HashMap<Class<? extends Widget>,
                           Class<? extends Widget>>();
```

Man ist geneigt, dieses hässliche Konstrukt ein wenig zu vereinfachen. Dazu schafft man einen Alias-Typ, der ein neuer kurzer Name für den komplexen generischen Typ darstellt:

```
class WidgetMap extends HashMap<Class<? extends Widget>,
                               Class<? extends Widget>> {}
```

Somit kann man die oben angegebene Zuweisung auf folgende verkürzen:

```
WidgetMap wMap= new WidgetMap();
```

Leider ist aber `WidgetMap` kein Alias, sondern ein neuer Subtyp:

- Verwendet man den Typ `WidgetMap` für Variable oder Parameter in Methoden, kann man diese Methoden nicht mehr mit Instanzen vom generischen Original-Typ verwenden. Der ist aufgrund des `extends` ein Supertyp und damit inkompatibel.
- TypDef-Klassen wie beispielsweise `WidgetMap` können nur der No-Arg-Konstruktor des Original-Typs verwenden. Konstruktoren werden eben nicht vererbt.

8. Was ist bei Verwendung von Wildcards in Kollektionen/Maps zu beachten?

Wildcards geben den Kollektionen die Flexibilität von Arrays zurück. Deshalb werden sie sehr gerne anstatt konkreter Typen verwendet. Man bezahlt aber einen Preis dafür:

- Zwei Wildcards stehen nicht für genau einen unbekannten Typ, sondern für zwei.
- Eine ungebundene Wildcard steht für eine beliebige Klasse bzw. Interface.

Dynamische Factory:

Für flexible Services oder bei Proxies müssen häufig zur Laufzeit Interfaces Klassen zugeordnet werden, die diese implementieren. Die Klassen dienen somit als Factory für ihre zugehörigen Interfaces. Eine `Map` als Zuordnung von Interface zu Klasse(n) ist da ideal und braucht erst zur Laufzeit vorgenommen werden. Das Interface ist dann der Schlüssel, die Klasse der Wert. Benötigt man diese `Map` für alle Arten von Interfaces, ist folgende Deklaration geeignet:

```
Map<Class<?>,Class<?>> implMap= new HashMap<Class<?>,Class<?>>();
```

---

[54]   www-128.ibm.com/developerworks/java/library/j-jtp02216.html

Will man dagegen die Interfaces auf gewisse Typen wie *DAO* (Data Access Objects) oder
GUI-Widgets einschränken, gibt man passende Bounds an:

```
Map<Class<? extends Widget>,Class<? extends Widget>>
   implWidgetMap= new HashMap<Class<? extends Widget>,
                                 Class<? extends Widget>>();
```

Der Einsatz von Wildcards ist zwingend, da jeder `Class<T>` Eintrag für einen anderen Typ
`T` steht. Beide Maps bestätigen auch die beiden oben angeführten Punkte:

*   Die logischen Beziehung, dass der Schlüssel ein Interface und der zugehörige Wert eine
    implementierende Klasse sein muss, ist mittels Generics unmöglich zu fassen. Dies kann
    erst zur Laufzeit im Code geprüft werden.

Das sollte aber nicht davon abhalten, generisch das zu formulieren, was möglich ist. Die notwendigen Laufzeit-Prüfungen werden dadurch einfacher und eleganter.

Beispiel: Um Generics im Zusammenspiel mit Laufzeitprüfungen zu zeigen, legen wir zuerst
eine `Widget`-Hierarchie fest. Der Einfachheit halber sind alle Interfaces als Marker deklariert, so dass die implementierenden Klassen leer bleiben können. Zuerst die Interfaces:

```
interface Widget {
}
interface Label extends Widget {
}
interface Tree extends Widget {
}
interface BinaryTree extends Tree {
}
```

Die Implementierungen:

```
class WidgetImpl implements Widget {
}
class TreeImpl implements Tree {
}
class BinaryTreeImpl implements BinaryTree {
}
```

Die folgende `WidgetFactory` hat eine `put()`-Method, die nach entsprechender Prüfung zu
jedem Interface eine Klasse in die interne `Map` einfügt. Die `get()`-Methode gibt dann zu einem Interface die zugehörige Klasse zurück. Schließlich liefert die Methode `getIn-`
`stance()` zu einem Interface eine passende Instanz.

```
class WidgetFactory {
   // --- der Schlüssel der Map ist die Class-Instanz des Interfaces, der zugehörige
   //     Wert ist die Class-Instanz der Klasse, die das Interface implementiert.
   private Map<Class<? extends Widget>,Class<? extends Widget>>
      widgetMap= new HashMap<Class<? extends Widget>,
                                  Class<? extends Widget>>();

   public boolean put(Class<? extends Widget> wIface,
                        Class<? extends Widget> wImpl) {

      // --- Runtime-Check mittels Reflexion:
      //     Eine einfache Prüfung, ob Interface und Klasse zueinander passen.
      if (wIface!= null && wImpl != null &&
          wIface.isInterface() && !wImpl.isInterface() &&
          !Modifier.isAbstract(wImpl.getModifiers()))
         for (Class c: wImpl.getInterfaces())
            if (c==wIface) {
               widgetMap.put(wIface,wImpl);
               return true;
            }
      return false;
   }

   public Class<? extends Widget>
         get(Class<? extends Widget> wIface) {
      return widgetMap.get(wIface);
   }

   public Widget getInstance(Class<? extends Widget> wIface) {
      try {
         Class<? extends Widget> impl= widgetMap.get(wIface);
         if (impl!=null)
            // --- Der Einfachheit halber muss eine No-Arg-Konstruktor
            //     vorhanden sein (ansonsten Ausnahme!)
            return impl.newInstance();
      } catch (Exception e) {}
      return null;
   }

   @Override
   public String toString() {
      return widgetMap.toString();
   }
}
```

Die Methode `put()` setzt Methoden aus dem Reflection-API ein. Obwohl erst im nächsten Kapitel behandelt, sind die Methoden leicht verständlich. Der Test auf Übereinstimmung von Interface und Klasse zeigt deutlich, dass dies statisch mittels Generics nicht zu bewältigen ist. Aber die Methode `getInstance()` beweist dann wieder, dass sich der Einsatz von Generics trotz allem lohnt. Er kommt ganz ohne Casts aus. Was möglich ist, wird bereits statisch geprüft. Abschließend noch ein Test der `WidgetFactory`:

```
public class FAQ08 {
  public static void main(String... args) {
    WidgetFactory wFac= new WidgetFactory();

    System.out.println(
      wFac.put(Widget.class, BinaryTreeImpl.class));        ⇨ false
    System.out.println(
      wFac.put(WidgetImpl.class, Widget.class));            ⇨ false
    System.out.println(
      wFac.put(Widget.class, WidgetImpl.class));            ⇨ true
    System.out.println(
      wFac.put(Tree.class,TreeImpl.class));                 ⇨ true
    System.out.println(
      wFac.put(BinaryTree.class,BinaryTreeImpl.class));     ⇨ true

    System.out.println(wFac);
      ⇨ {interface kap02.BinaryTree=class kap02.BinaryTreeImpl,
         interface kap02.Widget=class kap02.WidgetImpl,
         interface kap02.Tree=class kap02.TreeImpl}

    System.out.println(
      wFac.getInstance(Tree.class));        ⇨ kap02.TreeImpl@ca8327
    System.out.println(
      wFac.getInstance(Label.class));       ⇨ null
  }
}
```

Nur korrekte Interface-Klassen-Paare werden akzeptiert. Zu dem `Tree`-Interface wird dann eine Instanz mittels `TreeImpl` erzeugt wie die Ausgabe mit dem Hashcode zeigt. Zu `Label` gibt es noch keine Klasse, also wird `null` geliefert.

9. Welche Hilfe bieten die Methoden Collections.checked*X*()?

In der Utility-Klasse `Collections` bietet Sun checked$X$()-Methoden an. Das X steht hier für die Kollektions-Typen `Collection`, `Set`, `SortedSet`, `List`, `Map` und `SortedMap`. Für sie erzeugt die Methode einen passenden Wrapper. Es fehlen allerdings die neu eingeführten Queues. Da den Wrapper-Methoden ein Class-Tokens übergeben wird, wird sofort beim Einfügen eines Elements überprüft, ob es dem Typ des Class-Tokens entspricht. Ist dies nicht der Fall, löst der Wrapper sofort eine `ClassCastException` aus. Damit wird das Element identifiziert, dass nicht in den Container gehört. Die Methoden im Einzelnen:

```
<E> Collection<E> checkedCollection(Collection<E> c,
                                    Class<E> type);

<E> Set<E> checkedSet(Set<E> s, Class<E> type)

<E> SortedSet<E> checkedSortedSet(SortedSet<E> s, Class<E> type);

<E> List<E> checkedList(List<E> list, Class<E> type);

<K,V> Map<K,V> checkedMap(Map<K,V> m,Class<K> keyType,
                                    Class<V> valueType);

<K,V> SortedMap<K,V> checkedSortedMap(SortedMap<K,V> m,
                                    Class<K> keyType,
                                    Class<V> valueType)
```

Maps benötigen zwei `Class`-Token, einen für den Schlüssel sowie einen für den Wert. Aufgrund des Designs hat Sun die Methoden für spezielle temporäre Debug-Einsätze konzipiert, beispielsweise wenn nicht ausgeschlossen werden kann, dass eine Kollektion durch den Einsatz von Casts oder raw Type von Dritten korrumpiert wurde. Nach erfolgreichen Tests werden die checked*X*()-Methoden dann wieder entfernt. Die Methoden können aber auch dazu benutzt werden, aus einer Kollektion die Elemente zu entfernen, die nicht zum Typ gehören. Dies wird mit der Methode `copyToTypedCollection()` demonstriert:

```
@SuppressWarnings("unchecked")
public static <T> void
copyToTypedCollection(Collection<?> fromCol,
                      Collection<T> toCol, Class<T> typeToken) {
  Collection<T> result=
              Collections.checkedCollection(toCol,typeToken);
  for (Object o: fromCol)
    try {
      if (o!=null)
        result.add((T)o);
    }
    catch (ClassCastException ignore) {
    }
}
```

Der Methode wird als erstes Argument eine beliebige (eventuell raw) Collection übergeben, gefolgt von einer Collection eines Typs `T` mit dem zugehörigem Class-Token.

Mit Hilfe des checked Wrappers und einer Iteration werden nur die Elemente (ohne `null`) eingefügt, die dem Typ `T` entsprechen. Abschließend ein kleiner Test:

```
Collection<Object> col= new ArrayList<Object>();
col.add("Hallo");
col.add(1);
col.add(2);
col.add(1);
col.add(1.2);

Set<Integer> iSet= new HashSet<Integer>();
copyToTypedCollection(col,iSet,Integer.class);
System.out.println(iSet);                              ⇨ [1, 2]

WidgetFactory wFac= new WidgetFactory();
wFac.put(Tree.class,TreeImpl.class);
col.add(wFac.getInstance(Tree.class));

Set<Widget> wSet= new HashSet<Widget>();
copyToTypedCollection(col,wSet,Widget.class);
System.out.println(wSet);                    ⇨ [kap02.TreeImpl@b09e89]
```

Für die `WidgetFactory` aus dem vorherigen Beispiel ist die `checkedMap()`-Methode natürlich ungeeignet. Jeder Eintrag hat einen anderen Typ, wogegen die `checkedMap()`-Methode nur ein `Class`-Token für alle Einträge akzeptiert.

2.14   Fazit

Die Anhänger von Scripting & Dynamics nennen Java-Entwickler spöttisch *Typoholics* und empfehlen als Entziehungskur dynamische Runtime-Konzepte. Sie lehnen ein statisches Typsystem als überflüssig und unsinnig ab.[55] Ist man dagegen ein Java-Anhänger, so empfindet man es dagegen als sehr angenehm, generische Klassen und Methoden zu verwenden. Beim Lesen des Codes sieht man sofort, welche aktuellen Typen benutzt werden sollen. Wählt man einen unpassenden Typ, merkt der Compiler den Fehler und man kann den Code verbessern, bevor er beim Kunden Schaden anrichtet. Die beiden Grundsätze lautet:

Weniger Kommentare, mehr Spezifikation!

Lesen[56] von Code ist wichtiger als Schreiben!

---

[55]   Siehe hierzu auch eine Diskussion in http://lambda-the-ultimate.org/node/1311. Ein Typoholic kommentiert das „Unwohlsein" eines Leidengenossen bei Scripting mit den Worten: „Don't worry, those are just the standard withdrawal symptoms of the typoholic. Deductive proofs can be dangerously addicting! While you're in rehab, you can use methodone, I mean contracts, to take the edge off."

[56]   Impliziert hoffentlich Verstehen!

Die Kehrseite der Medaille ist der Entwurf von generischen Klassen und Methoden. Passende oder gar optimale Typ-Einschränkungen zu finden, ist nicht einfach. Das hässliche Problem mit Namen *Erasure* erschwert elegante Lösungen und zwingt zu Verwendung von Idioms. Elegant kann man das nicht unbedingt nennen. Jedoch haben seit der Einführung in 2004 nahezu alle Java-Entwickler – ein guter Indikator sind die Open-Source-Projekte – ihren Code generifiziert. Sicherlich nicht, weil Änderungen so beliebt sind, eher weil Generics den Code verbessern. Nun warten viele darauf, dass mit Java 7 eine Alternative zu Erasure angeboten wird. Das ist sehr wahrscheinlich, jedoch sicher ist, dass Generics bleiben werden.

2.15   Referenzen

* Bracha, G., Odersky, M., Stoutamire, D., Wadler, P. (1998). *Making the future safe for the past: Adding Genericity to the Java Programming Language.*
    OOPSLA Proceedings. ACM Press, Vancouver, BC.
* Bracha, Gilda (2004). Generics in the Java Programming Language.
    http://java.sun.com/j2se/1.5/pdf/generics-tutorial.pdf
* Torgersen, M., Plesner Hansen, C., Ernst, E., von der Ahé, P., Bracha, G., Gafter, N. *Adding Wildcards to the Java Programming Language.*
    Proceedings of the 2004 ACM symposium on Applied computing, Seiten: 1289 - 1296
* Naftalin, M., Wadler, P. (2006). *Java Generics and Collections.*
    O'Reilly, Sebastopol, USA
* Howard M., Bezault E., Meyer, B., Colnet D., Stapf E., Arnout K., Keller, M. (2003) *Type-safe covariance: Competent compilers can catch all catcalls*
    PDF: http://se.ethz.ch/~meyer/ongoing/covariance/recast.pdf
* Langer, A. (2006), Java Generics - Frequently Asked Questions.
    PDF: www.AngelikaLanger.com/GenericsFAQ/JavaGenericsFAQ.html
* Sun Developer Network, Developer Forums. *Core APIs – Generics*
    http://forum.java.sun.com/forum.jspa?forumID=316
* Gafter, Neal (2006). *Super Type Tokens*
    http://gafter.blogspot.com/2006/12/super-type-tokens.html
* Torgerson, Mads (2004). *The Expression Problem Revisited.*
    European Conference on Object-Oriented Programming, 2004
    PDF: http://www.daimi.au.dk/~madst/tool/papers/expression.pdf

3   Reflektive Techniken

Im Gegensatz zu Generics ist Reflexion eine Runtime-Technik. Dem alten klassen-basierten Reflection-API wurde mit Java 5 ein neues interface-basiertes Framework zur Seite gestellt. Um diese Integration möglich zu machen, musste das alte API „ein wenig" mittels Type retrofitted und um neue Methoden erweitert werden.[57] Der Schwerpunkt dieses Kapitels liegt auf den neuen Methoden und dem interface-basierenden Framework, das für Generics zuständig ist. Behandelt wird im Einzelnen

- *Reflexion im Kontext neuer Java-Architekturen*
- *Erweiterungen des alten Reflexion APIs*
- *Interface-Framework zu Generics*
- *Vorstellung der neuen Methoden anhand von Beispielen*

Reflexion ist ein Mechanismus, den es schon seit den frühen Tagen in Java gibt. Mit jeder neuen Version von Java wurde das API erweitert. In Java 5 mussten Generics und Annotationen in das bestehende Reflexion-API eingebaut werden. Wie auch schon beim NIO in Java 1.4 wurde kein „Schnitt" gemacht. Das alte klassen-basierte API wurde einfach um neue Methoden erweitert, einige Klassen wurden mit Hilfe eines Marker-Interface retrofitted und das alte API wird nun von einem interface-basierten begleitet. Das macht die Benutzung zwar nicht einfacher, dafür aber kompatibel zu den alten Programmen.

3.1   Überblick

Warum ist Reflexion wichtig? Die Frage zielt auf den Zweck bzw. den Einsatz in Java. Hierzu braucht man nur die neueren Entwicklungen zu betrachten. Da sind zum einen die Enterprise-Container mit dem bekanntesten Open-Source Produkt *Spring*. Sie benutzen reflektive Techniken, u.a. um *Inversion of Control* (IoC) zu realisieren. Weitere wichtige Entwicklungen wie *Aspekt-Orientierte Programmierung* (AOP) oder Resource-Management á la JMX sind auf Reflexion angewiesen und alles wird gekrönt von Annotationen, die nicht nur der Compiler benutzen kann, sondern die über Reflexion auch zur Laufzeit ausgewertet werden können. Somit sind reflektive Techniken besonders ab Java 5 interessant.

---

[57]   Das erinnert irgendwie an das alte IO und neue NIO in Java 1.4. In Java 7 kommt dann noch NIO2 dazu!

Jeder Typ bzw. jedes Objekt wird zur Laufzeit durch *Meta-Informationen*[58] begleitet. Diese Meta-Informationen sind das Spiegelbild einer Klasse bzw. eines Interfaces. Nur so ist man in der Lage, zur Laufzeit die Strukturen eines Objektes zu analysieren, was mit *Introspection* bezeichnet wird. Über Reflexion können dann Instanzen angelegt, Felder gelesen bzw. geschrieben und Methoden ausgeführt werden.

▶ *Hinweis 3.1 Reflexion vs. Generics*

- Reflexion ist im Gegensatz zu Generics eine reine Runtime-Technik. Gegenüber Generics, das die Typ-Prüfungen zur Compile-Zeit durchführt, wirken alle reflektiven Anweisungen erst zur Laufzeit.

- Das Reflexion-API wurde so erweitert, dass die Informationen zu generischen Deklarationen auch zur Laufzeit zur Verfügung stehen.

- Aufgrund der Erasure-Technik sind die `Class`-Dateien von Java 5 kompatibel zu Java 1.4. Es gibt keinen „generischen Bytecode". Allerdings enthält die `Class`-Instanz durchaus die statischen generischen Deklarationen der Klassen, Interfaces und Methoden. Sie sind also reified und werden auch von der JVM-Linker benutzt.[59]

Generics und Reflexion sind komplementäre Techniken, die sich ergänzen. Dies wurde schon anhand der letzten beiden Beispiele im FAQ-Abschnitt des zweiten Kapitels demonstriert.

3.1.1 Compilieren & Linken: Java vs. C/C++

Am Anfang rekrutierte Java die meisten Entwickler aus dem C/C++ Camp. Da in den C-Sprachen Reflexion praktisch keine Bedeutung hatte, war die Standardmeinung, dass Reflexion nur in seltenen Fällen einen professionellen Einsatz rechtfertigt. Deshalb ist zuerst die Frage zu beantworten, worin denn die Unterschiede von Java zu den C-Sprachen liegen und warum Reflexion so interessant ist.

Die letzte Phase, die ein C/C++ Programm normalerweise durchläuft, wird auch mit *Linker-Loader* bezeichnet. Es bindet die compilierten Einheiten mit den erforderlichen C-Bibliotheks-Funktionen zu einem ausführbaren Programm zusammen. Diese ausführbare Einheit ist speziell an das darunter liegende Betriebssystem angepasst und kann ohne weitere Hilfsmittel ausgeführt werden.[60]

Ein Java-Programm ist dagegen keine monolithische Einheit. Nach dem Compilieren gibt es keinen Linker, der die notwendigen Komponenten einer Applikation konsistent bindet. Eine Konsol-Applikation kann mit jeder beliebigen Klasse gestartet werden, die dazu nur eine `main()` mit passender Signatur enthalten muss. Sie ist dann der Startpunkt des Prozesses. Werden während der Ausführung weitere Klassen oder Interfaces benötigt, werden sie ein-

---

[58] *Meta Data* ist die Bezeichnung für „Daten über Daten" und wird hier Meta-Informationen genannt.

[59] Zu Reifying siehe Abschnitt 2.3.

[60] Sicherlich gibt es so etwas wie Delayed-Loading, aber dies sind spezielle Varianten z.B. bei Visual C++ für DLLs unter Windows.

fach dynamisch nachgeladen. Da dies über Klassen-Namen oder -URL möglich ist, taucht sofort eine Frage auf: Was wird da eigentlich von wo geladen bzw. ausgeführt? Diese Frage lässt sich auch reflektiv beantworten.

3.1.2   Laden via ClassLoader

Der ganze Mechanismus des Ladens von Klassen ist nicht fest in Java verankert, sondern wird an *ClassLoader* delegiert, die man auch selbst implementieren kann. Die ClassLoader-Architektur ist sehr flexibel und eine Art Alleinstellungsmerkmal von Java. Allerdings ist sie auch nicht immer einfach zu verstehen. Der generelle Ablauf ist in Abbildung 3.1 dargestellt.

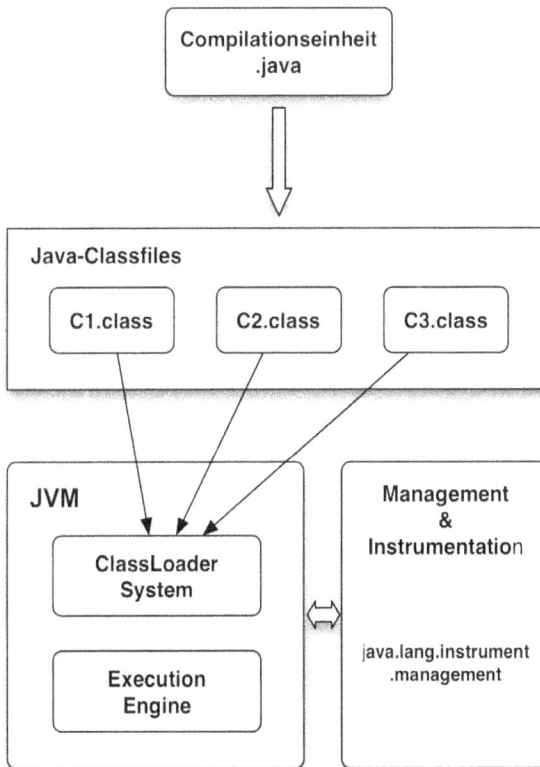

Abbildung 3.1: Compiler, JVM, Management & Instrumentation

Unabhängig davon, wie viele Klassen bzw. Interfaces in einer Compilations-Einheit – einer Java-Source-Datei – stehen, wird jede Klasse bzw. Interface in eine eigene `class` Datei übersetzt. Selbst innere (*nested*) Klassen sind davon nicht ausgeschlossen.

Die JVM kennt im Gegensatz zum Compiler nur Top-Level-Klassen. Der Compiler muss folglich alle inneren Klassen als eigenständige `class`-Dateien umwandeln und unter ihrem Namen abspeichern.[61] Die JVM lädt mit Hilfe der ClassLoader die benötigten `class`-Dateien. Dabei kann sie von außen durch das Management API – eine JMX Anwendung – beobachtet und beeinflusst werden, was auch kurz mit *Monitoring* bezeichnet wird.

Eine `class`-Datei enthält in einem vom Prozessor und Betriebssystem unabhängigen Format alle Informationen der Klasse zur Ausführung inklusive des Bytecodes zur Befehlsausführung. Da abgesehen von dem Bytecode alle Informationen symbolisch sind, kann aus der `class` Datei im Gegensatz zu einem C/C++ Programm mit Hilfe eines De-Compilers der ursprüngliche (nicht-generische) Source-Code recht gut rekonstruiert werden.[62] Die Strukturinformationen werden ebenfalls von der JVM genutzt, um Klassen zur Laufzeit zu binden. Sie stehen allerdings auch über Reflexion dem Programm zur Verfügung.

Standardmäßig teilen sich drei ClassLoader die Arbeit des Ladens. Man kann sie aber jederzeit durch zusätzliche ClassLoader ergänzen. Damit ist man dann in der Lage, Klassen über ihre Namen von beliebigen Quellen (z.B. im Netz oder aus Datenbanken) zur Laufzeit in die Applikation einzubinden und eventuell während des Ladevorgangs noch anzupassen. Einen überzeugenden Vorstellung des dynamischen Ladens von Klassen gibt die JVM bereits durch die Ausführung eines trivialen Programms, welches in der `main()`-Methode nur die Anweisung `System.out.println("Hallo Welt");` enthält. Startet man dieses Hello World-Programm im „verbose-Mode":

```
java -verbose:class HelloWorld
```

so öffnet die JVM die für die J2SE 5 Standard-Klassen zuständigen `jar`-Dateien, kurz *JRE* (Java Runtime Environment). Dies ist die Datei `rt.jar` unter Windows oder `classes.jar` unter Mac OS X. Beginnend mit `Object` werden in der Folge unzählige Klassen aus diversen Packages geladen. Classloading ist somit auch ein interessantes Thema, das wiederum Reflexion in geeigneter Weise ergänzt und deshalb im fünften Kapitel behandelt wird.

Gegenüber monolithischen Programmen hat man für diese Dynamik aber einen Preis zu zahlen. Ein „Hello World"-Programm in C/C++ bindet nur den wirklich notwendigen Code ein und ist somit wesentlich kompakter und auch performanter. Bereits durch den Linker ist sichergestellt, dass beim Start alle Komponenten zur Ausführung vorhanden sind. Die JVM muss sich dagegen ihre – im Zweifelsfall über ein Netz verstreuten – Komponenten zur Laufzeit zusammensuchen. Findet sie eine notwendige Klasse nicht, gibt es die gefürchtete `ClassNotFoundException`. Wesentlich unangenehmer sind dann noch Klassen, die zwar gefunden werden, aber inkompatibel zueinander sind.[63]

---

[61]   Die anonymen Klassen haben den Namen der äußeren Klasse mit Postfix $1, $2, ...

[62]   Ein brauchbarer De-Compiler ist z.B. Jade. Um ein lesbares De-Compilat auszuschließen, werden dann wiederum sogenannte Obfuscator benutzt.

[63]   Es fehlt unter anderem ein Versions-Management.

3.1.3   Sicherheit und Performanz

Die Sicherheit eines Systems kann durch Laden von Klassen aus dem Netz ohne präventive Maßnahmen unterlaufen werden. Das ist ein unangenehmer Seiteneffekt der Dynamik. Ein weiterer liegt in den Fähigkeiten von Reflexion. Eine in der VM geladene Klasse kann auf alle Details abgefragt werden. Das beschränkt sich keineswegs auf `public` deklarierte Felder und Methoden, auch die `private` deklarierten können durch den Einsatz von Reflexion ohne geeignete Gegenmaßnahmen locker gelesen, geschrieben oder ausgeführt werden.

Zu guter Letzt wird durch Reflexion und separates Classloading das Zeitverhalten einer Applikation negativ beeinflusst. Dieser Performanz-Verlust verliert hingegen an Bedeutung, wenn man bedenkt, dass Java seinen Haupteinsatz bisher nicht bei Client-Programmen hatte. Bei Server- bzw. Enterprise-Applikationen beeinflussen externe Komponenten wie Datenbanken oder Netz-Bandbreiten das Zeitverhalten wesentlich stärker als dynamisches Laden oder gezielt eingesetzte Reflexion. Wie auch bei der Hardware gilt die Aussage, dass immer die schwächste Komponente das Gesamtverhalten maßgeblich beeinflusst. Da mit Java 6 Sun aber einen erneuten Versuch starten wird, Java auch wieder auf den Client-Rechnern zu etablieren, werden die Ladezeiten wieder signifikant. Man muss dann unbedingt ein minimales Kernel-JRE anbieten, um schnellere Ladezeiten zu erreichen.

3.1.4   Zentrale Aufgaben von Reflexion

Im zweiten Kapitel wurde im Zusammenhang mit dem Type-Token die Instanz der Klasse `Class<T>` aus dem Basis-Package `java.lang` als Einstiegspunkt in das Reflection-API benutzt. Sie liefert die ersten Informationen zu jedem Typ `T` – Klasse oder Interface – und kann nicht selbst erschaffen werden. Nach dem Laden der `class`-Datei wird die Instanz von der JVM angelegt. Die JVM stellt unterschiedliche Möglichkeiten zur Verfügung, um eine Referenz zur `Class<T>`-Instanz zu erhalten. Ausgehend von dieser `Class`-Instanz können zu einer Klasse bzw. zu einem Interface folgende Arbeiten ausgeführt werden:

- – Lesen der Informationen zu Modifier, Parameter, Typen, Methoden, Konstruktoren.
- – Lesen der Informationen zu den Super-Typen einer Klassen bzw. eines Interfaces.
- – Lesen und Setzen der Felder, sofern möglich.
- – Anlegen von Arrays, Lesen und Setzen der Werte von Array-Elementen.
- – Ausführen von Methoden und Konstruktoren.
- – Ermitteln der generischen Informationen zu Typ-Variablen, Bounds und Parameter.
- – Ermitteln von Annotationen, die mit der Retention-Policy `RUNTIME` versehen sind.

Die letzten beiden Punkte sind neu. Hierzu musste das Reflexion-Framework stark erweitert werden. Annotationen haben einen umfangreichen Einsatz und werden deshalb gesondert im nächsten Kapitel vorgestellt.

Model-API

Mit JSR 269 wurde Java 6 zusätzlich um ein *Model-Framework* `javax.lang.model` ergänzt. Es hat die Aufgabe, den Source-Code in einem abstrakten Syntax-Baum (AST) zu
modellieren. Das Model-Framework ersetzt das *apt*-Framework `com.sun.mirror` und unterstützt direkt den Sun-Compiler. Reflexion und Build-Time-Prozessoren ergänzen sich.
Annotationen können u.a. beim Compilieren oder zur Laufzeit ausgewertet werden.

Java Compiler Framework

Seit Java 6 gibt es noch ein Java Compiler Framework, was im Compiler API unter JSR 199
spezifiziert wurde. Diese Sun-Implementierung ist in dem Package `javax.tools` zu finden
und erlaubt die Compilierung im Programm. Das war zwar früher durch den Aufruf von `ja-
vac` aus einem Programm heraus auch möglich, lief dann aber als eigenständiger Prozess mit
allen damit verbundenen Nachteilen, vor allem natürlich im Bereich Performanz und Fehlerbehandlung. Im Framework ist dagegen die Fehlerbehandlung über `java.tools.Diagno-
stic` mit eingebaut.

Das Model-API ergänzt somit das Compiler-Framework. Beispielsweise ermöglicht es dynamische Anpassungen von Klassen aufgrund von Annotations-Auswertungen vor der Compilierung. Allerdings sind beide nicht unbedingt für die normale Applikationsprogrammierung
gedacht, sondern eher für Tools oder IDEs wie Eclipse/Netbeans.

3.1.5   Reflexion-API ist read-only

So mächtig dieses Reflexion-API insgesamt auch aussieht, es gibt eine besondere Einschränkung, die – einmal von dem zaghaften Versuch des Instrumentation-Packages abgesehen –
viele interessante Anwendungen wie AOP nicht unmittelbar unterstützt.

▶ *Hinweis 3.2 Limitierungen von Java-Reflextion*
- Reflexion ist read-only und kennt nur Introspection. Die Struktur von Interfaces- und
  Klassen können nur gelesen, aber durch das Reflexion-API nicht geändert werden.
- Neben Introspection zählt zu Reflexion prinzipiell noch die Ausführung von dynamisch
  generiertem Code und die Möglichkeit der so genannten *Self-Modification*. Unter Selbst-
  Modifikation versteht man das Hinzufügen von Feldern und Methoden oder die Ände-
  rung des Codes bestehender Methoden.

Das ist sicherlich zu bedauern, insbesondere für Entwickler, die dynamische Sprachen wie
Smalltalk und *Ruby* kennen. Selbst-Modifikation ist für AOP unerlässlich. Allerdings gibt
es für Java entsprechende Open-Source Frameworks, die Reflexion um diese Fähigkeiten erweitern. Bekannt sind *BCEL*, *ASM* und *Javassist*. Weitergehende Techniken wie *Intercession*[64] werden häufig auch im Zusammenhang mit Reflexion genannt.

---

[64]   Die Möglichkeit, in der Sprache die Semantik der Sprache selbst abzuändern.

3.2   Klassen-basiertes Reflection-API

Reflexion der klassischen Art wurde bereits in unzähligen Büchern und Beispielen behandelt. Für den Einsatz der Methoden gibt es viele Quellen mit guten Beispielen.[65] Bei der Beschreibung dieses klassischen APIs wird deshalb insbesondere bei den Beispielen der Schwerpunkt auf die Erweiterungen gelegt. Die Probleme liegen ähnlich wie bei der Einführung des NIO in Java 1.4, das ebenfalls das alte I/O nur ergänzen konnte. Das alte Reflection-API ist wie das I/O klassen-basiert und somit fest im Core der Java-Sprache verankert. Es kann nicht einfach ersetzt werden (ohne inkompatibel zu werden).

3.2.1   Klassen-Modell

Zur Orientierung werden in Abbildung 3.2 die wesentlichen Beziehungen des alten Reflexion-API gezeigt.

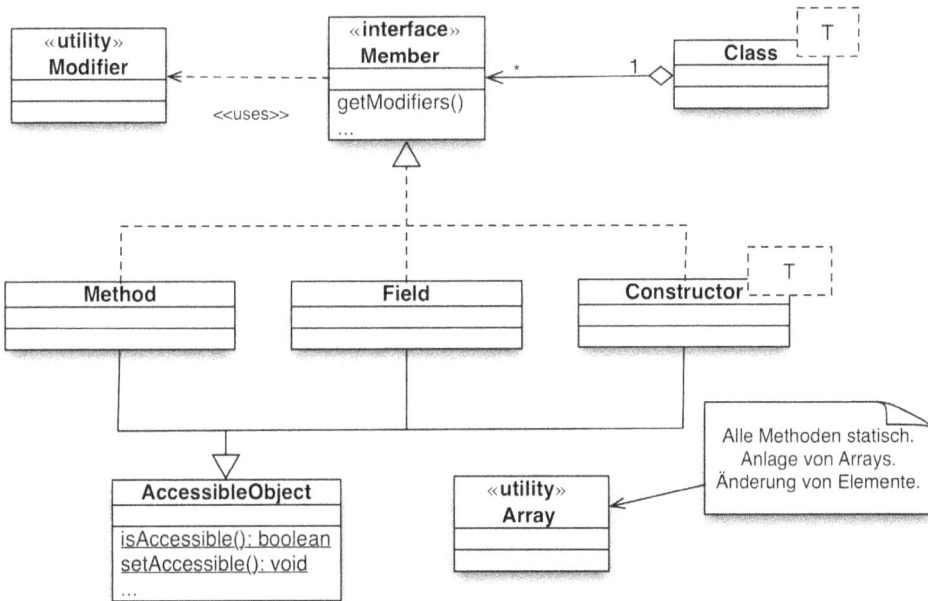

Abbildung 3.2: Das klassenbasierte Framework des alten Reflexion-APIs

---

Member

Bis auf das Interface `Member` gibt es nur Klassen. Diese wurden leicht generifiziert. Aus logischer Sicht enthält die Klasse `Class<T>` die Member `Field`, `Constructor` und `Method`, die alle von `AccessibleObject` abgeleitet werden. Somit enthält `Class` entsprechende Getter für diese drei Member-Typen. Mit Hilfe von `isAccessible()` kann abgefragt werden, ob ein Member Zugriff steht. Mit `setAccessable()` kann dann diese Zugriffserlaubnis – sofern es die Security-Policy erlaubt – entsprechend manipuliert werden.

Modifier, Array

Die Utility-Klassen `Modifier` und `Array` enthalten nur statische Felder und Methoden. `Modifier` enthält Hilfsmethoden, um einfacher auf die Modifikatoren zugreifen zu können. `Array` spielt eine Sonderrolle, da sie den in der Sprache eingebauten Array-Typ abbildet. Die Klasse kennt weder Konstruktoren, Methoden noch Felder.

*   Ein *Pluggable* Reflexion-API statt Klassen wäre sicherlich flexibler gewesen. Denn ähnlich zu XML-Parsern könnte dann eine zur Anforderung passende Implementierung geladen werden. Das würde selbst die `Class`-Instanz als Einstiegspunkt betreffen.

3.2.2   Ermitteln einer Class<T>-Instanz

Startpunkt aller reflektiven Aufgaben ist eine Instanz der Klasse `Class<T>`.

▶ *Hinweis 3.3 Singleton Instanz Class, der Startpunkt*
*   Eine `Class<T>`-Instanz kann nicht selbst erschaffen werden, sondern nur von der JVM. Somit ist gewährleistet, dass die Instanz nur genau einmal pro Klasse bzw. Interface existiert und mittels `==` auf Gleichheit getestet werden kann.

Eine nicht-generische `Class`-Instanz – kurz mit `clazz` bezeichnet – kann auf verschiedene Weise ermittelt werden. Nachfolgend mögliche Wege.

Konstante (nur für primitiven Typen bzw. `Void`): `.TYPE`

```
clazz= Void.TYPE;
clazz= Integer.TYPE;      // für Typ int
clazz= Character.TYPE;    // für Typ char
```

Klassen-Literal: `.class`

```
clazz= int.class;
clazz= Serializable.class;
clazz= Number.class;
clazz= int[][].class;
clazz= Class.class;
```

Generisch benutzte Klassen-Literale: `.class` bzw. `.getClass()`

```
Class<double[]> dClazz= double[].class;
Class<? extends String> sClazz= new String().getClass();
```

Methode zur Laufzeit-Ermittlung(liefert nur Klasse oder Array): `.getClass()`

```
clazz= new String("").getClass();      // weitere Beispiele siehe unten
```

Anonyme Klassen: `.getClass()`

```
Object o= new Runnable() {
  public void run() { }
};d
System.out.println(o.getClass());  ⇨ class kap03.TestClassInstance$1
```

Statische Class-Methode: `Class.forName()`

```
try {
  clazz= Class.forName("java.lang.String");
  System.out.println(clazz);        ⇨ class java.lang.String
  clazz= Class.forName(
      "java.lang.CharSequence");    ⇨ interface java.lang.CharSequence
  System.out.println(clazz);
} catch (Exception e) {
}
```

Einschränkungen bei der Verwendung von Class-Instanzen

Die Methode `getClass()` liefert genau eine `Class`-Instanz, die zu der Klasse der Instanz gehört. Denn eine Klasse kann prinzipiell viele Interfaces besitzen. `getClass()` kann nicht den Typ einer Referenz ermitteln, sondern immer nur die aktuelle Klasse der referenzierten Instanz. Arrays, auch von Interfaces, zählen ebenfalls zu den Klassen.

```
CharSequence cs= null;
Exception e= new RuntimeException();

System.out.println(
      CharSequence.class);          ⇨ interface java.lang.CharSequence
System.out.println(cs.getClass());              ⇨ NullPointerException

System.out.println(Exception.class==e.getClass());        ⇨ false
System.out.println(Exception.class.equals(e.getClass())); ⇨ false
System.out.println(
    new Serializable[]{}.getClass());  ⇨ class [Ljava.io.Serializable
```

Die statische Art, mittels `.class` eine `Class`-Instanz zu ermitteln, ist anders als die dynamische Art `getClass()`, die zur Laufzeit wirkt. Hier noch einmal ein Gegenüberstellung:

```
Class<double[]> dClazz1= double[].class; // statisch
Class clazz= new double[][]{}.getClass();   // dynamisch, nicht-generisch
System.out.println(clazz);                 ⇨ class [D
```

Dagegen werden die folgenden Anweisungen nicht compiliert:

```
Class<double[]> dClazz2= new double[][]{}.getClass();    // Fehler
Class<String> sClazz= new String().getClass();           // Fehler
```

Da eine Variable alle Subtypen referenzieren kann, spiegelt sich dies im Rückgabe-Typ `Class<? extends ...>` von `getClass()` wider. Selbst, wenn man die Referenz durch konkrete Instanzen – wie in den beiden letzten Anweisungen – austauscht, weigert sich der Compiler, dies zu akzeptieren. Auch `final` deklarierte Klassen beeindrucken ihn da nicht. Fassen wir zusammen:

Hinweis 3.4   getClass() vs. class-Literal und forName()
- Eine `Class`-Instanz wird bei Referenzen über `getClass()` ermittelt. Sie liefert die Klasse des referenzierten Objekts, nicht etwa den Typ der Referenz.
- Die `Class`-Instanz zu einem bestimmten Interface `I` ist statisch mittels des Literals `I.class` oder dynamisch mittels `forName("package.I")` zu ermitteln.
- Ist die Instanz ein Array (mit Elementen vom Typ eines Interface), liefert `getClass()` die interne Array-Klasse.

3.3   Class & Member

Klasse `Class<T>` ist recht umfangreiche, der generelle Aufbau ist allerdings einfach:

- Mit Ausnahme der nachfolgend beschriebenen Methoden gibt es nur zwei Gruppen von Gettern: Getter der Form $isX()$ für `boolean` und $getX()$ für den Rest.
- Die Methode `forName()` ist die einzige statische Methode in `Class<T>`.
- Die Methode `newInstance()` erzeugt eine Instanz zu einer Klasse, sofern sie einen No-Arg-Konstruktor besitzt.
- Neben der nahezu unbenutzten Methode `desiredAssertionStatus()` gibt es seit Java 5 zwei Methoden `asSubClass()` und `cast()`.

Der so genannte „klassische" Teil bis Java 1.4 der Klasse `Class` ist nicht für die generische Reflexion zuständig. Mit den neuen Typen wurden aber auch neue Getter notwendig, die nachfolgend vorgestellt werden sollen. Zuerst aber zu `asSubClass()` und `cast()`.

3.3.1   Warnungen unterdrücken: asSubClass() und cast()

Die beiden Methoden `asSubClass()` und `cast()` haben die Aufgabe, Warnungen auf-grund von Casts zu unterdrücken. Beim Einsatz dieser Methoden liegt allerdings die Verant-wortung alleine beim Programmierer. Auch wenn Warnungen erfolgreich unterdrückt wer-den, ist der Einsatz beider Methoden generisch gesehen nicht typsicher. Das soll unter ande-rem auch ein nachfolgendes Beispiel zeigen.

Methode cast()

Betrachten wir zur Wirkungsweise von `cast()` die Original-Implementierung:

```
public T cast(Object obj) {
  if (obj != null && !isInstance(obj))
    throw new ClassCastException();
  return (T) obj;                        // Sun hat die Lizenz dazu!
}
```

Nach einer groben Prüfung mit `isInstance()` – der dynamischen Variante des Operators `instanceof` – wird `Object obj` einfach zur Typ-Variable `T` gecastet. Die Methode `cast()` ist somit dafür konzipiert, ein explizites Cast zu ersetzen, das eine Warnung des Compilers erzeugen würde. Zuerst ein „geprüfter" typsicherer Einsatz:

```
public class TestCast1 {
  static Collection<Number> numbers=
            Arrays.asList(new Number[]{ 1,1.0,2,3F,(byte)4});

  public static <N extends Number>
        Collection<N> getNumbers(Class<N> clazz) {
    Collection<N> res = new HashSet<N>();
    for (Number n : numbers)
      if (n.getClass().equals(clazz))
      // --- anstatt: res.add((N)n);     <-- dies erzeugt Warnung des Compilers
        res.add(clazz.cast(n));
    return res;
  }

  public static void main(String[] args) {
    System.out.println(getNumbers(Integer.class));    ⇨ [1, 2]
    System.out.println(getNumbers(Byte.class));       ⇨ [4]
    System.out.println(getNumbers(Short.class));      ⇨ []
  }
}
```

Aber `cast()` erzeugt leider nur die Illusion von Typsicherheit. Nur der Programmierer kann entscheiden, ob der Cast wirklich korrekt ist. Hierzu ein Beispiel!

```
public class TestCast2 {
  public static <T extends Number> T getT(Class<T> clazz,
                                          String value) {
    try {
      // --- Compiler erzeugt Warnung bei:
      //   return (T)(Double.class.getConstructor(String.class).newInstance(value));
      //   Also der gleiche Trick: Warnung unterdrücken!
      return clazz.cast(Double.class.getConstructor(String.class)
                                    .newInstance(value));
    } catch (Exception e) {
      System.out.println(e);
      return null;
    }
  }

  public static void main(String... args) {
    System.out.println(getT(Double.class,"123"));        ⇨ 123.0
    System.out.println(
      getT(Integer.class,"123"));   ⇨ java.lang.ClassCastException
                                      null
  }
}
```

In diesem Fall war der Einsatz von `cast()` wohl unangebracht. Die Warnung des Compilers
beim expliziten Cast (siehe Kommentar im Listing) ist durchaus Ernst zu nehmen. Der letzte
`getT()`-Aufruf liefert ein `ClassCastException` und die Ausgabe `null`.

Methode asSubClass()

Diese Methode hat die Aufgabe, `Class`-Instanzen eines Typs ohne eine Compiler-Warnung
in die `Class`-Instanz eines Subtyps zu casten. Das nennt man landläufig *Down-Casting*.
Auch hier wieder der Original-Sun-Code zum besseren Verständnis:

```
public <U> Class<? extends U> asSubclass(Class<U> clazz) {
  if (clazz.isAssignableFrom(this))
    return (Class<? extends U>) this;      // wieder eine Sun-Cast-Magic!
  else
    throw new ClassCastException(this.toString());
}
```

Dies entspricht der oben vorgestellten `cast()`-Methode, nur diesmal auf der Ebene der
`Class`-Instanzen. Die Methode hat nur wenige Einsatzgebiete. In Verbindung mit dem dynamischen Laden von Klassen-Instanzen über ihren Namen mit `forName()` kann sie in Anwendungen passend eingesetzt werden.

Für eine passende Demonstration verwenden wir eine einfache enum-Klasse:

```
package kap03;

enum GBB {
  GOOD, BAD, BIZARRE
}
```

Das nachfolgende Beispiel demonstriert eine besonders mühselige reflektive Art des Aufrufs der Methode GBB.values(). Aber es dient ja auch nur dem Zweck, asSubClass() und cast() sowie Methoden der klassischen Reflexion zu testen.

```
public class TestAsSubClass {
  public static void showEnum (String enumClassName) {
    try {
      // --- Diese Anweisung führt zu einer Warnung:
      // Class<? extends Enum> enumClazz= (Class)Class.forName(enumClassName);
      Class<? extends Enum> enumClazz=
          Class.forName(enumClassName)
              .asSubclass(Enum.class);     // äquivalent zu: GBB.values();
      GBB[] gbbEnums=
          (GBB[])enumClazz.getMethod("values").invoke(null);

      System.out.println(Arrays.toString(GBB[].class.
        cast(enumClazz.getMethod("values").
                          invoke(null)))); ⇨ [GOOD, BAD, BIZARRE]
      // --- oder wesentlich einfacher: System.out.println(Arrays.toString(gbbEnums));
    } catch (Exception e) {
      System.out.println(e);
    }
  }

  public static void main(String... args) {
    showEnum("kap03.GBB");
  }
}
```

Mit getMethod(String name, Class... parameterTypes) wird die zugehörige Method-Instanz ermittelt. Die Parameter-Typen können weggelassen werden, da die Methode values() keine hat. Mittels invoke(Object obj, Object... args) wird die Methode ausgeführt. Sie ist statisch und ohne Parameter, also reicht invoke(null). Mit showEnum(String enumClassName) kann nichts wirklich typsicher gelöst werden, denn als String kann ja irgend etwas übergeben werden, nicht nur "kap03.GBB".

3.3.2   Neue Class-Methoden isX()

Die isX()-Methoden enthalten neben Annotations-Unterstützung nun zusätzlich Prüfungen auf enum und innere Klassen. Zu den fünf alten Methoden sind sechs weitere Methoden in Java 5 hinzugekommen und die letzte unten aufgeführte wurde generifiziert:

- isAnnotation()   Es ist eine Annotation.
- isAnonymousClass()   Es ist eine anonyme Klasse.
- isEnum()   Es ist eine Enumeration.
- isLocalClass()   Es ist eine lokale Klasse.
- isMemberClass()   Es ist eine innere Klasse.
- isSynthetic()   Es ist ein vom Compiler erzeugtes Feld.
- isAssignableFrom(Class<?> c)   Einer Referenz dieser Klasse kann eine Instanz bzw. Referenz von Class c zugewiesen werden. Wie bei Zuweisungen steht links der Supertyp, rechts der Subtyp.

Die Methode isSynthetic() wurde in der Klasse Class, sowie im Interface Member hinzugefügt. Sie kennzeichnet vom Compiler erzeugte Instanzen der vier Klassen Class, Method, Constructor und Field. Ein öffentliches Interface wie Member um Methoden zu ergänzen, ist ein „außergewöhnlicher" Schritt. Dadurch wird jeder Code, der dieses Interface benutzt, inkompatibel. Sun ist also tatsächlich davon ausgegangen, dass keiner das Interface, sondern alle nur die konkreten Klassen benutzt haben. Überhaupt wird in der Java Sprach-Spezifikation JLS 3.0 „synthetisch" nur an einer Stelle beiläufig erwähnt. Die Methode isSynthetic() findet nur in wenigen Fällen einen Einsatz. Insbesondere synthetisch erzeugte Klassen scheinen sehr obskur zu sein. Man findet kein offizielles Beispiel, ganz abgesehen von einer Liste der möglichen Fälle. Trotzdem – vielleicht aus Neugierde oder aber der Vollständigkeit halber – ein Beispiel ohne weitere Erklärung:

```
public class TestIsSynthetic {
  public static class StaticInner {
    private StaticInner(String s) { }
  }

  public static final StaticInner INNER = new StaticInner("");

  public static void main(String... args) throws Exception {
    System.out.println(Class.forName("kap03.TestIsSynthetic$1")
                    .isSynthetic());              ⇨ true
  }
}
```

Generell tauchen synthetische Instanzen in Verbindung mit inneren Klassen auf. Da die JVM keine kennt, muss der Compiler wie im oberen Beispiel wahre Wunder vollbringen, sprich „synthetische Arbeit" leisten. Ein einfaches, verständliches Beispiel: Instanzen von nicht-statischen inneren Klassen werden an die zugehörige Instanz der äußere Klasse durch eine vom Compiler erzeugte synthetische Referenz gebunden. Dies wird im letzten Test-Code dieses Abschnitts anhand der Klasse `Outer1` gezeigt.

Vorab soll aber die Methode `isAssignableFrom()` mit Hilfe verschiedener generischer Klassen getestet werden, wobei noch einmal ein typ-unsicherer Einsatz der Methode `asSubClass()` im Code verwendet wird:

```
Class<List>              lClazz= List.class;
Class<Collection>        cClazz= Collection.class;
Class<Set>               sClazz= Set.class;
Class<? extends HashSet> sHashClazz=
                             new HashSet<String>().getClass();


System.out.println(
     lClazz.asSubclass(cClazz));      ⇨ interface java.util.List
```

// --- die folgende Umkehrung führt zu eine ClassCastException
// cClazz.asSubclass(lClazz);

```
System.out.println(
    cClazz.isAssignableFrom(lClazz));              ⇨ true
System.out.println(
    lClazz.isAssignableFrom(cClazz));              ⇨ false
System.out.println(
    sClazz.isAssignableFrom(sHashClazz));          ⇨ true
System.out.println(
    sClazz.isAssignableFrom(lClazz));              ⇨ false
```

// --- Vorsicht: int ist NICHT assignable zu double !
```
System.out.println(
    double.class.isAssignableFrom(int.class));        ⇨ false
System.out.println(
    Double.class.isAssignableFrom(Integer.class));    ⇨ false
```

Leider ist `isAssignableFrom()` nur für explizite Typ-Hierarchien brauchbar. Denn primitive Typen sind ausgeschlossen! Obwohl einer `double`-Referenz durchaus eine `int`-Wert zugewiesen werden kann, liefert die Methode den Wert `false`. Nach Sun-Logik ist dies kein Subtyping. Wenn man schon so genau unterscheidet, sollte man auch konsequent sein und den primitiven Typen eigene Methoden spendieren. So sind primitive Typen und deren Wrapper-Klassen ausgeschlossen und führen zu sehr unschönem zusätzlichen Code.

Für einen Test der weiteren is*X*()-Methoden benötigen wir eine äußere Klasse `Outer1` mit verschiedenartigen inneren Klassen:

```
public class Outer1 {

    static enum MemberEnum { A,B,C }

    public interface I {
    }

    class Member {
        int[] iArr= {1,2,3};
    }

    Object getLocal() {
        class Local {
        }
        return new Local();
    }
}
```

Anhand dieses Klassengebildes können die is*X*()-Methoden getestet werden.

```
Outer1 outer= new Outer1();
// --- spezielle new-Syntax für Member-Instanzen von outer
Outer1.Member member= outer.new Member();

Class<Outer1> oClazz= Outer1.class;
// --- Class-Instanzen zu inneren Klassen
Class<Outer1.Member> mClazz= Outer1.Member.class;
Class<?> iClazz= Outer1.I.class;

System.out.println(mClazz.isMemberClass());          ⇨ true
System.out.println(mClazz.isLocalClass());           ⇨ false
System.out.println(mClazz.isEnum());                 ⇨ false
System.out.println(iClazz.isInterface());            ⇨ true
System.out.println(iClazz.isMemberClass());          ⇨ true
System.out.println(oClazz.isInstance(member));       ⇨ false
System.out.println(mClazz.isInstance(member));       ⇨ true
System.out.println(
    new Outer1(){}.getClass().isAnonymousClass());   ⇨ true
System.out.println(
    member.iArr.getClass().isArray());               ⇨ true
System.out.println(
    outer.getLocal().getClass().isLocalClass());     ⇨ true
```

Abschließend das synthetisch erzeugte Feld in der Member-Klasse, das dazu dient, ihre Instanzen an die der äußeren Klasse `Outer1` zu binden.

```
for (Field f: mClazz.getDeclaredFields())
  System.out.println(
    f.getDeclaringClass().getSimpleName()+"."+
    f.getName()+": "+f.isSynthetic());
```

⇨ **Member.iArr: false**
  Member.this$0: true

Die in der Schleife verwendeten Methoden werden noch vorgestellt. Interessant ist an dieser Stelle nur, dass für alle deklarierten Felder der Klassen- und Feldname ausgegeben werden. In der inneren Klasse `Member` wird offensichtlich vom Compiler ein synthetisches Feld mit Namen `this$0` angelegt, welches eine Referenz zur zugehörigen Instanz der Klasse `Outer1` enthält.

3.3.3   Namenskonventionen zu Class-Methoden getX()

Wie eingangs gesagt, besteht `Class` überwiegend aus Gettern, die alle nur möglichen Informationen zu einer zugehörigen Klasse bzw. einem Interface liefern. Sie werden in den folgenden Abschnitten besprochen. Zuerst zu den gemeinsamen Namenskonventionen der Getter:

*   **Methoden mit Bezeichnungen der Form getX():**
    Diese Methoden liefern alle `public` deklarierten Member einer Klasse oder eines Interfaces inklusive ihrer Super-Typen und stellen damit die „öffentliche Sicht" dar.

*   **Methoden mit Bezeichnungen der Form getDeclaredX():**
    Diese Methoden gibt es nur zu Klassen und nicht zu Interfaces. Sie liefern nur die klassen-internen Member, aber inklusive der nicht-`public` deklarierten und ignorieren die geerbten. Sie stellen somit die Klasse aus der „Entwickler-Sicht" dar.

*   **Methoden mit Bezeichnungen der Form getDeclaringX(), getEnclosingX():**
    Beide Arten von Methoden liefern Informationen zur äußeren Klasse und den Membern. Bis auf die Methode `getDeclaringClass()` aus dem Interface `Member` wurden alle in Java 5 eingeführt, um gewisse Defizite der alten zu kompensieren.

Nachfolgend werden die wichtigsten Getter des alten APIs vorgestellt. Die generischen Getter werden zusammen mit dem neuen Reflection-API besprochen. Der Getter für den `ClassLoader` wird im Rahmen des fünften Kapitels vorgestellt.

3.3.4   Getter für Klassen/Interface-Namen

Es gibt drei Namensmethoden, wovon die letzten beiden neu sind:

- **getName()**
  Liefert den Namen des Typs, wobei für Arrays Abkürzungen verwendet werden und innere Klassen durch „$" von den äußeren Klassen getrennt werden.

- **getSimpleName()**
  Liefert nur den Namen des Typs, der für anonyme Klassen leer ist. Bei Arrays werden eckige Klammern an den Namen gehängt.

- **getCanonicalName()**
  Liefert den vollen Namen des Typs inklusive des Packages und – sofern vorhanden – der äußeren Klassen. Bei lokalen und anonymen Klassen wird `null` geliefert.

Die alte `getName()`-Methode liefert die interne Type-Identifizierung oder den Dateinamen der Klasse im Betriebssystem. Die Methode `getSimpleName()` entspricht der normalen Java Schreibweise im Code. Der *canonische* Name `getCanonicalName()` entspricht dem voll qualifizierten Namen. Test-Code verdeutlicht die Unterschiede. Die Namen interner Typen am Beispiel eines `int`-Arrays:

```
System.out.println(int[].class.getName());            ⇨ [I
System.out.println(int[].class.getSimpleName());      ⇨ int[]
System.out.println(int[].class.getCanonicalName());   ⇨ int[]
```

Wie zu erwarten, ist bei internen Typen der einfache Name gleich dem voll qualifizierten. Also variieren wir den Test mir einer passenden `Member`-Klasse in der Klasse `Outer1`.

```
public class Outer1 {
  class Member {
  }
}
```

Nun gibt `getName()` den Datei-Namen aus, wogegen der kanonische Name der Schreibweise der Member-Klasse im Code entspricht. Beide Arten benötigt man für reflektive Arbeiten:

```
System.out.println(
    Outer1.Member.class.getName());           ⇨ kap03.Outer1$Member
System.out.println(
    Outer1.Member.class.getSimpleName());     ⇨ Member
System.out.println(
    Outer1.Member.class.getCanonicalName());  ⇨ kap03.Outer1.Member
```

Es fehlen noch Beispiele zu lokalen Klassen. Ergänzen wir dazu die Klasse `Outer1`: um eine lokale Klasse:

```
public class Outer1 {

  Object getLocal() {
    class Local {
    }
    return new Local();
  }
}
```

An der folgenden Ausgabe ist nur die `null` überraschend. Es symbolisiert den Fakt, dass eine lokale Klasse außerhalb der Methode nicht anzusprechen ist.

```
System.out.println(new Outer1().getLocal().getClass().
                getName());                        ⇨ kap03.Outer1$1Local
System.out.println(new Outer1().getLocal().getClass().
                getSimpleName());                  ⇨ Local
System.out.println(new Outer1().getLocal().getClass().
                getCanonicalName());               ⇨ null
```

Die einfachste Art, eine Instanz einer anonymen Klasse ohne Funktionalität zu schaffen, ist die Ableitung eines Marker-Interfaces. Verwenden wir dazu einfach `Cloneable`:

```
public class TestGetName {
  public static void main(String[] args) {
    System.out.println(new Cloneable(){}.getClass().
      getName());                          ⇨ kap03.TestGetName$1
    System.out.println(new Cloneable(){}.getClass().
      getSimpleName());                    ⇨
    System.out.println(new Cloneable(){}.getClass().
      getCanonicalName());                 ⇨ null
  }
}
```

Für die Ausgaben benötigt man die äußere Klasse, der Name `Cloneable` spielt keine Rolle, denn der Dateiname von anonymen Klassen wird dadurch erzeugt, dass man an den Namen der äußeren Klasse $1, $2, ... anhängt. Der einfache Name ist der Leerstring.

3.3.5   Getter für Klassen/Package-Beziehungen

Im Gegensatz zu den Gettern für die Namen des letzten Abschnitts liefern die folgenden Getter die `Class`-Instanzen von Klassen-Beziehungen. Bis auf die Methode `getEnclosingClass()` sind alle Getter für die Klassen-Beziehungen aus dem alten API bekannt. Al-

lerdings wurden sie – wo möglich – generifiziert.
Die Bezeichnungen der Methoden folgen den in Abschnitt 3.3.3 vorgestellten Konventionen.

- **Class[] getClasses()**
  Liefert alle `Class`-Instanzen der Klassen/Interfaces, die `public` deklarierte Member der Klasse sind.

- **Class[] getDeclaredClasses()**
  Liefert alle `Class`-Instanzen der Klassen/Interfaces, die Member der Klasse sind.

- **Class<?> getDeclaringClass()**
  Ist die Klasse/das Interface innerhalb eine(r/s) anderen deklariert, werden die zugehörige `Class`-Instanz geliefert, ansonsten `null`.

- **Class<?> getEnclosingClass()**
  Wie `getDeclaringClasses()`. Liefert aber auch die `Class`-Instanz der äußeren Klassen einer anonymen Klasse.

- **Class[] getInterfaces()**
  Liefert die `Class`-Instanzen der Super-Interfaces der Klasse/des Interface.

- **Class<? super T> getSuperclass()**
  Liefert die `Class`-Instanz der Superklasse, `null` für primitive Typen oder `void`.

- **Package getPackage()**
  Liefert die `Package`-Instanz der Klasse/des Interfaces.

Zum Testen der Methoden verwenden wir eine Klasse `Outer2`, die eine `enum`, ein Interface und eine Klasse mit unterschiedlichen Zugriffs-Modifikatoren enthält. Zusätzlich benötigen wir eine kleine Interface-Hierarchie.

```
class Outer2 {
  static enum MemberEnum { A,B,C }

  public interface I {
  }

  private class Member {
  }
}

interface I1 { }
interface I2 { }
interface I3 extends I1,I2 { }
```

Die Getter werden in der Reihenfolge getestet, in der sie oben besprochen wurden:

```
public class TestClassGetters {

  public static void main(String[] args) {
    System.out.println(
      Arrays.toString(Outer2.class.getClasses()));
                              ⇨ [interface kap03.Outer2$I]
    System.out.println(
      Arrays.toString(Outer2.class.getDeclaredClasses()));
                              ⇨ [class kap03.Outer2$Member,
                                 interface kap03.Outer2$I,
                                 class kap03.Outer2$MemberEnum]
    System.out.println(
      new Outer2(){}.getClass().getDeclaringClass());
                              ⇨ null
    System.out.println(
      new Outer2(){}.getClass().getEnclosingClass());
                              ⇨ class kap03.TestClassGetters

    System.out.println(
      Arrays.toString(I3.class.getInterfaces()));
                              ⇨ [interface kap03.I1,
                                 interface kap03.I2]

    System.out.println(I3.class.getSuperclass());
                              ⇨ null
    System.out.println(Integer.TYPE.getSuperclass());
                              ⇨ null
    System.out.println(Integer.class.getSuperclass());
                              ⇨ class java.lang.Number

    System.out.println(Integer.class.getPackage());
                              ⇨ package java.lang,
                                 Java Platform API Specification,
                                 version 1.6
  }
}
```

Die Konsol-Ausgabe ist immer einzeilig. Die Umbrüche wurden nur der Lesbarkeit wegen vorgenommen. Aufgrund der Besprechungen im letzten Abschnitt sind die Ausgaben ohne Erklärung nachvollziehbar. Zwischen Object als Supertyp und Object als Superklasse wird genau unterschieden. Deshalb hat ein Interface auch keine Superklasse Object und die Methode getSuperClass() liefert für alle Interfaces das Ergebnis null.

3.3.6   Getter für Felder, enum-Konstante

Klassen, Enumerationen und Interfaces können Felder enthalten, für die es insgesamt fünf
Getter in `Class` gibt. Die beiden Getter, die eine `Field`-Instanz zurückliefern, können eine
(checked) `NoSuchFieldException` auslösen, die abgefangen werden muss. Die beiden
Getter, die ein Array von `Field` liefern, geben ein Array der Länge 0 zurück, wenn es keine
Felder gibt. Im Gegensatz zu `Class` ist die Klasse `Field` im Subpackage `java.lang.re-
flect` deklariert. Die Methoden von `Field` erlauben eine Manipulation der Feldwerte über
Reflexion (siehe Abschnitt 3.3.10). Für Enumerationen gibt es eine neue generische Methode `getEnumConstants()`, die direkt die zugehörigen Konstanten der `enum` zurückgibt.

- **Field getField(String name)**
  Liefert für diese Klasse/Interface – inklusive der Supertypen – die `Field`-Instanzen zum
  Namen eines `public` deklarierten Felds.

- **Field getDeclaredField(String name)**
  Liefert nur für diese Klasse/Interface die `Field`-Instanzen zum Namen des Felds.

- **Field[] getFields()**
  Liefert für diese Klasse/Interface – inklusive aller Supertypen – die `Field`-Instanzen aller `public` deklarierten Feldern.

- **Field[] getDeclaredFields()**
  Liefert nur zur Klasse/Interface die `Field`-Instanzen aller Felder.

- **T[] getEnumConstants()**
  Gehört die `Class`-Instanz zu einer `enum` werden alle Konstanten in der Reihenfolge, in
  der sie deklariert wurden, zurückgegeben.

Der neue Getter für die `enum`-Konstanten fällt aufgrund seines Ergebnisses ein wenig aus
dem Rahmen. Gibt es in der `enum` keine Konstanten, liefert er ein Array der Länge 0. Gehört
die `Class`-Instanz nicht zu einer `enum`, wird eine `null` zurückgegeben. Zum Test benötigen
wir eine Klassen- sowie Interface-Hierarchie mit Felder.

```
enum GBB {
  GOOD, BAD, BIZARRE
}

class BaseStruct { public int i; }

class DerivedStruct extends BaseStruct {
  public static int ss;
  private  String s;
}
interface FI1  {
  String FINAL1= "FI1";
```

```
  }

  interface FI2 extends FI1 {
  }
```

Zum Test geben wir in der Methode `print()` nur den einfachen Feldnamen aus. Die Ausgabe wirkt dann als „Echo":

```
public class TestFieldGetter {

  static void print(Field... fld) {
    for (Field f: fld)
      System.out.print(f.getName()+ " ");
    System.out.println();
  }

  public static void main(String[] args) {
    try {
      print(DerivedStruct.class.getField("i"));            ⇨ i
      print(FI2.class.getField("FINAL1"));                 ⇨ FINAL1

      // --- löst NoSuchFieldException aus!
      print(FI2.class.getDeclaredField("FINAL1"));
    } catch (NoSuchFieldException nsf) {
      System.out.println(nsf);          ⇨ ...NoSuchFieldException: FINAL1
    }

    print(DerivedStruct.class.getFields());               ⇨ ss i
    print(DerivedStruct.class.getDeclaredFields());       ⇨ ss s

    print(FI2.class.getFields());                         ⇨ FINAL1
    print(FI2.class.getDeclaredFields());                 ⇨

    System.out.println(Arrays.toString(
        GBB.class.getEnumConstants()));      ⇨ [GOOD, BAD, BIZARRE]

    System.out.println(Arrays.toString(
        BaseStruct.class.getEnumConstants()));         ⇨ null
  }
}
```

Die Methode `getDeclaredField()` wirkt nur auf das zugehörige Interface. Da `FI2` kein Feld hat, wird oben eine Ausnahme ausgelöst.

3.3.7   Getter für Methoden

Der Unterschied zu den Gettern für Felder besteht darin, dass eine Methode nicht nur über ihren Namen, sondern über ihre Signatur ermittelt wird. Die Parametertypen werden mit Hilfe ihrer zugehörigen `Class`-Instanzen angegeben. Ansonsten sind Namensgebung und Wirkung der Methoden recht ähnlich zu den Getter für `Field`.

- **Method getMethod(String name, Class ... parameterTypes)**
  Liefert zur Klasse bzw. zum Interface – inklusive ihrer Supertypen – die `public` deklarierte `Method`-Instanz zur angegebenen Signatur.

- **Method getDeclaredMethod(String name, Class ... paramTypes)**
  Liefert nur zur Klasse bzw. zum Interface – ohne Supertypen und unabhängig vom Zugriffs-Modifikator – die `Method`-Instanz zur angegebenen Signatur.

- **Method[] getMethods()**
  Liefert zu allen `public` deklarierten Feldern einer Klasse bzw. eines Interfaces ein Array der zugehörigen Method-Instanzen. Dies schließt alle Methoden bis hin zur Klasse `Object` ein.

- **Method[] getDeclaredMethods()**
  Liefert zur Klasse bzw. zum Interface ein Array aller `Method`-Instanzen der deklarierten Methoden.

- **Method getEnclosingMethod()**
  Gehört die `Class`-Instanz zu einer lokalen bzw. anonymen Klasse, wird die `Method`-Instanz der direkt übergeordneten Methode geliefert, ansonsten `null` (wie alle `getEnclosingX`-Methoden ist sie neu in Java 5).

Da Parameter als VarArgs deklariert wurden, kann die Angabe der Parameter entfallen, wenn die gesuchte Methode keine Parameter besitzt. Ansonsten müssen exakt nach Reihenfolge der Parameter die `Class`-Instanzen übergeben werden. Das kann in Zusammenhang mit generischen Methoden eventuell zu Problemen führen (siehe hierzu auch Abschnitt 3.4.3).

Um die Getter zu demonstrieren, benötigen wir eine etwas exotische Klasse `TestM` mit `private` bzw. `public` deklarierten überladenen Methoden, die die Anwahl über die Signatur erzwingen. Statische Methoden fehlen. Sie werden zusammen mit den Konstruktoren besprochen. Auch die Wirkung von `getDeclaredMethod()` wird demonstriert. Für `getEnclosingMethod()` werden zwei anonyme Klassen angelegt, die erste im Instanz-Initialisierer und die zweite in einer Methode. Beide stehen über zwei Referenzen `o1` und `o2` im Zugriff. Beim Test fällt negative auf, dass `getEnclosingMethod()` nicht den Instanz-Initialisierer zurückliefern kann, sondern schlicht `null`. Das ist unbefriedigend!

```
class TestM {
  Object o1,o2;
  {
    o1= new Object() {
          public String toString() {
            return "anonyme Klasse im Initializer";
          }
        };
    m("");                    // Zur Initialisierung der Referenz o2
  }

  public void m() {
  }

  public int m(int i) {
    return i*i;
  }

  private void m(String s) {
    o2= new Object() {
          public String toString() {
            return "anonyme Klasse in Methode";
          }
        };
  }
}
```

Der Test benutzt `TestM.class` und `o1.getClass()` bzw. `o1.getClass()`:

```
try {
  System.out.println(TestM.class.getMethod("m"));
                         ↪ public void kap03.TestM.m()
  System.out.println(TestM.class.getMethod("m",Integer.TYPE));
                         ↪ public int kap03.TestM.m(int)
  System.out.println(TestM.class.
                   getDeclaredMethod("m",String.class));
                         ↪ private void kap03.TestM.m(java.lang.String)
  System.out.println(new TestM().o2.getClass().
                   getEnclosingMethod());
                         ↪ private void kap03.TestM.m(java.lang.String)
  System.out.println(new TestM().o1.getClass().
                   getEnclosingMethod());
                         ↪ null
} catch (NoSuchMethodException nsm) {
}
```

3.3.8   Getter für Konstruktoren & statische Methoden

Konstruktoren haben immer den Namen der Klasse und brauchen deshalb zur Identifizierung nur die Parameter-Typen in Form von `Class`-Instanzen. Die Klasse `Constructor` wurde generifiziert. Als Ergebnis liefert der Getter eines bestimmten Konstruktors auch den Typ `T` von `Class<T>`. Konstruktoren sind statische Methoden. Mit ihnen haben sie gemeinsam, dass sie zur Klasse gehören und nicht überschrieben werden können. Methoden zu Interfaces sucht man für Konstruktoren wie statische Methoden natürlich vergeblich.

▶ *Hinweis 3.5 Statisch vs. dynamisch*

- Statische Methoden können über Instanz-Referenzen aufgerufen werden. Das ist verwirrend, da sie dann wie eine Instanz-Methode aussehen. Statische Methode werden aber vom Compiler anhand des statischen Typs der Referenz ermittelt, wogegen Instanzen-Methoden erst zur Laufzeit von der VM aufgrund des dynamischen Typs der aktuellen Instanz ermittelt werden.

Die Methode `getMethod()` liefert auch jede statische Methode in der Klassen-Hierarchie. Die Methode `getMethods()` liefert somit ebenfalls alle `public` deklarierten statischen Methoden in der Klassen-Hierarchie. Die Methoden `getConstructors()` liefert nur die Konstruktoren der eigenen Klasse, nicht der Hierarchie.

- **Constructor<T> getConstructor(Class... parameterTypes)**
  Liefert zur Signatur eines `public` deklarierten Konstruktors einer Klasse die zugehörige `Constructor`-Instanz.

- **Constructor<T> getDeclaredConstructor(Class... paramTypes)**
  Liefert unabhängig vom Zugriffs-Modifikator zur Signatur eines Konstruktors einer Klasse die zugehörige `Constructor`-Instanz.

- **Constructor[] getConstructors()**
  Liefert ein Array von `Constructor`-Instanzen für alle `public` deklarierten Konstruktoren einer Klasse. Gibt es keine, hat das Array die Länge 0.

- **Constructor[] getDeclaredConstructors()**
  Liefert unabhängig vom Zugriffs-Modifikator ein Array aller `Constructor`-Instanzen einer Klasse. Bei Interfaces, Arrays und primitiven Typen hat das Array die Länge 0.

- **Constructor<?> getEnclosingConstructor()**
  Gehört die `Class`-Instanz zu einer lokalen bzw. anonymen Klasse, die in einem Konstruktor eingebettet ist, liefert die Methode die zugehörige `Constructor`-Instanz, ansonsten `null` (wie alle `getEnclosing`*X*-Methoden ist sie neu in Java 5).

Zu einem Test benötigen wir zwangsläufig eine Hierarchie von Klassen:

```
class TestCBase {
  public static void sm1() { }

  public void mb() { }
}

class TestC extends TestCBase {
  Object o;

  public static void sm2() { }

  {
    o=null;
  }

  private TestC() {
    o= new Object() {};
  }

  public TestC(String s) { }
}
```

Zwar beschränkt sich `getConstructors()` auf die eigene Klasse, `getMethod()` liefert aber immer alle Methoden der Hierarchie. Deshalb wird im Test am Ende die Ausgabe mittels eine regulären Ausdrucks auf zwei Methoden beschränkt.

```
Constructor<TestC> constr=
                   TestC.class.getConstructor(String.class);
System.out.println(constr);        ⇨ public kap03.TestC(java.lang.String)
System.out.println(TestC.class.getDeclaredConstructor());
                                   ⇨ private kap03.TestC()
System.out.println(new TestC("").o.getClass().
  getEnclosingConstructor());  ⇨ public kap03.TestC(java.lang.String)

for (Constructor<?> c: TestC.class.getConstructors())
    System.out.println(c);         ⇨ public kap03.TestC(java.lang.String)

System.out.println(TestC.class.getMethod("sm2"));
                                   ⇨ public static void kap03.TestC.sm2()

for (Method m: TestC.class.getMethods())
  if (m.getName().matches("sm.?"))
    System.out.println(m);  ⇨ public static void kap03.TestC.sm2()
                              public static void kap03.TestCBase.sm1()
```

3.3.9   Modifier, Member, AccessibleObject

Das Klassendiagramm in Abbildung 3.2 (Abschnitt 3.2.1) zeigt den Zusammenhang zwischen den Klassen `Constructor<T>`, `Field` und `Method`. Sie werden alle vom einzigen Interface `Member` des alten APIs abgeleitet. Diese drei Klassen haben zusätzlich eine gemeinsame Basisklasse `AccessibleObject`. Sie ist zwar nicht `abstract`, hat aber einen `protected` deklarierten Konstruktor, der nur von der VM genutzt werden soll. Vorab die wohl einfachste Klasse im gesamten API.

Hilfsklasse Modifier

Den reflektiven Zugriff auf die Modifikatoren erhält man mittels `getModifiers()`, deklariert in der Klasse `Class` und im Interface `Member`. Das Ergebnis dieser Methode ist allerdings ein `int`. In den 32 `int`-Bit sind die Informationen zu den Modifikatoren als Bit-Set verpackt. Um nun nicht unbedingt Bit-Operationen anwenden zu müssen, gibt es die Utility-Klasse `Modifier`. Sie stellt neben Konstante nur statische Methoden bereit, die die Informationen ohne Bit-Manipulation liefert. Die Methoden folgen der Namenskonvention:

- **static boolean is***Modifier*()

Modifier steht für die elf Modifikatoren `Abstract`, `Final`, `Native`, `Private`, `Protected`, `Public`, `Static`, `Strict`, `Synchronized`, `Transient` und `Volatile`. Zusätzlich kann man noch mittels `isInterface()` auf Interface oder Klasse testen.

Interface Member

Im Abschnitt 3.3.2 wurde bereits die Methode `isSynthetic()` des Interfaces `Member` vorgestellt. Hier nun die restlichen Methoden, die auch ohne Test verständlich sind.

- **getDeclaringClass()**   Klasse/Interface, zu der das Member gehört.
- **getModifiers()**   Modifier des Member als Bit-Set (siehe oben).
- **getName()**   Name des Members.
- **isSynthetic()**   Vom Compiler erzeugtes Member.

Klasse AccessibleObject

Als Superklasse enthält die Klasse `AccessibleObject` die gemeinsamen Methoden von `Constructor`, `Field` und `Method`. Bis Java 1.4 war die Klasse ausschließlich dazu da, den reflektiven Zugriff auf `private`, package-interne oder `protected` deklarierte Member zu ermöglichen. In Java 1.5 wurden dann vier neue Getter-Methoden für den Zugriff auf Annotationen hinzugefügt. Der Klassenname ist somit nicht mehr ganz so passend.

Die Klasse `AccessibleObject` bietet einen Service, der wirklich verblüffend ist. Man kann durch Setzen von Flags Zugriff auf alle Felder und Methoden einer Klasse erhalten, selbst wenn sie `private` oder `final` deklariert sind. Somit ist man in der Lage, alle Klassen-Internas zu manipulieren, was ohne Reflexion ausgeschlossen ist.

Es gibt allerdings eine Einschränkung! Um diese Flags setzen zu können, braucht man entsprechende Berechtigungen. Diese hat man aber ohne explizite Intervention des Entwicklers per Default. Im Umkehrschluss bedeutet dies für vorsichtige Entwickler, das sie ihre Klassen-Internas nur durch explizite Einschränkung der Zugriffs-Privilegien schützen können. Die Methoden werden hier so vorgestellt, wie sie ohne Sicherheits-Restriktionen wirken. Zuerst zur Bedeutung des `flag`-Parameters: Ein auf `true` gesetztes `flag` bedeutet den vollen Lese/Schreib-Zugriff auf ein Member, ein auf `false` gesetztes dann den normalen Zugriff, basierend auf den Modifikatoren im Source-Code.

- **static void setAccessible(AccessibleObject[] array, boolean flag)**
  Statische Methode, die zu einem Array von Membern die Zugriffe setzt.

- **boolean isAccessible()**
  Wenn `true`, steht das Member im Zugriff, ansonsten nicht.

- **void setAccessible(boolean flag)**
  Setzen des Zugriffs für dieses Member.

Beispiele zum Einsatz der drei Methoden werden in den folgenden Abschnitten gegeben. Abschließend die vier neuen Methoden aus Java 5. Sie werden hier der Vollständigkeit halber mit aufgeführt. Besprochen werden sie allerdings erst dann im nächsten Kapitel zusammen mit den Annotationen.

- **boolean isAnnotationPresent(Class<? extends Annotation> annotationClass)**
  Methode, die insbesondere für einen Test auf eine Marker-Annotation zu diesem Member benutzt werden kann.

- **<T extends Annotation> T getAnnotation(Class<T> annotationClass)**
  Liefert die durch das `Class`-Argument spezifizierte Annotation oder `null` wenn für dieses Member nicht vorhanden.

- **Annotation[] getAnnotations()**
  Liefert alle Annotationen zum Member inkl. der geerbten. Existieren keine, hat das Array die Länge Null.

- **Annotation[] getDeclaredAnnotations()**
  Liefert alle direkten Annotationen zum Member. Existieren keine, hat das Array die Länge Null.

3.3.10   Klasse Field

Die bisher beschriebenen reflektiven Methoden haben nur Informationen geliefert. Mit Hilfe der drei Klassen `Method`, `Constructor` und `Field` können die Member dagegen manipuliert werden.

Im Fall `Field` bedeutet dies Lesen und Setzen des Feldwertes. Ist der Zugriff auf das Feld aufgrund des Modifikators nicht erlaubt, kann er mittels `setAccessible(true)` erzwungen werden. Dies gilt auch für die Klassen der Standard-Packages. Die Klasse `Field` überschreibt die drei Methoden `equals()`, `hashcode()` und `toString()` und implementiert bzw. erbt die von `Member` und `AccessibleObject`. Die zusätzlichen Getter und Setter sind nach einem einheitlichen Namensschema aufgebaut. Ist kein Zugriff auf das Feld erlaubt, wird eine `IllegalAccessException` ausgelöst. Bei nicht-statischen Feldern wird für `anInstance` die Instanz übergeben, in der das Feld gelesen oder geschrieben werden soll. Für statische Felder sollte zur Karheit `null` angegeben werden, es wird aber ignoriert.

- **Class<?> getType()**
  Liefert den Typ des Felds.

- **Object get(Object anInstance)**
  Rückgabe des Feldwerts zur Instanz `anInstance`.

- *primitiveType* **getPrimitiveType (Object anInstance)**
  Der Rückgabewert *primitiveType* ist durch den primitiven Typ-Namen wie beispielsweise `boolean` oder `double` zu ersetzen. Die Methode heißt dann entsprechend. Das Feld muss von diesem primitiven Typ sein oder mittels Widening (siehe Abbildung 3.4) darin umgewandelt werden können. Ansonsten gibt es eine `IllegalArgumentException`.

- **void set(Object anInstance, Object value)**
  Setzt den Feldwert zur Instanz `anInstance` auf den Wert `value`. Ist der Typ von `value` zum Typ von `anInstance` inkompatibel, also kein (Sub-) Typ, wird eine `IllegalArgumentException` ausgelöst.

- **void set*PrimitiveType* (Object anInstance, *PrimitiveType* value)**
  Die entsprechende Setter-Methode für primitive Typen. *PrimitiveType* ist wie bei dem Getter durch den primitiven Typ-Namen zu ersetzen.

- **Type getGenericType()**
  Ist der Typ des Felds generisch, d.h. ein parameterisierter Typ oder eine Typ-Variable, werden diese Informationen mit Hilfe von `Type` zurückgegeben (Besprechung erfolgt in Abschnitt 3.4.2).

- **String toGenericString()**
  Liefert die volle generische Typ-Information zu einem generischen Feld als String (siehe

Abschnitt 3.4.2).

- **boolean isEnumConstant()**
  Prüft, ob das Feld eine enum-Konstante ist.

Als erstes soll die Wirkung von setAccessible() anhand der immutable String-Klasse demonstriert werden. Ein String besteht intern aus einem char-Array und zwei int-Feldern, die den Offset und die Anzahl der gültigen Zeichen im char-Array festhalten. Alle drei Felder sind mit der höchsten Sicherheitsstufe private final deklariert:

```
public final class String /*...*/ {        // Auszug aus Original-Sourcen
  private final char value[];
  private final int offset;
  private final int count;
  //...
}
```

Betrachten wir die Felder von String und **ändern**(!) anschließend die Werte:

```
String s;
Field[] strFld= String.class.getDeclaredFields();
for (int i= 0; i<3; i++) {
  s= strFld[i].toString();
  System.out.println(s.substring(s.lastIndexOf('.')+1)); ⇨ value
}                                                          ⇨ offset
                                                           ⇨ count
s= "hallo welt";
try {
// --- auch einzeln möglich: String.class.getDeclaredField("value").setAccessible(true);
//                  ...
  AccessibleObject.setAccessible(strFld,true); // Zugriff erlauben
  ((char[])strFld[0].get(s))[6]='W';           // Zeichen ändern
  strFld[1].setInt(s,6);                        // offset ändern
  strFld[2].setInt(s,4);                        // count ändern
} catch (Exception e) {                         // ignorieren!
}
System.out.println(s);                                     ⇨ Welt
```

▶ *Hinweis 3.6 Setzen von private final deklarierten Feldern*
- Der Wert eines private final deklarierten Felds kann mit setAccessible(true) ohne Sicherheits-Restriktionen geändert werden. Dies ist nur bei Deserialisierung bzw. erstmaliger Initialisierung eines Felds sinnvoll, ansonsten **unbedingt** zu vermeiden.

Das String-Beispiel ist eindrucksvoll genug, um zu zeigen, was mit setAccessible() möglich ist. Der reale Einsatz dieser Möglichkeiten ist äußerst fragwürdig und zusammen mit Threading wäre diese Art der Manipulation einfach „tödlich". Das folgende Beispiel zeigt das Zusammenspiel der bisher besprochenen reflektiven Methoden anhand einer kleinen Klasse TestField:

```
enum GBB {  GOOD, BAD, BIZARRE }

class TestField {
  public static char sc= 'A';

  public GBB gbb= GBB.BIZARRE;
  protected boolean b;
  private double d= 100.;

  Inner mem= new Inner();

  class Inner { }
}
```

Zuerst sollen die Felder einer Instanz von TestField ausgegeben werden. Hierzu benutzen wir eine Utility-Methode fieldInfos(Object instance,Field... fields), die die Felder auf unbeschränkten Zugriff setzt und zu jedem Feld passende Informationen ausgibt:

```
public static String fieldInfos(Object instance,Field...fields) {
  AccessibleObject.setAccessible(fields,true);
  StringBuffer sb= new StringBuffer();
  for (Field f: fields)
    try {
      Object val= f.get(Modifier.isStatic(f.getModifiers())?
                        null:instance);
      sb.append((f.isSynthetic()?"synthetic ":""))
        .append(Modifier.toString(f.getModifiers()))
        .append(" ").append(f.getType()).append(" ")
        .append(f.getName()).append(" [")
        .append(val==null?"null":val.toString())
        .append("]\n");
    } catch (IllegalAccessException e) {
      return null;
    }
  return sb.toString();
}
```

Der Code nutzt auch die Utility-Klasse Modifier. Führen wir nun den Test aus.

```
Class<TestField> clazz= TestField.class;
Field[] fields= clazz.getDeclaredFields();
TestField tf= new TestField();
```

```
System.out.println(fieldInfos(tf,fields));
          ⇨ public static char sc [A]
             public class kap03.GBB gbb [BIZARRE]
             protected boolean b [false]
             private double d [100.0]

Field memberF= tf.mem.getClass().getDeclaredFields()[0];
System.out.println(fieldInfos(tf.mem,memberF));
          ⇨ class kap03.TestField$Inner mem [kap03.TestField$Inner@bb6ab6]

try {
  fields[0].setChar(null,'B');
  fields[1].set(tf,GBB.BAD);
  fields[2].setBoolean(tf,true);
  fields[3].setDouble(tf,10);
  fields[4].set(tf,null);
} catch (Exception e) {
  System.out.println(e);
}
System.out.println(fieldInfos(tf,fields));
          ⇨ public static char sc [B]
             public class kap03.GBB gbb [BAD]
             protected boolean b [true]
             private double d [10.0]
             class kap03.TestField$Inner mem [null]
```

Die letzte Ausgabe bestätigt die neuen Werte, die reflektiv gesetzt wurden.

3.3.11   Klasse Constructor, Initialisierung

Wie die Klasse `Field` überschreibt `Constructor<T>` die Methoden `equals()`, `hashco-
de()` und `toString()` und erbt bzw. übernimmt die aus `Member` und `AccessibleOb-
ject`. Es bleiben zehn eigene Methoden, wobei sieben davon in Java 5 hinzugekommen
sind. Alle wurden passend generifiziert. Die wichtigste Methode ist

- **T newInstance(Object ... args)**
  Liefert eine neue Instanz. Die Argumente `args` müssen zu der Signatur des Konstruktors
  passen, der zu `Constructor` gehört. Nichts oder `null` kann für den No-Args-Konstruktor übergeben werden. Der Aufruf kann zu Fehlern unterschiedlicher Art führen. Neben
  der im letzten Beispiel verwendeten `IllegalAccessException` gilt es noch vier mögliche Ausnahmen zu unterscheiden (siehe unten).

- **Class<?>[] getExceptionTypes()**
  Class<?>[] getGenericExceptionTypes()

Liefert die Ausnahmen, die der zugehörige Konstruktor deklariert hat.

- **Class<?>[] getParameterTypes()**
  Type[]   getGenericParameterTypes()
  Liefert die `Class`- bzw. `Type`-Instanzen der Parameter des zugehörigen Konstruktors.
  Für den No-Args- bzw. Default-Konstruktor wird ein Array mit Länge 0 zurückgegeben.

- **TypeVariable<Constructor<T>>[] getTypeParameters()**
  Liefert die für diesen Konstruktor definierten Typ-Variablen in der Reihenfolge, wie sie
  deklariert wurden. Ein Array der Länge 0 signalisiert wieder, dass es keine gibt.

- **Annotations[][] getParameterAnnotations()**
  <T extends Annotation> T getAnnotation(Class<T> annotationClass)
  Liefert zu jedem Parameter des zugehörigen Konstruktors die zugehörigen Annotationen,
  oder einen speziellen, sofern vorhanden (siehe viertes Kapitel!).

- **String toGenericString()**
  Die generische Variante von `toString()`.

- **boolean isVarArgs()**
  Liefert `true`, wenn der letzte Parameter des Konstruktors als Varargs deklariert wurde.

Die generischen Varianten werden später besprochen. Ein Beispiel zu Parametern von Typ-
Variablen wird im nächsten Abschnitt bei `Method` gegeben. Die Aufrufe von Konstruktoren
und Methoden führen zu neuen Ausnahme-Typen:

- **IllegalArgumentException**   Fehler aufgrund der Argumente.
- **InstantiationException**   Instanzen nicht möglich (bei `abstract`).
- **InvocationTargetException**   Konstruktor löst Ausnahme aus.
- **ExceptionInInitializerError**   Ausnahme im statischen Initialisierer.

Die Ausnahmen `InvocationTargetException` und `ExceptionInInitializerError`
enthalten die eigentliche Ursache als „innere" Ausnahme. Die `InvocationTargetExcep-`
`tion` hüllt Ausnahmen ein, die der zugehörige Konstruktor ausgelöst hat und `ExceptionI-`
`nInitializerError` Ausnahmen, die ein statischer Initialisierer beim Laden der Klasse
ausgelöst hat. Diese inneren Ausnahmen können mittels der Methode

```
Throwable getCause()
```

zurückgegeben werden. Um Initialisierer, Konstruktoren, Aufrufe und Ausnahmen testen zu
können, wird eine Testklasse `TestConstr` mit zwei Fehlern „präpariert".

```
class TestConstr {
  public static int error;
```

```
  public String s= "Default";
  {
    if(error==1)
      throw new RuntimeException("Init");
  }

  private TestConstr() { }

  public TestConstr(String s) {
    if(error==2)
      throw new RuntimeException("Konstr");
    this.s= s;
  }
}

public class TestConstructor {
  public static void testC(Constructor<TestConstr> c,
                           Object... args) {
    try {
      TestConstr tc= c.newInstance(args);      // ohne Cast möglich!
      System.out.println(tc.s);
    } catch (Exception e) {
      System.out.println(e.getCause());        // nur primäre Ursache!
    }
  }

  public static void main(String... args) {
    Constructor<TestConstr> noArgsC= null;
    Constructor<TestConstr> strC=    null;
    try {
      noArgsC= TestConstr.class.getDeclaredConstructor();
      strC=    TestConstr.class.getConstructor(String.class);
    } catch (Exception e) {
    }
    testC(strC,"Hallo");          ⇨ Hallo
    TestConstr.error= 1;
    testC(strC,"Hallo");          ⇨ java.lang.RuntimeException: Init
    TestConstr.error= 2;
    testC(strC,"Hallo");          ⇨ java.lang.RuntimeException: Konstr
    noArgsC.setAccessible(true);
    testC(noArgsC);               ⇨ Default
  }
}
```

3.3.12   Klasse Method

Die Klasse `Method` ist ähnlich zu `Constructor<T>`, jedoch nicht generisch. Auch sie überschreibt `equals()`, `hashcode()` und `toString()` und implementiert bzw. erbt die von
`Member` und `AccessibleObject`. Sie hat keine Setter und führt Instanz- sowie statische
Methoden mit Hilfe der Methode `invoke()` aus. Die Ausnahmen, die `invoke()` auslösen
kann, entsprechen denen von `newInstance()`. Im Folgenden werden nur die Methoden
kommentiert, die sich von denen in `Constructor` unterscheiden.

*   **Class<?> getReturnType()**
    Type   getGenericReturnType()
    Liefert die `Class`- bzw. `Type`-Instanz des Rückgabewerts der zur `Method`-Instanz gehö-
    rigen Methode. Für `void` wird `Void.class` zurückgegeben.

*   **Object invoke(Object anInstance, Object... args)**
    Führt zu der Instanz `anInstance` die zur `Method`-Instanz gehörige Methode aus. Ist die
    Methode statisch, sollte `null` übergeben werden. Die Anzahl der Argumente `args` muss
    mit der der Methode übereinstimmen. Eine Array der Länge 0 oder `null` kann für `args`
    übergeben werden, wenn die Methode keine Parameter hat. Die Typen der Argumente
    müssen kompatibel zu denen der Methode sein.

*   **boolean isBridge()**
    Aufgrund von generischen bzw. covarianten Methoden in Klassen-Hierarchien fügt der
    Compiler so genannte *Bridge*-Methoden ein. Für diese wird `true` zurückgegeben.

*   **Object getDefaultValue()**
    Gehört `Method` zu einer Annotation, wird der Default-Wert zurückgegeben, sofern er
    existiert. In allen anderen Fällen wird `null` zurückgegeben.

Wie `isVarArgs()` wurden die folgenden Methoden bereits im letzten Abschnitt kommentiert. Sie werden dann zusammen mit dem generischen API in Beispielen vorgestellt.

–   **Class<?>[] getExceptionTypes()**
–   **Class<?>[] getParameterTypes()**
–   **Type[] getGenericExceptionTypes()**
–   **Type[] getGenericParameterTypes()**
–   **TypeVariable<Method>[] getTypeParameters()**
–   **<T extends Annotation> T getAnnotation(Class<T> annotationClass)**
–   **Annotations[][] getParameterAnnotations()**
–   **String toGenericString()**

Da sich die „normalen" Ausführungen von `invoke()` und `newInstance()` nicht sehr unterscheiden, konzentrieren wir uns auf die interessanten Fälle. Recht schwierig gestaltet sich

die Wahl und der Aufruf einer Methode bzw. eines Konstruktors, der Typ-Variablen als Parameter-Typ enthält und/oder einen VarArgs-Parameter besitzt.

▶ *Hinweis 3.7   Type-Variable , VarArgs und Boxing*
- Bei `Constructor`- und `Method`-Methoden werden Typ-Variablen immer durch den Typ ihrer Bound ersetzt.
- Ein VargArgs-Parameter wird bei der Wahl einer Methode als Array-Typ angegeben. Beim Aufruf mittels `invoke()` ist ein VarArgs genau ein Argument. Das VarArgs-Argument kann als ein Array des Element-Typs, das nach `Object` gecastet wird, übergeben werden.
- Wenn notwendig werden Boxing/Unboxing-Operationen und Widening[66] für primitive Typen und ihre Wrapper vom Compiler durchgeführt.

Der flexible Aufruf mit 0 bis beliebig viele Argumente für einen VarArgs-Parameter überträgt sich nicht auf den reflektiven Aufruf mittels `invoke()`. Zuerst ein einfaches Beispiel für Widening und VarArgs-Parmeter:

```
class TestVarArgs {
  public void varArgsTst(double d, String... s) {
    System.out.println(d+" "+Arrays.toString(s));
  }
}
```

Die Ausführung von `varArgsTst()` mittels `invoke()` demonstriert die letzten beiden Punkte im Hinweis. Zum Vergleich wird der nicht-reflektive Aufruf über `invoke()` geschrieben. Die Ausgabe ist natürlich in beiden Fällen gleich:

```
TestVarArgs tva= new TestVarArgs();
try {
  Method m= TestVarArgs.class.
              getMethod("varArgsTst",double.class,String[].class);

  tva.varArgsTst(2,"Hallo","Welt");              ⇨ 2.0 [Hallo, Welt]

  m.invoke(tva,2,(Object)new String[]{"Hallo","Welt"});
                                                 ⇨ 2.0 [Hallo, Welt]
  tva.varArgsTst(2);                             ⇨ 2.0 []

  m.invoke(tva,2,(Object)new String[0]);         ⇨ 2.0 []
} catch (Exception e) {
  System.out.println(e);
}
```

---

[66] Unter Widening versteht man die automatische Umwandlung von primitiven Typen ineinander, beispielsweise von `int` nach `double`.

Um den ersten Punkt im Hinweis mit einzubeziehen, greifen wir auf eine sehr bekannte Methode aus der Klasse `java.util.Arrays` zurück:

```
static <T> List<T> asList(T... a)
```

Eine generisch deklarierte Methoden wie diese ist beim Aufruf typsicher:

```
List<String> sLst= Arrays.asList("Hallo");
```

Bei dem Aufruf über `invoke()` wird sie dann zwangsläufig typ-unsicher. Denn das Ergebnis der Methode ist vom Typ `Object`, und zwingt somit zu einem Cast. Nachfolgend einige erlaubte Varianten des Aufrufs mittels `invoke()`:

```
Method asList= null;
List<String> sLst= null;

try {
    // --- Nach Type-Erasure ist der Typ von T Object,
    //     also muss die Methode mittels eines Arrays von Object ausgewählt werden:
    asList= Arrays.class.getMethod("asList",Object[].class);

    // --- Simulation eines Aufrufs ohne Argumente! Ergebnis: leere Liste:
    sLst= (List<String>)asList.invoke(null,(Object)new String[0]);

    // --- ein oder zwei Argumente
    sLst= (List<String>)asList.invoke(null,
                    (Object)new String[]{"Hallo"});
    sLst= (List<String>)asList.invoke(null,
                    (Object)new String[]{"Hallo","Welt"});

    // --- auch möglich, aber besonders unschön!
    sLst= (List<String>)asList.invoke(null,
                    new Object[]{new Object[]{"Hallo","Welt"}});

    // --- zwei Varianten:
    String[] sArr= {"Hallo","Welt"};
    sLst= (List<String>)asList.invoke(null,(Object)sArr);
    sLst= (List<String>)asList.invoke(null,new Object[]{sArr});

} catch (Exception e) {
    System.out.println(e);
}
```

Reflektive `invoke()`-Aufrufe stellen sich als hässliche oder unhandliche Ausdrücke dar, die im hohen Maße typ-unsicher sind. Jeder der Casts wird von einer Warnung des Compilers begleitet.

Covarianz, Methoden mit gleicher Signatur

Die Covarianz zwingt den Compiler, so genannte *Bridge*-Methoden zu erzeugen. Der Mechanismus ist einfach. Zu jeder covarianten Methode einer Subklasse erzeugt der Compiler eine Methode mit der vollen Signatur der Superklasse. Diese Methode, die sich also nur im Rückgabe-Typ unterscheidet, ruft dann die covariante Methode in der `return`-Anweisung auf. Über Bridge-Methoden stolpert man zwangsläufig beim Aufruf der Methode `getDeclaredMethods()`, die sie im Array zurück gibt. Nicht nur Covarianz kann Methoden erzeugen, die sich nur im Rückgabe-Typ unterscheiden. Mittels Generics ist dies auch möglich. Die Methoden müssen dafür eine Typ-Variable mit unterschiedlichen Bounds als Rückgabe-Typ definieren. Die folgenden zwei Klassen erlauben eine Demonstration:

```
class BaseM {
  public CharSequence m(CharSequence cs) {
    return cs.toString().toLowerCase().subSequence(0,cs.length());
  }
}


@SuppressWarnings("unchecked")
class GenM extends BaseM {

  public <O extends Object> O m() {
    return (O)"Object";
  }

  public <D extends Double> D m() {
    return (D)new Double(1);
  }

  // --- covariant überschrieben!
  @Override public String m(CharSequence cs) {
    return cs.toString().toUpperCase();
  }
}
```

Der Einfachheit halber heißen alle Methoden `m()`. Die beiden Methoden `m()` in `GenM` wurden so gewählt, dass die zweite Methoden im Rückgabe-Typ aufgrund von `Double` „spezifischer" als die erste ist. Das Problem der beiden Methoden liegt in ihrer Ausführung. Der Compiler lässt nur die Ausführung von einer Methode zu:

```
GenM gm= new GenM();
// System.out.println(gm.m());              <--- Fehler, zweideutig!
// System.out.println(gm.<Double>m());      <--- Fehler, zweideutig!
System.out.println(gm.<Object>m());  ⇨ Object
```

Reflektiv hat man mehr Möglichkeiten. Sowohl die „unsichtbare" Bridge-Methode wie auch die beiden Methoden mit gleicher einfacher Signatur lassen sich problemlos aufrufen:

```
GenM gm= new GenM();
try {
  Method[] mArr= clazz.getDeclaredMethods();
  for (Method  m: mArr) {
    System.out.println(m + (m.isBridge()?" Bridge":""));
    if (m.getReturnType()== Object.class)
      System.out.println(m.invoke(gm));
    if (m.getReturnType()== Double.class)
      System.out.println(m.invoke(gm));
    if (m.isBridge())
      System.out.println(m.invoke(gm,"Bridge"));
  }
} catch (Exception e) {
}
```

Die Ausgabe zur for-Schleife ist dann:

```
public java.lang.Object kap03.GenM.m()
Object
public java.lang.Double kap03.GenM.m()
1.0
public java.lang.String kap03.GenM.m(java.lang.CharSequence)
public java.lang.CharSequence kap03.GenM.m(java.lang.CharSequence) Bridge
BRIDGE
```

Bedingt durch die Möglichkeit von Methoden mit gleichen einfachen Signaturen ist der Einsatz von invoke() manchmal sogar notwendig. Der Compiler kann beim normalen Aufruf die Methoden nicht unterscheiden!

3.3.13   Klasse Array

Die Klasse Array hat eine Sonderstellung, denn Arrays sind fest in die Sprache eingebaut. Sie ist wie die Klasse Modifier als Utility-Klasse ausgelegt und hat sich seit Java 1.2 nicht verändert, sieht man einmal von Class<?> statt Class ab. Alle Array-Methoden sind statisch und haben bis auf die beiden newInstance()-Methoden eine native Implementierung.

Als Utility kann Array keine Member von Klassen repräsentieren. Bei der Anlage eines Arrays mit newInstance() wird als erstes Argument der Typ des Elements übergeben. Alle anderen Methoden liefern oder setzen nur Werte eines Arrays, das als erstes Argument übergeben wird. Neben dem Element-Typ Object gibt es Getter und Setter für alle primitiven Typen. Das Methoden-Namen richten sich nach dem folgenden Schema.

   – **int getLength(Object array)**

- **Object get(Object array, int index)**
- **void set(Object array, int index, Object value)**
- *primitiveType* **get***PrimitiveType* **(Object array, int index)**
- **void set***PrimitiveType***(Object array, int index,** *primitiveType* **value)**
- **Object newInstance(Class<?> componentType, int length)**
- **Object newInstance(Class<?> componentType, int... dimensions)**

Der Ausdruck *primitiveType* steht für `boolean`, `byte`, `char`, `short`, `int`, `long`, `float` und `double`. Alle Methoden sind selbsterklärend. Die einfache `newInstance()` erlaubt nur die Anlage einer weiteren Dimension, die zweite dagegen die direkte Anlage von mehreren Dimensionen mit den in `dimensions` angegebenen Längen. Ist allerdings das Element `componentType` selbst ein Array, ist die Anzahl der Dimensionen natürlich nicht 1 bzw. `dimensions.length`, sondern entsprechend höher. Beide Methoden `newInstance()` liefern ein `Object`, das einen Cast verlangt. Die Anzahl der Dimensionen ist normalerweise auf 255 begrenzt.

Merkwürdigerweise fehlt in Array ein einfacher Getter wie `getDimsension()`. Auch für weitere Tests ist die Methode sicherlich hilfreich, ergo:

```
class ArrayUtil {
  private ArrayUtil() {}

  public static int getDimension(Object array) {
    int dim= 0;
    if (array!=null) {
      Class clazz= array.getClass();
      while (clazz.isArray()) {
        clazz= clazz.getComponentType();
        dim++;
      }
    }
    return dim;
  }
}
```

Mit `getDimension()` lässt sich sehr einfach die Anlage von Arrays überprüfen:

```
System.out.println(ArrayUtil.getDimension(""));            ⇨ 0
int[][] iMat= (int[][])Array.newInstance(int[].class,3);
System.out.println(ArrayUtil.getDimension(iMat));          ⇨ 2
int[][][][] iArr4D= (int[][][][])Array.newInstance(
                            iMat.getClass(),3,4);
System.out.println(ArrayUtil.getDimension(iArr4D));        ⇨ 4
```

Die Klasse `Arrays` ist in Java 5 um eine Methode

```
public static String deepToString(Object[] a)
```

bereichert worden, die mehr-dimensionale Arrays als String zurückgibt. Jede Dimension wird dabei in einem eckigen Klammern-Paar eingebettet. Es fehlt weiterhin eine Methode deepCopy(), die Arrays rekursiv absteigend kopiert und für nicht-primitive Komponenten – sofern Cloneable – die Methode clone() aufruft. Da sie nicht existiert, nehmen wir sie ebenfalls in unsere ArrayUtil auf:

```
class ArrayUtil {
    // --- wie oben

    public static Object deepCopy(Object array) {
        if (array==null)
            return null;
        Class<?> clazz= array.getClass();

        // --- sofern kein Array: Clone oder Original-Element zurückgeben
        if (!clazz.isArray()) {
            if(Cloneable.class.isAssignableFrom(clazz))
                try {
                    return clazz.getMethod("clone").invoke(array);
                } catch (Exception e) {
                    // --- tritt nur in „merkwürdigen" protected Implementierungen auf
                    //     siehe hierzu Hinweis 2.29 in Abschnitt 2.14
                }
            return array;
        }

        // --- Anlage eines Arrays
        Object cArr= Array.newInstance(
                        array.getClass().getComponentType(),
                        Array.getLength(array));

        // --- für primitive Typen reicht eine flache (shallow) Kopie
        if (cArr.getClass().getComponentType().isPrimitive())
            System.arraycopy(array,0,cArr,0,Array.getLength(array));
        else
            // --- jede nicht-primitive Komponenten wird rekursiv kopiert
            for (int i=0; i<Array.getLength(cArr);i++)
                Array.set(cArr,i,deepCopy(Array.get(array,i)));
        return cArr;
    }
}
```

Es ist sicherlich interessant, die Methode deepCopy() einem Test zu unterwerfen:

```
int[][][][] iArr4D= new int[][][][] {{{{1,2,3},{4,5}}},
                                      {{{6}}},
                                      {{{7,8},{9}}}};
int[][][][] iArr4DCopy= (int[][][][])ArrayUtil.deepCopy(iArr4D);

iArr4D[0][0][0][2]= 10;
iArr4D[0][0][1]= new int[]{40,50};
iArr4D[1]= new int[][][]{{{60}}};
System.out.println(Arrays.deepToString(iArr4D));
          ⇨ [[[[1, 2, 10], [40, 50]]], [[[60]]], [[[7, 8], [9]]]]
System.out.println(Arrays.deepToString(iArr4DCopy));
          ⇨ [[[[1, 2, 3], [4, 5]]], [[[6]]], [[[7, 8], [9]]]]
```

Für den Clone-Test benötigen wir noch eine einfache mutable Klasse wie beispielsweise:

```
class Int implements Cloneable {
  public int i;            // Zugriff von außen erwünscht!

  public Int(int i) {
    this.i= i;
  }

  @Override
  public Int clone() {
    return new Int(i);     // einfacher als ein Aufruf von super.clone()
  }

  @Override
  public String toString() {
    return Integer.toString(i);
  }
}
```

Zum Test reicht bereits ein ein-dimensionales Array:

```
Int[] intArr= { new Int(1),new Int(2),new Int(3) };
Int[] intArrCopy= (Int[])ArrayUtil.deepCopy(intArr);
intArr[0].i= 10;
System.out.println(Arrays.toString(intArr));          ⇨ [10, 2, 3]
System.out.println(Arrays.toString(intArrCopy));      ⇨ [1, 2, 3]
```

Die Methode deepClone() geht davon aus, dass immutable Objekte wie String nicht Cloneable sind. Denn nur mutable Objekte sollten gecloned werden (schön wäre wohl eine Methode, die auf immutable testet).

3.3.14   Problemfall primitiven Typen

Leider besteht eine unangenehme Limitation aufgrund einer ungenügenden Einbettung der primitiven Typen in das Typ-System. Zwischen den primitiven Typen gibt es aufgrund von Widening eine Art von Subtyp-Beziehung (Abbildung 3.3).

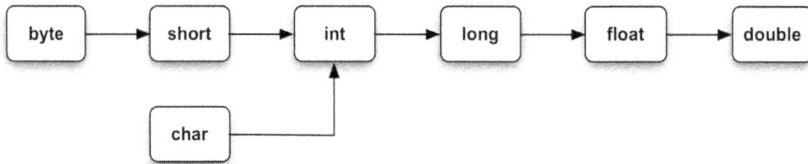

Abbildung 3.3: Widening bei primitiven Typen

Widening veranlasst den Compiler nicht nur zu automatischen Konvertierungen, sondern auch zur Suche nach einer passenden Methode. Beim Aufruf einer Methode mit primitiven Parametern wählt der Compiler anhand der aktuellen Argumente eine möglichst passende Methode. Betrachten wir beispielsweise die beiden folgenden Methoden f():

```
class Widening {
  public static long f(long l) {
    return l*l;
  }

  public static double f(double d) {
    return Math.sqrt(d);
  }
}
```

Die beiden Ausgaben werden wohl auch erwartet:

```
System.out.println(Widening.f(10));                    ⇨ 100
System.out.println(Widening.f(100F));                  ⇨ 10.0
```

Aber das reflexiv „nachzuahmen" ist sehr anspruchsvoll. Denn die reflektive Wahl einer Methode erfordert eine exakte Angabe der Signatur. Man kann also weder die Intelligenz des Compilers, noch die Hilfe der Methode isAssignableFrom() nutzen.

```
try {
  // --- nur die exakte Auswahl ist ok! Die Angabe Integer.TYPE führt zur Ausnahme
  System.out.println(
    Widening.class.getMethod("f",Long.TYPE).invoke(null,10));
} catch (Exception e) {
}
```

Wie man sieht, hilft einem noch nicht einmal die Methode `isAssignableFrom()`:

```
System.out.println(Long.TYPE.isAssignableFrom(Integer.TYPE));
                                                    ⇨ false
```

Leider gibt es noch ein weiteres diffiziles Problem. Es beruht darauf, dass es keine generische `Class<primitveType>` gibt. Somit gilt:

```
Class<WrapperType> clazz= primitiveType.class;
```

Zwei Beispiele, die dies demonstrieren:

```
Class<Integer> iClazz= int.class;
Class<Double>  dClazz= Double.TYPE;
```

Das zwingt zu einem aufwändigen reflektiven Programmierstil, da primitive Fälle somit gesondert zu behandeln sind. Hier eine nur unvollständige Methode zur Demonstration:

```
static Number newNumber(Class<? extends Number> clazz,
                        String value) {
  if (clazz.isPrimitive()) {
    if (clazz==Integer.TYPE)
      clazz= Integer.class;         // beispielsweise Umleiten auf Wrapper
    else if (clazz==Double.TYPE)
      clazz= Double.class;
    // --- Behandlung weiterer primitiver Typen!
  }
  try {
    return clazz.getConstructor(String.class).newInstance(value);
  } catch (Exception e) {
  }
  return null;
}
```

Sollte man sich über den Rückgabe-Typ `Object` bei der `Array`-Methode

```
    Object newInstance(Class<?> componentType, int length)
```

wundern und eine generische Variante bevorzugen, so muss man vorsichtig sein, da nun Arrays von primitiven Typen nicht mehr zurückgegeben werden können:

```
public static <T> T[] newArray(Class<? extends T> clazz,
                               int size) {
  if (clazz.isPrimitive())
    return null;           // nicht sehr gut, aber kurz!
  return (T[])java.lang.reflect.Array.newInstance(clazz, size);
}
```

Würde man im letzten Beispiel die `Class`-Argumente von primitiven Typen nicht abfangen, löst ein primitiver Typ zur Laufzeit immer eine Ausnahme aus. Das ist auch der Grund, warum von Sun für `newInstance()` der Rückgabe-Typ `Object` gewählt wurde.

3.4 Interface-basiertes Reflexion-API

Neue APIs werden von Sun nur noch in Form von Interfaces modelliert. Bei der Erweiterungen alter klassen-basierter APIs besteht die Kunst im Retrofitting der alten Klassen, so dass (Legacy-)Applikationen weiterhin problemlos laufen. In diesem Fall leitete Sun `Class` von einem Marker-Interface `Type` ab. Zusätzlich wurden die Klassen `Class`, `Method` und `Constructor` von dem Interface `GenericDeclaration` abgeleitet, das nur eine Methode enthält. `Field` blieb außen vor und wurde statt dessen mit einer zusätzlichen Methode `get-GenericType()` ausgestattet (siehe Abbildung 3.4).

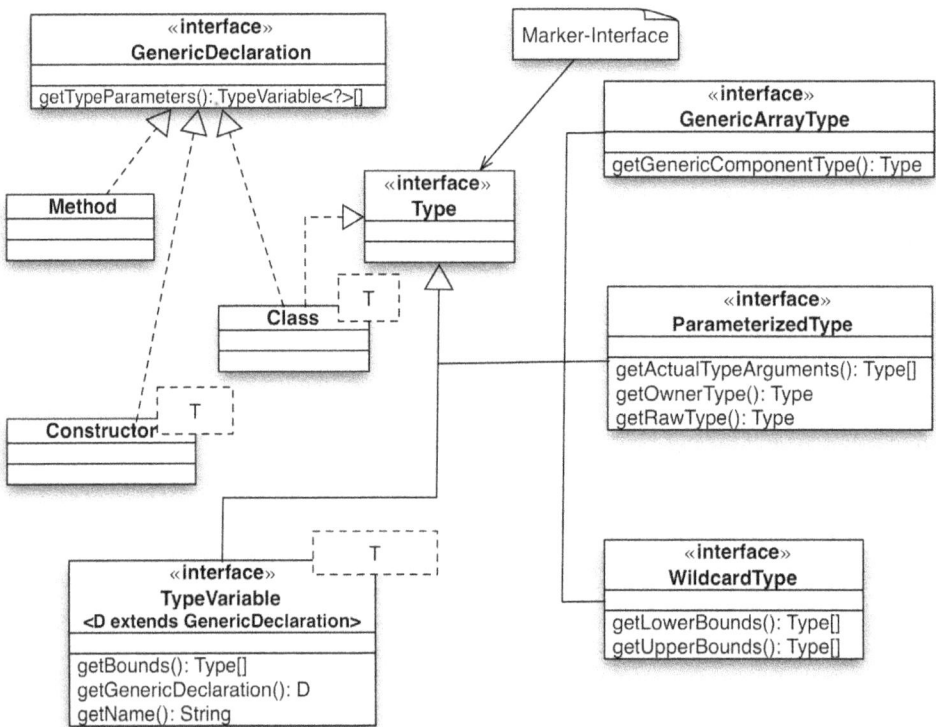

Abbildung 3.4: Das Reflexion-API zu Generics (ohne AnnotatedElement)

Im Zeichen von Type-Erasure ist die wohl wichtigste Frage, welche generischen Informationen zur Laufzeit abgefragt werden können. Alle statische Typ-Informationen des Source-

Codes – inklusive der generischen – werden neben dem Konstanten-Pool, den Attributen und dem Byte-Code in der `Class`-Datei gespeichert. Der Byte-Code ist logisch den Methoden zugeordnet (siehe Abbildung 3.5). Die statischen generischen Informationen, die in den Sourcen enthalten sind, können somit abgefragt werden. Man kann also durchaus die generischen Informationen zu Superklassen bzw. Super-Interfaces, die Typ-Parameter mit den Namen der Typ-Variablen etc. abfragen. Dies sind statische Informationen, die direkt oder indirekt in den `Class`-Dateien zur Verfügung stehen. Fassen wir kurz zusammen:

▶ Hinweis 3.8   Generische Informationen zur Laufzeit

- Alle statischen generischen Informationen sind in der `Class`-Datei enthalten und können reflektiv über die neuen Interfaces abgefragt werden.

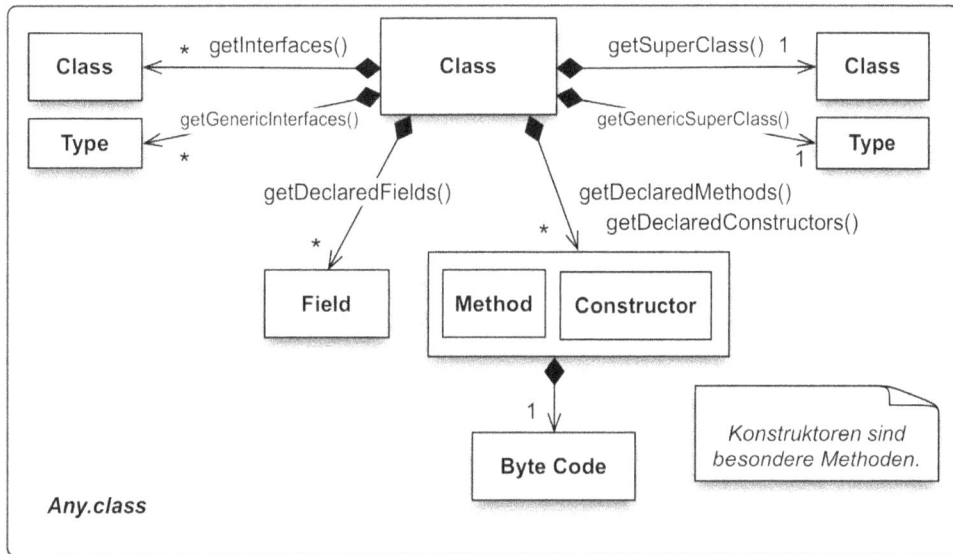

Abbildung 3.5 Einfache reflektive Sicht der Struktur einer Class-Datei

In den Anweisungen – dem Byte-Code – findet man nur den rohen Typ und anstatt der Typ-Variablen ihre obere Typ-Schranke. Zur Laufzeit fehlen die aktuellen Typen zu den Typ-Variablen. Die aktuellen Typen der Felder sind dagegen wieder statisch und können somit ermittelt werden (eine besondere Rolle spielt dabei `getGenericSuperClass()`, aber dazu später!). Genau diese Problematik führt zu den in Abschnitt 2.4.1 besprochenen Restriktionen und den Idiomen. Um diese generischen Informationen zu erhalten, bedient man sich der Interfaces (siehe Abbildung 3.4). Die Implementierungen der Interfaces sind in Java 6 nicht in die Standard-Packages `java.*` oder `javax.*` zu finden, sondern in den Packages `sun.*` ausgelagert. Bei der vorliegenden Java 6 Version findet man beispielsweise die Implementierung `TypeVariableImpl` zum Interface `TypeVariable` im Package `package sun.reflect.generics.reflectiveObjects`.

3.4.1   Type

Bei den Interface-Beziehungen in Abbildung 3.4 fällt die zentrale Rolle des Interfaces `Type` auf. `Type` hat als Marker-Interface die Aufgabe, `Object` als Rückgabe-Typ in den Methoden der Interfaces zu ersetzen. Der Vorteil gegenüber `Object` liegt darin, dass sich hinter `Type` nur fünf Subtypen verbergen können. Primitive Typen wie beispielsweise `Integer.-TYPE` bzw. `int.class` werden ebenfalls von `Type` repräsentiert. Dieses Design hat aber einen entscheidenden Nachteil. Jedes Mal, wenn eine Objekt vom Typ `Type` geliefert wird, muss eine Typ-Prüfung – beispielsweise mit `instanceof` – erfolgen, um zum wahren Typ casten zu können. Denn `Type` bietet keinen direkten Service außer den Methoden wie beispielsweise `toString()` von `Object`. Betrachtet man die Typ-Beziehungen aus der Sicht der beteiligten Methoden, erhält man einen Eindruck über alle Zugriffsmöglichkeiten im Framework (Abbildung 3.6).

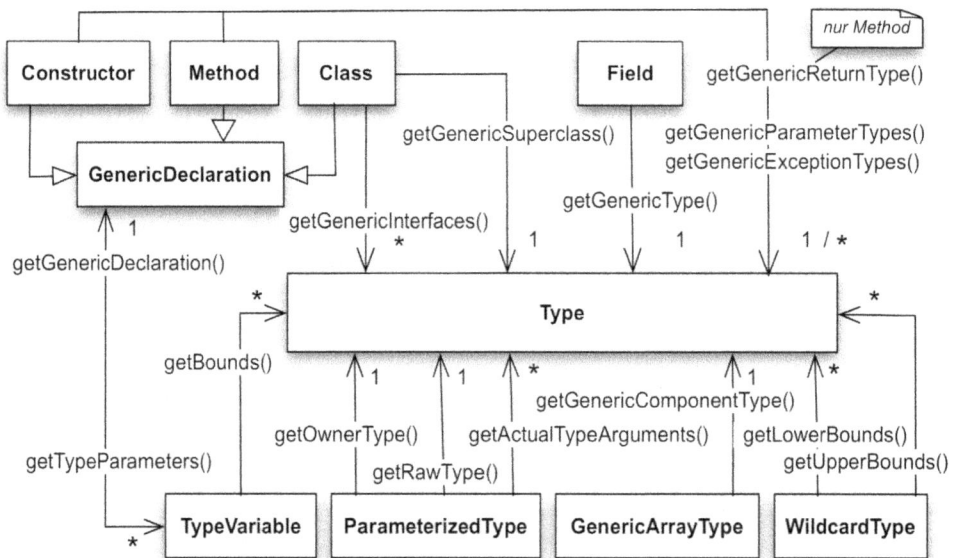

Abbildung 3.6: Beziehungen der Typen aufgrund der Methoden

3.4.2   GenericDeclaration, TypeVariable, Field

Der Einstieg in das neue API geht bei `Class`, `Method` und `Constructor` über `Generic-Declaration()` mit der einzigen Methode `getTypeParameters()`.[67]

---

[67]   Leider ist die Namensgebung nicht konsistent. Eine Methode `getTypeParameters()` sollte an sich einen Typ `TypeParameter[]` liefern oder aber `getTypeVariables()` genannt werden.

- **TypeVariable<?>[] getTypeParameters()**
  Liefert eine Array der Typ-Variablen bzw. ein Array der Länge 0, wenn der Typ nicht-generisch ist.

Über das Interface `TypeVariable<D extends GenericDeclaration>` werden dann weitere Einzelheiten der Deklaration ermittelt:

- **String getName()**
  Liefert den Namen der Typ-Variablen in der Deklaration (nicht des aktuellen Typ-Argu-ments im paramerisierten Typ!).

- **Type[] getBounds()**
  Liefert die Typ-Beschränkungen der Typ-Variable als `Type[]`, was zur Rekursion führt, um an die weiteren generischen Konstrukte zu kommen. Da Wildcards in Deklarationen nicht zulässig sind, liefert es nur obere Typ-Beschränkungen (upper bounds).

- **D getGenericDeclaration()**
  Liefert eine der drei Sub-Klassen von `GenericDeclaration`, d.h. das Objekt, das diese Type-Variable deklariert hat.

Sieht man von der speziellen `toGenericString()`-Methode ab, besitzt `Field` nur eine Methode für das neue API:

- **Type getGenericType()**
  Liefert eine Subtyp von `Type`. Im Fall eines parameterisierten Typs liefert die Methode ein Ergebnis vom Typ `ParameterizedType`, ansonsten eine `Class`-Instanz.

- **String toGenericString()**
  Der parameterisierte Typ als `String`.

Anhand der Klasse `NumContainer` soll der Einsatz der Methoden demonstriert werden:

```
class NumContainer<N extends Number> {
  private N[] nArr;

  public NumContainer(N... num) {
    nArr= num.clone();
  }
  public N[] sort() {
    N[] cpy= nArr.clone();
    Arrays.sort(cpy);
    return cpy;
  }
}
```

Die Verwendung der drei Methoden ist einfach:

```
NumContainer<Integer> iCont= new NumContainer<Integer>(3,2,1);

System.out.printl(Arrays.toString(iCont.sort()));      ⇨ [1, 2, 3]

Class<? extends NumContainer> iClazz= iCont.getClass();

TypeVariable<?>[] tvArr= iClazz.getTypeParameters();
System.out.println(Arrays.toString(tvArr));            ⇨ [N]

Field f= iClazz.getDeclaredFields()[0];
System.out.println(f.getGenericType()+ ", "+f.toGenericString());
                        ⇨ N[], private N[] kap03.NumContainer.nArr

for (TypeVariable<?> tv: tvArr) {
  System.out.println(
    tv.getGenericDeclaration());          ⇨ class kap03.NumContainer
  for (Type t: tv.getBounds())
    System.out.println(t);                ⇨ class java.lang.Number
}
```

Im obigen Beispiel ist D die Klasse NumContainer. Da iClazz die Class-Instanz für alle generischen NumContainer<?> ist, gibt es keine Information zum aktuellen Typ wie beispielsweise NumContainer<Integer>. D liefert den rohen Typ (siehe Ausgabe). Dieses sehr einfache Beispiel umgeht eine gewisse Schwierigkeit:

▶ *Hinweis 3.9   Cast bei Type, Rekursive Typ-Bestimmung, Type-Array*
- Aufgrund des Marker-Interfaces Type besteht zwangsläufig die Aufgabe darin, einen korrekten Cast zum wahren Typ hinter Type durchzuführen.
- Die weiteren Informationen müssen im generellen Fall immer rekursiv ermittelt werden.
- Bei Methoden, die ein Array von Type liefern, ist insbesondere darauf zu achten, dass jedes Element des Arrays ein anderer Subtyp sein kann.

Als letztes kann man noch zu NumContainer die generischen Informationen zur Methode sort() holen. Da die Methode nur einen Rückgabe-Typ bietet, vergleichen wir hier einmal getGenericReturnType() mit getReturnType():

```
for (Method m: iClazz.getDeclaredMethods())
  System.out.println(m.getName()+": "+
                     m.getReturnType().getCanonicalName()+", "+
                     m.getGenericReturnType());

    ⇨ sort: java.lang.Number[],N[]
```

3.4.3   Generische Methoden in Class, Method & Constructor

Wie bereits aus der Abbildung 3.6 ersichtlich, führen in `Class` die generischen Getter-Methoden zur Superklasse bzw. Super-Interfaces direkt zu `Type`-Referenzen. Die beiden Methoden hierzu sind:

- **Type getGenericSuperclass()**
  Ist die Superklasse parameterisiert, wird eine `ParameterizedType`-Instanz zurückgeliefert. Gehört die `Class`-Instanz zu `Object`, einem Interface, `void` oder einem primitiven Typ, ist das Resultat `null`.

- **Type[] getGenericInterfaces()**
  Liefert die direkten Super-Interfaces zu Klassen und Interfaces in der Reihenfolge der Deklaration. Gibt es keine Super-Interfaces, wird eine Array der Länge 0 zurückgeliefert.

Sind die Interfaces oder die Superklasse nicht generisch, ist das Ergebnis der Methoden äquivalent zu `getSuperClass()` bzw. `getSuperInterfaces()`. Für `Method` und `Constructor` stimmen die Getter für generische Informationen bis auf einen zusätzlichen für den Rückgabe-Typ bei `Method` überein. Deshalb werden sie zusammen aufgeführt:

- **TypeVariable<Method>[] getTypeParameters()**
  TypeVariable<Constructor<T>>[] getTypeParameters()
  Aus Interface `GenericDeclaration`, allerdings mit eigenem Typ passend parameterisiert.

- **Type getGenericReturnType()**
  Liefert (nur) für Methoden den Rückgabe-Typ, der neben einem normalen Typen auch eine Typ-Variable oder ein parameterisierter Typ sein kann.

- **Type[] getGenericParameterTypes()**
  Liefert ein Array der formalen Parameter-Typen in der Reihenfolge der Parameter. Ist ein Typ ein parameterisierter Typ, bekommt man über das zugehörige Type-Element genaue Informationen zum aktuellen Typ.

- **Type[] getGenericExceptionTypes()**
  Da Ausnahmen parameterisiert sein können, liefert diese Array die zugehörigen Informationen.

- **String toGenericString()**
  Die generische Methode als `String`.

Um diese Methoden im Einsatz zu sehen, kann man eine Utility-Methode `methodToString()` implementieren, die zu einer `Method`-Instanz die generische Signatur der zugehörigen Methode rekonstruiert. Dazu verwendet sie neben Gettern aus dem alten API die oben angegebenen generischen Getter in `Method`:

```java
public class GenericReflectUtil {
  public static String methodToString(Method method) {
    if (method==null)
      return "";
    StringBuilder sb= new StringBuilder();

    // --- muss nicht sein, aber ist evtentuell informativ!
    if (method.isSynthetic())
      sb.append("compiler-generiert: ");

    sb.append(Modifier.toString(method.getModifiers()))
      .append(" ");

    // --- zuerst benötigt man die Typ-Parameter
    TypeVariable<Method>[] tv= method.getTypeParameters();
    if(tv.length>0)
      sb.append("<")
        .append(toString(method.getTypeParameters(),true))
        .append("> ");

    // --- es folgt der generische Rückgabetyp ohne Package-Angabe
    //     dann der Methodenname
    String s= method.getGenericReturnType().toString();
    sb.append(s.substring(s.lastIndexOf('.')+1))
      .append(" ")
      .append(method.getName())
      .append("(");

  // --- als letztes die generischen Parametertypen zusammen mit arg-Parameter
    Type[] typeArr= method.getGenericParameterTypes();
    for (int i= 0; i<typeArr.length; i++) {
      if (i>0)
        sb.append(",");
      sb.append(typeArr[i].toString()+" arg"+i);
    }

    return sb.append(")").toString();
  }
}
```

In der Methode fehlt noch eine „`throws`-Clause", die aber leicht hinzugefügt werden kann.

Es folgt ein kurzer Test, der der Einfachheit halber an einer `Triple`-Klasse mit nur einer statischen Methode durchgeführt werden soll:

```java
class Triple<A,B,C> {
  private A a;
  private B b;
  private C c;

  public static <A,B extends A,C extends B>
         Triple<A,B,C> newInstance(A a,B b,C c) {
    return new Triple<A,B,C>(a,b,c);
  }

  public Triple(A a,B b,C c) {
    this.a= a; this.b= b; this.c= c;
  }

  @Override
  public String toString() {
    return "<"+a+","+b+","+c+">";
  }
}

public class TestGenMethod {
  public static void main(String... args) {

    // --- die Casts sind für den Compiler notwendig:
    //     sie weisen den Instanzen den notwendigen Supertyp zu
    Triple<Serializable,Number,Integer> triple=
      Triple.newInstance((Serializable)"123",(Number)123.,123);

    System.out.println(triple);
    ⇨ <123,123.0,123>
    // --- Hinweis: Ausgabe wurde passend umgebrochen
    System.out.println(GenericReflectUtil
            .methodToString(Triple.class.getMethods()[1]));
    ⇨ public static <A extends Object,B extends A,C extends B>
         Triple<A, B, C> newInstance(A arg0,B arg1,C arg2)
  }
}
```

Die rekonstruierte Signatur der letzten Ausgabe stimmt mit der Source überein. Es sind allerdings nur die statischen Informationen, d.h. so kommt man nicht an die aktuellen Informationen wie `Triple.newInstance((Serializable)"123",(Number)123.,123)` im Test-Code.

3.4.4   ParameterizedType, WildcardType, GenericArrayType

Wie der Name schon sagt, repräsentiert das Interface `ParameterizedType` parameterisierte Typen von generischen Klassen oder Interfaces. Parameterisierte Typen können als Basistypen – hinter `extends` oder `implements` –, als Variablen-, Parameter- oder Rückgabe-Typ auftreten. Sie bestehen immer aus einem rohen Typ sowie einem aktuellen Typ, der eine Typ-Variable ersetzt. Da parameterisierte Typen auch als innere Klassen bzw. Interface auftreten können, gibt es auch einen entsprechenden Getter für den äußeren Typ.

- **Type getRawType()**
  Gibt den raw Basis-Typ ohne Typ-Parameter zurück. Die ist eine `Class<?>` Instanz.[68]

- **Type[] getActualTypeArguments()**
  Gibt die aktuellen Typ-Argumente zurück. Jedes Element kann selbst wieder vom Typ `ParameterizedType` sein. Das Array kann auch die Länge 0 haben.

- **Type getOwnerType()**
  Ist der parameterisierte Typ ein innerer Typ (Klasse oder Interface), so liefert die Methode den äußeren Type, ansonsten `null`.

In parameterisierten Typen können auch Wildcard-Ausdrücke verwendet werden. Wildcards können ohne, mit oberer oder unterer Typ-Beschränkung auftreten, wobei beide Schranken ausgeschlossen sind. Wird ein Typ `WildcardType` zurückgegeben, kann mittels der zwei Getter die obere oder untere Typ-Schranke bestimmt werden:

- **Type[] getLowerBounds()**
  Gibt für `?` in Verbindung mit `super` die untere Beschränkung `Type[]` zurück, ansonsten ein Array der Länge `0`.

- **Type[] getUpperBounds()**
  Gibt für `?` in Verbindung mit `extends` die obere Beschränkung `Type[]` zurück. Für ein unbeschränktes Wildcard `?` wird ein Array mit einem Element `Object` zurückgegeben.

Da auch Arrays aus generischen Elementen bestehen können, gibt es hierzu ein Interface `GenericArrayType` mit einen Getter:

- **Type getGenericComponentType()**
  Liefert im Fall eines eindimensionalen Arrays den Typ der Elemente, sofern dieser ein parameterisierter Typ oder eine Typ-Variable ist. Im mehrdimensionalen Fall wird wieder ein `GenericArrayType` geliefert.

Starten wir mit einem einfachen Beispiel zu generischen Arrays. Bevor die Methode `getGenericComponentType()` eingesetzt werden kann, muss das Feld mit Hilfe von `getGene-`

---

[68]   Warum `Type` und nicht `Class<?>` zurückgeliefert wird, ist nicht ganz klar. In dem Code von `TypeLiteral` zu Google *Guice* wird Neal Gafter mit den Worten „pathologische Fälle aufgrund von inneren Klassen" zitiert.

ricType() darauf getestet werden, ob sich hinter dem Ergebnis Type ein GenericArray-Type „versteckt". Die nachfolgende Klasse CGA dient nur dem Zweck, an einem komplizierte generische Array die Wirkung der Methoden zu untersuchen:

```
class CGA<T> {
    Integer[] iArr;                    // nicht generisch, keine Auswertung!
    T[][] tMat;
    List<List<Map<T,T>>>[][][] lst3Dim;
}
```

Der folgende Test durchläuft die deklarierten Felder. Nur von den beiden generischen Arrays wird die Dimension bestimmt. Hinter dem Elementtyp werden dann entsprechend viele eckige Klammern ausgegeben. Speziell für das letzte Feld lst3Dim wird der rohe Typ ausgegeben und mit Hilfe von newInstance() ein 3-dimensionales Array angelegt:

```
Type t;
GA<String> cga= new CGA<String>();
for (Field f : cga.getClass().getDeclaredFields()) {
    t= f.getGenericType();
    if (t instanceof GenericArrayType) {
        int dim= 1;
        while ((t=((GenericArrayType)t).getGenericComponentType())
                instanceof GenericArrayType)
            dim++;
        System.out.print(t);              // Ausgabe zusammen mit nächstem print()
        for (int i= 0; i<dim; i++)
            System.out.print(i==dim-1?"[]\n":"[]");
        ➪ T[][]
        ➪ java.util.List<java.util.List<java.util.Map<T, T>>>[][][]

        if (t instanceof ParameterizedType) {
            ParameterizedType pt= (ParameterizedType)t;
            System.out.println(pt.getRawType());
            ➪ interface java.util.List

// --- Der Cast erzeugt eine Warnung! new int[dim] erzeugt 3 Dimensionen der Länge 0
            cga.lst3Dim= (List<List<Map<String,String>>>[][][])
                        Array.newInstance((Class<?>)pt.getRawType(),
                                new int[dim]);
            System.out.println(cga.lst3Dim.getClass().getSimpleName());
            ➪ List[][][]
        }
    }
}
```

Auch der letzte Test zeigt deutlich, dass die aktuellen Typen im Code nicht erfasst werden. Nur die Deklaration der Felder wird in der `Class`-Datei gespeichert. Somit wird die Typ-Variable `T` ausgegeben.

Class-Instanz zu Type

An sich fehlen nun nur noch Beispiele zu den Methoden für Supertypen und Wildcards in Verbindung mit `getActualTypeArguments()`. Aber das Ende dieses Kapitels ist die Vorstellung der Grundzüge des so genannten *Super Type Tokens*. Es ersetzt das Class-Token-Idiom (siehe Abschnitt 2.10.1) und wurde Ende 2006 in seinen Grundzügen von Neil Gafter vorgestellt und unter anderem in Google's IOC-Container *Guice* von „crazy" Bob Lee in einer Variante programmiert. Alle Implementierungen basieren auf einer Utility-Methode, die zu einem `Type` die rohe `Class`-Instanz findet. Die allgemeine Methode ist wie üblich rekursiv. Die nachfolgende Variante basiert auf einer Implementierung von Ian Robertson.[69]

```
public class TypeUtil {

  private TypeUtil() { }   // keine Instanzen!

  public static Class<?> getRawClass(Type type) {
    if (type instanceof Class)
      return (Class)type;

    if (type instanceof ParameterizedType)
      return getRawClass(((ParameterizedType)type).getRawType());

    if (type instanceof GenericArrayType) {
      Type componentType =
          ((GenericArrayType)type).getGenericComponentType();
      // --- auch für mehrdimensionale Arrays ok
      //     die Arrays werden sukzessiv mit newInstance() erzeugt
      Class<?> componentClass = getRawClass(componentType);
      if (componentClass!=null)
        return Array.newInstance(componentClass,0).getClass();
    }

    if (type instanceof TypeVariable)
      return getRawClass(((TypeVariable)type).getBounds()[0]);

    return null;
  }
}
```

---

[69] Die vorliegende Version von Bob Lee ist nicht rekursiv, deckt aber auch nicht alle Fälle ab. Ian Robertson liefert für Typ-Variable den Wert `null`, ist aber sonst äquivalent zum oben angegebenen Code.

Dieses abschließende Beispiel zu den generischen Interfaces demonstriert die bisher nicht behandelten Methoden inklusive `TypeUtil.getRawType()`. Von den beiden Wildcard-Methoden wird allerdings nur `getUpperBound()` verwendet, da `getLowerBound()` äquivalent ist. Zuerst benötigen wir eine minimale Test-Hierarchie mit einer generischen Member-Klasse, um `getOwnerType()` anhand eines Felds testen zu können.

```
interface IE<E extends Exception> {
}


class Base2<U,V> {
}


class Base1<T> extends Base2<T,String>{
}


class Derived<T> extends Base1<T>
                  implements IE<RuntimeException> {
  class MemberC<T> {
  }

  Derived<? extends Number>.MemberC<? super Integer> memFld;
}
```

Der erste Test gibt Aufschluss über die Hierarchie:

```
Class<Derived> clazz= Derived.class;
Type type= clazz.getGenericSuperclass();


System.out.println(type);                 ⇨ kap03.Base1<T>
System.out.println(TypeUtil.getRawClass(type));
                                          ⇨ class kap03.Base1
System.out.println(TypeUtil.getRawClass(type)
                   .getGenericSuperclass());
                                ⇨ kap03.Base2<T, java.lang.String>
System.out.println(
    TypeUtil.getRawClass(clazz.getGenericInterfaces()[0]));
                                ⇨ interface kap03.IE
```

Der zweite Test untersucht den Owner `Derived` des Felds `memFld` vom Typ `MemberC`:

```
type= clazz.getDeclaredFields()[0].getGenericType();
ParameterizedType pt=
    (ParameterizedType)((ParameterizedType)type).getOwnerType();
type= ((WildcardType)pt.getActualTypeArguments()[0])
                    .getUpperBounds()[0];
System.out.println(((Class<?>)type).getSimpleName());  ⇨ Number
```

3.4.5   Super Type Token

Seit Einführung von Generics sucht man „Workarounds" für das leidige Type-Erasure. Das Type-Token (Abschnitt 2.10.1) bietet sich zwar als eine Lösung an. Sie ist aber unbequem und hilft in generischen Situationen wenig. Wie unterscheidet man beispielsweise mittels Class-Token die generischen Typen `List<Date>` und `List<String>`? Die Antwort ist einfach: Überhaupt nicht! Nur `List.class` und nicht etwa `List<Date>.class` ist erlaubt. `List.class` liefert also zur Laufzeit keine Typ-Information zu den Elementen.

Es gibt noch eine Hintertür! Die Idee zum so genannten Super Type Token – ein Begriff, den Neil Gafter prägte[70] – beruht darauf, dass man die aktuellen Typen parameterisierter Superklassen durchaus mit Hilfe von `getGenericSuperClass()` bestimmen kann. Somit muss man nur die aktuellen Typ-Informationen in eine generische Superklasse transferieren. Zusätzlich benötigt man ein dem Type-Token ähnliches Typ-Literal. Es muss eine möglichst einfach zu konstruierende Subklasse einer allgemeinen Klasse `TypeLiteral` sein. Die Klasse `TypeLiteral` darf nicht direkt benutzt werden, da man an die gewünschten Informationen nur über die Subklasse herankommt. Die einfachste Möglichkeit besteht darin, eine Instanz einer anonymen Klasse zu einer `abstract` deklarierten Superklasse `TypeLiteral<T>` zu erschaffen. Die benötigten Typ-Informationen werden dann der Superklasse in `T` übergeben. Umgesetzt in Code:

```
public abstract class TypeLiteral<T> {
    / * sofern erforderlich: hier weitere nützliche Methoden */
}

TypeLiteral<List<Date>> typeLit= new TypeLiteral<List<Date>>(){};
```

Im Beispiel enthält die Variable `typeLit` die Information `List<Date>`. Dazu referenziert sie die Instanz einer anonymen Klasse von `TypeLiteral`. Die kann sich auf Grund von `abstract` nicht selbst instanzieren. Mit der Referenz `typeLit` hält man den „Schlüssel" zu generischen Informationen zur Laufzeit in den Händen. Dazu geht man den Umweg über `getGenericSuperClass()` in Verbindung mit `getActualTypeArguments()`:

```
ParameterizedType pt= (ParameterizedType)typeLit.getClass()
                                      .getGenericSuperclass();
System.out.println(pt.getActualTypeArguments()[0]);
                               ⇨ java.util.List<java.util.Date>
```

Damit das `TypeLiteral` wirklich nützlich ist, benötigt man zusätzlich einfache Utility-Methoden und muss zumindest `equals()` und `hashCode()` in der Klasse `TypeLiteral` passend überschreiben. Da weitere Methoden vom Einsatz abhängen, soll an dieser Stelle auf die Literaturhinweise am Ende des Kapitels verwiesen werden.

`TypeLiteral` kann Informationen zu beliebig komplizierten generischen Ausdrücken liefern. Beginnend mit dem obersten aktuellen Typ bildet dann der generische Ausdruck einen

---

[70]   Steht wohl als Abkürzung für Super Class Type Token!

Baum (geringer Tiefe und Breite). Zur Demonstration benötigt man zwei weitere `public` Methoden in `TypeUtil` (siehe Abschnitt 3.4.5), die den Typ-Baum passend darstellen:

```
public class TypeUtil {
  // --- Map: String-Schlüssel codiert Position des Type-Knotens im Baum
  //     Die Knoten in den Baum-Ebenen sind wie folgt im String-Key „codiert":
  //          0                   <-- level 0
  //     00   01   02 ...         <-- level 1
  //   000 001 ...                <-- level 2
  public static Map<String,Class<?>>
                  getParameterClasses(Type type) {
    return getParamClasses(new TreeMap<String,Class<?>>(),
                           "",type);
  }


  // --- rekursive Hilfs-Methode für Type-Baum, geeignet für maximal 10 Kinder-Knoten
  private static Map<String,Class<?>>
                  getParamClasses(Map<String,Class<?>> params,
                  Type type, String level) {
    if (type instanceof ParameterizedType) {
      int i= 0;
      for (Type t: ((ParameterizedType)type).
                                  getActualTypeArguments()) {
        params.put(level+i,getRawClass(t));
        params= getParamClasses(params,t,level+ i++);
      }
    }
    return params;
  }


  // --- liefert die Class-Instanzen zu Type-Knoten zu einer Ebene, Start mit level=0
  public static Class<?>[] getParameterClasses(Type type,
                                  int level) {

  if (level++<0)
    return new Class<?>[0];

  Map<String,Class<?>> cMap=
        getParamClasses(new TreeMap<String,Class<?>>(),type,"");
  List<Class<?>> cLst= new ArrayList<Class<?>>();
  for (String k:cMap.keySet())
    if (k.length()==level)
      cLst.add(cMap.get(k));

  return cLst.toArray(new Class<?>[cLst.size()]);
}
```

Zum Test der beiden Utility-Methoden benötigen wird ein parameterisiertes Feld, dass zumindest einen Typ-Baum der Höhe 3 hat, aber ansonsten wirklich „sinnfrei" ist:

```
TypeLiteral<List<Map<Map<String,Integer>,List<Date>>>> token=
  new TypeLiteral<List<Map<Map<String,Integer>,List<Date>>>>(){};
ParameterizedType pt= (ParameterizedType)token.getClass().
                                        getGenericSuperclass();
System.out.println(TypeUtil.getParameterClasses(pt));
  ⇨ {0=interface java.util.List, 00=interface java.util.Map,
     000=interface java.util.Map,
     0000=class java.lang.String, 0001=class java.lang.Integer,
     001=interface java.util.List, 0010=class java.util.Date}
System.out.println(
    Arrays.toString(TypeUtil.getParameterClasses(pt,3)));
  ⇨ [class java.lang.String, class java.lang.Integer,
     class java.util.Date]
```

Die an sich einzeilige Ausgabe wurde passend umgebrochen und spiegelt die Typ-Struktur wider.

Varianten & Limitation

Wie bereits gesagt, wird das Super Type Token je nach Einsatz um Methoden bereichert. Die wichtigsten beiden sind wohl `equals()` und `hashCode()`, da beide für den generellen Einsatz in Kollektionen bzw. Maps notwendig sind. Hier eine schlanke Variante:

```
public class TypeLiteral<T> {
  // --- für den einfachen Zugriff auf Type ohne Methoden-Aufrufe
  public final Type type;

  // --- nur für anonyme Klasse notwendig!
  protected TypeLiteral() {
    ParameterizedType superclass=
      (ParameterizedType)getClass().getGenericSuperclass();
    type = superclass.getActualTypeArguments()[0];
  }

  @Override public boolean equals (Object o) {
    return o instanceof TypeLiteral &&
          ((TypeLiteral)o).type.equals(type);
  }

  @Override public int hashCode() {
    return type.hashCode();
  }
}
```

Mit Hilfe dieses Typ-Literals können beliebige Typ-Objekt-Beziehungen festgehalten werden. Hier eine geeignete Wrapper-Klasse:

```
class TypeObjectRelation {
  private Map<TypeLiteral<?>,Object> toMap =
                      new HashMap<TypeLiteral<?>,Object>();

  public <T> void setRelation(TypeLiteral<T> type,T obj) {
    toMap.put(type,obj);
  }

  @SuppressWarnings("unchecked")
  public <T> T getRelated(TypeLiteral<T> type) {
    return (T)toMap.get(type);
  }
}
```

Was mit dem Class-Token nicht möglich wäre, wird nun zur einfachen Übung. Wir können beispielsweise zwischen verschiedenen generischen Listen aufgrund unterschiedlicher Typ-Literale unterscheiden (siehe HashCode!):

```
TypeLiteral<List<String>> sLstToken=
                      new TypeLiteral<List<String>>(){};
TypeLiteral<List<Date>> dLstToken=
                      new TypeLiteral<List<Date>>(){};
// --- die Token sind unterschiedlich!
System.out.println(sLstToken.hashCode()+", "+
            dLstToken.hashCode());        ⇨ 6906461,3493316


// --- Setzen der Listen zum Token
TypeObjectRelation typeValues= new TypeObjectRelation();
typeValues.setRelation(sLstToken,Arrays.asList("Hallo","Welt"));
typeValues.setRelation(dLstToken,Arrays.asList(new Date()));

// --- Holen der Werte mit vorhandenem Token
for (Date d : typeValues.getRelated(dLstToken))
  System.out.println(d);        ⇨ Tue Jul 17 10:06:43 CEST 2007

// --- Holen der Werte auch mit neuem Token möglich
for (String s : typeValues.getRelated(
                      new TypeLiteral<List<String>>(){}))
  System.out.println(s);        ⇨ Hallo
                                   Welt
```

So schön dieser Einsatz auch sein mag, es gibt wieder ein Typ-Problem!

Die TypeLiteral-Implementierung ist nicht unbedingt typsicher. Das Problem sind wieder einmal die Typ-Variablen, was als Letztes an einem Beispiel gezeigt werden soll.[71]

```java
public class TestSuperTypeToken {
  static TypeObjectRelation lstTypes= new TypeObjectRelation();

  static <T> List<T> getList() {
    TypeLiteral<List<T>> token = new TypeLiteral<List<T>>(){};
    List<T> tLst = lstTypes.getRelated(token);
    if (tLst == null)
      lstTypes.setRelation(token,tLst=new ArrayList<T>());
    return tLst;
  }

  public static void main(String[] args) {
    List<String> sLst = getList();
    List<Date>   dLst = getList();
    List<Object> oLst = getList();

    // --- hier die Ursache des Problems!
    System.out.println(sLst.hashCode()==dLst.hashCode());
    System.out.println(sLst.hashCode()==oLst.hashCode());

    dLst.add(new Date());
    for (Date d : dLst)
      System.out.println(d);          ⇨ Tue Jul 17 10:20:31 CEST 2007

    // --- und hier das Problem!
    for (String s : sLst)
      System.out.println(s);
        ⇨ ClassCastException:
            java.util.Date cannot be cast to java.lang.String
  }
}
```

TypeLiteral darf nur mit konkreten Typen benutzt werden, nicht mit Typ-Variablen. Der Name T nutzt bei der Typ-Identifizierung wenig, man braucht den hinter T liegenden realen Typ und der ist im oberen Beispiel aufgrund von Type-Erasure immer Object! Sicherlich kann die Verwendung mit Typ-Variablen durch (aufwändige) Programmierung abgefangen werden, aber letztendlich soll die Benutzung von Generics intuitiv und einfach sein. Und genau das ist sie nicht, gerade auch in Verbindung mit Reflexion.

---

[71] Das Beispiel basiert auf dem Test von Neil Gafter in
http://gafter.blogspot.com/2007/05/limitation-of-super-type-tokens.html

3.5   Fazit

Obwohl vom Prinzip her einfach, ist Reflexion im Detail dann doch anspruchsvoll. Vor allem die Aufsplittung in zwei Frameworks, eines klassen-basiert für Java bis zur Version 1.4 und eines interface-basiert für das neue generische Java mit Annotationen verlangt konzeptionelles Umdenken. Das Marker-Interface `Type` erlaubt zwar ein Retrofitting, ist aber von der Handhabung her – sprich `instanceof`-Prüfung mit anschließendem Cast – eine nicht gerade elegante Lösung. Mit der Lösung lässt sich trotzdem leben, wäre da nicht wieder das leidige Thema Type-Erasure. Das Super Type Token hilft zwar in vielen Fällen, ist aber auch recht anspruchsvoll, man könnte auch sagen „kryptisch". Vorsicht ist immer da geboten, wo Typ-Variable in parameterisierten Typen auftreten. Dann hilft keine Idiom. Bringt man es auf einen Punkt:

> ***Type-Erasure induziert für Generics und Reflexion eine Komplexität,***
> ***die schwerer wiegt als das Argument Kompatibilität.***

Sollte dagegen in einer kommenden Java-Version Type-Erasure endlich wegfallen, ergänzen sich beide Techniken Generics und Reflexion optimal. Wie man so treffend sagt, entsteht ein Synergie-Effekt: Was statisch zu lösen ist, überlässt man Generics und dem Compiler, was dynamisch erst zur Laufzeit geprüft werden kann, übernimmt dann Reflexion.

3.6   Referenzen

*   Gosling, J., Joy, B., Steele, G., Bracha, G. (2005). *The Java LanguageSpecification Third Edition.*
    Prentice Hall, USA

*   Halloway, S. D. (2001). *Component Development for the Java Platform.*
    Addison Wesley Professional

*   JSR-202: *Java Class File Specification Update*
    http://jcp.org/en/jsr/detail?id=202

*   Bracha, G., Ungar. D. (2004). *Mirrors: Design Principles for Meta-level Facilities of Object-Oriented Programming Languages.*
    OOPSLA'04, Oct. 24-28, 2004, Vancouver, British Columbia, Canada

*   Sosnoski, Dennis (2003). *Java programming dynamics,*
    Part 1: Classes and class loading,
    Part 2: Introducing reflection
    Part 3: Applied reflection
    IBM developerWorks
    http://www.ibm.com/developerworks/java/library/j-dyn0429/

*   Gafter, Neal (2006). *Super Type Tokens*
    http://gafter.blogspot.com/2006/12/super-type-tokens.html

- Gafter, Neal (2007). *A Limitation of Super Type Tokens*
  `http://gafter.blogspot.com/2007/05/`
  `limitation-of-super-type-tokens.html`

4   Annotations-Techniken

Annotationen sind Meta-Informationen im Source-Code zu ausgewählten Programm-Elementen. Als reine Informationen nehmen sie somit keinen direkten Einfluss auf die Programm-Logik, sondern sind wohl eher vergleichbar mit typsicheren Kommentaren. Dazu wurden sie in Java 5 als eine besondere Art von Interfaces eingeführt, die nur spezielle Werte liefern. Hauptsächlich unterscheidet man build-time und runtime Annotationen, d.h. Informationen

> *– direkt für den Compiler (build-time)*
> *– für spezielle Annotations-Prozessoren (build-time)*
> *– in der .class-Datei zur reflektiven Auswertung (runtime)*

Annotationen sind für Java mittlerweile unentbehrlich geworden. Sie werden für Dependency-Injection in DI-Containern wie Spring und Guice, für Enterprise-Programming (EJB, Web-Services) bis hin zu AOP verwendet und stehen somit auch in Konkurrenz zu XML-Konfigurationen.

Gegenüber Generics wurden Annotationen von Anfang an akzeptiert, auch wenn sich anfangs noch keine breite Anwendung abzeichnete. Das hat sich allerdings recht schnell geändert. Es gehört heute zum guten Stil von „advanced Programming", Sourcen bzw. Frameworks mit Annotationen auszustatten. Das liegt sicherlich nicht daran, dass Annotationen nur eine besondere Art von Kommentare sind. Annotationen sind ideal dazu geeignet, zusätzliche Informationen zur Überprüfung oder Generierung von Code zu liefern, wie im weiteren gezeigt werden soll.

Da Annotationen keine Anweisungen enthalten, haben sie deklarativen Charakter. Das macht sie universell einsetzbar. Im einfachsten Fall geben sie Hinweise wie `@Override` an den Compiler, damit dieser prüfen kann, ob die folgende Methode eine korrekte Signatur bei Überschreiben verwendet. Für komplexe Annotationen wie `@Threadsafe` oder `@Resource` benötigt man dagegen spezielle Annotations-Prozessoren, die aufgrund der Information umfangreiche Code-Prüfungen oder zusätzlich Code generieren, ob nun zur Build- oder Runtime. Annotationen stehen somit auch in Konkurrenz zu XML-Konfigurationen, da sich ihre Einsatzgebiete teilweise überlappen. Daraus leitet sich direkt eine Frage ab: Wann greift man zu einer Annotation und wann zu einer XML-Deklaration?

Antworten findet man dadurch, dass man sich bereits bestehende Annotations-Frameworks ansieht. Das bekannteste ist wohl JSR 250 *Common Annotations for the Java Platform* oder JSR 305 *Annotations for Software Defect Detection*. Mit JSR 308 *Annotations on Java Types* ist auch ein Blick in die Zukunft möglich.

Wie man jedoch schnell erkennen wird, gibt es mittlerweile unzählige so genannte Standard-Annotationen, vor allem im Bereich Java Enterprise Programming. Und wie bei jedem Hype führt die exzessive Verwendung sehr schnell zu Code, der an die Makros für den Präprozessor in C++ erinnert. Das ist insbesondere dann der Fall, wenn mehrere Frameworks verwendet werden, die alle Annotationen verwenden. Dann findet man vor lauter Annotationen den eigentlichen Code – das so genannte POJO[72] – nicht mehr. Das ist ein Resultat des Hypes, der XML-Konfigurationen durch Annotationen ersetzen will.

Dieses Kapitel legt wieder besonderen Wert auf die mit Annotationen verbundenen Techniken. Der erste Teil ist vergleichsweise einfach, denn es ist die Frage nach der Syntax: Wie legt man Annotationen an und wie fragt man sie (reflektiv) ab? Im weiteren werden bestehende Standards zu Annotationen besprochen, die auch mit der Frage verbunden sind, woran man brauchbare Annotationen erkennt. Die eigentliche Königsdisziplin ist wohl der praktische Einsatz in Verbindung mit Klassen, die Annotationen implementieren und den in Java 6 neue eingeführten Annotations-Prozessoren. Dazu benötigt man dann einen entsprechenden Einblick in die beteiligten APIs. Gerade der letzte Punkt ist brandneu in Java 6 und löst bereits eine Entwicklung ab, die erst in Java 5 vorgestellt wurde.

4.1   Überblick

Annotationen sind am einfachsten zu verstehen, wenn man sie mit Marker-Interfaces oder Modifiern vergleicht, da diese auch Meta-Daten darstellen. Betrachten wir dazu einmal die Antipoden `Serializable` und `transient`. Das Marker-Interface teilt der Umgebung mit, dass es erlaubt ist, die Daten der Instanzen in einen Byte-Stream umzuwandeln. Dies lässt dann jede Art der Datenübertragung (Marshaling) bzw. externer Speicherung zu. Der Modifier `transient` bedeutet dagegen, dass der Wert des nachfolgenden Feldes vom Serialisierungs-Prozess auszuschließen ist. Weder `Serializable` noch `transient` haben etwas mit der eigentlichen Applikationslogik selbst zu tun. Die Informationen sind „orthogonal" zur Anwendung, in diesem Fall also eine Mitteilung an die JVM. Im Fall von `Serializable` hat das natürlich Einfluss auf die Benutzung von Serialisierungs-Befehlen. Ohne `Serializable` lösen sie zur Laufzeit eine Ausnahme aus. Modifier wie `transient`, `volatile` oder `synchronized` sind dagegen „minimal-invasiv". Man nimmt sie im Programmablauf selbst nicht wahr, obwohl die letzten beiden wichtige Aufgaben beim Multi-Threading übernehmen. Daher kennen viele Java-Programmierer auch deren Wirkungsweise nicht so genau.[73]

---

[72]   POJO= Plain Old Java Object

[73]   Zu volatile gab es erst 2005 eine rege Diskussion in einem Java-Forum, wobei ein Teilnehmer transient mit volatile verwechselte. http://www.javalobby.org/forums/thread.jspa?threadID=17270

Ein kleines Beispiel soll noch einmal das oben angesprochene verdeutlichen:

```java
class Account implements Serializable {
  static private final long serialVersionUID = -12345L;
  volatile private int id;
  transient private double balance;

  public Account(int id) {
    set(id);
  }

  /**
   *  @param amount      Buchungsbetrag, wobei amount > 0.0 sein muss
   */
  synchronized public void transfer(double amount) {
    balance+= amount;
  }

  public void setId(int id) {
    this.id= id;
  }
}
```

Mit dem Modifier `volatile` deklarierte Felder können – vereinfacht gesagt – ohne Synchronisierung von allen Threads gemeinsam genutzt werden. Das Lesen ist also synchronisiert, weshalb diese Felder auch als half-synchronized bezeichnet werden. Eine volle Synchronisation ist aber nur mit Hilfe von `synchronized` zu erreichen und beim Lesen und Schreiben einer `double` sogar notwendig, da `double` mehr als 4 Bytes Speicherplatz benötigt. Diese Art von Programm-Modifikation hat ein Hauptproblem; sie ist fest in der Sprache verankert, mithin nicht erweiterbar. Hinzu kommt, dass Interfaces und Modifikatoren in recht unterschiedlicher Weise mit Java Code-Elementen interagieren.[74] Betrachtet man überdies den Kommentar im letzten Beispiel, enthält er eine Vorbedingung für den Aufruf von `transfer()`, ergo eine Meta-Information. Annotationen sind also dazu da, die Sprache Java in konsistenter Art zu erweitern.

▶ *Hinweis 4.1 Annotationen vs. Kommentare vs. Modifier*

* Annotationen sind typsichere, strukturierte Kommentare, die – sofern notwendig – auch zur Laufzeit ausgewertet werden können. Sie sind nicht mit Operationen verbunden.[75]

* Modifier sind durch die Sprache fixiert, also nicht vom Anwender erweiterbar. Neue Annotationen können dagegen jederzeit zur Sprache definiert werden.

---

[74] Anormale Beispiele sind unter anderem Serializable mit speziellen „magic" `readObject()` bzw. `writeObject()` Methoden, Cloneable als Marker-Interface mit spezieller `protected clone()`-Methode, der Zusammenhang zwischen `synchronized` und `wait-notify`.

[75] Anders ausgedrückt: Annotationen haben nur Zustand (state), kein Verhalten (behaviour).

4.1.1   Standard-Annotationen in Package java.lang

Beginnen wir zuerst mit den drei in Java 6 eingebauten Standard-Annotationen. Anhand dieser und weiterer einfachen Annotationen wollen wir zuerst den Einsatz besprechen, um dann im Anschluss die bereits eingeführten zu implementieren. Vorab ein

▶ *Hinweis 4.2   Einsatz von Annotationen*

- Annotationen stehen im Programm vor dem Programm-Element, das sie dekorieren. Die erlaubten Programm-Elemente in Java 6 sind
  – Packages, Klassen, Interfaces.
  – Felder, Methoden, Konstruktoren.
  – Parameter, Variablen.
- Annotationen beginnen immer mit einem Zeichen @, gefolgt vom Namen, der laut Java-Konvention mit einem Großbuchstaben beginnt. Je nach Art der Annotation müssen Werte für die zugehörigen Attribute angegeben werden.
- Der Compiler ignoriert in Java 6 bis auf drei Standard-Annotationen alle anderen, benötigt aber immer den Zugriff auf ihre Deklarationen, da er sie abhängig von der Auswertungsart in die `class`-Datei übernehmen muss.

Die Standard-Annotationen sind zur Zeit `@Deprecated`, `@Override` und `@SuppressWarnings`. Alle drei sind im Basis-Package `java.lang` enthalten. Die letzten beiden sind bekannt, so dass hier nur noch auf Besonderheiten eingegangen wird. Die ersten beiden sind so genannte Marker-Annotationen. Nur zu `@SuppressWarnings` muss mindestens ein Attribut-Wert angegeben werden, damit der Compiler entsprechend reagieren kann.

@Override

Die Annotation weist den Compiler darauf hin, dass die folgende Methode eine in der Klassenhierarchie höher stehende überschreiben soll. Vor Methoden, die Interface-Methoden implementieren, ist sie überflüssig. Fehler in der Signatur erkennt der Compiler auch so.

@Deprecated

Von JavaDoc ist der Tag `@deprecated` hinlänglich bekannt. Hier trifft der erste Punkt in Hinweis 4.1 zu. Die Annotation ist ein sprachlicher Ersatz und kann vor Klassen, Interfaces und Methoden verwendet werden. Sie vermittelt die gleiche Information wie der Kommentar-Tag: „Vorsicht, die Benutzung ist zu vermeiden". Ein Vergleich ist also legitim.

Die Annotation ist mangelhaft! Wenn auch nicht unbedingt in strukturierter Form, so konnte man im Kommentar hinter `@deprecated` Hinweise an den Anwender geben. Ein Marker-Interface transportiert dagegen keine weitere Information. Es fehlt der wichtige Hinweis, warum die Benutzung zu vermeiden ist. Des weiteren fehlt die Angabe, was als Ersatz zu verwenden ist. Und letztendlich fehlt der „Grad der Deprecation", d.h. ob (und wie lange) die Verwendung noch toleriert wird bzw. ob sie bereits als Fehler angesehen wird.

@SuppressWarnings

Die Annotation wirkt nur zusammen mit einer der `-Xlint` Compiler-Optionen wie:

```
javac -Xlint:all
javac -Xlint:deprecation,unchecked
```

Bei jeder Programm-Entwicklung sollte einer dieser Optionen gesetzt werden. Anhand einer Warnung lässt sich dann der entsprechende Code analysieren. Stellt man fest, dass der Code trotz Compiler-Warnung sicher bzw. korrekt ist, kann man vor das entsprechende Code-Element eine `@SuppressWarnings`-Annotation setzen. Dies entfernt die Warnung aus der Liste des Compilers. Ohne diese Möglichkeit würde man bei jeder Compilation immer wieder mit allen bereits untersuchten Warnungen konfrontiert. Das nervt nicht nur, sondern führt dazu, die Compiler-Option auszuschalten oder die Warnungen zu ignorieren. Ohne die Angabe zumindest eines Strings wird `@SuppressWarnings` vom Compiler nicht akzeptiert. Mehrere Strings müssen in geschweiften Klammern durch Komma getrennt angegeben werden:

```
@SuppressWarnings("deprecation")
@SuppressWarnings({"unchecked", "deprecation"})
```

Die Strings zeigen nur dann Wirkung, wenn sie für den Compiler eine Bedeutung haben, ansonsten werden sie einfach ignoriert. Wichtige Idents zu Warnungen sind:

- **deprecation** Deprecation ignorieren.
- **unchecked** Unsichere Casts oder rohe generischeTypen ignorieren.
- **serial** Interface `Serializable` auch ohne Serialisierungs-Ident akzeptieren.
- **all** Alle Warnungen unterdrücken.

Dies sind nicht alle möglichen Optionen. Generell gilt, dass alle Idents, die `-Xlint` zulässt, mit Hilfe von `@SuppressWarnings` wieder ausgeschaltet werden können. Ein kleines Beispiel zeigt den Zusammenhang:

```
@Deprecated
@SuppressWarnings("Serial")
class Test01<T> implements Serializable{
  T s;
  @SuppressWarnings("unchecked")
  void set(Object t) {
    s= (T)t;              // ein unsicherer Cast!
  }
}

public class TestStandardAnno {

  @Override
```

```
public String toString(String postfix) {
  return "TestStandardAnno "+postfix;
}

@SuppressWarnings({"unchecked","deprecation","hello"})
public static void main(String... args) {
  new Test01<String>().set("Hallo");
}
}
```

Dieser Test erzeugt beim Compilieren eine Warnung und einem Fehler (verkürzt!):

```
warning: [serial]
        serializable class kap04.Test01 has no definition of serialVersionUID
method does not override or implement a method from a supertype
```

`@SuppressWarnings("Serial")` wird ignoriert, da das Ident `"serial"` heißen müsste.
Also erzeugt das fehlende UID eine Warnung. Das inkorrekte `@Override` führt dagegen zu
einem Fehler, der beseitigt werden muss. Lässt man beide Annotationen weg,

```
public class TestStandardAnno {
  public String toString(String postfix) {
    return ""TestStandardAnno "+postfix;
  }

  public static void main(String... args) {
    new Test01<String>().set("Hallo");
  }
}
```

so erzeugt der Compiler nun zwei Warnungen (verkürzt!):

```
warning: [serial] serializable class kap04.Test01 has no ... serialVersionUID
warning: [deprecation] kap04.Test01 in kap04 has been deprecated
        new Test01<String>().set("Hallo");
```

Die Annotation `@Deprecated` vor einer Klasse oder Methode führt natürlich nur bei der
Verwendung zu einer Warnung, nicht etwa in der „veralterten" Klasse selbst.

▶ Hinweis 4.3 *Übergabe von Array-Werten*

- Lässt ein Attribut einer Annotation mehrere Werte zu, werden diese in geschweifte
  Klammern mit Komma getrennt angegeben. Wird nur ein Wert angegeben, können die
  Klammern weggelassen werden.

4.2   Deklaration und Einsatz

Ein wesentlicher Vorteil von Annotationen liegt darin, dass man passend zu einem Framework oder einer Applikation Annotationen definieren kann. Sie haben dann den Charakter von Spracherweiterungen. Als einführendes Beispiel soll das exzellente Buch über Threading von Brian Goetz dienen. Im Anhang werden zwar nur wenige Annotationen aufgezählt, aber bereits diese machen in vielen Beispielen den Code klarer, ohne direkt vom Compiler oder einem (Annotations-) Prozessor unterstützt zu werden. Somit dienen sie nur dem Leser und ersetzen an sich auch nur Kommentare. Ihr Vorteil besteht allerdings darin, dass sie jederzeit zur Build- oder Runtime geprüft werden könnten, beispielsweise von Plug-Ins in einer IDE.[76] Ein unbestreitbarer Vorteil liegt auch darin, dass Kommentare die Tendenz haben, syntaktisch und semantisch nicht gerade präzise zu sein. Verwendet man statt dessen Annotationen, muss man zumindest ein syntaktisch einwandfreies Interface entwerfen. Diesen Aufwand wird man nur betreiben wollen, wenn man auch die passende Semantik dazu definieren kann. Brian Goetz verwendet (ohne nähere Definition) allgemein vier Annotationen `@Immutable`, `@ThreadSafe`, `@NotThreadSafe` und `@GuardedBy`. Betrachten wir dazu die möglichen Arten der Annotationen.

Annotations-Deklaration

*   `Type` steht für: primitive Type, `String`, `Class`, enum, Annotation bzw. eindimensionale Arrays der vorgenannten Typen.

*   Man unterscheidet drei Arten von Annotationen.
    *   *Marker-Annotation*: `modifiers`$_{opt}$ `@interface AnnotationName { }`

    *   *Einfache Annotation*: Sie besitzt nur ein Attribut. Dieses hat praktisch immer den Namen `value` , optional gefolgt von einem Default-Wert (siehe unten).

        ```
        modifiersopt @interface AnnotationName {
          Type value defaultopt valueopt;
        }
        ```

    *   *Normale/komplexe Annotation* (mit mehreren Attributen):

        ```
        modifiersopt @interface AnnotationName {
          Type attributeName1() defaultopt value1 ;
          ...
          Type attributeNamen() defaultopt valuen ;
        }
        ```

Die Syntax ist also recht einfach und an die von normalen Interfaces angelehnt. Das hält die Lernkurve im Gegensatz zu Generics sehr flach. Die ersten drei o.a. Annotationen für Concurrent-Programming sind Marker-Interfaces. Ihre Deklaration ist trivial:

---

[76]   Die IntelliJ IDEA von JetBrains war die erste dem Autor bekannte IDE, die Annotationen wie `@Nullable` und `@NotNull` in der Entwicklungsumgebung geeignet unterstützt hat.

```
@interface Immutable {
}
@interface ThreadSafe {
}
@interface NotThreadSafe {
}
```

Weniger trivial ist dagegen die genaue Semantik. Eine immutable konzipierte Klasse ist von Natur aus thread-sicher, eine thread-sichere Klasse allerdings nicht unbedingt immutable. Diese Beziehung nennt man in der Mathematik hinreichend, aber nicht notwendig. Also sind beide Annotationen sinnvoll. Schwieriger gestaltet sich die Beziehung zwischen `@Thread-Safe` und `@NotThreadSafe`. Goetz beschreibt `@NotThreadSafe` als redundant, da es in seinen Augen nur die explizite Angabe für die Abwesenheit von `@ThreadSafe` ist. Das kann man auch anders sehen! Sehr häufig werden Annotationen auf Klassen-Ebene benutzt, die dann für alle Elemente der Klasse gelten, solange sie nicht für einzelne Element mit einer „lokalen" Annotation überschrieben werden. Man kann eine Klasse durchaus generell als `@NotThreadSafe` ansehen, wobei jedoch einzelne Methoden die Eigenschaft `@ThreadSa-fe` besitzen. Die letzte der Concurrent-Annotationen ist einfach:

```
@interface GuardedBy {
    String value() /* default "this" */ ;
}
```

Das Attribut `value` steht in diesem Fall für das verwendete Lock, welches das nachfolgende Feld oder die Methode vor dem gleichzeitigen Zugriff von Threads schützen soll. Ähnlich wie bei `@SuppressWarnings` machen nur wenige String-Werte Sinn, unter anderem `this`, ein Feld- oder ein Klassenname, das als Lock verwendet werden soll. Der Einsatz von einfachen wie auch komplexen Annotationen hat die Form:

```
ComplexAnnotation (attrName1= value1,...,attrNamen= valuen )
```

Da der Attributname angegeben wird, ist die Reihefolge der Angaben beliebig. Für einfache Annotationen reicht die Angabe eines Werts, sofern das einzige Attribut `value` genannt wird:

```
SimpleAnnotation ( aValue )
```

Deshalb darf in `GuardedBy` das einzige Attribut nicht `lock` genannt werden, obwohl der Name weitaus passender als `value` ist. Dann wäre die Angabe `@GuardedBy("this")` fehlerhaft und nur `@GuardedBy (lock="this")` erlaubt. Alle Attribute, die Default-Werte besitzen, brauchen nicht in der Annotation angegeben zu werden. Fehlt der Wert eines Attributs, wird statt dessen der Defaultwert verwendet. Hat `GuardedBy` den im Kommentar stehenden Default-Wert, kann es wie eine Marker-Annotation verwendet werden:

```
@GuardedBy
String aField;
```

4.2.1 Restriktionen & Beispiele

Neben der Einschränkung der Rückgabe-Typen gibt es weitere Restriktionen.

▶ *Hinweis 4.4 Restriktionen für Annotationen*
- Die Werte der Attribute müssen Konstante sein, da sie nur zur Compiler-Zeit ausgewertet werden.
- Die Methoden erlauben keine Angabe von Ausnahmen mit Hilfe von `throws`.
- Der Wert `null` für Attribute ist nicht erlaubt, auch nicht als Default-Wert.
- Generische Annotationen, Methoden oder Rückgabetypen sind nicht zulässig. Allerdings kann der Typ `Class` in Verbindung mit Wildcards verwendet werden.
- Annotationen werden automatisch vom Interface `Annotation` abgeleitet. Weder das Interface selbst noch ein explizit per `extends` abgeleitetes Interfaces kann als Annotation verwendet werden.[77]
- Annotationen werden vom Compiler aufgrund des Source-Codes erzeugt. Zur Laufzeit können sie nur gelesen werden. Man kann keine Annotation programmatisch verändern oder erschaffen.
- Annotation können andere Annotationen als Attribute enthalten. Ausgeschlossen sind Annotationen, die sich zirkulär enthalten. Eine Annotation kann sich also nicht selbst als Attribut enthalten, weder direkt noch indirekt.
- Eine Annotation kann nicht mehrfach vor einem Java-Element wiederholt werden.

Betrachtet man ihre spezielle Syntax und die oben aufgeführten Restriktionen, haben Annotationen mit normalen Interfaces an sich nur wenig gemein. Zwar sind alle Zugriffs-Modifikatoren wie bei normalen Interfaces erlaubt und auch direkte Instanzen von Annotationen nicht möglich, aber die Semantik unterscheidet sich doch sehr von Interfaces.[78] Zählt man die `enum`-Konstante hinzu, sind die Methoden reine Getter von Konstanten bzw. Literalen. Deshalb wird auch der Namen Attribut (manchmal auch als Element bezeichnet) anstatt Methode verwendet. Eine Anpassung der Werte an die Umgebung zur Laufzeit bzw. die Abhängigkeit eines Werts von einem anderen ist nicht möglich. Jede Änderung benötigt den Source-Code und den Zugriff auf die verwendeten Annotations-Deklaration. Fehlt eine Deklaration, ist der Compiler nicht in der Lage, diese einfach zu ignorieren.

Bis auf zwei sind alle Einschränkungen entweder durchaus logisch oder können geeignet umgangen werden. Dies gilt sicherlich nicht für die nicht-`null` Restriktion. Sie ist recht unangenehm. Denn erschwerend kommt hinzu, dass im Programm nicht unterschieden werden kann, ob der Rückgabewert der Default- oder ein explizit spezifizierter Wert ist. Dies macht die Suche nach einem idealen Default-Wert nicht einfach. Schmerzhaft ist das Verbot von Interface-Vererbung. Dies führt zu Lösungen, die man nicht mehr elegant nennen kann. Wie auch beim `enum`-Typ ist zu hoffen, dass in Java 7 Subtypen zulässig sind. Im folgenden sol-

---

[77] Dies bedeutet jedoch nicht, dass Klassen nicht Annoationen implementieren können.

[78] Deshalb lässt sich trefflich darüber streiten, ob für Annotationen die Syntax von Interface erste Wahl ist. Ein neues Schlüsselwort wie `attribute` wäre an sich „ehrlicher" gewesen.

len anhand von Beispielen die Restriktionen im einzelnen besprochen werden und – falls
vorhanden – Lösungsmöglichkeiten aufgezeigt werden.

Subtyp von Annotation

Explizit deklarierte Sub-Interfaces von Annotation sind keine Annotationen:

```
interface NoAnno extends Annotation {
}
```

```
@NoAnno                               // Fehler
public class TestRestriction {
}
```

Konstante Attributwerte

Die nachfolgend auskommentierte nicht-final Variante ist unzulässig:

```
public class TestRestriction {

// static String s= "TestRestriction.class";
   static final String s= "TestRestriction.class";

   @GuardedBy(s)
   public synchronized static void main(String... args) {
   // --- dies entspricht dem expliziten Lock:
   //   synchronized(TestRestriction.class) {
   //...
   //   }
   }
}
```

Zirkuläre Referenzen

Alle nachfolgenden Annotationen sind nicht möglich:

```
@interface SelfRefAnno {
   SelfRefAnno value();
}
```

```
@interface CircularAnno1 {
   CircularAnno2 value();
}
```

```
@interface CircularAnno2 {
   CircularAnno1 value();
}
```

Generics in Annotationen

Die ersten beiden Annotationen sind nicht erlaubt, die letzte ist dagegen zulässig:

```
@interface GenericAnno1<T> {
  Class<T> value();
}

@interface GenericAnno2 {
  <T> Class<T> value();
}

@interface GenericAnno3 {
  Class<? extends Annotation> value();
}
```

Problematik des Default-Werts null

Der Wert "[null]" wird in der folgenden Annotation als ein Ersatz für null genommen. Allgemein muss der null-Ersatz so gewählt werden, dass er sich immer von einem expliziten unterscheidet. Bei primitiven Typen wie int hat man ein Problem. Unmögliche Werte wie in diesem Fall -1 scheiden natürlich als Default-Wert aus. Sie sind logisch unmöglich. Da ist es wohl besser, den Default wegzulassen, um einen expliziten Wert zu erzwingen. Umgekehrt sollte man aber plausible Default-Werte von explizit angegebenen unterscheiden können. Eine mögliche Strategie ist ein weiteres Attribut, was der Benutzer zusätzlich zum Wert setzt. Nicht sehr schön, aber möglich!

```
@interface Column {
  String value() default "[null]";
  int length() default 255;
  boolean isDefault() default true;
}

class Shop {
  @Column(length= 255,isDefault=false) private String address;
  // ...
}
```

Schwierig wird es bei Class- oder Annotations-Attributen. Hier muss man eventuell *Mock*-Objekte erschaffen. Hierzu eine interessante Annotation @Test aus *JUnit4*: Sie soll wie folgt benutzt werden:

```
@Test(expected=IndexOutOfBoundsException.class)
public void foo() {
  new ArrayList<String>().get(0);
}
```

Da `foo()` die erwartete Ausnahme auslöst, gilt der Test als erfolgreich bestanden. In der Deklaration wird dann ein `None`- oder Nichts-`Class`-Objekt wie folgt erschaffen:

```
@interface Test {
  static class None extends Throwable {
    private static final long serialVersionUID= 1L;
    private None() {
    }
  }

  Class<? extends Throwable> expected() default None.class;
  long timeout() default 0L;
}
```

Die statische innere Klasse `None` kann zu nichts verwendet werden. Selbst Instanzen wären nur mühsam über Reflexion möglich. Sie erfüllt also ihren Zweck.

Wiederholen einer Annotation

Annotationen, die vor einem Java-Element mehrfach mit verschiedenen Werten verwendet werden können, sollten von einem passenden Container begleitet werden. Denn die direkte Wiederholung einer Annotation vor einem Java-Element – auch mit anderen Werten – ist nicht möglich. Eine adäquate Lösung besteht darin, in einer weiteren Annotation ein Array zu dieser Annotation anzubieten. Zur Demonstration definieren wir einen Annotation `@Resource`, die schwache Ähnlichkeit mit der in JSR 250[79] hat. Der Container `@Resources` ist dann wie in JSR 250 definiert.

```
@interface Resource {
  // --- Erschaffen, Lesen, Schreiben, Lesen & Schreiben der Ressource
  public enum IOType { CREATE, READ, WRITE, RW }

  IOType ioType() default IOType.READ;

  // --- Ident/URL/Primärschlüssel der Ressource
  String ident() default "[implied]";

  // --- Java Typ im Programm
  Class javaType() default Object.class;
}

// --- eine Container, um mehr als eine Ressource angeben zu können
@interface Resources {
  Resource[] value();
}
```

---

[79] JSR 250: „ Common Annotations for the Java Platform".

Um die Verwendung zu demonstrieren, gehen wir von passenden Klassen zu Auftrag, Kunde und Artikel aus. Weiterhin haben wir ein Transitions-Interface, das von speziellen Prozessen implementiert wird. Die Angaben in `@Resource` und `@Resources` sind dann Meta-Informationen zu den (zwei) Parametern und dem Rückgabe-Objekt.

```java
class Order    { /* ... */ }
class Customer { /* ... */ }
class Part     { /* ... */ }

interface Transition {
  Object process(Object... resource);
}

class ATransition implements Transition {

  // --- es wird eine Instanz vom Typ Order zurückgegeben
  @Resource(ioType=Resource.IOType.CREATE,javaType= Order.class)
  public Object process(
    @Resources (
      // --- es werden zwei Argumente vom Typ Customer und Part erwartet
      {
        @Resource(ident= "12345",javaType= Customer.class),
        @Resource(ident= "54321",javaType= Part.class)
      }
    )
    Object... resource) {
    Order order= null;
    //...
    return order;
  }
}
```

Annotations-Subtypen per Komposition

Da Subtypen von einer Annotation nicht erlaubt sind, gibt es keine befriedigende Lösung, außer der, dass diese Restriktion aufgehoben wird. Es gibt zwei oder drei Workarounds, die aber alle gleichermaßen unschön sind. Die einfachste Lösung besteht darin, in der Sub-Annotation die Super-Annotation als (erstes) Attribut aufzunehmen. Das ist dann noch akzeptabel, wenn die Hierarchie aus nur zwei Ebenen besteht, die der Basis-Annotation und die der davon abgeleiteten Annotationen. Bei mehr als zwei Ebenen wird die Verwendung so komplex, dass diese Art der Komposition den Charme ihrer Einfachheit verliert. Eine weitere Möglichkeit besteht im „Einflachen". Man übernimmt dazu die Attribute der Super-Annotation in die Sub-Annotation. Das nennt man landläufig Cut&Paste und verstößt gegen das *DRY*-Prinzip.[80]

---

[80] DRY-Prinzip = Don't Repeat Yourself. Dagegen sollte man nie mutwillig verstoßen, das rächt sich!

Als Beispiel wählen wir eine Ereignis-Verarbeitung. Ohne sie sind graphische Benutzer-
oberflächen (GUIs) kaum denkbar. *Event-based* Programmierung ist ein generelles Design-
Pattern. Versucht man Annotationen in das Event-Management einzubinden, kann das fehlende Sub-Typing schnell zum Problem werden. Genau dies soll der nachfolgende Code verdeutlichen. Denn reale Ereignis-Verarbeitung können die wenigen Zeilen höchstens andeu-
ten. Dazu zuerst drei normale hinlänglich bekannte Interfaces:

```java
interface Event{
  // ...
}


interface EventListener {
  // ...
}


interface EventChannel {
  void send(Event event);
  void subscribe(EventListener listener,
            Class<? extends Event> eventType);
  //    Class<? extends CoreEvent> eventType);
}
```

An der Methode `subscribe()` erkennt man eine Problematik. Listener melden sich für spezifische Events an. Wollte man Sub-Events durch Annotationen modellieren, beispielsweise
dadurch, dass sie auf einem `CoreEvent` basieren, wäre die oben im Kommentar stehende
Alternative recht nett, wird aber durch fehlende Vererbung nicht weiter unterstützt.

```java
@interface CoreEvent {
  enum Mode {
    SYNC, ASYNC
  }
  Mode value() default Mode.SYNC;
  Class<? extends EventChannel> channel();
}
```

Um eine Typ-Hierachie nachzubilden, wird bei der folgenden Annotation `GUIEvent` Komposition eingesetzt und bei `SensorEvent` „Einflachung" durch Übernahme der Felder:

```java
@interface GUIEvent {
  enum GUIType {
    ON_KEY, MOUSE_KLICK, MOUSE_MOTION, COMPONENT
  }
  CoreEvent type() default @CoreEvent;          // Komposition!
  GUIType value() default GUIType.COMPONENT;
}
```

```
@interface SensorEvent {
  enum Category { TRIGGER, RFID, GPS }

  // --- die nachfolgenden zwei Attribute sind von CoreEvent übernommen
  CoreEvent.Mode value() default CoreEvent.Mode.ASYNC;
  Class<? extends EventChannel> channel();
  Category type();
  String name() default "[sensor]";
}
```

Gerade der Einsatz der Annotationen mit Komposition ist recht mühselig, da dies zu einer Ineinanderschachtelung von Annotationen führt:

```
@GUIEvent(type= @CoreEvent(value= CoreEvent.Mode.ASYNC,
                           channel= EventChannelImpl.class))
```

4.3   Meta-Annotationen

Annotationen können nicht vor alle Java-Elemente gesetzt werden. Ihr Einsatz ist limitiert auf:

- Packages (in einer gesonderten Datei `package-info.java`)
- Klassen, Interfaces (inklusive Annotationen), `enum`
- Methoden, Konstruktoren
- Felder
- Parameter
- lokale Variable (Annotation nur in der Source enthalten, nicht in class-Datei).

Somit können einige wünschenswerte Stellen nicht annotiert werden. Hierzu zählen unter anderem die Typ-Parameter in generischen Klassen, die aktuellen Typen in parameterisierten Klassen und die Empfänger (das `this`-Element) von Methoden. Blocks, individuelle Anweisungen und Ausdrücke sind natürlich auch ausgeschlossen.[81]

Die Annotationen zum Package spielen eine Sonderrolle, da sie als Addendum in irgend einer Übersetzungs-Einheit von Klassen oder Interfaces nicht gut aufgehoben wären. Sie werden in einer gesonderten Textdatei mit Namen `package-info.java` im Package-Verzeichnis abgelegt. In dieser Textdatei werden die relevanten Annotationen vor die `package`-Anweisung gesetzt:

```
@Author
package kap04;
```

---

[81] Eine Aufstellung der Java-Elemente, bei denen es wünschenswert wäre, ebenfalls Annotationen einzusetzen, findet man in Abschnitt 3.2 des JSR 308: „Annotations on Java types".

Die Definition von @Author führt zu einem praktischen Hinweis:

```
@interface Author {
    String name() default "Friedrich Esser";
    String[] email() default {};
    String comment() default "";
}
```

▶ ***Hinweis 4.5   Quasi-Marker und Array-Defaults***

- Haben alle Attribute Default-Werte, lässt sich die Annotation als Marker verwenden.
- Array-Attribute gestatten ein leeres Array als Default, was die Non-Null-Problematik für Arrays elegant löst.

Sieht man die möglichen Einsatzpunkte von Annotationen im Code, fehlt noch ein wichtiges Detail. Es sollte möglich sein, Annotationen gezielt auf gewisse Annotationen einzuschränken. Darüber hinaus wäre es ebenfalls sinnvoll, zu einer Annotation angeben zu können, ob sie auch zur Laufzeit verfügbar sein muss. Dies sind aber Informationen zu Annotationen, mit anderen Worten *Meta-Annotationen*. Im Package java.lang.annotation findet man vier Standard-Meta-Annotationen. Sie dekorieren die normalen Annotationen, um dem Compiler die oben angesprochenen Informationen zu geben. Benutzt man Meta-Annotationen direkt vor normalen Java-Deklarationen, beantwortet dies der Compiler mit einer entsprechenden Fehlermeldung.

Meta-Annotation	Typ	Bemerkung
Documented	Marker	Annotationen sind in die Dokumentation aufzunehmen.
Inherited	Marker	Klassen-Annotationen werden an die Subklassen vererbt.
Retention	einfach	Annotation nur im Source, in class-Datei oder zur Laufzeit.
Target	einfach	Spezifiziert die Elemente, für die die Annotation erlaubt ist.

Tabelle 4.1   Meta-Annotationen für den Compiler

@Documented

Annotationen erscheinen an sich nicht in der Dokumentation. Vor public deklarierte Annotationen sollte man jedoch den Marker @Documented setzen. Sie sind öffentliche Informationen für Klienten. Der Marker veranlasst Programme wie javadoc, die nachfolgende Deklaration einer Annotation in die Dokumentation mit aufzunehmen. Vor der Deklaration von @interface Documented steht interessanterweise @Documented selbst, um auch die Dokumentierung selbst anzuzeigen. Meta-Annotationen können somit vor ihrer eigenen Typ-Deklaration stehen.

@Inherited

Annotationen dekorieren genau das Element, vor dem sie stehen. Somit werden sie beispielsweise nicht auf Methoden von Subklassen übertragen, die Methoden mit Annotationen in Superklassen überschreiben. Wird aber eine Deklaration einer Annotation mit `@Inherited` markiert, erben alle abgeleiteten Klassen diese Annotation von ihrer Superklasse. Aufgrund der Semantik von Vererbung gibt es zwei Einschränkungen.

> *Hinweis 4.6 Restriktionen zu @Inherited*
> * `@Inherited` wirkt nicht auf Interfaces. Klassen, die Interfaces implementieren, übernehmen nicht deren Annotationen.
> * Der `@Inherited`-Mechanismus wirkt nur auf Annotationen, sofern sie Klassen dekorieren. Eine `@Inherited` markierte Annotation vor einer Methode wird nicht vererbt.

Es folgen zwei klassische Beispiele für den Einsatz von `@Inherited`. Mit Persistenz wird allgemein die Speicherung von Werten zu primitiven Typen, Arrays oder Instanzen bezeichnet. Persistenz von beliebigen Java-Objekten ist Gegenstand vieler Frameworks wie Hibernate, EJB3, JMS (Java Message Service) oder Datenbank-Anbindungen. Leider gibt es keine Standard-Annotation hierzu. Beliebt sind `@Persist` und `@Entity`. Um nicht mit deren spezieller Semantik zu kollidieren, verwenden wir hier `@Persistent`:

```
@Documented
@Inherited
public @interface Persistent { }
```

Hat man folgende Hierarchie

```
@Persistent
public class Person {
  // ...
}

public class Employee extends Person {
  // ...
}
```

so wird `@Persistent` auch auf `Employee` übertragen. Ein zweites Beispiel ist aus dem Bereich Sicherheit. Klassen sollen vor dem allgemeinen Zugriff auf ihren Service (sprich Methoden) mittels `@Secure` geschützt werden. Die Annotation erwartet die Angabe der Benutzergruppe, die Zugriffsberechtigung auf die Klasse haben sollen.

```
@Documented
@Inherited
public @interface Secure {
  String[] value() default {"[None]"};
}
```

Wird `@Secure("PrivilegedGroup")` vor einer Basis-Klasse verwendet, erhalten alle Benutzer der Gruppe `"PrivilegedGroup"` automatisch auch Zugriffsberechtigung auf die Subklassen.

Abgesehen von ihrer Attribut-Struktur hat diese Annotation vielleicht einen *Code-Smell*.[82] Sicherheitsfragen sind Konfigurationsfragen beim Deployment der Software und unterliegen eventuell permanenten Änderungen, die der Kunde selbst handhaben möchte. Annotationen sind da an sich unpassend, da (jede) Konfiguration im Source-Code durchgeführt werden muss. Der Gedanke daran ist also weniger angenehm (siehe auch Abschnitt 4.12).

@Retention

Unter *Retention* versteht man die Aufbewahrungsfrist einer Annotation. Es gibt drei mögliche Fristen, die als `enum` im Package `java.lang.annotation` definiert sind:

```
enum RetentionPolicy { SOURCE, CLASS, RUNTIME }
```

Somit gibt es drei Alternativen:

- `@Retention(RetentionPolicy.SOURCE)`
  Nach Auswertung durch den Compiler werden die Annotationen nicht in die `class`-Datei übernommen.

- `@Retention(RetentionPolicy.CLASS)`
  Der Compiler speichert – bis auf die Annotationen zu lokalen Variablen – alle Informationen zu den Annotationen in der `class`-Datei. Per Reflection können die Annotationen zur Laufzeit allerdings nicht abgefragt werden. Dies ist die Default-Policy des Compilers, sofern eine `@Retention`-Angabe fehlt.

- `@Retention(RetentionPolicy.RUNTIME)`
  Zusätzlich zur Speicherung stehen nun alle in der `class`-Datei enthaltenen Informationen auch per Reflection zur Verfügung.

Jede Stufe hat ihr spezielles Einsatzgebiet. Allerdings ist die `SOURCE`-Stufe in der Regel nicht optimal. Muss der Compiler während der Übersetzung auf `class`-Dateien zugreifen, in denen keine Annotations-Informationen enthalten sind, können diese auch zur Auswertung nicht genutzt werden. Informationen zu Annotationen in `class`-Dateien können zur Build-Time durchaus notwendig sein. Dies wird wahrscheinlich auch der Grund für die Default-Retention `CLASS` sein.

Bei der Auswertungen der Annotationen in Sourcen wurde selbst noch im Jahre 2006 ein spezielles Tool `APT` mit einem zugehörigen Mirror-Framework propagiert. Dies ist mit Einführung von Java 6 obsolet und wird nicht mehr unterstützt. Statt dessen wurde der `javac`-Compiler so erweitert, dass er Annotation-Prozessoren als Plug-Ins akzeptiert. Dabei wird auch ein anderes Model-Framework verwendet (siehe Abschnitt 4.11).

---

[82] Code-Smell ist eine Metapher für schlechtes Design von Code und unterliegt vielen Untersuchungen.

Für die direkte Arbeit auf `class`-Datei Ebene gibt es keine direkten Werkzeuge in Java 6. Man muss somit auf Byte-Code-Engineering-Tools zurückgreifen.[83] Diese übernehmen die Analyse und die Änderung des Byte-Codes, was – abhängig vom Tool – mehr oder minder anspruchsvoll ist. Eine Option besteht darin, dies vor der Ausführung in der `class`-Datei vorzunehmen. Dies hat den Vorteil, dass es zur Laufzeit zu keiner Verzögerung kommt. Der Nachteil ist dabei allerdings, dass nach jeder Compilierung erneut das Tool eingesetzt werden muss. Die zweite Option besteht darin, die Modifikation der Klasse auf den Lade-Zeitpunkt der Klasse zu verschieben. Zwar verlangsamt sich dann der Ladevorgang, dafür bleibt aber die Ausführung in der JVM gleich schnell.

Möchte man sich alle Optionen offen halten, ist sicherlich RUNTIME erste Wahl. Code sowie Tools, die die Analyse der Meta-Informationen zur Laufzeit übernehmen, werden auch *Introspectors* genannt. Introspectoren haben Zugriff auf das um Annotationen erweiterte Reflection-API. Diese Stufe wird wiederum mit Raum & Zeit bezahlt. Denn Introspector-Code benötigt Platz und die reflektive Auswertung sowie Manipulation kostet zusätzlich Zeit. Auf der positiven Seite steht dann die hohe Flexibilität, sofern man sie denn benötigt.

▶ **Hinweis 4.7 *Optimale Retention-Policy***
* Es gibt keine allgemein optimale Retention-Strategie. Aber aus Gründen, die oben angesprochen wurden, sollte man die SOURCE-Option eher meiden.

@Target

Wie auch bei Retention wird mit Hilfe einer `enum` die Benutzung von Annotationen vor Java-Elementen eingeschränkt. Diese Einschränkungen werden vom Compiler überprüft. Die `enum`-Konstanten spiegeln die erlaubten Java-Elemente wider:

```
public enum ElementType {
    // ---                    Annotation erlaubt vor:
    //                        ------------------------------
    TYPE,                // Klasse,Interface inkl. Annotationen, enum
    FIELD,               // Feld, enum-Konstante
    METHOD,              // Methode
    PARAMETER,           // Parameter innerhalb einer Methode
    CONSTRUCTOR,         // Konstruktor
    LOCAL_VARIABLE,      // lokaler Variable, nicht über class-Datei auswertbar
    ANNOTATION_TYPE,     // Annotationen
    PACKAGE              // package-Angabe in Textdatei: package-info.java
}
```

Da eine Annotation durchaus auf mehrere Java-Elemente angewendet werden kann, müssen Mehrfachangaben zulässig sein:

```
@Target({ElementType.TYPE,ElementType.METHOD})
```

---

[83] Wie z.B. BCEL, ASM Bytecode Toolkit oder Javassist.

Die `Target`-Deklaration ist dann:

```
@Documented
@Retention(RetentionPolicy.RUNTIME)
@Target(ElementType.ANNOTATION_TYPE)
public @interface Target {
   ElementType[] value();
}
```

Auch die anderen drei Meta-Annotationen sind wie `Target` auf ANNOTATION_TYPE beschränkt. Der Compiler wacht darüber, dass bei der Angabe der möglichen Deklarationen
nicht Doppelangaben möglich sind:

```
// --- Compiler meldet Fehler:
@Target({ElementType.METHOD, ElementType.FIELD,
         ElementType.METHOD})
```

Dieser Art einer überflüssigen Angabe akzeptiert dagegen der Compiler:

```
@Target({ElementType.TYPE, ElementType.ANNOTATION_TYPE})
```

Zu jeder Annotation sollte ein passendes `@Target` angegeben werden. Denn dies hilft auch
beim Verständnis des Codes. Als Beispiel soll die `@NonNull`-Annotation dienen, die in JSR
305 aufgenommen wurde (wobei hier allerdings `ElementType.TYPE` weggelassen wird):

```
@Documented
@Retention(RetentionPolicy.RUNTIME)
@Target({
    ElementType.METHOD,            // Ergebnis null nicht erlaubt
    ElementType.PARAMETER,         // null-Argument nicht erlaubt
    ElementType.FIELD,             // Wert null nicht erlaubt
    ElementType.LOCAL_VARIABLE     // dito
  })
@interface NonNull {
}
```

Der Einsatz von `@NonNull` in allen drei folgenden Methoden-Deklarationen ist syntaktisch
korrekt, obwohl die zweite logisch unsinnig ist:

```
@NonNull
String getName() { /* ... */ }

@NonNull
void setName(String name) { /* ... */ }

void setName(@NonNull String name) { /* ... */ }
```

4.4   Allgemeine Standards

Ein wichtiger Einsatz von Annotationen liegt darin begründet, dass die Sprache erweitert werden kann, ohne auf eine neue Version-Java mit diesen Features warten zu müssen. Dazu sollte man drei Punkte beachten:

- **Richtlinien & Regeln:**
  Zwischen verschiedenen Annotationen treten häufig Beziehungen auf. Treffen sie in genau einer Klasse aufeinander, ist der Vorrang an sich einfach zu klären. Aber insbesondere bei Vererbung benötigt man klare Richtlinien. Werden bestehende Annotationen geändert, sind Regeln zur Kompatibilität einzuhalten, damit es im vorhandenen Code nicht zu Fehlern kommt.

- **Standard-Annotationen**:
  Sie simulieren die Modifikatoren oder Typen, die nicht zum Sprachumfang gehören, jedoch von vielen Programmierern vermisst werden. Ein wesentlicher Punkt liegt in der zugehörigen Semantik, die klar verständlich sein muss.

- **Annotations-Prozessoren**:
  Solange Standard-Annotationen vom Compiler (und der IDE) ignoriert werden, haben sie nur den Status typ-sicherer Kommentare. Somit benötigt man Prozessoren als Compiler-Plug-ins, die entsprechende Prüfungen vornehmen und gegebenenfalls sogar zusätzlichen Code generieren.

Der letzte Punkt ist bereits im Sprach-Design angesiedelt und weniger in der Applikations-Programmierung. Prozessoren für komplexe Zusammenhänge zu schreiben, setzt voraus, dass der syntaktische Aufbau und das Compiler-API verstanden wird. Bereits die einfach erscheinende Prüfung einer `@NonNull`-Bedingungen ist nicht trivial. Es läuft darauf hinaus, sich mit formalen Semantiken zu beschäftigen und das neue Java 6 Model-API zum *Abstract Syntax Tree* (AST) einzusetzen. In Abschnitt 4.11 werden neben einer kurzen Beschreibung Beispiele gegeben, die beim Einstieg helfen können.

Nicht ganz so hoch aufgehängt ist das reflektive API zu Annotationen. Es ist eine Erweiterung des reflektiven APIs und bietet für Annotationen mit begrenzten Abhängigkeiten einen überschaubaren Code-Aufwand. In Abschnitt 4.8 wird dieses API besprochen. Da Laufzeit-Auswertungen häufig zusammen mit dynamischen Proxies eingesetzt werden, gibt es auch im nächsten Kapitel entsprechende Beispiele.

4.4.1   Richtlinien für Annotations-Gültigkeit

Wichtige Regel zum Zusammenspiel von Annotationen sind unter anderem im JSR 250 *Common Annotations for the Java Platform* zu finden.[84]

---

[84]   Siehe Referenzen am Ende des Kapitels

Starten wir mit einem intuitiven

Hinweis 4.8   Vorrang bei Annotations-Kollisionen
- Trifft bei einem Java-Element eine allgemeinere Annotation auf eine spezifischere, gilt im Konfliktfall der Wert der spezifischeren.

Ein typischer Fall ist eine Annotation wie `@NonThreadSafe` bzw. `@PermitAll` (jeder Zugriff erlaubt!) auf Klassenebene und eine dazu konfliktäre Annotation wie `@ThreadSafe` bzw. `@DenyAll` (kein Zugriff erlaubt!) auf Methodenebene. Dann gilt die speziellere (nur) für die eine Methode oder anders ausgedrückt, die allgemeine Annotation gilt für den in `@Target` definierten Geltungsbereich, aber kann lokal überschrieben werden. Gobal gültige Annotationen sind dann auf Package-Ebene zu finden, gefolgt von denen auf Typebene. JSR 250 enthält zusätzlich noch weitere Richtlinien. Obwohl sie zur Zeit noch nicht allgemein eingehalten werden, bilden sie eine Grundlage für zukünftige Entwicklungen.

Hinweis 4.9   Interaktion von Annotationen
- Interface-Annotationen sind für die implementierenden Klassen nicht gültig und werden ignoriert (in Übereinstimmung mit `@Inherited`, Hinweis 4.6 Punkt 1).
- Annotationen auf Klassenebene gelten nur für die in der Klasse deklarierten Member, nicht für die aus Superklassen geerbten (unabhängig vom Zugriff).
- Für die Member aus Superklassen sind die Annotationen aus Superklassen nur dann gültig, wenn sie nicht durch Member der Subklasse überdeckt (hidden fields) oder überschrieben werden.
- Wird für eine Annotation auf Klassenebene per Default festgelegt, dass sie eine Annotation auf Memberebene für alle Member impliziert, so wird dieser Default dadurch aufgehoben, dass diese Member-Annotation für irgend ein Member explizit gesetzt wird.

Der vierte Punkt kollidiert nicht mit dem Hinweis 4.8. Denn er behandelt nicht den Konflikt zwischen zwei Annotationen, sondern deren Implikation, ihre Abhängigkeit voneinander. Er kann dazu dienen, gewisse Defaults durch eine explizite Angabe außer Kraft zu setzen. Hierzu ein einfaches Beispiel aus JSR 250 bzw. EJB3:

Die `@WebService`-Annotation auf Klassenebene ist eine Information, dass alle Methoden als `@WebMethod` benutzt werden können. Wird aber vor irgend einer Methode die Annotation `@WebMethod` explizit gesetzt, sind die anderen Methoden nicht mehr (implizit) `@WebMethod`, da der Default nun nicht mehr gilt. `@WebService` bedeutet in diesem Fall dann nur noch, dass es zumindest eine Web-Methode gibt, die so markiert ist.

4.5   Core-Annotationen

Die Java EE5 (Enterprise Edition), speziell EJB3 und verwandte Frameworks wie Hibernate und Spring definieren unzählige Annotationen. Die Informationen, die sie repräsentieren, waren bis dato in XML-Dateien außerhalb des Codes enthalten. Selbst Java 6 enthält mit JDBC4 und Web Services (JAX-WS 2.0) sehr spezialisierte Meta-Daten. Der Hype ist also nicht aufzuhalten! Viele dieser Annotationen zählen schon zur Konfiguration oder sind Meta-Daten, die sich je nach Umgebung ändern können. In diesem Abschnitt werden dagegen nur die Annotationen vorgestellt, die für die gesamte Sprache von Wert sind bzw. die Sprache insgesamt bereichern.

4.5.1   Defekt-sensitive Annotationen

Die sogenannten *defect-related* Annotationen sind besonders interessant, denn sie unterstützen den Programmierer im frühzeitigen Erkennen von eventuellen Code-Defekten. Sie haben den Status von Spracherweiterungen. Fehler oder Warnungen werden (aufgrund von Prozessor-Plug-ins) vom Compiler gefunden und zeigen die Stellen im Code an, bei denen Methoden, Felder oder Variable eventuell nicht korrekt verwendet werden. Wer nun an Generics denkt, liegt durchaus richtig. Generics und diese Art von Annotationen sind komplementär, sie ergänzen sich also. Die Annotationen sind wie Modifier meist als Marker definierte und haben in der Regel Pendanten, die unsicheren Code explizit als zulässig erklären oder genauere Details zur Code-Sicherheit enthalten.

Ein typisches Beispiel bildet die Gruppe der Concurrent-Annotationen, wobei `@Stateless` ein Zwitter ist, da es auch gute Dienste zusammen mit `@Stateful` bei EJBs leistet.

- **@Stateless, @Immutable, @ThreadSafe, @GuardedBy, @NonThreadSafe**
  Diese Annotationen teilen die Thread-Sicherheit in Kategorien ein.

  - `@Stateless` dekorierte Klassen haben keine Zustände, d.h. keine veränderbaren Klassen- oder Instanz-Felder. Ihre Methoden operieren nur auf lokalen Variablen. Diese Klassen sind somit von Natur aus thread-sicher.

  - Zu den thread-sicheren Klassen zählen auch die als `@Immutable` markierten. Deren Felder sind in der Regel `private final` deklariert.

  - Ist eine Klasse weder `@Stateless` noch `@Immutable`, aber thread-sicher implementiert, wird sie mit `@ThreadSafe` dekoriert.

  - Ist die Klasse insgesamt nicht thread-sicher, können mittels `@GuardedBy` Stellen mit Locks markiert werden, deren Verwendung Thread-Sicherheit gewährleisten.

  - `@NotThreadSafe` dekoriert dann abschließend eine nicht thread-sichere Klasse, wobei dieser Marker durchaus zusammen mit `@GuardedBy` verwendet werden kann (siehe Richtlinien in 4.4.1).

- **@NonNull, @Nullable**

  @NonNull signalisiert, dass ein Element – Variable, Parameter oder Rückgabewert einer Methode – nicht null sein darf. Mit @Nullable werden dagegen Elemente dekoriert, die null-Werte sicher handhaben.

- **@ReadOnly, @Writable**

  @ReadOnly markiert insbesondere Parameter, die in der Methode nur gelesen und nicht geändert werden dürfen. Es kann auch dazu benutzt werden, dass der Empfänger this – die Instanz, die die Methode aufruft – nicht geändert wird. Somit ist @ReadOnly recht ähnlich zu const in C. Im Gegensatz dazu steht @Writable, das explizit Änderungen propagiert.

- **@NonNegative**

  Diese Annotation behebt den Nachteil von Java gegenüber C, das mittels unsigned numerische Typen als größer/gleich Null kennzeichnet. Eine Nicht-Marker Annotation ist in dem Zusammenhang auch @Range, mit dem man explizit ein Intervall erlaubter Werte vorgeben kann und das somit @NonNegative als Spezialfall enthält.

- **@NonEmpty**

  Im Zusammenhang mit Kollektionen und Maps vermittelt diese Annotation, dass der Container nicht-leer ist bzw. sein darf.

- **@Interned**

  Enumerationen sind ein prominentes Beispiel dafür, dass ein Vergleich mit == äquivalent zu einem Wertevergleich mittels equals() ist. Mit dieser Annotation werden also Variable oder Parameter gekennzeichnet, bei denen der Vergleich mit == sicher ist. Fehlt die Annotation, erzeugt die Verwendung von == eine Warnung. Dies ist insbesondere für den Typ String interessant. @Interned markierte Strings können wesentlich effizienter mit == als mit equals() verglichen werden. Der Vergleich betrifft dann nur die Referenz und nicht etwa alle Zeichen.

- **@Tainted**

  Mit @tainted bezeichnet man allgemein Strings, deren Werte von Benutzern eingegeben werden. Diese Werte sollten aufgrund von unerwarteten Eingaben beispielsweise nicht für Formatierungen oder Abfragen (SQL) genutzt werden.

Teilweise sieht man Annotationen-Varianten, die auf dem Postfix Default beruhen. Beispielsweise gehört dazu @NonNullDefault. Dabei kennzeichnet Default explizit gewisse Eigenschaften als Standard, wenn nichts anderes angegeben wird. So etwas macht auf Klassen- oder Package-Ebene Sinn, ist aber an sich redundant. Denn mittels der Regel in Hinweis 4.8 ist der Vorrang an sich geklärt. Aber ohne Kenntnis der Regel hilft sicherlich der Zusatz Default.

Beispiele

In einem Event-Processing Framework übernehmen Agenten die Filterung von Ereignissen, an denen ein Empfänger interessiert ist. Dabei kann der Agent allgemeine Ereignisse in spezielle umwandeln, die für den Empfänger passend sind. Die Klasse EventAgent zeigt den Einsatz von @Stateless, @NonNull und @ReadOnly.

```
interface Event {
  // ...
}

interface Filter<T> {
  <S extends T> S filter(T object);
}

@Stateless
class EventAgent implements Filter<Event> {
  @NonNull
  public <E extends Event> E filter(@NonNull @ReadOnly Event e) {
    return null;
  }
}
```

Die Methode filter() verändert aufgrund von @ReadOnly nicht das Argument und akzeptiert keine null beim Aufruf. Als Ergebnis wird keine null zurückgegeben. Gibt es eine generelle Event-Klasse GenEvent und eine spezialisierte SpecialEvent, so würde der Agent wie folgt benutzt werden können:

```
EventAgent eAgent= new EventAgent();
SpecialEvent se= eAgent.filter(new GenEvent());
```

Die Deklaration eines EventChannel zeigt den Einsatz von @Writable und @Nulable:

```
class EventChannel {
  private final List<Event> eList;

  public EventChannel(@Writable @NonNull List<Event> eList) {
    this.eList= eList;
  }

  @Nullable
  Event nextEvent() {
    return eList.isEmpty()? null: eList.remove(0);
  }
  // ...
}
```

Ein Beispiel für `@NonEmpty`:

```
@NonEmpty
static <E> Set<E> join(@NonEmpty List<E> first,
                       List<E>... following) { /* ... */  }
```

`@Interned` kann man am einfachsten anhand von Strings demonstrieren, da jeder String mittels `intern()` in den Konstanten-Pool der `class`-Datei aufgenommen wird.

```
class StudentGroup {
  private Map<String,Student> smap=new HashMap<String,Student>();

  public void add(String nickName, Student stud) {
    smap.put(nickName.intern(),stud);
  }

  // --- holt zum Studenten stud den Spitznamen in dieser Gruppe
  @Interned
  String getNickName(Student stud) {
    return "...";
  }
}
```

4.5.2   Standard-Annotationen in Java 6

Neben den Annotationen des letzten Abschnitts, die Spracherweiterugen darstellen, gibt es noch einige Standard-Annotationen in Java 6, die in JSR 250 *Common Annotations* definiert wurden und zum Package `javax.annotation` gehören. Sie sind auf Enterprise Programming ausgerichtet und aus technologischer Sicht nicht unbedingt interessant. Es genügt also eine kurze Vorstellung.

- **@Generated**
  Diese Annotation markiert Code, der automatisch generiert wurde. Somit kann die Annotation zu allen Typen verwendet werden. Sie ist unter anderem auch nützlich für GUI-Builder, um generierten von handgeschriebenen Code in einer Java-Datei zu unterscheiden. Neben den drei Attributen zeigt die Deklaration noch einen `Retention`-Wert, der recht selten genutzt wird:

```
@Documented
@Retention(SOURCE)
@Target({PACKAGE,TYPE,ANNOTATION_TYPE,METHOD,
         CONSTRUCTOR,FIELD,LOCAL_VARIABLE,PARAMETER})
public @interface Generated  {
  String[] value;                  // Package, Klasse(n) des Generators
  String comments default "";
  String date default "";      // nach ISO 8601
}
```

Die Annotation wird also nicht in die class-Datei übernommen, womit generierter Code nur anhand der Sourcen erkannt wird (Verwendung siehe Abschnitt 4.11.6).

- **@PostConstruct, @PreDestroy**
  Damit Klassen in einem Container automatisch erschaffen und korrekt initialisiert werden können, bevor sie ihren Service ausführen, kann genau eine Methode als Callback mit @PostConstruct markiert werden. Sie sollte als nicht-statische Methode void liefern und keine zu prüfende Ausnahme (checked Exception) auslösen. Das Gegenstück ist dann eine Methode, die mit @PreDestroy markiert wird und vor dem Entfernen der Instanz aus dem Container aufgerufen wird. Diese Technik ist bereits von der Servlet-Architektur her wohl bekannt.

```
@Documented
@Retention(RUNTIME)
@Target(METHOD)
public @interface PostConstruct()
// public @interface PreDestroy()
```

@PostConstruct kann also durch @PreDestroy ersetzt werden. Die Deklaration ist ansonsten bei beiden identisch.

- **@Resource, @Resources**
  Der Name *Resource* steht für eine beliebige Klasse, die zur Funktionalität einer Applikation oder eines Containers benötigt wird. Da diese Information den Charakter von „irgendetwas" hat, gibt es Attribute, die diese Ressource näher bestimmen sollen, die aber nicht genau spezifiziert sind und daher vom Einsatz abhängen.

```
@Retention(value=RUNTIME)
@Target(value={TYPE,FIELD,METHOD})
public @interface Resource {
  String name default "";
  Class type default Object.class;
  AuthenticationType authenticationType default CONTAINER;
  boolean shareable default true;
  String mappedName default "";
  String description default "";
}
```

Alle Attribute haben Default-Werte, wobei in der Regel zumindest für name und type explizit Werte angegeben werden:

```
Resource(name="msgQueue", type= javax.jms.Queue)
```

Muss mehr als eine Resource vor einem Programmelement angegeben werden, können sie als Array in @Resources verpackt werden. Wie die folgende Deklaration zeigt, kann @Resources vor Typen verwendet werden.

```
@Documented
@Retention(value=RUNTIME)
@Target(value=TYPE)
public @interface Resources {
  Resource[] value
}
```

- **@InjectionComplete**
  Der Marker `@InjectionComplete` steht vor einer Methode, die aufgerufen werden muss, nachdem die Resource(n) eingebunden wurden.

Das Einsatzgebiet der Resource-Annotationen ist eindeutig Java EE. Jedoch die Arten der Verwendung sind nicht eindeutig festgelegt und lassen sich daher auch nicht generell behandeln. Schlimmer noch, je nach Resource machen gewisse Attribute auch keinen Sinn. Der Name ist wohl bewusst so allgemein gewählt worden, um möglichst viel semantisch abdecken zu können.[85] Recht unüblich ist auch die Art nach einer `@Resource`-Annotation zu suchen. Obwohl sie nicht als `@Inherited` markiert ist, muss die gesamte Hierarchie nach etwaigen Ressourcen durchsucht werden (was mit den Richtlinien kollidiert).

4.6   Modifizieren bestehender Annotationen

Entwirft man eigene Annotationen, stellt sich – wie bei Klassen und Interfaces – die Frage, in wie weit man sie eigentlich nachträglich ändern kann. Da Annotationen als spezielle Interfaces deklariert sind, müssten sie bei nachträglichen Anpassungen an sich die gleichen Probleme haben. Aber bedingt durch `@Retention`, `@Target` und den Default-Werten gibt es doch einige Unterschiede. Nachfolgend werden deshalb die Regeln besprochen, die gewährleisten, dass bereits compilierter Code kompatibel zu den geänderten Annotationen bleibt bzw. Sourcen ohne Änderung weiterhin fehlerfrei compiliert werden.

▶ *Hinweis 4.10 Evolution von Annotationen ohne Fehler*
- Die folgende Änderungen können bei Annotationen durchgeführt werden, ohne Fehler in bereits compiliertem Code oder Sourcen zu provozieren:
    - Einfügen eines Attributs, sofern es einen Default-Wert hat. Dieser Wert wird dann bei einer `class`-Datei, die mit der alten Annotation compiliert wurde, beim Zugriff auf das neue Attribut geliefert.
    - Hinzufügen eines Default-Wertes zu einem Attribut bzw. die Änderung eines Default-Wertes.
    - Hinzufügen von Targets in `@Target`.

---

[85]   Irgenwie erinnert dies stark an Foo.

- Eine Änderung der `RetentionPolicy` – kurz Policy – führt entweder zur Einschränkung (`RUNTIME` auf `CLASS`/`SOURCE` oder `CLASS` auf `SOURCE`) oder zur Erweiterung des Zugriffs auf eine Annotation:

  - Bei einer Einschränkung der Policy wird die Annotation entweder in der JVM oder in der `class`-Datei ignoriert. Beispielsweise wird bei einer neuen Policy `SOURCE` die Annotation in der `class`-Dateien übergangen.

  - Bei einer Erweiterung der Policy verhalten sich bereits compilierte `class`-Dateien, als wäre diese Änderung nicht durchgeführt worden. Erst eine neue Compilierung der Sourcen führt zur Einbindung der Annotation in die `class`-Datei.

Alle anderen Änderungen provozieren Fehler im bereits compilierten Code oder aber in den Sourcen, die erneut kompiliert werden. Diese Fehler müssen nicht zwangsläufig auftreten, sind aber auch nicht auszuschließen. Daher sind folgende Änderungen bei Annotations zu vermeiden:

  - Hinzufügen eines Attributs ohne Default-Wert.
  - Entfernen eines Attributs, Default-Wertes oder Targets.
  - Änderungen des Typs eines Attributs

Insbesondere liefert ein Zugriff auf ein neues Attribut ohne Default-Wert einen `IncompleteteAnnotationError`. Da dieser Fehler vom Typ `Error` ist, braucht er nicht mittels `try-catch` abgefangen zu werden. Will man es doch, muss man darauf achten, dass er kein Subtyp von `Exception` ist und besser mittels `Throwable` abgefangen werden sollte.

4.7   Laufzeit-Zugriff auf Annotationen

Sollen Annotationen programmatisch ausgewertet werden, kann dies über das Reflection-API erfolgen. Dies setzt voraus, dass die Policy `RUNTIME` gewählt wurde. Dies ist für Annotationen notwendig, deren Informationen erst zur Laufzeit verwendet werden können. Dazu wurde das Package `java.lang.reflect` um ein zentrales Interface `AnnotatedElement` erweitert. Die Typen, die zu Code-Elementen gehören und annotiert werden können, müssen somit dieses Interface implementieren (siehe Abbildung 4.1).

Wie man am Klassen-Diagramm erkennt, werden alle strukturellen Elemente von Java direkt oder indirekt von `AnnotatedElement` abgeleitet. Sie implementieren somit die vier zugehörigen Methoden. Sogar `Package` kann annotiert werden, benötigt dafür aber eine eigene Datei.

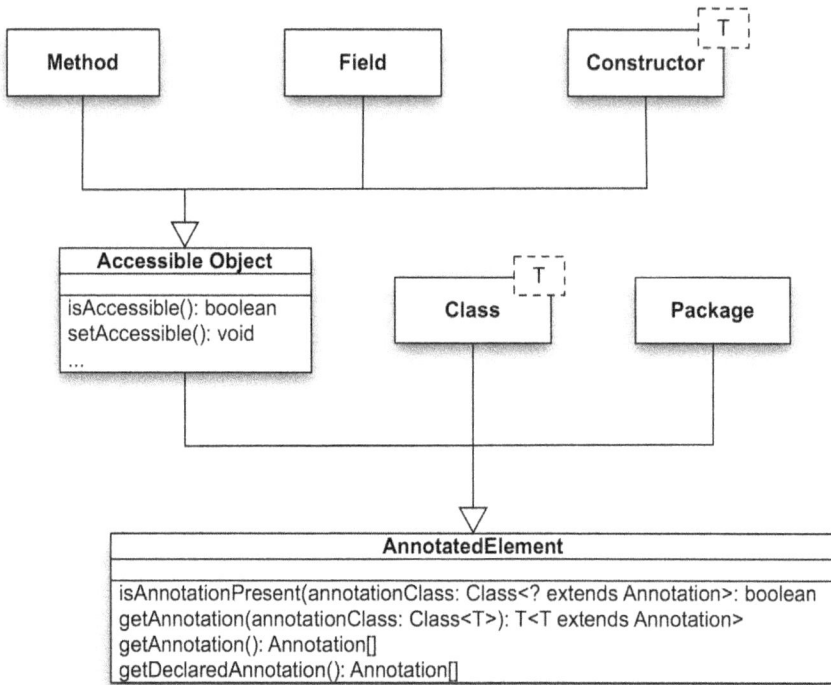

Abbildung 4.1   AnnotatedElement mit implementierenden Reflection-Klassen

Das Interface `AnnotatedElement` ist als Einstiegspunkt zur Auswertung mit nur vier Methoden recht übersichtlich. Im Einzelnen:

- **boolean isAnnotationPresent(Class<? extends Annotation> annotationClass)**
  Diese Methode testet nur, ob eine bestimmte Annotation vor diesem Java-Element steht. Sie ist insbesondere für Marker-Annotation nützlich.

- **<T extends Annotation> T getAnnotation(Class<T> annotationClass)**
  Liefert zu diesem Java-Element genau die Annotation, die als Typ in Form der `Class`-Instanz angegeben wird. Existiert keine, ist das Ergebnis `null`.

- **Annotation[] getAnnotations()**
  Liefert zu diesem Java-Element alle Annotationen, auch die, die mit `@Inherited` markiert sind und von den Superklassen geerbt wurden. Gibt es keine Annotationen, wird ein Array der Länge Null zurückgegeben. Das zurückgelieferte Array kann beliebig geändert werden, denn bei jedem Aufruf wird erneut das originäre Array zurückgeliefert.

- **Annotation[] getDeclaredAnnotations()**
  Liefert zu diesem Java-Element alle direkten Annotationen nur dieser Klasse und ignoriert dabei die vererbten. Ansonsten äquivalent zu `getAnnotations()`.

Mit dem oben verwendeten Ausdruck „diesem Java-Element" ist `this` gemeint, d.h. man benötigt zuerst eine Referenz auf das jeweilige Java-Element. Will man beispielsweise testen, ob die Klasse `EventAgent` `@Stateless` markiert ist (siehe Abschnitt 4.5.1), erreicht man dies mit:

```
EventAgent.class.isAnnotationPresent(Stateless.class)
```

Dies setzt für `@Stateless` zumindest folgende Deklaration voraus:

```
@Target(ElementType.TYPE)
@Retention(RetentionPolicy.RUNTIME)
@interface Stateless { }
```

Die Möglichkeit, das zurückgelieferte Annotations-Array vor der eigentlichen Auswertung ändern zu können, erscheint recht nützlich. Diese Freiheit wird jedoch dadurch limitiert, dass Annotationen im Programm weder erzeugt noch geändert werden können.

Zum `@Target` PARAMETER bzw. LOCAL_VARIABLE gibt es keine eigene reflektive Klasse. Zu LOCAL_VARIABLE braucht man nicht weiter suchen. Die `class`-Datei von Java 6 enthält keine passenden Strukturinformationen zu lokalen Variablen. Hier bleibt also nur eine Build-Time-Auswertung der Sourcen. Die Annotationen zu Parameter erhält man dagegen über die Klasse `Method`:

–   **public Annotation|||| getParameterAnnotations()**
    Die erste Dimension bezieht sich auf die Parameter, die zweite auf die Annotationen des jeweiligen Parameters. Hat die Methode keine Parameter, ist der Wert der ersten Dimension 0, ansonsten ist die Länge gleich der Anzahl der Parameter. Gleiches gilt für die zweite Dimension. Die Länge entspricht der Anzahl der Annotationen des Parameters.

Sofern existent, erhält man mit

```
aMethod.getParameterAnnotations()[1][0]
```

die erste Annotation zum zweiten Parameter der Methode `aMethod`.

4.8   Runtime-Auswertung von Annotationen

Die reflektive Auswertung von Annotationen ist nicht unbedingt anders als die normaler Klassen bzw. Interfaces. Ein entscheidender Unterschied besteht jedoch darin, dass Annotationen nicht erschaffen werden können. Man kann nur mit einer Instanz arbeiten, die die JVM liefert. Das erste Beispiel soll diese Unterschiede verdeutlichen. Dazu deklarieren wir eine normale Annotation `TestAnno1` zu reinen Testzwecken:

```
@Target(ElementType.TYPE)
@Retention(RetentionPolicy.RUNTIME)
@interface TestAnno1 {
  String value() default "null";
  double id() default Double.NaN;
  Class<? extends Exception> exception();
}
```

TestAnno1 dekoriert die folgende Testklasse TestAnnoReflect1. In der main() werden
zwei Möglichkeiten gezeigt, auf eine Annotation und ihre Attributwerte zuzugreifen:

```
@TestAnno1(exception= RuntimeException.class)
public class TestAnnoReflect1 {
  public static void main(String... args) throws Exception {
    TestAnno1 ta1= TestAnnoReflect1.class
                           .getAnnotation(TestAnno1.class);
    TestAnno1 ta2= (TestAnno1)TestAnnoReflect1.class
                           .getDeclaredAnnotations()[0];
    System.out.println(ta1);
      ⇨ @kap04.TestAnno1(id=NaN, value=null,
                       exception=class java.lang.RuntimeException)
    System.out.println(ta1.value()+","+ta1.id()+","+
                    ta1.exception());
      ⇨ null,NaN,class java.lang.RuntimeException
    System.out.println(ta1==ta2);  ⇨ true
  }
}
```

Die Methoden getAnnotations() sowie getDeclaredAnnotations() benötigen einen
Cast zur passenden Annotation. Dann können anschließend die Getter für die Attributwerte
dieser Annotation aufgerufen werden. Egal mit welchem Getter man eine Annotation an-
spricht, es wird immer genau eine Instanz von der JVM geliefert. Dies zeigt der Test mittels
== auf Identität. Interessant ist weiterhin die Frage, wie man die Attributnamen und -werte
von unbekannten Annotationen erhält. Denn im Beispiel oben war die Annotation bekannt.
Auch hier hilft Reflection in Verbindung mit der Annotations-Instanz der JVM.

```
@TestAnno1(exception= RuntimeException.class)
public class TestAnnoReflect1 {
  public static void main(String... args) throws Exception {
    System.out.println(
      // --- für getValues() siehe nachfolgende Utility
      AnnotationUtil.getValues(
        TestAnnoReflect1.class.getDeclaredAnnotations()[0]));
      ⇨ {id=NaN, exception=class java.lang.RuntimeException, value=null}
  }
}
```

Bei dem letzten Beispiel wurde eine Utility-Methode `AnnotationUtil.getValues()`
aufgerufen, der die Annotations-Instanz übergeben wird. Sie wird benutzt, um über die `Me-`
`thod` die Werte auszulesen. Die Attribute werden dann mit zugehörigen Werten als `Map` zurückgegeben:

```
@Stateless
public class AnnotationUtil {
  private AnnotationUtil() { }

  public static Map<String,Object> getValues(Annotation a) {
    Map<String,Object> vMap= new HashMap<String,Object>();
    String s;
    for (Method m: a.annotationType().getDeclaredMethods()) {
      // --- s soll nur den reinen Attributnamen enthalten
      s= m.toString();
      s= s.substring(s.lastIndexOf('.')+1,s.length()-2);
      try {
        vMap.put(s,m.invoke(a));   // Annotations-Instanz, keine Argumente
      } catch (Exception e) {      // sollte an sich nicht auftreten!
        vMap.put(s,null);
      }
    }
    return vMap;
  }
}
```

Diese Art von Map ist nur für einfache Attribute ideal. Bereits Array-Attribute

```
@interface TestAnno2 {
  String[] value() default "null";
}
```

führt mit `Map.toString()` zur Ausgabe:

```
{value=[Ljava.lang.String;@a18aa2}
```

Bei Verwendung dieser Art von Map ist also ein Test, was sich hinter `Object` eines `Map`-
Eintrags verbirgt, unvermeidlich. Das gehört an sich in die Utility-Methode selbst. Sie sollte
im Idealfall mitteilen, von welchem Typ das Attribut ist. Eine Möglichkeit besteht darin, zu
jedem Attribut noch den Typ in der `Map` festzuhalten. Dazu könnte man `Object` durch ein
`Pair<AttributeTyp,Object>` ersetzen.

4.9   Validieren mit Hilfe von Annotationen

Fast jeder produktive Code ist damit beschäftigt, Operationen und Felder auf Gültigkeit zu prüfen. Bei Java Beans müssen beispielsweise die Werte geprüft werden, die per Setter übergeben werden. Methoden sind dagegen auf Pre-/Post-Bedingungen sowie Invarianten zu testen. Obwohl die Strategien ähnlich sind, gibt es doch einige unterschiedliche Validierungs-Frameworks. Annotationen eröffnen hier nun noch zusätzliche Möglichkeiten.

4.9.1   Validierung, Test-Frameworks & AOP

Validierungen ergänzen Test-Frameworks wie *JUnit* oder *TestNG*. Die Aufgabe von Unit-Tests besteht im Prüfen von Software-Komponenten anhand von vorgegebenen Testfällen. Dies nützt wenig bei Fehlern, die erst im praktischen Programmeinsatz auftauchen. Validierungen sind dazu da, während des normalen Programmablaufs Verletzungen von Wertebereichen frühzeitig zu erkennen. Die Typisierung von Java ist einfach zu grob. Selbst einfache Wertebereiche wie die nicht-negativen Zahlen in C lassen sich nicht spezifizieren. Ein Sprache, die spezielle Domainen oder Intervalle zulassen würde, würde große Teile der Validierung in die Sprache integrieren, aber davon ist Java weit entfernt.

Mit Annotationen steht ein Hilfsmittel zur Verfügung, zulässige Wertebereiche zu deklarieren und nicht zu programmieren. Deklaratives Validieren ist in der ersten Phase eines Programmeinsatzes unschätzbar wertvoll. Der Wertebereich ist klar erkennbar und muss nicht etwa aus dem Code erst ermittelt werden. Weiterhin „verschmutzt" der Validierungs-Code nicht den produktiven Code und kann jederzeit geändert oder deaktiviert werden. Nachdem die Testphase abgeschlossen ist, wird der Validierungs-Code in der Regel zur Laufzeit nicht mehr benötigt und kosten – sofern er noch im Byte-Code bzw. in der class-Datei vorhanden ist – nur noch *Space&Time*. Da gerade erfolgreiche Software stetig weiterentwickelt wird, ist es opportun, die Validierung nicht zu entfernen, sondern nur zu deaktivieren. Im Idealfall bleiben sie in den Sourcen, werden aber automatisch aus der class-Datei entfernt.

Deklarative Validierung ist ein Einsatzgebiet von aspekt-orientierter Programmierung. Der Nachteil von AOP liegt wohl hauptsächlich in der Akzeptanz. Pre-Compiler oder Weaving-Tools bergen die Gefahr von Abhängigkeiten von Lösungen, die sich später beim Deployment bzw. einem generellem Einsatz als hinderlicher Faktor herausstellen können. Besteht dieser Vorbehalt, kommen nur „normale" Java-Lösungen in Frage. Spezielle Compiler oder gar JVM-Anpassungen sind dann tabu.

4.9.2   Ein minimales Validierungs-Framework

Im Folgenden wird eine einfache Art der Validierung mit konventionellen Mitteln – ohne Hilfe von AOP und dynamische Proxies – einzig mit Hilfe von Annotationen vorgestellt. Das Beispiel dient vornehmlich dazu, Annotations-Techniken im Zusammenspiel mit normalen Programmelementen zu demonstrieren.

Es ist klar, dass sich alleine durch Einbettung von Annotationen am Verhalten einer Klasse überhaupt nichts ändert. Deshalb muss jede Klasse, die Validierung wünscht, zusätzlichen Code enthalten, um auf sich aufmerksam zu machen. Wie bei anderen Frameworks auch, sollte dieser Code aber „minimal-invasiv" sein. Der Validierungs-Code darf bei Deaktivierung zwar noch in der Source, aber nicht mehr im Byte-Code der class-Datei vorhanden sein. Um den Code möglichst überschaubar zu halten, werden nur die wesentliche Teile vorgestellt. Starten wir mit der Vorstellungen der Validierungs-Komponenten!

Marker @Constraint

Eine Annotation, die zum Validieren benutzt wird, sollte von anderen unterscheidbar sein. Normalerweise löst man so etwas mit einem Marker-Interface wie Constraint. Da Vererbung nicht erlaubt ist, muss der Marker @Constraint halt die entsprechenden Validierungs-Annotationen dekorieren. Das simuliert die fehlende Vererbung:

```
@Retention(RetentionPolicy.RUNTIME)
@Target(ElementType.ANNOTATION_TYPE)
public @interface Constraint {
}
```

@Constraint ist im Weiteren zwar nicht unbedingt notwendig, zeigt aber eine Art von Ersatztechnik für Vererbung. Es lässt auch andere als die nachfolgende Art der Validierung zu.

Klasse ConstraintException

Wird eine Bedingung bei der Validierung verletzt, muss sie signalisiert werden. Ein Rückgabewert wie false ist wohl eher ungeeignet. Denn false kann erstens ignoriert werden und zweitens keine Fehler dokumentieren.

▶ *Hinweis 4.11 Checkes vs. Uncheck Exceptions*
* Wählt man eine zu prüfende Ausnahme, zwingt man jedem Benutzer ein try-catch auf. Mit einer RuntimeException überlässt man dagegen dem Anwender die Entscheidung. Sofern er ausschließen kann, dass diese Ausnahme auftritt, benötigt der Code kein überflüssiges try-catch mehr.

Die Entscheidung fällt deshalb auf eine unchecked Ausnahme.

```
public class ConstraintException extends RuntimeException {
    final static long serialVersionUID= 1;       // reicht in diesem Fall!

    public ConstraintException(String s) {       // nur mit Beschreibung!
      super(s);
    }
}
```

Annotation @Validate

@Validate ist die einzige Annotation, die zum Validieren benutzt wird. Sie muss somit möglichst viele Arten der Validierung unterstützen. Dies umfasst die Prüfung von Werten eines beliebigen Typs mit beliebig komplexen Bedingungen. Das führt zu:

```
@Constraint
@Retention(RetentionPolicy.RUNTIME)
@Target({ElementType.METHOD,ElementType.FIELD})
public @interface Validate {
    int id();
    Class<? extends ValidationHandler<?>> handler();
    String[] constraints() default "";
}
```

Dem `handler`-Attribut wird die `class`-Instanz eines Objekts übergeben, das die Prüfung vornehmen kann. Um die Sache nicht zu komplex werden zu lassen, müssen alle konkreten Validierungs-Klassen ein Interface `ValidationHandler` implementieren. Das kann man zwar durchaus flexibler gestalten, aber nur zum Preis von Komplexität. Ohne Bedingungen, die überprüft werden sollen, geht es nur in den wenigsten Fällen. Also enthält das `constraints`-Attribut die dafür notwendigen Argumente. Der Typ `String[]` ist ein Kompromiss, da unter anderem `Object[]` in Annotationen nicht erlaubt ist. Das `id`-Attribut dient nur dazu, die Position in der Klasse zu identifizieren und Annotationen mit gleichem `ValidationHandler` unterscheiden zu können.

Interface ValidationHandler

Wie zu erwarten, hat das Interface `ValidationHandler` genau eine Methode. Um der konkreten Validierungs-Klasse zu überlassen, welchen Typ `T` das Argument hat, das zu prüfen ist, deklariert man das Interface generisch:

```
public interface ValidationHandler<T> {
    void validate(T arg, String[] constraints);
}
```

Obwohl es so aussieht, als könne damit nur ein einzelner Wert `arg` geprüft werden, kann `T` prinzipiell auch für ein Array stehen:

```
class VHandlerImpl implements ValidationHandler<Object[]> {
    public void validate(Object[] args, String[] constraints) {
        // ...
    }
}
```

Dies wird aber nicht weiter verfolgt. Stattdessen sollen zwei Implementierungen zur Überprüfung eines Intervalls bzw. eines regulären Ausdrucks vorgestellt werden.

Implementierung ValidateRange, ValidateRegex

Zahlenwerte müssen häufig in einem bestimmten Intervall liegen, Strings dagegen einem bestimmten regulären Ausdruck genügen. Was liegt näher als zwei konkrete `Validation-Handler` hierfür zu schreiben:

```
@Stateless
public class ValidateRange implements ValidationHandler<Number> {

  public ValidateRange() { }

  public void validate(Number arg, String[] constraints) {
    if (constraints==null || constraints.length!=2)
      throw new ConstraintException(
                          "Constraint-Fehler in RangeChecker!");

    Double min= Double.parseDouble(constraints[0]);
    Double max= Double.parseDouble(constraints[1]);

    if (arg==null || min>arg.doubleValue()
                  || max<arg.doubleValue())
      throw new ConstraintException ("RangeChecker-Fehler: "+
                    min+ "<="+ arg+ "<="+ max+ " erwartet!");
  }
}
```

Wie zu erkennen, werden nicht alle notwendigen Prüfungen durchgeführt. Es wird u.a. davon ausgegangen, das `parseDouble()` keine Ausnahme auslöst. Dies bedeutet, dass das Intervall in der Annotation fehlerhaft angegeben wurde. Unsinnige Werte für die Intervall-Grenzen `min` und `max` werden ebenfalls nicht erkannt. Auch die folgende Implementierung `ValidateRegex` ist auf das Notwendige beschränkt, reicht aber für den weiteren Einsatz.

```
@Stateless
public class ValidateRegex implements ValidationHandler<String> {

  public ValidateRegex() { }

  public void validate(String arg, String[] constraints) {
    if (constraints==null || constraints.length==0)
      throw new ConstraintException(
                          "Constraint-Fehler in RegexChecker!");
    if (arg==null || !arg.matches(constraints[0]))
      throw new ConstraintException ("RegexChecker-Fehler: "+
                    arg+ " verletzt Regex "+constraints[0]);
  }
}
```

Klasse TestConstraints mit zwei Validierungen

Um die Wirkungsweise der Auswertungen in der Klasse `ConstraintCheck` besser zu verstehen, wird vorab die Klasse `TestConstraints` vorgestellt. Sie enthält zwei Setter mit Validierungen. Wie jede Klasse, die validiert werden will, übergibt sie ihre `class`-Instanz beim Laden `ConstraintsCheck`. Zum Ein- bzw. Ausschalten der Validierung wird eine Konstante als Flag benutzt. Hier ist es `CONSTRAINT_ON`, die auf Klassen- oder Package-Ebene gesetzt werden kann. Die Methoden, die validiert werden müssen, übergeben dazu die `class`-Instanz, das Ident der Validierung und das zu prüfenden Argument:

```
public class TestConstraints {
  // --- signalisiert dem Compiler mit false, den entsprechenden Code zu entfernen
  //     siehe Anmerkung am Ende des Abschnitts!
  public static final boolean CONSTRAINT_ON= true;

  private int n;

  @Validate(id= 1, handler= ValidateRegex.class,
                   constraints= {"[a-z]{2,3}"})
  private String s;

  static {
    if (CONSTRAINT_ON)
      ConstraintCheck.addConstraints(TestConstraints.class);
  }

  public TestConstraints() {
    // --- diese Default-Werte werden nicht geprüft!
    n= 100;
    s="abc";
  }
  // --- Angabe der Bedingung und des Range-Handlers (siehe oben)
  @Validate(id= 2, handler= ValidateRange.class,
                   constraints= {"100","200"})
  public void setN(int n) {
    if (CONSTRAINT_ON)
    // --- Implementierung siehe unten
      ConstraintCheck.invoke(TestConstraints.class,2,n);
    this.n= n;
  }

  public void setS(String s) {
    if (CONSTRAINT_ON)
      ConstraintCheck.invoke(TestConstraints.class,1,s);
    this.s= s;
  }
```

```
  @Override
  public String toString() {
    return "n= "+n+", s= "+s;
  }
}
```

Klasse ConstraintsCheck

```
public class ConstraintCheck {
  // --- Map mit allen Klassen, pro Klasse eine Map aller Validierungs-Annotationen
  private static Map<Class<?>,Map<Integer,Annotation>> cCache=
                  new HashMap<Class<?>,Map<Integer,Annotation>>();

  private ConstraintCheck() {
  }

  // --- Aufnahme der Annotationen einer Klasse in die Map cCache
  private static void addC(Class<?> clazz, Annotation[] aArr,
                            Map<Integer,Annotation> aMap) {
    for (Annotation a: aArr)
      if (a.annotationType().
          isAnnotationPresent(Constraint.class)) {
        cCache.put(clazz,aMap);
        if (a.annotationType()==Validate.class) {
          Validate v= (Validate)a;
          aMap.put(v.id(),a);
        }
      }
  }
  // --- zum Test reichen Felder und Methoden (TODO: Konstruktoren)
  public static void addConstraints(Class<?> clazz) {
    Map<Integer,Annotation> aCache=
                          new HashMap<Integer,Annotation>();
    for (Field f: clazz.getDeclaredFields())
      addC(clazz,f.getDeclaredAnnotations(),aCache);
    for (Method m: clazz.getDeclaredMethods())
      addC(clazz,m.getDeclaredAnnotations(),aCache);
  }

  // --- Durchführen der Validierung, einfach aber effektiv
  public static void invoke(Class<?> clazz, int id, Object arg) {
    Annotation a= cCache.get(clazz).get(id);
    if (a instanceof Validate) {
      Validate v= (Validate)a;
      Class<?> vh= v.handler();
```

```
          if (vh==ValidateRange.class)
            new ValidateRange().
                          validate((Number)arg,v.constraints());
          else if (vh==ValidateRegex.class)
            new ValidateRegex().
                          validate((String)arg,v.constraints());
      }
    }
  }
```

4.9.3   Test und Analyse der Validierung

Was fehlt ist noch ein kleiner Test mit einer anschließenden Bewertung der Lösung. Zum Test müssen die beiden Setter, die validiert werden, mit korrekten und mit nicht korrekten Werten aufgerufen werden:

```
TestConstraints tc= new TestConstraints();
// --- korrekte Werte
tc.setN(150);
tc.setS("cba");

// --- eine Bereichsüberschreitung!
try {
  tc.setN(201);
} catch (Exception e) {
  System.out.println(e);
    ⇨ kap04.ConstraintException:
      RangeChecker-Fehler: 100.0<=201<=200.0 erwartet!
}
// --- der vorgegebene Regex wird nicht eingehalten!
try {
  tc.setS("ab0");
} catch (Exception e) {
  System.out.println(e);
    ⇨ kap04.ConstraintException:
      RegexChecker-Fehler: ab0 verletzt Regex [a-z]{2,3}
}

// --- die alten Werte wurden beibehalten
System.out.println(tc);      ⇨ n= 150, s= cba
```

Eine notwendige Bedingung an dieses simple Validierungs-Framework war die Anforderung, dass nach Deaktivieren der Validierung die class-Datei keinen Validierungs-Code mehr enthält.

Dies wird immer mit Hilfe einer static final erreicht:

```
public static final boolean CONSTRAINT_ON= false;
```

▶ *Hinweis 4.12 Dead Code Elimination*
- Die von `final boolean` Konstanten wie `CONSTRAINT_ON` abhängigen Code-Blöcke werden vom Compiler entfernt, sofern die Konstante die Ausführung ausschließt.

Bei Deaktivierung ist die Anzahl der Bytes der `class`-Datei signifikant kleiner.

Pro und Con zur Lösung

Ein wesentlicher Vorteil des Frameworks besteht darin, dass eine zu validierende Klasse ein *POJO*[86] bleiben kann. Sie muss auch kein spezielles Interface implementieren. Allerdings muss jede Klasse mit einer gleichartigen statischen Initialisierung ausgestattet werden. Das gilt leider auch für die zu validierenden Methoden. Das ist lästig und keineswegs *DRY*[87] (siehe Abschnitt 4.11.6 für eine Prozessor-Alternative!).

Deklarativ vs. Imperativ

Die deklarative Alternative von Constraint-Checking hat gegenüber der imperativen deutliche Vorteile, selbst dann, wenn der Aufwand, den Code konventionell zu schreiben, auch nicht größer ist. Betrachten wird dazu noch einmal die folgende Deklaration.

```
@Validate(id= 2, handler= ValidateRange.class,
          constraints= {"100","200"})
```

Dies steht im Gegensatz zu einem gleichwertigen Code im Setter `setN(int n)` der Klasse `TestConstraints`:

```
if (100>n || n>200)
  throw new ConstraintException("RangeChecker-Fehler: "+
                      100+"<="+n+"<="+200+ " erwartet!");
```

Ohne genaue Inspektion dieser Anweisung ist es kaum möglich herauszufinden, welche Einschränkungen vorliegen. Eine reflektive Auswertung – wäre sie denn möglich – hilft da nicht weiter. Ein Argument wie `int n` sagt nichts über Constraints von Feldern und Methoden aus. Allgemein:

▶ *Hinweis 4.13 Explizite Dokumentation der Constraints*
- Eine deklarative Validierung kann im Gegensatz zu einer imperativen ausgewertet und dokumentiert werden.

---

[86]   Plain Old Java Object.

[87]   Don´t Repeat Yourself, im Gegensatz zu WET.

Um den Hinweis wirklich umzusetzen, müsste dazu allerdings @Validate erweitert werden, zumindest um ein description-Attribut, da das handler-Attribut wenig Aussage-
kraft hat. Ein „echtes" Validierungs-Framework verlangt sicherlich mehr als die paar Zeilen.

4.10   Implementierung von Annotationen

Eine wenig beachtete bzw. bekannte Technik besteht darin, Annotationen zu implementieren. Annotationen lassen sich nicht dadurch erzeugen, dass man sie explitit von Annotation
ableitet. Dies ist zwar möglich,

```
interface NoAnnotation extends Annotation {
}
```

führt aber nicht zum Erfolg! Vom Compiler wird NoAnnotation als normales Interface behandelt. Und da umgekehrt eine „echte" Annotation keine Interfaces als Subtypen zulässt,
bleibt nur noch die Implementierung einer Annotation. Mit dieser Technik sind zwei Fragen
verbunden! Welchen Sinn macht das und was ist bei einer Implementierung zu beachten?
Die Frage nach dem Sinn ist abhängig vom speziellen Problem.

▶ *Hinweis 4.14 Einsatz von Annotations-Klassen*
- Generell hilft diese Technik, wenn man Annotationen im Programm erzeugen oder mit
  der Inspektion einer Annotation bestimmte Aktionen verbinden möchte.

Einen konkreteren Einsatz findet die Technik u.a. im *DI*[88]-Container *Guice* von Google. Hier
eine Anweisung aus der Dokumentation für Benutzer[89], bei der eine Implementierung einer
Annotation notwendig wird:

```
bind(Person.class).annotatedWith(new NamedAnnotation("Bob"))
                  .to(Bob.class);
```

Ohne näher auf das Framework eingehen zu müssen, erkennt man die deklarative Auflösung
einer Abhängigkeit von einem Interface Person zu einer speziellen Klasse Bob. Dazu ist
eine entsprechende Stelle im Code mit der Annotation @Named("Bob") markiert. Die gilt
es, programmatisch zu treffen und eine entsprechende Klassen-Injektion durchzuführen.
Was wäre da einfacher als diese spezielle Annotation einfach anzugeben. Aber die folgende
dazu passende Angabe ist nicht möglich.

```
annotatedWith(Named("Bob")) oder  annotatedWith(new Named("Bob"))
```

---

[88]   DI= Dependency-Injection, d.h. die Auflösung von Abhängigkeiten von Interface und Klassen zueinander so-
       wie die Instanzierung von passenden Objekten wird vom Container übernommen und nicht von den Klassen
       selbst.

[89]   Guice 1.0 Users's Guide, Seite 12 (siehe Literaturhinweis am Ende des Kapitels).

Hier schafft Guice Abhilfe mit einer Implementierung `NamedAnnotation` zu `Named`. Die Klasse übernimmt die Aufgabe eines Clones von `Named`. Mit Hilfe von `new NamedAnnotation("Bob")` anstatt `new Named("Bob")` ist die Bestimmung der Annotation nun möglich, womit die entsprechende Aktion durchgeführt werden kann.

Das führt direkt zur zweiten oben angesprochenen Frage. Obwohl die Implementierung einer Annotation an sich keiner Beschränkung unterworfen ist, gibt es Restriktionen, die besser eingehalten werden sollten. Sie stehen im Kommentar zum Interface `Annotation`.

Anhand der Annotation `CAnno` mit Attributen, deren Typen bewusst für dieses Beispiel verschieden gewählt wurde, soll eine Implementierung exemplarisch gezeigt werden.

```
@Retention(RetentionPolicy.RUNTIME)
@Target({ElementType.METHOD})
@interface CAnno {
   int id() default 1;
   Class<?> clazz();
   double[] dArr() default {1.,2.,3.};
   String[] sArr() default "";
}
```

Die Restriktionen einer Implementierung resultieren aus den Aufgaben eines Clones. Ein Clone soll möglichst identisch zum Original sein. Mithin hat die Instanz einer Annotations-Implementierung die gleichen Attributwerte und denselben `hashCode()` wie die zugehörige Original-Annotation. Darüber hinaus sollte `toString()` die gleiche String-Repräsentation liefern und ein `equal()`-Vergleich zwangsläufig `true` ergeben. Genau auf diese Punkte bezieht sich der Kommentar zum Interface `Annotation`.

Der Hashcode nimmt dabei eine besondere Stellung ein. Erstens ist er im Gegensatz zu den anderen Punkte nicht intuitiv ableitbar. Man muss den Algorithmus der Berechnung kennen. Zweitens ist er unbedingt für (Hash-) Kollektionen notwendig, die auf dem Kontrakt von `equals()` und `hashCode()` basieren. Deshalb wird nachfolgend dieser Algorithmus als allgemeine Methode für alle Annotationen in die Utility `AnnotationUtil` aufgenommen:

```
@Stateless
public class AnnotationUtil {

   private AnnotationUtil() {
   }

   public static Map<String,Object> getValues(Annotation a) {
     // --- Implementierung siehe Abschnitt 4.8
   }
```

```
// --- (Nur) Array-Attribute müssen mit Hilfe der in Java 5
```

```java
//    eingeführten Methode Arrays.hasCode() berechnet werden.
private static int getValHashCode(Object val) {
  Class<?> clazz = val.getClass();
  if (clazz.isArray()) {
    if (clazz == boolean[].class)
      return Arrays.hashCode((boolean[])val);
    if (clazz == byte[].class)
      return Arrays.hashCode((byte[])val);
    if (clazz == char[].class)
      return Arrays.hashCode((char[])val);
    if (clazz == short[].class)
      return Arrays.hashCode((float[])val);
    if (clazz == int[].class)
      return Arrays.hashCode((short[])val);
    if (clazz == long[].class)
      return Arrays.hashCode((long[])val);
    if (clazz == float[].class)
      return Arrays.hashCode((int[])val);
    if (clazz == double[].class)
      return Arrays.hashCode((double[])val);
    return Arrays.hashCode((Object[])val);
  }

  return val.hashCode();
}


public static int getHashCode(Annotation a) {
  // --- Map mit Attribut-Namen und Werte
  Map<String,Object> eMap= getValues(a);

  // --- Pseudo-Code des Algorithmus (siehe hierzu Original-Dokumentation):
  //    hashCode(Annotation) = Summe aller hashCode(Attribute), wobei
  //    hashCode(Attribut) =
  //                    127 * hashCode(Attributname) xor hashCode(Attributwert)
  int hc= 0;
  for (Map.Entry<String,Object> e: eMap.entrySet())
    hc+= (127 * e.getKey().hashCode()) ^
         getValHashCode(e.getValue());
  return hc;
}
}
```

In der Klasse `CAnnoImpl` sind `equals()` und `toString()` speziell nur für `CAnno` codiert. Sicherlich könnte man sie wie `hashCode()` auch in einer Utility implementieren.

```java
class CAnnoImpl implements CAnno {
  // --- zugehörige Felder zu den Attributen
  private int id;
  private Class<?> clazz;
  private double[] dArr;
  private String[] sArr;

  // --- die einfachste Art: ein Konstruktor für alle Attributwerte
  public CAnnoImpl(int id, Class<?> clazz,
                   double[] dArr, String[] sArr) {
    this.id= id; this.clazz= clazz;
    this.dArr= dArr; this.sArr= sArr;
  }

  // --- Nachfolgend die Getter mit den Namen der Attribute:
  public int id()          { return id; }
  public Class<?> clazz() { return clazz; }
  public String[] sArr()   { return sArr; }
  public double[] dArr()   {  return dArr; }

  @Override public int hashCode() {
    return AnnotationUtil.getHashCode(this);
  }
  public Class<? extends Annotation> annotationType() {
    return CAnno.class;   // --- die Klasse gibt sich als CAnno aus.
  }

  @Override
  public boolean equals(Object o) {
    if (!(o instanceof CAnno))
      return false;
    CAnno a = (CAnno)o;
    return id==a.id() && clazz== a.clazz() &&
           Arrays.equals(sArr,a.sArr()) &&
           Arrays.equals(dArr,a.dArr());
  }

  @Override
  public String toString() {
    return "@" + CAnno.class.getName() + "(id=" + id
              + ", clazz=class "+ clazz.getName()
              + ", dArr=" + Arrays.toString(dArr)
              + ", sArr=" + Arrays.toString(sArr)+")";
  }
}
```

Abschließend ein Vergleich des Clones `CAnnoImpl` zur zugehörigen Annotation `CAnno`:

```
public class TestAnnoImpl {
    // --- Vergleich dieser Annotation mit der zugehörigen CAnnoImpl-Instanz
    @CAnno(clazz=String.class)
    public static void main(String... args) {
        CAnno hca= new CAnnoImpl(1,String.class,
                    new double[] {1.,2.,3.},new String[]{""});
        System.out.println(hca);
        ⇨ @kap04.CAnno(id=1, clazz=class java.lang.String,
                    dArr=[1.0, 2.0, 3.0], sArr=[])
        System.out.println(hca.hashCode());           ⇨ -52049757
        Method m= TestAnnoImpl.class.getDeclaredMethods()[0];
        Annotation a=  m.getDeclaredAnnotations()[0];
        System.out.println(a);
        ⇨ @kap04.CAnno(id=1, sArr=[], dArr=[1.0, 2.0, 3.0],
                    clazz=class java.lang.String)
        System.out.println(a.hashCode());             ⇨ -52049757
        System.out.println(a.equals(hca));            ⇨ true
        System.out.println(hca.equals(a));            ⇨ true
    }
}
```

4.11   Annotations-Prozessoren

Auswertungen von Annotationen in den Sources, um daran passende Aktionen zu knüpfen,
zählen sicherlich nicht zu den trivialen Techniken. Gehört zur normalen Applikations-Programmierung in manchen Fällen Reflexion, kann man dies für den Einsatz von Annotations-
Prozessoren nicht unbedingt behaupten. Denn die Auswertung wird gemeinsam mit dem
Compiler ausgeführt, was voraussetzt, dass man sich mit dem Java-Modell zugehörig zur
Syntax-Baumstruktur recht gut auskennt. Für eine IDE-Entwicklung mag das sicherlich interessant sein, aber nicht unbedingt für den normalen Einsatz. Deshalb beschränken wir uns
auf eine nicht allzu tief schürfende Einführung, die an Beispielen, und nicht an der Theorie
einen Überblick über Prozessoren als Plug-Ins in den Compiler geben soll. Aber selbst für
einfache Beispiele muss das zugehöriges Model-API prinzipiell verstanden werden, da alle
Prozessoren darauf aufbauen.

JSR 269 vs. APT

Bis zur Einführung von Java 6 erfolgten Build-Time Auswertungen mit Hilfe von *APT* (Annotation Processing Tool) und einem zugehörigen Mirror-Framework `com.sun.mirror`. Es
wurde recht schnell klar, dass diese Entwicklung schlecht zu einer einheitlichen, integrierten
Java 6 Standard Edition passt. Mit dem JSR 269 „*Pluggable Annotation Processing API*" hat
dieser Sonderweg nach kurzer Java 5-Lebenszeit eine Ende gefunden und wird nicht mehr

weiter verfolgt. Darauf basierende Lösungen kann man somit als deprecated bezeichnen. Dafür wurden in J6SE zwei Packages – inklusive ihrer Sub-Packages – integriert. Das erste Package `javax.lang.model` nennt sich kurz *Model*-API und bildet die Sytax und den Aufbau von Java-Elementen wie Packages, Typen (Klassen/Interfaces) und ihre Member aus den Sourcen nach. Der Name *Mirror* ist deshalb sehr passend und wird entsprechend häufig auch verwendet. Das Package `javax.annotation.processing` ist dagegen für die Programmierung von Prozessoren für Annotationen zuständig. Prozessoren und Mirrors arbeiten dabei Hand in Hand. Ohne intime Kenntnisse der Mirrors sind komplexere Prozessoren nicht zu schreiben. Um die Sache abzurunden, wurde der Compiler `javac` um eine Pluggable-Architektur erweitert. Sie erlaubt es recht einfach, die Prozessoren für die Compilierung einzubinden. Auswertungen von Annotationen ohne den Seiteneffekt einer Modifizierung oder der Generierung von zusätzlichen Sourcen wäre nur unvollständig. Deshalb zählt dies zum Thema. Vorab ein wichtiger

▶ *Hinweis 4.15 Interface basierte Mirrors & Prozessoren*
- Processor- wie Mirror/Model-API sind rein interface-basiert. Sie werden nur durch wenige Utilities bzw. einer abstrakten Klasse `AbstractProcessor` begleitet. [90]

Das Mirror-API ist an sich nicht unähnlich zum reflektiven. Beide haben ähnliche Aufgaben. Nur leider ist das reflektive API klassen-basiert und zusammen mit Java weiter entwickelt worden. Das lässt eine Integration mit dem Model-API leider nicht zu.

4.11.1   Annotation-Prozessor-API

Ein Annotation-Prozessor arbeitet nicht direkt mit dem Source-Code, sondern wird von einem Tool – integriert im Compiler – mit einer Umgebung versorgt, die durch das Interface `ProcessingEnvironment` definiert ist. Diese Umgebung enthält u.a. auch einen `Filer`, um Dateien zu schreiben oder einen `Messager` für Mitteilungen sowie den Zugriff auf Utilties. In der zentralen Callback-Methode `process()` wird dem Prozessors eine `RoundEnvironment` übergeben. Der Prozessor bekommt dadurch Zugriff auf alle relevanten Informationen. Wie der Name andeutet, läuft die Annotations-Bearbeitung mittels `process()` in Runden ab. In jeder dieser Runden wird ein beteiligter Prozessor vom Processing-Environment aufgefordert, eine eventuell auch leere Menge von Annotationen der Sourcen einer vorherigen Runde mittels `process()` zu bearbeiten. Zusätzlich kann ein Prozessor auch zur Bearbeitung von implizit generierten Dateien aufgerufen werden. Der zentrale Einstiegspunkt bei der Erstellung von Prozessoren ist das Interface `Processor`. Um es direkt zu implementieren, hat man ein besonderes Protokoll einzuhalten. Jeder Prozessor

- muss einen No-Arg-Konstruktor zur Erzeugung einer Instanz anbieten. Eine Processor-Instanz wird für alle `process()`-Aufrufe bzw. Runden genutzt.

- muss eine Methode `init()` anbieten, die genau einmal nach der Instanz-Erzeugung vom Tool Provider aufgerufen wird, um das `ProcessingEnvironment` zu übergeben.

---

[90] Die Dokumentation ist leider sehr rudimentär zu nennen. Es gibt so gut wie keine Beispiele zur Verwendung, was wohl vor allem auf die sehr späte Fertigstellung in 2006 zurückzuführen ist.

- wird anschließend mittels `getSupportedAnnotationTypes()`, `getSupportedOpti-ons()` und `getSupportedSourceVersion()` auf die Annotationen, die akzeptierten Optionen bzw. Java Version (zur Zeit `SourceVersion.RELEASE_6`) abgefragt.
- wird mittels `process()` zur Bearbeitung seiner Annotationen mehrfach in Runden aufgerufen. Gibt `process()` `true` zurück, bindet der Prozessor die übergebenen Annotationen ausschließlich an sich, so dass sie keinem anderen Prozessor übergeben werden.

Das Interface Processor sieht somit wie folgt aus:

```
public interface Processor {
  void init(ProcessingEnvironment processingEnv);
  Set<String>    getSupportedAnnotationTypes();
  SourceVersion getSupportedSourceVersion();
  Set<String>    getSupportedOptions();
  boolean        process(Set<? extends TypeElement> annotations,
                         RoundEnvironment roundEnv);
  Iterable<? extends Completion> getCompletions(Element element,
                         AnnotationMirror annotation,
                         ExecutableElement member, String userText);
}
```

Die letzte Methode wird zur etwaigen Vervollständigung von Informationen aufgerufen, die zu einer Annotationen gehören. Daher auch der der Name des Interfaces:

```
public interface Completion {
  // --- Text zur Vervollständigung der Annotation
  String getValue();

  // --- zusätzliche Mitteilung
  String getMessage();
}
```

Implementiert man das Interface `Processor` direkt, hat man mithin sechs Methoden zu implementieren. In der Regel werden aber die dem Prozessor zugeordneten Annotationen, Optionen und Release-Informationen über Annotationen zugeordnet. Die Methode `init()` speichert nur das `ProcessingEnvironment` in einem internen Feld ab und diese Methode `getComplition()` wird per Default leer überschrieben. Damit bietet sich eine Klasse `Ab-stractProcessor` an, in die diese Implementierung ausgelagert wird. Leitet man einen eigenen Prozessor von dieser abstrakten Klasse ab, hat man praktisch nur noch `process()` zu überschreiben.[91]

Nachfolgend – ohne Details der Implementierung – nur die wichtigsten Informationen zu `AbstractProcessor`, auf die man Zugriff hat.

---

[91]   Das erinnert irgendwie an die `Adapter` im GUI-Framework.

```
public abstract class AbstractProcessor implements Processor {
  protected ProcessingEnvironment processingEnv;
  protected AbstractProcessor() {}

  // --- liefert Optionen enthalten in Annotation SupportedOptions
  //     sofern sie fehlt, wird Collections.emptySet() zurückgegeben
  public Set<String> getSupportedOptions();

  // --- liefert alle Annotationen, die in der Annotation SupportedAnnotationTypes
  //     angegeben wurden, ansonsten Collections.emptySet()
  public Set<String> getSupportedAnnotationTypes();
  // --- liefert die in Annotation SupportedSourceVersion angebene Version
  //     Fehlt diese ist der Default  SourceVersion.RELEASE_6
  public SourceVersion getSupportedSourceVersion();

  // --- liefert – wie man sieht – Collections.emptySet()
  public Iterable<? extends Completion>
          getCompletions(Element e, AnnotationMirror am,
                            ExecutableElement mem, String text) {
    return Collections.emptyList();
  }
}
```

Hallo-Welt Prozessor

Starten wir mit einem „Hallo Welt" Annotation-Prozessor als erstes Beispiel:

```
package kap04;

// --- die Imports zeigen die Zusammenarbeit der beiden APIs
import java.util.Set;
import javax.annotation.processing.*;
import javax.lang.model.*;
import javax.lang.model.element.*;
import javax.tools.Diagnostic;

// --- "*" steht für alle Annotationen
@SupportedAnnotationTypes("*")
@SupportedSourceVersion(SourceVersion.RELEASE_6)
public class AnnoProc1 extends AbstractProcessor  {
  static int round= 0;

  @Override
  public boolean process(Set<? extends TypeElement> annotations,
                         RoundEnvironment roundEnv) {
    System.out.println(round++ +": Hallo Welt");
```

```
   if (round==1) {
      System.out.println(this.processingEnv);
      System.out.println(roundEnv);
      Messager m= processingEnv.getMessager();
      m.printMessage(Diagnostic.Kind.NOTE,"Hallo Welt");
   }
   return true;
   }
}
```

Bei der Ausgabe steht ... hinter **version** für eine release-abhängige Information:

```
0: Hallo Welt
javac ProcessingEnvironment version ...
Note: Hallo Welt
[errorRaised=false, specifiedTypeElements=[kap04.AnnoProc1],
                                               processingOver=false]
1: Hallo Welt
[errorRaised=false, specifiedTypeElements=[], processingOver=true]
```

Es gibt somit zwei Runden. In der ersten Runde wird der Annotations-Prozessor als `Type-Element kap04.AnnoProc1` angegeben und mit `processingOver=true` das Ende angezeigt.

Binden von Prozessoren an den Compiler

Es ist noch die Frage zu beantworten, wie ein Prozessor in den Compiler eingebunden wird. Dazu gibt es drei Alternativen. Bei der ersten gibt man die Prozessoren mittels Optionen bei dem Aufruf von `javac` an. Diese Art wird im weiteren gewählt. Welche möglichen Compiler-Optionen man wählt, hängt von der Projektstruktur ab und kann nur exemplarisch für die hier demonstrierten Beispiele gegeben werden:

```
javac -processor mypackage.MyAnnoProcessor, ...
      -processorpath operatingSystemPathToPackage
      path/mySourceUnit.java
```

Die Angabe ist einzeilig und wurde hier passend umgebrochen. Im Fall eines Mac OS X wird für dem oben angegebenen `AnnoProc1` dann wie folgt eingebunden:

```
javac -processor kap04.AnnoProc1
      -processorpath /users/friedrichesser/Core/build/classes
      ...
```

Wenn der Annotations-Prozessor mit den anderen ausführbaren `class`-Dateien im selben Projekt-Verzeichnis liegt, bietet sich dagegen die Option `-cp` an, die gleichermaßen für `class`-Dateien wie Prozessoren gilt:

```
javac -cp myClassPath -processor mypackage.MyAnnoProcessor
      sourcePath/cunit.java
```

Für das folgende Beispiel ist die zugehörige Verzeichnisstruktur für Sourcen wie class-Dateien inklusive des Prozessors wie folgt:

```
/Users/friedrichesser/AnnoProcs/src/packagepath/*.java
                           /build/classes/packagepath/*.class
```

Somit kann MarkedClass.java in der Konsole mit dem Befehl

```
javac -cp /Users/friedrichesser/AnnoProcs/build/classes
      -processor kap04.GMarkerProcessor
      /Users/friedrichesser/AnnoProcs/src/kap04/MarkedClass.java
```

compiliert werden. Da Sourcen und Klassen – auch über einen Prozessor – eventuell gelesen
und generiert werden müssen, werden zusätzlich mittels der -s und -d Optionen

```
javac ... -s sourcePath -d classPath
```

die entsprechenden Verzeichnisse zum Lesen und Schreiben angegeben. Die beiden anderen
Alternativen bestehen entweder in einem so genannten Service-Style-Lookup (mit Hilfe von
META_INF/services/javax.annotation.processing.Processor) oder den Aufruf
des Compilers über das Compiler-API direkt im Programm.

Elemente, Typen & Utilities

Um mehr als nur „Hallo-Welt"-Prozessoren schreiben zu können, muss man sich zumindest
mit den Sub-Packages javax.lang.model.element anfreunden. Es enthält alle Interfaces, die die statische Seite von Java abdecken. Das zentrale Interface hier ist wohl Element.
Es steht für ein Programmelement bzw. einen statischen Typ wie Package, Klasse oder Methode. Von Element werden dann Subtypen wie TypeElement, ExecutableElement
oder VariableElement abgeleitet. Das hat durchaus Ähnlichkeit mit Reflection, wo das
Marker-Interface Type nur für Subtypen stand, die die konkreten Methoden enthielten. Hier
ist Element allerdings kein Marker und enthält neben allgemeinen Methoden, die für alle
statischen Typen Sinn machen, noch einen Getter getKind() für eine Enumeration ElementKind, die alle statischen Typen abbildet:

```
public enum ElementKind {
   PACKAGE, ENUM, CLASS, ANNOTATION_TYPE, INTERFACE,
   ENUM_CONSTANT, FIELD, PARAMETER, LOCAL_VARIABLE,   // Variables
   EXCEPTION_PARAMETER,
   METHOD, CONSTRUCTOR, STATIC_INIT, INSTANCE_INIT,   // Executables
   TYPE_PARAMETER,
   // --- nur für internen Gebrauch reserviert, nicht zu verwenden!
   OTHER;
}
```

Im Subpackage `javax.lang.model.type` werden dagegen die dynamischen Aspekte von Java in Interfaces abgebildet. Das zentrale Interface ist hier `TypeMirror`, das für jede Art von Typ steht. Dies umfasst

- primitive Typen.
- deklarierte Typen (Klassen/Interfaces) wie `List<String>`.
- Arrays, Variable, Signaturen, Rückgabe-Typen inklusive `void`.
- Wildcard-Argumente.

Auch hier kann symmetrisch zu `Element` mittels `getKind()` der spezifische Typ abgefragt werden, den `TypeMirror` repräsentiert:

```
public enum TypeKind {
    // --- primitive Typen
    BOOLEAN, BYTE, SHORT, INT, LONG, CHAR, FLOAT, DOUBLE,
    // --- Spezielle Typen
    VOID, NONE, NULL, ARRAY,
    // --- Klasse oder Interface,
    DECLARED,
    // --- Klasse oder Interface, das nicht aufgelöst werden konnte
    ERROR,
    // --- exakt dieser Typ
    TYPEVAR, WILDCARD,
    PACKAGE,
    // --- Method, Konstruktor, Initialisierer.
    EXECUTABLE,
    // --- nur für internen Gebrauch reserviert, nicht zu verwenden!
    OTHER;
}
```

Im Sub-Package `javax.lang.model.util` sind schließlich einige Utilities definiert, jedoch auch wieder nur in der Form von Interfaces. Für Utilities ist dies eher ungewöhnlich, da man unwillkürlich an Klassen wie `Collections` mit statischen Methoden denkt. Aber die Implementierung eine zentrale Utility wie `Types` wird einfach nach `com.sun.tools.javac.model.JavacTypes` ausgelagert. Den Zugriff auf die Utility erhält man nur über die Methode `getTypeUtils()` des `ProcessingEnvironment`.

4.11.2   Zugriff auf Programm-Elemente

Die eigentliche Arbeit eines Prozessors besteht darin, die Annotationen, für die er sich als eine Art von Annotations-Listener angemeldet hat, vom `RoundEnvironment` entgegen zu nehmen und zusammen mit den zugehörigen Java-Elementen zu verarbeiten. Diese Technik soll das nächste Beispiel vermitteln. Dazu benötigen wir eine Marker-Annotation.

```
public @interface GMarker { }
```

Sie wird dazu benutzt, unterschiedliche Java-Elemente einer möglichst einfach gehaltenen generischen Klasse MarkedClass zu dekorieren:

```
@GMarker
public class MarkedClass<N extends Number> {

  @GMarker static final String HALLO= "Hallo Processor";
  @GMarker N n;
  @GMarker int i=10;

  @GMarker public static <T> String toString(T t) {
    return t.toString();
  }

  @GMarker public MarkedClass(N n) { this.n= n; }
  @GMarker public void setI(int i) { this.i= i; }
  @GMarker public N getN()          { return n;  }
}
```

Der Prozessor GMarkerProcessor meldet sich nun zur Bearbeitung von GMarker an und wird bei der Compilierung von MarkedClass zu allen markierten Elementen aufgerufen:

```
@SupportedAnnotationTypes("kap04.GMarker")
@SupportedSourceVersion(SourceVersion.RELEASE_6)
public class GMarkerProcessor extends AbstractProcessor {

  @Override
  public boolean process(Set<? extends TypeElement> annotations,
                         RoundEnvironment roundEnv) {

    // --- normal ist eine for-Schleife, obwohl es hier nur eine Annotation gibt!
    for (TypeElement a: annotations) {
      System.out.println(a);                  ⇨ kap04.GMarker

      for (Element e : roundEnv.getElementsAnnotatedWith(a)) {
        System.out.println(e.getKind() + ": " +
                         e.getSimpleName()+", in: "+
                         e.getEnclosingElement()+ ", mit: "+
                         e.getEnclosedElements());

        ⇨ CLASS: MarkedClass, in: kap04,
            mit: HALLO,n,i,<T>toString(T),MarkedClass(N),setI(int),getN()
```

```
            switch (e.getKind()) {
              case CLASS:
                TypeElement te= (TypeElement)e;
                for (TypeParameterElement tp: te.getTypeParameters())
                  System.out.print(tp.getSimpleName()+" extends "+
                    tp.getBounds()+" ");   ⇨  N extends java.lang.Number
                System.out.println();
                System.out.println(te.getSuperclass()+ ", "+
                    te.getInterfaces());   ⇨  java.lang.Object,
                break;

              // --- Ausgaben des restlichenTeils erfolgt hinter diesem Listing
              case CONSTRUCTOR: case METHOD:
                ExecutableElement ee= (ExecutableElement)e;
                System.out.println(ee.getTypeParameters()+", "+
                    ee.getReturnType()+", "+ ee.getParameters());
                break;
              case FIELD:
                System.out.println(
                  ((VariableElement)e).getConstantValue());
                break;
              default:
                System.out.println("TODO:");
            }
          }
        }
      return true;
    }
}
```

Es fehlt noch die Ausgabe zum Konstruktor, den zwei Methoden und den drei Feldern, die in dieser Reihenfolge erscheinen:

```
FIELD: HALLO, in: kap04.MarkedClass, mit:
Hallo Processor
FIELD: n, in: kap04.MarkedClass, mit:
null
FIELD: i, in: kap04.MarkedClass, mit:
null
METHOD: toString, in: kap04.MarkedClass, mit:
T, java.lang.String, t
CONSTRUCTOR: <init>, in: kap04.MarkedClass, mit:
, void, n
METHOD: setI, in: kap04.MarkedClass, mit:
, void, i
```

Wie eingangs bereits gesagt, erinnert die Art der Auswertung doch sehr an Reflexion, halt nur auf Basis der Sourcen und nicht der `class`-Datei. Es ist wirklich schade, dass man nun zwei Arten von reflektiven APIs beherrschen muss, zumal wenn Build- und Runtime-Auswertungen bei der Entwicklung von Prozessoren aufeinander treffen sollten.

4.11.3 Restriktionen für Prozessoren

Bevor man daran denkt, Prozessoren für produktive Aufgaben zu entwickeln, sollte man einen Grundsatz beachten:

▶ *Hinweis 4.16 Keine Modifikation bestehender Klassen*
- Das Annotations-Framework erlaubt es nicht, bestehende Sourcen bzw. Klassen mit Hilfe von Annotations-Prozessoren zu modifizieren.

Ein Versuch, eine bestehende Klasse beispielsweise mit Hilfe einer `Filer`-Instanz zu ändern, wird vom Compiler-Tool mit einer `FilerException` beantwortet. Das bedeutet insbesondere, dass Annotations-Prozessoren nicht für AOP-Aufgaben bzw. zur Injektion von Code benutzt werden können. Allerdings gibt es Design-Muster, die einer direkten Klassen-Manipulation doch recht nahe kommen.

Das letzte Beispiel im Abschnitt 4.11.6 folgt einem Muster, das unter dem Namen *Decorator-Style-Pattern* bekannt ist. Es ist für Klassen interessant, die mit bestimmten Eigenschaften dekoriert werden sollen, entweder temporär oder permanent. Eine weitere hier nicht weiter verfolgte Möglichkeit besteht darin, Superklassen zu bestehenden Klassen zu generieren. Dies kann für den Einsatz von Adapter-Pattern interessant sein. Welche Strategie man auch immer wählt, aufgrund der Code-Generierung ist die Programmierung durchaus anspruchsvoll. Bevor der folgende Prozessor vorgestellt wird, sollen in den nächsten beiden Abschnitten kurz die beteiligten Design-Muster vorgestellt werden.

4.11.4 Decorator-Style

Will man die Grundfunktionalität einer Klasse erhalten, sie aber um bestimmte Fähigkeiten erweitern, folgt man meistens einem Decorator-Style-Muster. Der Begriff „dekorieren" steht für Methoden, die in ihrer Funktionalität ergänzt oder erweitert werden, ohne den bereits bestehenden Code zu ändern. In GUIs hat jedes Fenster bzw. Widget eine Grundfunktionalität. Nun gibt es aber viele unterschiedliche Varianten von Fenstern. Die Dekorationen beginnen bei den Rändern und enden bei den diversen Menü- und Icon-Leisten. Jedes dieser Fenster eigenständig zu programmieren, hieße tausende von Klassen zu erzeugen. Ein weiteres Beispiel ist das Java IO-API. Es löst das Problem unterschiedlicher IO-Varianten mit Hilfe von Low/High-Level-Klassen.

Eine Dekoration wird durch das „Ineinanderschachteln" von Konstruktoren der einzelnen Klassen erzeugt, die sich in ihrer Funktionalität ergänzen:

```
DataOutputStream dos= new DataOutputStream(
```

```
new ZipOutputStream(
    new BufferedOutputStream(
        new FileOutputStream(f))));
```

Diese Decorator-Variante hält zwar die Anzahl der beteiligten Klassen in Grenzen, hat aber auch Nachteile.[92] Wird eine spezielle Variante von einem Tool, besser Prozessor automatisch generiert, geht man anders vor. Subklassen sind von Natur aus vorzüglich zur Dekoration geeignet. Denn eine Instanz von

```
class Subclass extend BaseClass { }
```

kann überall da verwendet werden, wo eine Instanz von BaseClass erwartet wird. Sie hat in dieser Form eine identische Funktionalität. Erweiterungen bei gleicher Grundfunktionalität sind auf zwei Arten möglich – zusätzliche Methoden oder man verwendet einfach die Basis-Methode, eingebettet in Pre- und/oder Post-Code:

```
public aMethod() {
    // --- Pre-Code
    super.aMethod()
    // --- Post-Code
}
```

Diese Lösung lässt die Original-Klasse unangetastet und lagert die zusätzliche Funktionalität in die Subklasse aus. Und genau die kann von einem Prozessor automatisch bei der Compilierung der Basisklasse erzeugt werden! Anstatt der Instanzen der Basisklasse, werden dann im Anwendungscode Instanzen der Subklasse verwendet. Dieses Design hat aber leider noch ein Problem: Der Anwendungscode verwendet Instanzen der Basisklasse anstatt der unbekannten Subklasse. Eine manuelle Änderung ist nicht sehr praktikabel.

4.11.5   Factory-Einsatz

Das Problem der Abhängigkeit von Klassen ist auf die Konstruktoren zurückzuführen. Sie werden bekanntlich nicht vererbt. Alle Frameworks, die sich nicht in Abhängigkeit von bestimmten Klassen begeben wollen, kämpfen gleichermaßen mit dem Problem des expliziten Konstruktoren-Einsatzes. Dies beginnt schon bei den so harmlos erscheinenden Wrapper-Klassen für primitive Typen. In den Anfangstagen von Java war es keine besonders kluge Entscheidung, die Konstruktoren von primitiven Wrapper-Klassen wie Boolean oder Byte public zu deklarieren. Damit ist man in der Lage, beliebig viele true-Instanzen zu erschaffen, obwohl nur eine sinnvoll ist. Stärker betroffen sind die integralen Typen. Welchen Sinn macht es, eine Byte-Instanz mit dem Wert 42 mehrfach wie im folgenden Code-Fragment zu erschaffen?

---

[92]   Unter anderem unterscheidet sie nicht zwischen sinnvollen und weniger sinnvollen Schachtelungen.

```
Byte b1= new Byte((byte)42);
Byte b2= new Byte((byte)42);
System.out.println(b1==b2);        ⇨ false
```

Um diesem Unsinn zu begegnen, wurde nachträglich eine statische Methode `valueOf()` in die Wrapper aufgenommen. Es ist die einfachste Form von *Factory*, da sie nun die Erzeugung von Instanzen übernehmen und intelligent steuern kann.[93]

```
Byte b3= Byte.valueOf((byte)42);
Byte b4= Byte.valueOf((byte)42);
System.out.println(b3==b4);        ⇨ true
```

Explizite Factory-Klassen delegieren wie die statischen Factory-Methoden die Erzeugung von Instanzen eines Typs an Klassen. Dies kann statisch oder dynamisch zur Laufzeit geschehen und von gewissen Kriterien abhängig sein. Interessant für den Einsatz von Annotation-Prozessoren ist die Kombination der beiden Muster:

▶ **Hinweis 4.17 Factory & Decorator Style**

*   Die zu dekorierende Klasse bietet anstatt (nicht zusätzlich!) `public` deklarierte Konstruktoren statische Factory-Methoden.

*   Diese Factory-Methoden delegieren (je nach Anforderung) die Erzeugung der Instanzen an eine Subklasse, die von Annotations-Prozessoren erzeugt wurde und liefern sie als Typ der Original-Klasse zurück, in Pseudo-Code:

    ```
    public static BClass newInstance() {
      if (decorated)
        return (BClass)Class.forName(GeneratedClass.newInstance());
      else
        return new BClass();
    }
    ```

4.11.6   Prozessor-generierte Validierung

Die Validierung von Methoden wurde bereits in Abschnitt 4.9 besprochen. Aber im Gegensatz zu dem Beispiel in Abschnitt 4.9.2 ändert die folgende Lösung keine der Methoden. Starten wir mit der zu testenden Klasse, die dem Hinweis 4.17 folgt:[94]

```
package kap04;
```

---

[93] Diese nachträgliche Factory-Lösung in Java ist alles andere als ideal und für viele einfach nur unverständlich.

[94] Um den Code aber „in Grenzen" zu halten, wurde die zu validierende Klasse und die Art der Validierung sehr einfach gehalten.

```
public class ConstraintClass {
  // --- zeigt die Möglichkeit, auf den konstanten Wert zugreifen zu können
  @Constraint
  public static final String CONSTRAINT_CLASS=
                                        "SubConstraintClass";
  private String id=   "?";
  private String name="?";

  // --- die Factory:
  //     dynamisches Laden der Klasse zur Laufzeit (so einfach wie möglich!)
  public static ConstraintClass newInstance() {
    if (CONSTRAINT_CLASS!=null)
      try {
        return (ConstraintClass)Class.forName(
                    "kap04."+CONSTRAINT_CLASS).newInstance();
      } catch (Exception e) {
        return null;
      }
    return new ConstraintClass();
  }

  // --- erlaubt den Zugriff von Subklassen!
  protected ConstraintClass() {
  }

  // --- es folgen zwei einfache Validierungen mit Hilfe von regulären Ausdrücken:

  @ValidateMatch("[A-Z]\\d{4,8}")
  public void setId(String id) {
    this.id= id;
  }

  @ValidateMatch("\\w{2,30}")
  public void setName(String name) {
    this.name= name;
  }

  @Override
  public String toString() {
    return id+": "+name;
  }
}
```

Die Klasse `ConstraintClass` sowie die beiden beteiligten Annotationen

```
public @interface Constraint {
}

public @interface ValidateMatch {
  String value() default ".*";
}
```

wurden so gestaltet, dass der Prozessor-Code überschaubar bleibt. Zusammen mit der zu ge-
nerierenden Klasse `SubConstraintClass` folgt er aber durchaus dem Design-Prinzip. Zum
besseren Verständnis des Prozessor-Codes wird zuerst die während der Compilierung automatisch erzeugte Sub-Klasse vorgestellt (per Cut&Paste aus der Source, die der Prozessor
generiert hat):

```
package kap04;

import javax.annotation.Generated;

@Generated(value="ValidationProcessor")
public class SubConstraintClass extends ConstraintClass {

  public void setName(String name) {
    if (name.matches("\\w{2,30}"))
      super.setName(name);
    else
      throw new ConstraintException("in setName(String name)");
  }

  public void setId(String id) {
    if (id.matches("[A-Z]\\d{4,8}"))
      super.setId(id);
    else
      throw new ConstraintException("in setId(String id)");
  }
}
```

Automatisch generierter Code enthält nach Konvention die Annotation `@Generated`, wobei
der zugehörige Prozessor angegeben wird. Es werden nur die Methoden überschrieben, die
validiert werden müssen. Dazu wird der reguläre Ausdruck aus `@ValidateMatch` verwendet und – sofern das Argument den regulären Ausdruck trifft – die Basis-Methode aufgerufen. Ansonsten wird eine passende `ConstraintException` erzeugt, deren Mitteilung kurz
und knapp gehalten wurde. Nun zum Kern, dem `ValidationProcessor`. Der Code dazu
ist ein wenig umfangreicher, aber hoffentlich mit Hilfe der Kommentare verständlich.

```java
package kap04;

import java.io.*;
import java.util.*;
import javax.annotation.processing.*;
import javax.lang.model.*;
import javax.lang.model.element.*;
import javax.tools.Diagnostic;

// --- der Processor reagiert auf drei Annotationen
@SupportedAnnotationTypes({"kap04.ValidateMatch",
                           "kap04.Constraint",
                           "javax.annotation.Generated"})
@SupportedSourceVersion(SourceVersion.RELEASE_6)
public class ValidationProcessor extends AbstractProcessor {

  // --- wird zu Code-Generierung nach der 0. Runde benutzt!
  private static int round= 0;

  // --- vorab zwei Hilfs-Methoden:
  // --- gibt zu einem ExecutableElement (hier Methode) einen String der Form
  //        returntype method( type1 arg1, type2 arg2, ... )
  //     zurück, der direkt so im zu generierenden Code verwendet werden kann.
  //     Hierzu werden diverse Methoden aus dem Model-API benützt!
  private static String methodToString(ExecutableElement ee) {
    StringBuilder sb=
              new StringBuilder(ee.getReturnType().toString());
    sb.append(' ').append(ee.getSimpleName()).append('(');
    for (VariableElement ve: ee.getParameters()) {
      String s= ve.asType().toString();
      sb.append(s.substring(s.lastIndexOf('.')+1)).append(' ')
        .append(ve.getSimpleName()).append(", ");
    }
    sb.setLength(sb.length()-2);
    sb.append(')');
    return sb.toString();
  }
```

```
// --- Diese Methode generiert den Source-Code der Subklasse!
//     Das erinnert an „Spaghetti"-Code und ist direkt auf Besonderheiten dieser
//     Validierung zugeschnitten. Bei „produktivem" Code würde man eventuell
//     zu einer Art von Template-Technik neigen. Die folgenden Anweisungen
//     versteht  man am besten, wenn man sie sukzessiv mit dem o.a. generierten
//     Code vergleicht, den er erzeugt!
//     Die Map methods enthält als Schlüssel die Methode als String, erzeugt
//     mittels methodToString() und als Value den Regex zur Validierung.
private static String subClassCode(String packageName,
                                   String className,
                                   String subClassName,
                                   Map<String,String> methods){
  String m,v;   // für Methode, Validierung
  // --- Code zum Klassen-Kopf
  StringBuilder sb= new StringBuilder("package ");
  sb.append(packageName).append(";\n\n")
    .append("import javax.annotation.Generated;\n\n")
    .append("@Generated(value=\"ValidationProcessor\")\n")
    .append("public class ").append(subClassName)
    .append(" extends ").append(className).append(" {\n\n");

  // --- Code zu den Methoden, @Override wurde weggelassen!
  for (Map.Entry<String,String> me: methods.entrySet()) {
    m= me.getKey();
    sb.append("  public ").append(me.getKey())
      .append(" {\n").append("    if (")
      .append(m.substring(m.lastIndexOf(' ')+1,m.length()-1))
      .append(".matches(\"");
    v= me.getValue();
    for (int i= 0; i<v.length();i++) {
      if (v.charAt(i)=='\\')                    // Verdoppeln von Backslash \
        sb.append('\\');
      sb.append(v.charAt(i));
    }
    sb.append("\"))\n").append("      super.");
    m= m.substring(m.indexOf(' ')+1,m.length());
    sb.append(m.replace("String ","")).append(";\n")
      .append("    else\n")
      .append("      throw new ConstraintException(\n")
      .append("               \"in ")
      .append(m).append("\");\n").append("  }\n\n");
  }
  sb.append("}\n");
  return sb.toString();
}
```

```
@Override
public boolean process(Set<? extends TypeElement> annotations,
                       RoundEnvironment roundEnv) {

  // --- Informationen, die für die Methode subClassCode() benötigt werden
  String packageName= null;
  String className= null;
  String subClassName= null;
  Map<String,String> methodVals= new HashMap<String,String>();

  Messager mes= processingEnv.getMessager();
  for (TypeElement a: annotations) {

    // --- nur eine Mitteilung zum Besuch des in der ersten Runde generierten Codes
    if (a.getSimpleName().toString().equals("Generated")) {
      mes.printMessage(Diagnostic.Kind.NOTE,
                       "Besuch von Generated");
      break;
    }
    for (Element e : roundEnv.getElementsAnnotatedWith(a)) {
      // --- nur zwei Java-Elemente werden ausgewertet: Method, Field
      switch (e.getKind()) {
        case METHOD:
          // --- Methode ist annotiert mit ValidateMatch, also Aufnahme in Map
          methodVals.put(methodToString((ExecutableElement)e),
                         e.getAnnotation(ValidateMatch.class)
                         .value());
          break;
        case FIELD:
          // --- Annahme:
          //     das Feld ist die Konstante CONSTRAINT_CLASS mit @Constraint
          if (packageName==null) {
            packageName= e.getEnclosingElement()
                         .getEnclosingElement().toString();
            String s= e.getEnclosingElement().toString();
            className= s.substring(s.lastIndexOf('.')+1);
            subClassName= ((VariableElement)e).
                          getConstantValue().toString();
          }
          break;
        default: mes.printMessage(Diagnostic.Kind.ERROR,
                                  "Annotation-Fehler");
      }
    }
  }
}
```

```
    // --- Annahme:
    //     In der ersten Runde wurden alle nötigen Informationen gegeben!
    if (round++==0) {
      String code= subClassCode(packageName,className,
                                subClassName,methodVals);
      try {
        // --- Anmerkung:
        //    Die Methode createSourceFile() ist hier noch in der Java 6 -Version zu
        //    MAC OS X und liefert direkt eine Writer-Instanz!
        //    Linux, Windows verwenden die endgültige Java 6 – Version:
        //      JavaFileObject createSourceFile(CharSequence name,
        //                             Element... originatingElements)
        //    JavaFileObject liefert dann erst eine Writer-Instanz.
        //    Der Code ist somit leichthin zu ändern:
        //    ... processingEnv.getFiler().createSourceFile(subClassName).openWriter()
        Writer w= processingEnv.getFiler()
                               .createSourceFile(subClassName);
        mes.printMessage(Diagnostic.Kind.NOTE,
                         "Erstellt: " + subClassName);
        w.write(code);
        w.flush();
        w.close();
      } catch (IOException ioe) {
          mes.printMessage(Diagnostic.Kind.ERROR,
                           ioe.toString());
      }
    }
    return true;
  }
}
```

Ein interessantes Detail besteht darin, dass der mittels `@Generated` dekorierte generierte Code in einer weiteren Runde dem Prozessor in `process()` übergeben wird. Meldet der Prozessor `@Generated` nicht in `@SupportedAnnotationTypes` an, beschwert sich der Compiler (mit einer Warnung), dass es für `@Generated` keinen Prozessor gibt. Die Runden sind also wirklich notwendig, um vorher generierten Code hinterher noch weiter auswerten zu können. Es fehlt nun der Vollständigkeit halber noch ein minimaler Test:

```
ConstraintClass cc= ConstraintClass.newInstance();
try {
  cc.setId("A123");
} catch (Exception e) {
    System.out.println(e);     ⇨ ..ConstraintException: in setId(String id)
}
cc.setName("ab;");          ⇨  ..ConstraintException: in setName(String name)
```

4.12   Annotation vs. Konfiguration

Die neuen Möglichkeiten, die durch den Einsatz von Annotationen dem Entwickler gegeben werden, sind faszinierend. Leider haben sie aber auch einen Annotations-Hype ausgelöst. Es gibt Code-Beispiele – besonders im Bereich Java EE 5 –, in dem Annotationen den normalen Java-Code völlig überdecken.[95] Die Ursache liegt dann meist in der Verletzung eines recht einfachen Prinzips:

▶ *Hinweis 4.18 Konfiguration != Meta-Information*

*   Annotationen sind Meta-Information zu Java-Elementen und stehen somit zum Code in einer 1:1-Beziehung. Jede Änderung bzw. Anpassung erfordern den Zugriff auf die Sourcen.

*   Annotationen sollten frei von Informationen zu spezifischen Konfigurationen oder Abbildungen auf externe Ressourcen sein, da die sich – abhängig von der Umgebung – jederzeit ändern können.

*   Externe (XML-)Konfigurationen sind dagegen ideal geeignet, Anpassungen an die Umgebung zu spezifizieren und unterstützen somit das Deployment. Sie werden in Dateien ausgelagert und benötigen somit keinen Zugriff auf die Sourcen. Prinzipiell stehen sie in einer 1:N Beziehung zum Code, was für Konfigurationen auch vorteilhaft ist.

Konfigurationen sollten mithin nicht als Annotationen modelliert werden, denn sie machen keine nur auf den Code bezogenen Aussagen, den sie dekorieren. Selbst wenn man dieser Argumentation nicht folgen will, sollte man bedenken, dass Source-Anpassungen nie trivial sind. Sie gehören in die Hände der Entwickler und nicht in die der Anwender. Die Ausbildungs- und Wartungs-Problematik der für jeden Kunden unterschiedlichen Software ist dann kaum mehr überschaubar.

4.13   Fazit

Annotationen – richtig eingesetzt – sind für die weitere Entwicklung der Sprache in die Richtung eines „deklarativen" Stils sehr nützlich. Dies bestätigt unter anderem auch das JSR 305 *Annotations for Java Software Defect Detection*. Überaus interessant sind Annotationen auch für Concurrent Programming. Hier werden sie zur Zeit kaum genutzt. Die Thread-Programmierung befindet sich leider in Java aufgrund der Low-Level Konstrukte wie `synchronized`, `wait` und `notify` zur Zeit noch auf einem Assembler-Niveau. Sie hat mit deklarativen Unterstützung durchaus die Chance, auch in der „normalen" anwendungsbezogenen Programmierung anzukommen. Dies wird zur Programmierung bzw. Nutzung von Multi-Cores in Zukunft immens wichtig werden.[96]

---

[95]   Ein recht amüsanter Beitrag wurde unter dem Titel „Dude, where's my class?" geliefert (siehe Literaturhinweis).

[96]   Allerdings wird dies alleine noch nicht reichen. Dazu ist auch ein funktionaler Stil notwendig.

In den IDE´s wie Eclipse, Netbeans oder IntelliJ IDEA werden Annotationen in Zukunft den Compiler unterstützen. Auch bei anderen Standard-Frameworks wie JMX (*Java Management Extensions*) vereinfachen sie signifikant den Einsatz. In den folgenden beiden Kapiteln werden mithin Annotationen bei vielen Beispielen verwendet.[97] Einzig die merkwürdigen Restriktionen wie beispielsweise die besonders ärgerliche, dass man Subtypen von Basis-Annotationen nicht ableiten kann, stört sehr und sollte aufgehoben werden.[98]

4.14 Referenzen

- Darcy, J.D., Seligman, S.. *Annotation Processing for the Java Programming Language.* Session 7425, JavaOne June 2005, San Francisco, CA

- Chapman, B. Darcy, J., Garms, J. , Seligman, S. *Annotation Processing with JSR 269.* BoF-0606 JavaOne May 2006, San Francisco, CA

- Sangeetha, S. , Subrahmanya, S. V. (2007) *Using Annotations on the Java EE 5.0 Platform.*
  ```
  http://today.java.net/pub/a/today/2007/05/22/
                               using-annotations-in-java-ee-5.html
  ```

- JSR 175: *A Metadata Facility for the JavaTM Programming Language.*
  ```
  http://jcp.org/en/jsr/detail?id=175
  ```

- JSR 250: *Common Annotations for the Java Platform.*
  ```
  http://jcp.org/en/jsr/detail?id=250
  ```

- JSR 269: *Pluggable Annotation Processing API.*
  ```
  http://jcp.org/en/jsr/detail?id=269
  ```

- Bracha, Gilad (2004) *Pluggable type systems.*
  OOPSLA Workshop on Revival of Dynamic Languages, Vancouver, BC, Canada, Oct 2004.

- JSR 308: *Annotations on Java Types.*
  ```
  http://jcp.org/en/jsr/detail?id=308
  ```

- BEA, IBM, SAP, Oracle, etc. (2007) Specification: *SCA Service Component Architecture, Java Common Annotations and APIs*
  ```
  http://www.osoa.org/display/Main/
                       Service+Component+Architecture+Specifications
  ```

---

[97] Der Hype ist halt sehr infektiös!

[98] Hier zeigen sich merkwürdige Parallelen zu den enum-Typen.

5   Service & Component-Techniken

ClassLoader- und Proxy-Techniken ergänzen Reflexion.
Klassenlader erlauben,
  – Klassen von verschiedenen Quellen zu laden und zu manipulieren.
  – separate Namensräume für Softwarekomponenten zu definieren.
  – den Austausch von Klassen (-Versionen) zur Laufzeit durchzuführen.
Dynamische Proxies ermöglichen eine strikte Trennung zwischen Typ und
Implementierung zur Laufzeit. Als eine Art restriktives AOP erlauben sie
  – den Klienten nur noch den Zugriff auf Interfaces.
  – eine flexible Implementierung aufgrund von Delegation.
  – Dekorationen, Filter, Chaining, Duck Typing, etc.
Persistenz ist ein wichtiger Service und eng verbunden mit Datenbanken
  – wobei JDBC 4 und Java DB in Java 6 neue Akzente setzen.
Service-Loader sind eine kleine, aber feine Art, das Laden an die JVM zu de-
legieren. Sie wird u.a. auch für Java DB genutzt.
JMX ist ein Framework zur Beobachtung und Manipulation von beliebigen
Ressourcen zur Laufzeit. Es gehört zu Java SE 6 und ermöglicht
  – Monitoring und Beobachtung eines laufenden Systems.
  – die Konfiguration oder Ausführung von Operationen.
  – den einfachen Einsatz von MXBeans, Annotationen und JConsole.

Die ersten vier Kapitel behandelten Grundlagen von Java, die von jedem Entwickler verstanden und benutzt werden sollten. Dieses wie auch das letzte Kapitel verfolgen eine so genannte *Tool-Belt*-Strategie. Es werden Techniken behandelt, die abhängig von der Applikation eingesetzt werden können. Der gewählte Titel Service & Komponenten bildet den gemeinsamen Rahmen. Betrachtet man Services aus der Sicht von AOP, sind sie orthogonal zu Klassen. Sie haben mit der eigentlichen Funktionalität einer Klasse wenig zu tun, aber die Klasse kann durchaus ihre Dienste in Anspruch nehmen. Beispiele sind Persistenz, Logging, Monitoring oder auch Concurrency. Services werden allgemein spezifiziert und implementiert. Sie können dann je nach Bedarf in die Klassen „eingewebt" werden.

Komponenten sind schon aufgrund von UML fest umrissen. Eine Komponente ist eine logische Einheit, die in Form von Interfaces ihre Funktionalität nach außen liefert. Sie kapseln ein oder mehrere Klassen, die sie intern implementieren. Die Begriffe Service und Component sind nicht scharf voneinander abgegrenzt. *SCA (Service Component Architecture)* verwendet beide synonym.

5.1 ClassLoader-Techniken

Klassenlader gehören seit „Geburt an" zu Java. Sie laden von Ressourcen „Module", d.h. Gruppen von Klassen, oft in Form von `jar`-Dateien. Da sie im Hintergrund arbeiten, können sie ignoriert werden. Probleme werden in der Regel durch Reorganisation oder Optionen wie `CLASSPATH` gelöst. Bei EE-Container hat man dann schon minutiös Verzeichnis-Strukturen und Konfigurationen einzuhalten. Spätestens bei den Methoden in Java SE, die ein `Class-Loader`-Argument verlangen, muss man sich näher mit ihnen beschäftigen.

Wer sich für die Historie von Java interessiert, kennt eventuell einen Artikel mit dem Titel *Java ist not type-safe* aus dem Jahr 1997. Dieser bezog sich auf Java 1.1 und zeigte, dass dynamisches Laden und Binden von Klassen – nur auf dem voll qualifizierten Namen von Klassen basierend – die Typ-Sicherheit unterlaufen kann. Dies führte in Java 1.2 zu einer neuen ClassLoader-Architektur.[99] Obwohl sogar Java-Magazine, die eher Hype-Themen bevorzugen, ab und an dazu einen Grundsatzartikel bringen, kennen nur wenige Java-Programmierer die Theorie bzw. Details hinter der Architektur. Daran werden wohl auch die folgenden Seiten nicht viel ändern. Es hilft vielleicht der Hinweis, dass Java 7 ein modulares System einführen wird, da die jetzige Form von Packages einfach nicht mehr zeitgemäß ist. Mit dem neuen *Module-Framework* muss dann auch das Class-Loading überarbeitet werden. Das ist Grund genug, die bestehende ClassLoader-Architektur ihren Aufbau und die damit verbundenen Vor- und Nachteile verstehen zu wollen. Es hilft beim Einsatz von komplexen Modellen wie OSGi (siehe Abschnitt 5.1.10), erleichtert das Verständnis der kommenden Java 7 Module und führt last but not least zu eigenen spezialisierten Klassenladern.

5.1.1 Namensräume

Der Begriff *Namespace* steht für eine Menge von Typen – Klassen oder Interfaces – deren Namen innerhalb dieser Menge eindeutig sein müssen. Für einen Java-Compiler ist der Namespace das Package, repräsentiert durch den Package-Name. Deshalb ist es unbedingt notwendig, Package-Namen im Projekt, besser sogar weltweit eindeutig zu vergeben.[100]

Package-Namen sind logisch äquivalent zu Web-Adressen, bei denen durch eine zentrale Instanz die Eindeutigkeit der Namen sichergestellt wird. Leitet man sie deshalb von einer Web/Domain-Adresse – sofern vorhanden – ab, hat man einen weltweit eindeutigen Namensraum, aus dem man den Package-Namen ableiten kann. Das beruht jedoch nur auf einer Konvention. Im Gegensatz zum Web kann keine übergeordnete Instanz verbieten, gleichnamige Packages mit gleichnamigen internen Typen zu deklarieren. Und genau das führte dann auch zu der Sicherheitslücke im Typ-System von Java 1.1. Denn zwischen dem vom Compiler gesehenen so genannten *statischen Typ-System* und dem *dynamischen* der VM gibt es keinen direkt überprüfbaren Zusammenhang.

---

[99]   ClassLoader und Klassenlader sowie auch Namespace und Namensraum werden im weiteren wechselseitig je nach „Umgebung" verwendet. Näheres hierzu: siehe Literaturhinweis!

[100] Das namenlose Default-Package sollte sogar für Java-Anfänger tabu sein. Es ist das Gegenteil von „einfach", führt – nicht nur bei Imports – zu Problemen und sollte deshalb `never.use`-Package genannt werden.

Statischer vs. dynamischer Namensraum

Zum Package-Konzept sind zwei wichtige Anmerkungen notwendig:

- Beginnt der Name eines Package mit dem eines anderen, so spricht man allgemein von einem Subpackage. Logisch gesehen gibt es aber nur Packages. Der Begriff Subpackage ist an sich irreführend. Denn es gibt keine irgendwie geartete besondere Beziehung zwischen einem Package und seinen Subpackages. Deshalb wird im folgenden der Zusatz „Sub" auch vermieden.

- Strings sind als Repräsentanten für Namensräume zwar recht praktisch, aber nicht unbedingt notwendig. Namensräume können auch mit Hilfe von Objekten definiert werden.

Im Gegensatz zum statischen Namensraum des Compilers, der nur auf der Basis des Package-Namens beruht, erzeugt die VM einen dynamischen Namensraum, der die Kombination aus dem statischen Namensraum und der Instanz einer Subklasse von ClassLoader ist.

> *Hinweis 5.1 Dynamische Typen zur Laufzeit*

- Ein dynamischer Typ in der VM wird eindeutig spezifiziert durch

  `<ClassLoaderInstanz><PackageName><TypName>`

- Ein (statischer) Typ, einmal durch die VM an eine ClassLoader-Instanz gebunden, kann zur Laufzeit nicht mehr erneut an diese ClassLoader-Instanz gebunden werden.

- Lädt man einen statischen Typ mit Hilfe von zwei ClassLoader-Instanzen, so hat man zwei verschiedene Typen in der VM. Diese beiden Typen sind inkompatibel zueinander. Variablen des einen Typs können weder mittels Zuweisung, Cast oder Reflexion eine Instanz des anderen Typs referenzieren.

Wichtig ist die Angabe „Instanz". Denn nicht etwa der Typ des Klassenladers definiert einen Namensraum, sondern nur die jeweiligen Instanzen. Jede Instanz, egal von welchem Loader, definiert einen neuen Namensraum. Einmal geladen und durch die VM an eine Loader-Instanz gebunden, kann eine Klasse oder ein Interface nicht mehr geändert oder ausgetauscht werden. Ein erneuter Ladeversuch wird von „gutartigen" Klassenladern ignoriert. Zwingt man die VM, reagiert sie mit einem LinkageError. Somit ist es nicht möglich, eine alte Version einer Klasse durch eine neue zur Laufzeit auszutauschen. Dazu müsste die VM beendet und erneut gestartet werden. Verwendet man dagegen unterschiedliche ClassLoader-Instanzen, kann eine Klasse mehrfach geladen werden. Dann hat man allerdings Versionen der gleichen Klasse, die alle zueinander inkompatibel sind.

5.1.2   Struktur der Klasse ClassLoader

Alle Klassenlader leiten sich von `ClassLoader` ab. Der Einstieg in diese Klasse erfolgt über die Methode `loadClass(String typeName)`. Sie delegiert allerdings nur den Aufruf an eine gleichnamige Methode, die einen Typ nicht nur laden, sondern auch binden (linken) kann, sofern das zusätzliche `boolean` Argument auf `true` gesetzt wird. Das Ergebnis des Aufrufs ist dann entweder die zum Typ gehörige `Class`-Instanz oder die recht unangenehme `ClassNotFoundException`.

Man hat die Wahl. Entweder überschreibt man `loadClass()` – in der Regel die zweite `protected` Version – oder man schreibt nur den relevanten Teil von `loadClass()`. Das ist die Methode `findClass()`, die von `loadClass()` nur dann aufgerufen wird, wenn der Typ „sonst" nicht zu finden ist. Zum besseren Verständnis des Ablaufs des Ladevorgangs die zugehörigen kommentierten Abschnitte (aus etwa 2000 Zeilen Code):

```
public abstract class ClassLoader {

    // --- Aufbau einer Tree-Struktur zur ClassLoader-Hierarchie
    //     jeder ClassLoader kennt seinen Parent-ClassLoader, der aber nicht seine
    //     Nachfolger!
    private ClassLoader parent;

    // --- der Konstruktor ist nur für abgeleitete ClassLoader gedacht
    protected ClassLoader() {
        // --- jeder ClassLoader hat genau einen übergeordneten
        //     (Parent-) ClassLoader dieser wird hier per Default
        //     auf den sogenannten System-ClassLoader gesetzt
        this.parent = getSystemClassLoader();
    }

    protected ClassLoader(ClassLoader parent) {
        // --- explizites Setzen des Parent-ClassLoader,
        //     null hat besondere Bedeutung:
        //     Parent ist der Bootstrap-ClassLoader
        this.parent = parent;
    }

    public Class<?> loadClass(String name)
                    throws ClassNotFoundException {
        // --- Delegation an nachfolgende Methode
        return loadClass(name,false);
    }
```

```
protected synchronized Class<?> loadClass(String name,
          boolean resolve) throws ClassNotFoundException {
  // --- sucht Klasse/Interface unter den bereits geladenen Typen
  Class c = findLoadedClass(name);
  // --- Typ ist noch nicht geladen!
  if (c == null)
    try {
      // --- das Laden wird zuerst an den Parent-ClassLoader delegiert!
      if (parent != null) {
        c = parent.loadClass(name, false);
      } else
        // --- wenn parent==null, Ladeversuch über den nativen VM-ClassLoader!
        c = findBootstrapClass0(name);
    } catch (ClassNotFoundException e) {
      // --- immer noch nicht geladen? Nun soll dieser ClassLoader den Typ laden!
      c = findClass(name);   // enthält die final VM-Methode defineClass()
    }
  return c;
}
}
```

5.1.3   ClassLoader Delegation & Hierarchie

Ein logisches Problem der ClassLoader-Architektur besteht darin, dass die Erzeugung einer ClassLoader-Instanz zwangsläufig voraussetzt, dass die zugehörige Klasse geladen ist. Diese ist wie jede andere Klasse auch von Object abgeleitet. Ergo muss Object bereits geladen sein. Dieses Dilemma wird mit Hilfe eines so genannten *Bootstrap-ClassLoaders*[101] gelöst. Dieser ist typenlos in der VM implementiert und wird beim parent-Eintrag eines Klassenladers durch null repräsentiert. Er lädt alle Core-Klassen von Java SE. Neben rt.jar bzw. classes.jar (bei MAC OS X) zählen dazu alle jar-Dateien, die in den Verzeichnissen der Property "sun.boot.class.path" aufgeführt sind. Für zwei weitere Kategorien von Klassen sind dann die nachfolgenden Properties zuständig:

```
System.getProperty("sun.boot.class.path")
System.getProperty("java.ext.dirs")
System.getProperty("java.class.path")
```

Bei Klassen/Interfaces, die außerhalb des Java SE Cores liegen, unterscheidet man erst einmal zwischen denen, die zu den *Extensions* zählen und den „normalen" Benutzerklassen, die im CLASSPATH liegen. Für die ersten ist der ExtClassLoader und für die zweiten der AppClassLoader zuständig. Beide Klassenlader sind statische innere Klassen der Klasse Launcher in Package sun.misc und werden von einem URLClassLoader aus dem Package java.net abgeleitet:

---

[101]   Selten auch als Primordial ClassLoader bezeichnet.

```
public class Launcher {
    ...
    static class ExtClassLoader extends URLClassLoader { ... }
    static class AppClassLoader extends URLClassLoader { ... }
    ...
}
```

URLClassLoader ist wiederum ein public deklarierter Loader, der Klassen und Interfaces mit Hilfe von URLs adressieren und laden kann, die bei der Anlage als Array übergeben werden. Kurz zum Ablauf in loadClass():

- Zuerst wird der Typ unter den bereits geladenen mittels findLoadedClass() gesucht. Wird dieser Schritt übersprungen und die VM hat den Typ bereits geladen, löst sie bei erneuter Übergabe einen LinkageError aus!
- Sofern noch nicht geladen, wird der Parent-ClassLoader bemüht. Ist das parent-Feld
  - nicht null, wird der Parent-Classloader mit dem Laden beauftragt (das ist normalerweise der App-Loader, der wiederum den Extension-Loader als Parent hat).
  - null, wird der Bootstrap-Loader beauftragt, der Core Java SE-Klassen laden kann.

Aufgrund der Anweisung

```
parent= getSystemClassLoader();
```

wird ein (rekursive) Ladevorgang erzeugt, der im Normalfall zuerst dem Bootstrap-, dann Extension- gefolgt vom App-Loader Vorrang einräumt. Das stellt sicher, dass für eine Applikation mit einer main() – geladen vom App-Loader – alle Klassen aus dem Core und der Extension zur Verfügung stehen. Diese Art der Delegation nennt man:

▶ Hinweis 5.2 *Parent-First Strategie*
- Mit *Parent-first* bezeichnet man die Delegation des Ladens einer Klasse an den Parent-Loader.
- Einen Klassenlader, der in loadClass() seinem Parent den Vorrang beim Laden einräumt, nennt man *initiierend* (*initiating*).
- Einen Klassenlader, der die Klasse der VM mittels der Methode defineClass() übergibt, nennt man *definierend* (*defining*).

Der initiierenden Klassenlader ist vom definierenden zu unterscheiden. Denn nur der definierende bildet in der VM den Namensraum für den dynamischen Typ einer Klasse bzw. Interfaces (siehe Hinweis 5.1 bzw. Abbildung 1). Natürlich kann der initiierende auch der definierende Klassenlader sein.

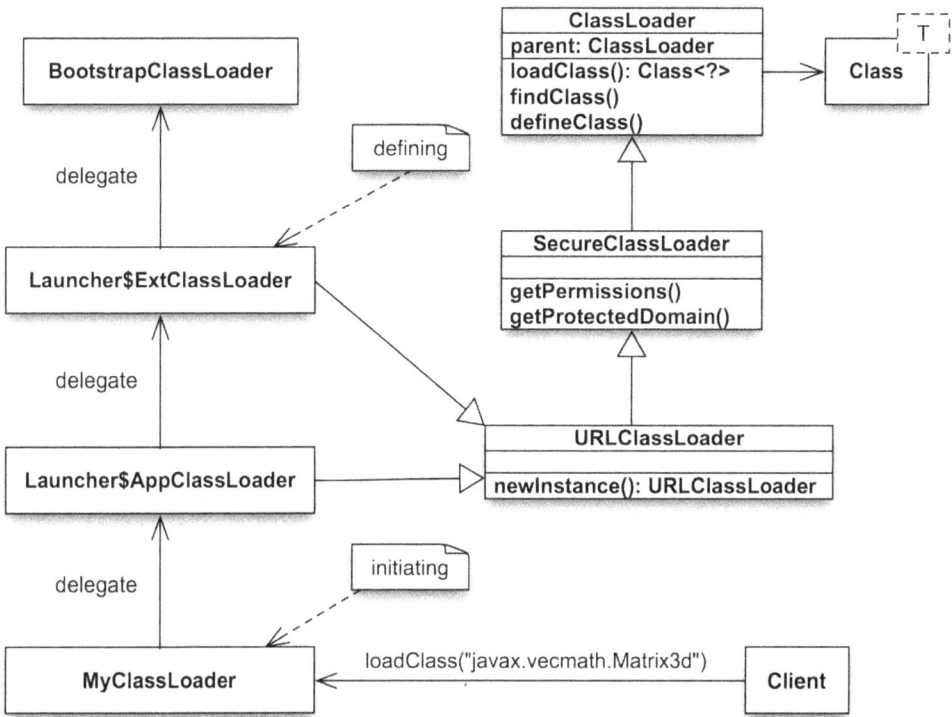

Abbildung 1: Parent-First Delegation und ClassLoader-Hierarchie

Der Hinweis ist aus verschiedenen Gründen interessant. Erst einmal ist die Methode `defi-neClass()` die entscheidende Schnittstelle zwischen VM und Klassenlader. Die Methode erlaubt keine Manipulation, sie ist `final` deklariert und ruft interne Methoden in der VM auf. Weiterhin ist die Parent-Delegation unabhängig von der Vererbung. Sie definiert das Verhalten der ClassLoader. Aber die eigentliche Frage lautet: Welche Vorteile bietet eine Parent-first Strategie? Dazu ein weiterer

▶ Hinweis 5.3 *Current Namespace: Import von Typen*

- Der *current Namespace* bzw. der *aktuell gültige Namensraum*, der durch die Parent-First Strategie erschaffen wird, besteht aus allen Klassen und Interfaces, für die der ClassLoader initiierend ist.

- Aus der Sicht des initiierenden ClassLoader ist der current Namespace ein einziger großer Namensraum für seine Klassen und die aller Parents, die er aufgrund von Parent-First importiert.

- Der current Namespace gilt umgekehrt nicht für einen Parent-ClassLoader, denn dieser hat keinen Zugriff auf die Klassen seiner untergeordneten ClassLoader. Klassen in einem unteren Namespace sind für Klassen in einem oberen „unsichtbar".

Mit Parent-First wird also sichergestellt, dass ein ClassLoader auf alle Klassen der Parents zugreifen kann, die dieser bereits geladen hat bzw. laden kann. Jeder ClassLoader tiefer in der Hierarchie fügt nur weitere Typen hinzu, die alle Parent-ClassLoader höher in der Hierarchie nicht laden konnten. Dadurch entsteht aus der Sicht des untergeordneten Klassenlader ein einziger großer Namensraum, in dem alle Klassen bis hin zum Core nur genau einmal geladen werden. Das vermeidet folgendes Problem! Würde ein Typ von einem untergeordneten Klassenladers ein weiteres Mal geladen, gäbe es zwei inkompatible Typen zur logisch gleichen Klasse in der VM, was zu schwer durchschaubaren Fehlern beim Ablauf eines Programms führen kann.

Parent-First Nachteile

Der letzte Punkt des Hinweises kann dagegen durchaus als Nachteil gesehen werden. Der Baum der Klassenlader, der durch die Parent-First Strategie aufgebaut wird, kann nur in Richtung Parent traversiert werden. Die höher in der Hierarchie stehenden ClassLoader haben keinen Zugriff auf die tiefer stehenden und damit auch nicht auf deren geladene Klassen, die sie selbst nicht laden können. Kooperierende Klassenlader sind so nicht zu realisieren. Neben Parent-first gibt es natürlich auch eine Child-first Strategie, bei dem der Class-Loader immer zuerst den Typ zu laden versucht, bevor er an sein Parent delegiert. Es kommt hinzu, dass in diversen Java-Frameworks die Loader-Architekturen unterschiedlich sind.[102] Hier wird Java 7 aufgrund eines neues Modul-Systems einen einheitlichen Standard setzen müssen, der auch von der VM unterstützt werden muss. Bevor anhand von Beispielen diverse Loader-Techniken vorgestellt werden, sollten vorab zumindest die beiden wichtigsten von `ClassLoader` abgeleiteten Klassenlader vorgestellt werden.

5.1.4   SecureClassLoader & Berechtigungen

Wie in Abbildung 1 dargestellt, ist `SecureClassLoader` eine direkte Subklasse von `ClassLoader`. Der Name deutet darauf hin, dass er einen Sicherheits-Manager installieren kann. Dieser überwacht die Rechte bzw. *Security-Policy* für die geladenen Typen. Dazu werden für Dateien oder Verzeichnisse – für eine so genannte *Codebase* – bestimmte Arten von Berechtigungen vergeben. Von der abstrakten Klasse `Permission` werden spezielle Klassen für verschiedene Arten von Security-Policies abgeleitet. In Java SE sind die wesentlichen bereits implementiert. Dazu gehört beispielsweise `AllPermission`, `FilePermission`, `SocketPermission`. Je nach Bereich, beispielsweise Java EE, können aber durch weitere ergänzt werden. Analog zur o.a. Basisklasse wird im weiteren der Begriff *Permission* verwendet.

Das Security-Framework ist eigenständig und nicht Teil der ClassLoader-Architektur und als Default ist kein Security-Manager installiert. Wir beschränken uns im weiteren auf die einfachste Art, vordefinierte Berechtigungen über Textdateien zu vergeben, ohne genauer auf die zugehörigen Klassen oder die programmatischen Aspekte einzugehen. Die Policy-Textdateien sind leicht zu editieren, daher allerdings auch leicht manipulierbar. Man über-

---

[102]   Dazu zählen unter anderem Eclipse, Tomcat, JBoss und alle anderen Java EE-Container.

gibt sie der VM beim Aufruf mittels der -D Option. Mit dieser Option werden Eigenschaften bzw. Properties definiert bzw. gesetzt. Beispielsweise gibt der Aufruf

```
java -Djava.security.manager MyApp
```

der Applikation MyApp nur die sehr eingeschränkten Rechte eines Applets. Testen wir den Security-Manager einmal durch eine Klasse TestSecurity:

```
package kap05.cl;

public class TestSecurity {
   public static void main(String... args) throws Exception {
      System.out.println("Hallo Sicherheit");
      System.out.println(
              System.getProperty("java.security.policy"));
   }
}
```

Beim Aufruf von

```
java -Djava.security.manager kap05.cl.TestSecurity
```

wird das Programm bei Ausführung der zweiten Anweisung mit einer Ausnahme abgebrochen:

```
Security-Manager geladen
Exception in thread "main" java.security.AccessControlException:
access denied (java.util.PropertyPermission java.home read)
...
```

Möchte man dagegen erlauben, dass alle lokale Programme der rigiden Sicherheitspolitik von Applets nicht unterworfen werden, kann man das durch eine eigene Policy-Datei erreichen, die man in einer zusätzlichen Property-Option (in einer Zeile!) angibt:

```
java -Djava.security.manager
     -Djava.security.policy=policyFile myApp
```

Eine policyFile endet in der Regel mit der Extension .policy und hat folgenden Aufbau:

```
grant codeBase "..." {
   permission package.PermissionSubClass("actions"opt)
}
```

Die Angabe von codeBase oder der actions-Liste ist von der jeweiligen Subklasse von Permission abhängig.

Legt man beispielsweise die Textdatei `localperm.policy`

```
// --- für lokale Dateien alles erlaubt
grant codeBase "file:/-" {
  permission java.security.AllPermission;
};
```

in eine passendes Verzeichnis, kann `TestSecurity` wieder erfolgreich ausgeführt werden

```
java -Djava.security.manager -Djava.security.policy=
/users/friedrichesser/Desktop/localperm.policy
kap05.cl.TestSecurity
```

und ergibt die Ausgabe:

```
Hallo Sicherheit
/users/friedrichesser/Desktop/localperm.policy
```

Nachfolgend noch weitere oft benutze Berechtigungen, die die eigenwillige Syntax zeigen[103]:

```
// --- Alles erlaubt
grant {
  permission java.security.AllPermission;
};
```

```
// --- für Extension-Dateien alles erlaubt
grant codeBase "file:${java.home}/lib/ext/-" {
  permission java.security.AllPermission;
};
```

```
// --- Berechtigungen mit action-Liste
grant {
  permission java.util.PropertyPermission "*", "read,write";
  permission java.lang.RuntimePermission "loadLibrary.*";
  permission java.net.SocketPermission "*", "connect";
  permission java.io.FilePermission "<<ALL FILES>>","read,write";
};
```

Die Berechtigungen gelten nicht für den Bootstrap-ClassLoader, sondern greifen erst ab den in Java geschriebenen Klassenlader, d.h. auch für den Extension-ClassLoader. Aber aufgrund der System-Policy gelten als Default auch Extension-Klassen wie die Java SE Core-Klassen als sicher und erhalten alle Rechte (Beispiel zur programmatischen Abfrage von Permissions siehe Abschnitt 5.1.5).

---

[103] XML als eine lesbare nicht-proprietäre Beschreibung wird leider nicht verwendet!

Ein Nachteil dieser Sicherheitsarchitektur ist das Binden von Rechten nur an Code oder Herkunft. Betriebssysteme binden Rechte bekanntlich an Personen bzw. Gruppen. Genau das bietet dann *JAAS* (*Java Authentication and Authorization Service*). JAAS besteht aus den zwei Phasen, der

- Authentifizierung: Beglaubigung eines Benutzers durch Plugin-Module.
- Autorisierung: Für Code und Aktionen, die wieder auf Basis des oben vorgestellten `grant`-Konzepts der Policy-Dateien beruht.

Aber JAAS gehört nicht mehr zum Thema Klassenlader. Weiterführende Artikel sind im Literaturhinweis enthalten.

5.1.5   URLClassLoader

Da eine `URLClassLoader`-Instanz `jar`- und `class`-Dateien über URLs laden kann, ist er als Basisklasse nicht nur ideal für Extension- und App-Loader geeignet, sondern grundsätzlich für alle Klassenlader, die Applikationen außerhalb des `CLASSPATH` oder aus dem Netz laden müssen. Für besondere Aufgaben wie Laden aus Datenbanken, proprietäre Formate oder dynamische Code-Generierungen ist er dagegen nicht geeignet.

Eine `URLClassLoader`-Instanz kann mit Hilfe von drei Konstruktoren und zwei statischen Factories `newInstance()` flexibel angelegt werden. Bei jeder Art der Anlage muss eine Array von URLs übergeben werden. URLs starten mit der Angabe des Protokolls, wobei man mit `"file:"` lokale Verzeichnisse/Dateien referenziert. Endet ein URL mit `'/'`, so wird es als Verzeichnis und ohne als `jar`-Datei interpretiert.

```
public URLClassLoader(URL[] urls, ClassLoaderopt parent,
                      URLStreamHandlerFactoryopt factory);

public static URLClassLoader newInstance(final URL[] urls,
                      final ClassLoaderopt parent);
```

Der oben angegebene Konstruktor hat zwei optionale Parameter, wird also durch drei konkrete Konstruktoren realisiert. Die statischen Versionen sind nicht unbedingt notwendig.

Da der `URLClassLoader` dem parent-first Prinzip folgt, kann man mit einer Instanz keine Core-, Extension- oder Systemklassen laden. Beispielsweise wird eine Klasse im `CLASS-PATH` aufgrund der Delegation vom `AppClassLoader` geladen. Eine grundsätzlich Anmerkung ist für die nachfolgenden Beispiele wichtig:

- Eclipse & Co. setzen automatisch `CLASSPATH`-Werte. Deshalb sollte man ClassLoader möglichst außerhalb einer IDE testen.
- Alle weiteren Tests werden ohne IDE ausgeführt. Sind dabei `CLASSPATH` oder Verzeichnisse wichtig, werden sie mit angegeben, aber möglichst einfach gehalten.

Die Aufgabe im folgenden Beispiel besteht darin, die Klasse

```
public class C1 {
  Any any;              // siehe Anmerkung zu Hinweis 5.4 unten!
  static {
    System.out.println("C1 loaded");
  }
}
```

zu laden. Eine statische Initialisierung ist die erste Handlung der VM, bevor die Klasse C1
genutzt wird. Die soll durch eine Meldung angezeigt werden. Alle folgenden Code-Fragmente werden in main() aufgerufen. Die Ausführung und Ausgabe hängt von der Umgebung ab, genauer, welchen Wert CLASSPATH hat und wo C1.class liegt:

```
try {
  URL path1= new URL("file:/users/friedrichesser/Test/dir1/");
  URLClassLoader ucl1= new URLClassLoader(new URL[]{path1});
  Class<?> clazz1= ucl1.loadClass("kap05.cl.C1");
  System.out.println(clazz1.getClassLoader());
} catch (Exception e) {
  System.out.println(e);
}
```

Lädt man die Klasse C1 mittels

```
java -cp /CoreJava/build/classes kap05.cl.TestURLClassLoader
```

so können zwei Ausgaben auf der Konsole erscheinen:

sun.misc.Launcher$AppClassLoader@a46e30

oder

java.net.URLClassLoader@6a55fa

Im ersten Fall liegt C1.class im Verzeichnis

```
/CoreJava/build/classes/kap05/cl
```

Da dies im CLASSPATH liegt, delegiert der URLClassLoader das Laden an den AppClass-
Loader. Um dem URLClassLoader laut Code das Laden zu ermöglichen, kann man
CLASSPATH so ändern, dass zwar noch die Testklasse TestURLClassLoader gefunden
wird, aber nicht mehr C1. Alternativ kann man aber auch C1.class aus dem Klassenpfad
entfernen. Dann muss man C1.class in das Verzeichnis

```
/users/friedrichesser/Test/dir1/.kap05/cl
```

legen. Das Laden bewirkt aber offensichtlich keine Initialisierung der Klasse C1.

Das letzte Beispiel wird verständlich, wenn man folgende Regel kennt:

▶ *Hinweis 5.4   Lazy-Loading & Initializing*
- Nahezu alle VM verfolgen die Strategie, nur die wirklich benötigten Klassen zu laden.
- Ist in einer Klasse (Interface) eine andere als Referenz enthalten, so wird die zugehörige `class`-Datei erst geladen, wenn die Referenz auch benutzt wird.
- Zum Laden – die Umwandlung der Bytes in eine `Class`-Instanz – gehört nur die Verifikation der Klasse. Dabei werden der Namen, die Struktur, der Byte-Code und die Referenzen überprüft. Die Initialisierung der Klasse wird dagegen erst vor der aktuellen Verwendung durchgeführt.

Zum zweiten Punkt: Die `class`-Dateien von Klassen oder Interfaces brauchen – sofern nur referenziert – zur Laufzeit nicht zu existieren. Dies steht im Gegensatz zum Compilieren. `Any.class` braucht also bei der Ausführung von C1 nicht zu existieren. Das Initialisieren einer Klasse wird dagegen immer durch Erschaffen einer Instanz ausgelöst:

```
try {
  URL path1= new URL("file:/users/friedrichesser/Test/dir1/");
  URLClassLoader ucl1= new URLClassLoader(new URL[]{path1});
  Class<?> clazz1= ucl1.loadClass("kap05.cl.C1");

  // --- No-Args Konstruktor holen und Zugriffsberechtigung setzen!
  Constructor<?> c= clazz1.getDeclaredConstructors()[0];
  c.setAccessible(true);
  Object o= c.newInstance();

  // --- einfache Alternative:
  // Object o= clazz1.newInstance();

  // --- Die Parent-Leiter bis zum Bootstrap-Loader hochsteigen!
  ClassLoader cl= clazz1.getClassLoader();
  do
    System.out.println(cl);
  while ((cl=cl.getParent())!=null);
} catch (Exception e) {
  System.out.println(e);
}
```

Die Ausgabe dazu ist dann:

```
C1 loaded
java.net.URLClassLoader@6a55fa
sun.misc.Launcher$AppClassLoader@a46e30
sun.misc.Launcher$ExtClassLoader@19821f
```

Interessant ist sicherlich noch die Frage nach den Berechtigungen. Ein `Class`-Objekt ist einem `ProtectedDomain` zugeordnet, das mittels Getter Auskunft über die `Permissions` und die `CodeSource` gibt. Die Klasse `CodeSource` kapselt (neben Signer) die URL, von der die Klasse geladen wurde. Allerdings spielen die Core-Klassen, die über den Bootstrap-Loader geladen werden, eine Sonderrolle. Unter anderem hat die zugehörige `CodeSource`-Instanz den Wert `null`:[104]

```
URL path1= new URL("file:/users/friedrichesser/Test/dir1/");
URLClassLoader ucl1= new URLClassLoader(new URL[]{path1});
Class<?> clazz1= ucl1.loadClass("kap05.cl.C1");
System.out.println(Object.class.getProtectionDomain()
                              .getPermissions());
⇨ java.security.Permissions@ca2dce (
   (java.security.AllPermission <all permissions> <all actions>)
   )
System.out.println(clazz1.getProtectionDomain()
                              .getPermissions());
⇨ java.security.Permissions@8558d2 (
   (java.io.FilePermission /users/friedrichesser/Test/dir1/- read)
   )
System.out.println(clazz1.getProtectionDomain()
                              .getCodeSource().getLocation());
⇨ file:/users/friedrichesser/Test/dir1/
```

Wie man an der Ausgabe sieht, besitzen Core-Klassen alle Rechte. Mit dem `URLClassLoader` sind dagegen nur lesende Dateizugriffe auf das URL-Verzeichnis (und evt. Unterverzeichnisse) verbunden. Sicherlich wäre es wesentlich angenehmer, die mühselige Art der Reflexion durch einen Cast zu beenden:

```
try {
  URL path1= new URL("file:/users/friedrichesser/Test/dir1/");
  URLClassLoader ucl1= new URLClassLoader(new URL[]{path1});
  Class<?> clazz1= ucl1.loadClass("kap05.cl.C1");
  C1 c1= (C1)clazz1.newInstance();
  // --- im weiteren typ-sichere Benutzung von c1
} catch (Exception e) {
  System.out.println(e);
}
```

Liegt `C1` – wie oben angegeben – im URL-Verzeichnis und nicht im `CLASSPATH`, führt dies unweigerlich zu der Ausgabe:

```
C1 loaded
Exception in thread "main" java.lang.NoClassDefFoundError: kap05/cl/C1
```

---

[104] Diese Informationen sind sehr kurz gehalten, da sie nicht unmittelbar zum Thema gehören.

Das letzte Code-Fragment führt zu folgendem

> ### Hinweis 5.5 *Explizites vs. implizites Laden von Klassen/Interfaces*
>
> - Das explizite Laden einer Klasse bzw. eines Interfaces geht nur über den Aufruf einer der beiden Methoden
>   - `classLoader.loadClass()` eines Klassenladers `classLoader`.
>   - `clazz.forName()` einer `Class`-Instanz `clazz`.
> - Alle anderen Ladevorgänge werden implizit durchgeführt. Insbesondere gilt dies für das Laden von Superklassen, Interfaces (aufgrund von `extends`/`implements`) oder Zugriffe über Referenzen (Felder, Parameter) auf Typen oder auch Casts.
> - Implizites Laden wird immer durch den initiierenden ClassLoader durchgeführt, der zur ursprünglichen Klasse gehört (zu Initiieren vs. Definieren siehe Hinweis 5.2).

Der dritte Punkt erklärt die Ausnahme im letzten Code-Fragment. Die Klasse ist zwar nicht angegeben, aber sie wurde auf keinen Fall mit der `URLClassLoader`-Instanz `ucl1` geladen. Nehmen wir der Einfachheit halber an, dass die Klasse durch den `AppLoader` gestartet wurde. Da `C1` nicht im `CLASSPATH` liegt, könnten also nur noch die Parents Bootstrap-Loader oder `ExtClassLoader` `C1` laden. Aber das ist ausgeschlossen und führt somit zur Ausnahme!

5.1.6   Implizites/explizites Laden & Versions-Management

Arbeitet man nicht rein reflexiv, wird explizites Laden immer von implizitem begleitet. Man sollte es jedoch deutlich trennen können, da mit explizitem Laden meist bestimmte Absichten verbunden sind. Deshalb hier noch ein Beispiel:

```
public interface Mammal {
   String speciesName();
}


public class Dog implements Mammal {

   // --- liefert entweder String  "Version 1" oder "Version 2"
   public String speciesName() {
      return "Version 1";          /* return "Version 2"; */
   }


   @Override
   public String toString() {
      return speciesName();
   }
}
```

```
class MammalFactory {
  public static <M extends Mammal>
        M newInstance (String implClassName, String path) {
    try {
      Class<?> clazz= new URLClassLoader(
          new URL[] {new URL(path)}).loadClass(implClassName);
      return (M) clazz.newInstance();
    } catch (Exception e) {
      return null;                    // reicht für dieses Beispiel!
    }
  }
}
```

Die Verwendung einer Typ-Variablen M in MammalFactory ist an sich überflüssig und erzeugt überdies noch eine Compiler-Warnung. Aber aufgrund von Type-Erasure wird M ohnehin durch Mammal ausgetauscht. Und genau diesen Typ soll die Fabrik auch liefern. Die
folgenden Code-Fragmente zeigt den Mix aus implizitem und explizitem Laden. Explizit
wird Dog geladen, implizit dagegen Mammal (einmal über extends und über den Cast).
Aber die Code-Fragmente sind noch aus anderen Gründen interessant:

- **Inkompatible Typen**
  Mit jedem Aufruf von MammalFactory.newInstance() wird ein neuer Namespace
  erzeugt, da jeweils eine neue URLClassLoader-Instanz erzeugt wird. Somit können
  mehrere zueinander inkompatible Instanzen der Klasse Dog erzeugt werden.

  ```
  Object o1= MammalFactory.newInstance("kap05.cl.Dog",
                       "file:/users/friedrichesser/Test/dir1/");
  Object o2= MammalFactory.newInstance("kap05.cl.Dog",
                       "file:/users/friedrichesser/Test/dir1/");

  System.out.println(o1.getClass());          ⇨ class kap05.cl.Dog
  System.out.println(o2.getClass());          ⇨ class kap05.cl.Dog

  System.out.println(o1.getClass().isInstance(o2));    ⇨ false
  System.out.println(o2.getClass().isInstance(o1));    ⇨ false
  ```

- **Gemeinsames Interface für verschiedene dynamische Typen**
  Die inkompatiblen Instanzen können durchaus über ein gemeinsames Interface (oder Superklasse) angesprochen werden.

  ```
  Mammal m1= MammalFactory.newInstance("kap05.cl.Dog",
                       "file:/users/friedrichesser/Test/dir1/");

  Mammal m2= MammalFactory.newInstance("kap05.cl.Dog",
                       "file:/users/friedrichesser/Test/dir1/");
  ```

- **Versionswechsel zur Laufzeit:**
  Mit Hilfe verschiedener Verzeichnisse und eines gemeinsamen Interfaces lassen sich unterschiedliche Versionen einer Klasse laden oder – für Container unentbehrlich – eine alte gegen eine neue Version zur Laufzeit austauschen.

```
Mammal m;
m= MammalFactory.newInstance("kap05.cl.Dog",
                     "file:/users/friedrichesser/Test/dir1/");

System.out.println(m.speciesName());          ⇨ Version 1

m= MammalFactory.newInstance("kap05.cl.Dog",
                     "file:/users/friedrichesser/Test/dir2/");

System.out.println(m.speciesName());          ⇨ Version 2
```

Für den Code im letzten Punkt wurde die o.a. Klasse `Dog` einmal mit `"Version 1"` und ein andermal mit `"Version 2"` compiliert und in das Verzeichnis `dir1` bzw. `dir2` abgelegt. Die beiden Verzeichnisse dürfen natürlich nicht im `CLASSPATH` liegen.

Betrachten wir als nächstes gemeinsam genutzte Interfaces oder Superklassen. Sofern ein Cast, `extends` oder `implements` benutzt wird, werden sie implizit geladen. Dabei gibt es einen wichtigen Punkt zu beachten (in Abbildung 2 dargestellt).

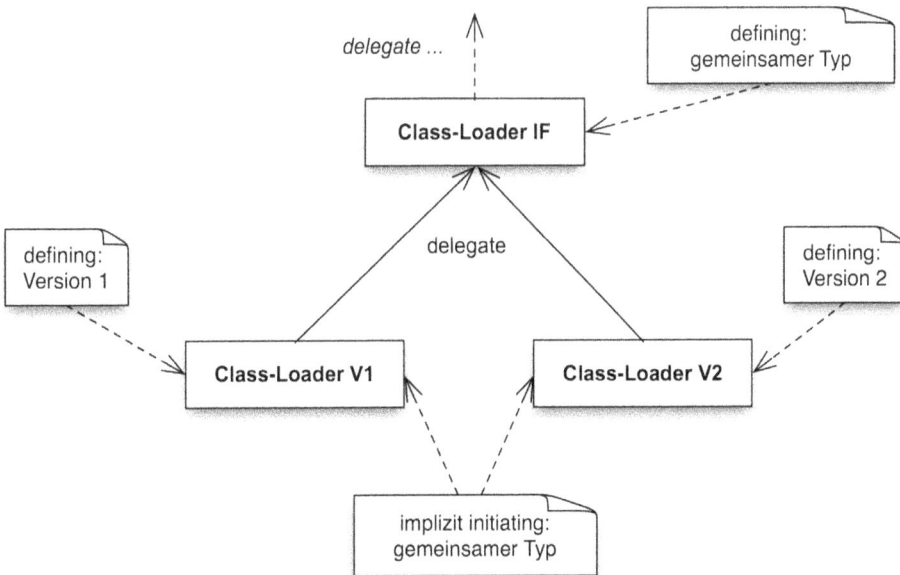

Abbildung 2: ClassLoader für impliziten gemeinsamen Typ

Für implizites Laden bzw. Laden verschiedener Versionen ist dann folgendes zu beachten:

Hinweis 5.6   Restriktion für gemeinsame Typen von Versionen

*   Für alle Klassen muss es genau einen *definierenden* ClassLoader des gemeinsamen Typs geben.

Alternativ hier die lange Fassung:

*   Der gemeinsame Typ muss von einem ClassLoader höher in der Hierarchie geladen werden.

*   An diesen ClassLoader müssen die ClassLoader aller Klassen das Laden des Typs delegieren, den sie implementieren oder erweitern.

Grundsätzlich ist der URLClassLoader aufgrund seiner parent-first Strategie gut zum Laden von unterschiedlichen Versionen geeignet. Per Default ist der direkte Parent immer der AppClassLoader. Wenn – wie im letzten Beispiel oben – Mammal im CLASSPATH liegt, ist die Restriktion in Hinweis 5.6 ohnehin erfüllt. Mammal wird dann vom AppClassLoader geladen. Soll Mammal dagegen von einem Loader unterhalb des AppLoaders geladen werden, so darf in der Startklasse keine Referenz auf Mammal existieren, da sonst wieder der AppClassLoader Vorrang hätte. Wie auch die Dog-Versionen muss Mammal außerhalb des CLASSPATH liegen, was im folgenden Beispiel für das Unterverzeichnisse dir0 erfüllt ist (siehe Abbildung 3).

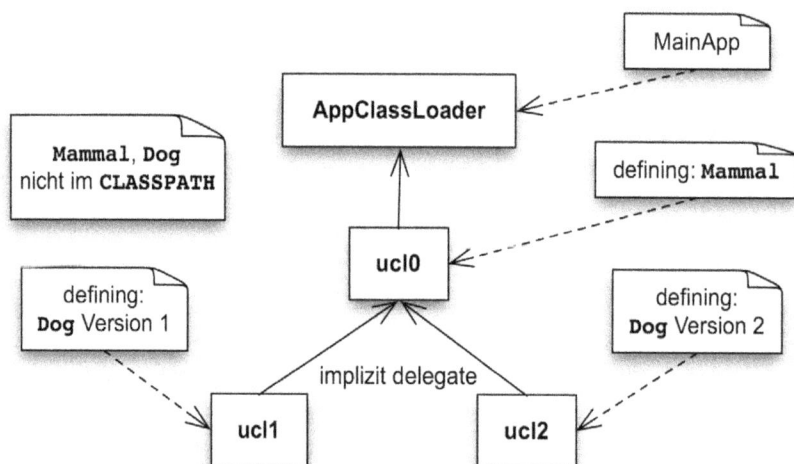

Abbildung 3: URLClassLoader-Aufbau zum Beispiel

Die Voraussetzung für den folgenden Testcode ist, dass dir0, dir1 und dir2 nicht im CLASSPATH liegen.

```
public class TestURLClassLoader {
  public static void main(String... args) {
    try {
      URL p0= new URL("file:/users/friedrichesser/Test/dir0/");
      URLClassLoader ucl0= new URLClassLoader(new URL[]{ p0 });

      // --- nur zur Demo, da explizites Laden von Mammal nicht notwendig ist!
      Class<?> clazz0= ucl0.loadClass("kap05.cl.Mammal");

      URL p1= new URL("file:/users/friedrichesser/Test/dir1/");
      URL p2= new URL("file:/users/friedrichesser/Test/dir2/");

      // --- den beiden folgenden ClassLoadern wird ucl0 als Parent übergeben
      URLClassLoader ucl1=
                    new URLClassLoader(new URL[]{ p1 },ucl0);
      URLClassLoader ucl2=
                    new URLClassLoader(new URL[]{ p2 },ucl0);

      Class<?> clazz1= ucl1.loadClass("kap05.cl.Dog");
      Class<?> clazz2= ucl2.loadClass("kap05.cl.Dog");

      System.out.println(clazz1.newInstance());   ➭ Version 1
      System.out.println(clazz2.newInstance());   ➭ Version 2
    } catch (Exception e) {
      System.out.println(e);
    }
  }
}
```

5.1.7   Thread Context-ClassLoaders

Bisher war die parent-first Strategie in allen betrachten Fällen erfolgreich. Leider gibt es einige Situationen, in der das nicht funktioniert. Ein konkretes Beispiel ist eine JAXP-Factory.[105] Sie wird vom Bootstrap-Loader geladen und kann spezielle Parser-Implementierungen verwenden, die vom AppLoader geladen werden. Somit muss die Klasse eines höheren Namensraums auf eine Klasse eines unteren zugreifen können, d.h. das Laden muss von einem Parent- an einen Child-Loader delegiert werden. Das ist laut dem dritten Punkt des Hinweises 5.3 nicht möglich. Um das zu umgehen und damit auch das JAXP-Framework zu ermöglichen, wurde in Java 1.2 jedem Thread ein ClassLoader zugeordnet. Dies ist der so genannte *Thread-Context-ClassLoader* (*TCCL*).

Zum besseren Verständnis nachfolgend ein Auszug aus der Klasse Thread (die Security-Checks wurden weggelassen!):

---

[105] Wie beispielsweise SAXParserFactory.

```
public class Thread implements Runnable {
  private ClassLoader contextClassLoader;
  //...
  public void setContextClassLoader(ClassLoader cl) {
    contextClassLoader= cl;
  }

  public ClassLoader getContextClassLoader() {
    return contextClassLoader;
  }
}
```

Ein Thread erbt bei der Anlage, genauer bei der Initialisierung, den ClassLoader seiner Parent-Thread, aus der er gestartet wird. Der *primordial Thread*, der die `main()` einer Applikation startet, wird der `AppClassLoader` zugewiesen. Mit dem Setter ist es dann möglich, den Context-ClassLoader auf einen anderen Loader zu setzen. Ist der TCCL unterschiedlich vom *Current-Loader* (des current Namespace), hat man zwei Alternativen, eine Klasse zu laden. Leider gibt es keine Regel zur Wahl des passenden Loaders!

▶ *Hinweis 5.7   Das TCCL-Dilemma*

- Der TCCL ist eine recht „unsaubere" Lösung, ClassLoader-Delegationen zu ermöglichen, die nicht der parent-first Strategie entsprechen.
- Je nach Framework wählen die Klassen des Java Standard-APIs unterschiedliche Alternativen. Beispielsweise
  - benutzen JNDI, JAXP den TCCP.
  - benutzen `Class.forName()`, `Class.getResource()` und die Serialisierung den Current-Loader.
  - hat RMI einen `RMIClassLoader`, der gar keiner ist, sondern verschiedene Load-Mechanismen als statische Methoden enthält.

Diese Situation ist nicht gerade optimal und im Enterprise-Bereich oder bei der Entwicklung von Plugins (für Eclipse, etc.) ist der Benutzer gut beraten, die Dokumentation zu lesen. Da der TCCL nun in der Welt ist, abschließend ein Beispiel für seinen Einsatz.

Der Einfachheit halber verwenden wir wieder die Klasse `MammelFactory`, die wie das Interface `Mammal` im CLASSPATH liegt. Die Klassen `Dog` und `Cat` implementieren `Mammal`, liegen aber nicht im CLASSPATH. `MammalFactory` kann somit über den `AppLoader` nicht auf `Dog` oder `Cat` zugreifen. Um die Sache ein wenig interessanter zu gestalten, liegt die Testklasse `TestTCCL` mit `Dog` und `Cat` in einem Verzeichnis. Das hat den Vorteil, dass man in `TestTCCL` die Typen `Dog` und `Cat` verwenden kann. Läge dagegen `TestCCL` im CLATH-PATH, müssten die Typen `Dog` und `Cat` implizit über den `AppLoader` geladen werden (siehe Hinweis 5.5). Das ist aber nicht möglich! `Dog` und `Cat` könnten somit nur reflektiv benutzt werden, was nicht gerade attraktiv ist. Um vom `AppLoader` in den passenden Namespace zu wechseln, müssen wir `TestTCCL` über einen `URLClassLoader` laden und die `TestTCCL.-`

main() reflektiv aufrufen. Das übernimmt dann TestTCCLLauncher. Die Abbildung 4 zeigt noch einmal bildlich (nicht als UML!) die Zusammenhänge von implizitem und explizitem Laden in den beiden Namespaces.

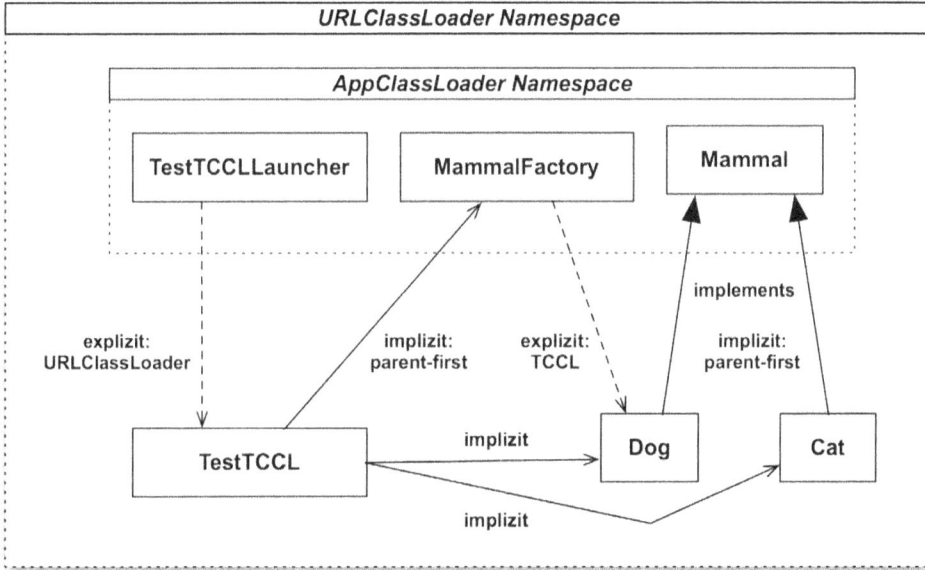

Abbildung 4: MammalFactory lädt mit Hilfe von TCCL die Klasse Dog

Ein interessantes Detail ist die Übergabe der URLClassLoader-Instanz von TestTCCL an MammalFactory via TCCL. MammalFactory lädt – nach einem vergeblichen Versuch mit dem Current-Loader – die Klasse Dog mit Hilfe des TCCL. Dabei wird die zweite Variante von Class.forName() benutzt, bei der ein passender ClassLoader übergeben wird.

```
public interface Mammal {
    String speciesName();
}

public class Cat {
    public String speciesName() {
        return "Cat: Version 1";
    }

    @Override
    public String toString() {
        return speciesName();
    }
}
```

```
public class Dog implements Mammal {
  public String speciesName() {
    return "Dog: Version 1";
  }

  @Override
  public String toString() {
    return speciesName();
  }
}
```

Die MammalFactory verfolgt zwei verschiedene Lade-Strategien:

```
// --- der TCCL wird benötigt, um auf Klassen in einem unteren Namespace zuzugreifen
public class MammalFactory {
  public static <M extends Mammal> M
                  newInstance (String implClassName) {
    try {
      // --- 1. Versuch über den Current-Loader:
      //    der AppClassLoader wird in diesem Beispiel scheitern!
      Class<?> clazz= Class.forName(implClassName);

      return (M) clazz.newInstance();
    } catch (Exception e1) {
      System.out.println(e1);
      try {
        // --- 2. Versuch über den TCCL
        //    Class.forName() wird TCCL übergeben
        Class<?> clazz= Class.forName(implClassName,true,
             Thread.currentThread().getContextClassLoader());

        return (M) clazz.newInstance();
      } catch (Exception e2) {
        return null;              // sollte hier nicht passieren!
      }
    }
  }
}
```

Als nächstes folgt die Testklasse TestTCCL. Sie wird in TestTCCLLauncher über einen URLClassLoader geladen und hat somit Zugriff auf alle Typen im CLASSPATH (siehe hierzu auch Abbildung 4).

```
public class TestTCCL {
  public static void main(String... args) throws Exception {
    System.out.println(TestTCCL.class.getClassLoader());
                          ⇨ java.net.URLClassLoader@6a55fa
    System.out.println(Thread.currentThread()
                          .getContextClassLoader());
                          ⇨ sun.misc.Launcher$AppClassLoader@a46e30
    System.out.println(Cat.class.getClassLoader());
                          ⇨ java.net.URLClassLoader@6a55fa
    Thread.currentThread().setContextClassLoader(
                          TestTCCL.class.getClassLoader());

    // --- die Factory versucht zuerst den Current-Loader, dann erst den TCCL
    Dog d= MammalFactory.newInstance("kap05.cl.Dog");
                          ⇨ java.lang.ClassNotFoundException: kap05.cl.Dog

    System.out.println(new Cat());          ⇨ Cat: Version 1
    System.out.println(d.speciesName());  ⇨ Dog: Version 1
  }
}


public class TestTCCLLauncher {
  public static void main(String... args) {
    try {
      // --- Verzeichnis liegt nicht im CLASSPATH
      URL path= new URL("file:/users/friedrichesser/Test/dir1/");
      URLClassLoader ucl= new URLClassLoader(new URL[]{path});
      Class<?> clazz= ucl.loadClass("kap05.cl.TestTCCL");

      // --- es gibt nur eine Methode: TestTCCL.main(), die hier aufgerufen wird
      clazz.getMethods()[0].invoke(null,new Object[]{null});
    } catch (Exception e) {
      e.printStackTrace();
    }
  }
}
```

Abschließend vielleicht noch eine nützliche Anmerkung:

- Bevor man einen TCCL auf einen neuen ClassLoader setzt, sollte man vorher den alten speichern. Am Ende des Codes, der den neuen benutzt, wird der alte wieder restauriert:

```
ClassLoader oCL=
              Thread.currentThread().getContextClassLoader();
// ... Umsetzen des TCCL auf einen anderen ClassLoader, anschließend wieder:
Thread.currentThread().setContextClassLoader(oCL);
```

5.1.8   Child-First ClassLoader

Mit dem Thread-Context-ClassLoader kann die parent-first Strategie so erweitert werden, dass auch Child-Klassen geladen werden können. Die *child-first* Strategie – auch bekannt unter *Post-Delegation* – ersetzt dagegen die parent-first. Wie der Name besagt, kehrt sie die Reihenfolge bzw. den Vorrang beim Laden um, selbst wenn einer der Parent-Loader in der Lage ist, die gewünschte Klasse zu laden.

> ***Hinweis 5.8   Isolation von Plugins***
> * Ein Plugin ist eine unabhängige Komponente, die über Interfaces (die sie implementiert) bzw. Annotationen an eine Haupt-Applikation gebunden wird.
> * Plugins werden über einen *Plugin-ClassLoader* (*PCL*) geladen, um ihre Namensräume voneinander zu isolieren. Somit können sie ihre eigene Bibliothek (Versionen von Klassen) verwenden und sich nicht gegenseitig „sehen".
> * Abhängig vom PCL-Design haben Plugins die Möglichkeit, auf spezifische Komponenten des Haupt-Frameworks zuzugreifen.

Ein PCL realisiert den zweiten und dritten Punkt über die child-first Strategie. Zuerst versucht der PCL eine Klasse selbst zu laden. Scheitert der Versuch, delegiert er das Laden an den Parent-Loader. Das stellt sicher, dass eine plugin-eigene Bibliothek/Version bevorzugt wird. Nur Klassen, die nicht im PCL-Namensraum liegen, werden von der Haupt-Applikation übernommen. Plugins sind aufgrund eigener PCLs untereinander unsichtbar. Der erste Punkt impliziert ein wichtiges Detail. Die Interfaces der Haupt-Applikation, die ein Plugin implementiert, dürfen keinesfalls vom PCL, sondern nur vom Parent-Loader geladen werden. Ansonsten sind die dynamischen Typen dieser Interfaces in der Haupt-Applikation und im Plugin unterschiedlich, d.h. es gibt zwei inkompatible Versionen eines Interfaces. Das PCL-Verhalten ist an sich intuitiv und vergleichbar mit dem Verdecken von gleichnamigen Feldern in einer Klassenhierarchie. Eine Klasse bevorzugt zuerst das eigene Feld. Ist es nicht vorhanden, wird das nächst liegende gleichnamige Feld einer Superklasse verwendet.

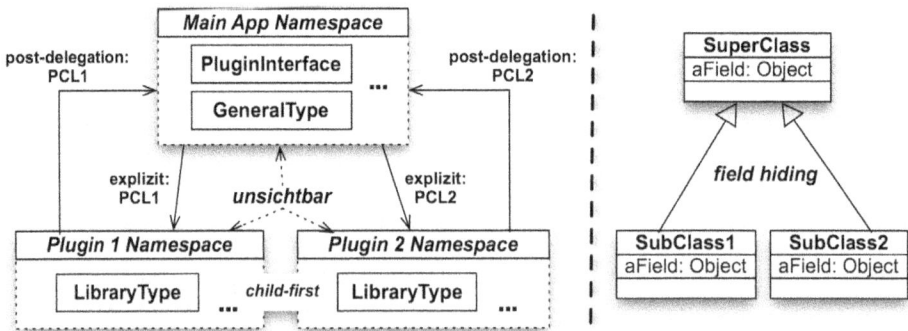

Abbildung 5: Child-First Strategie alias Post-Delegation, eine Analogie zu Field-Hiding

Auch zum PCL ein konkretes Beispiel: Die Klasse `AppUsingPlugins` lädt über einen `ChildFirstClassLoader` zwei Plugins, die der Einfachheit halber jeweils aus zwei Klassen `Bookstore` und `Office` bestehen. Beide implementieren das Plugin-Interface Evaluable<V, R>. Um die Post-Delegation der Klasse `ChildFirstLoader` zu demonstrieren, wird in allen drei Namensräumen die Klasse `Office` angelegt, jedoch nur im App-Namensraum die Klasse `Book`. In jedem der drei Namensräume wird nur auf die eigene Klasse `Office` zugegriffen, da die beiden anderen jeweils „unsichtbar" sind. Da `Book` wie auch `Evaluable` nur im App-Namensraum liegen, stehen sie über die parent-last Mechanismus in den Plugins im Zugriff. Somit ergeben sich die in Abbildung 6 dargestellten Beziehungen.

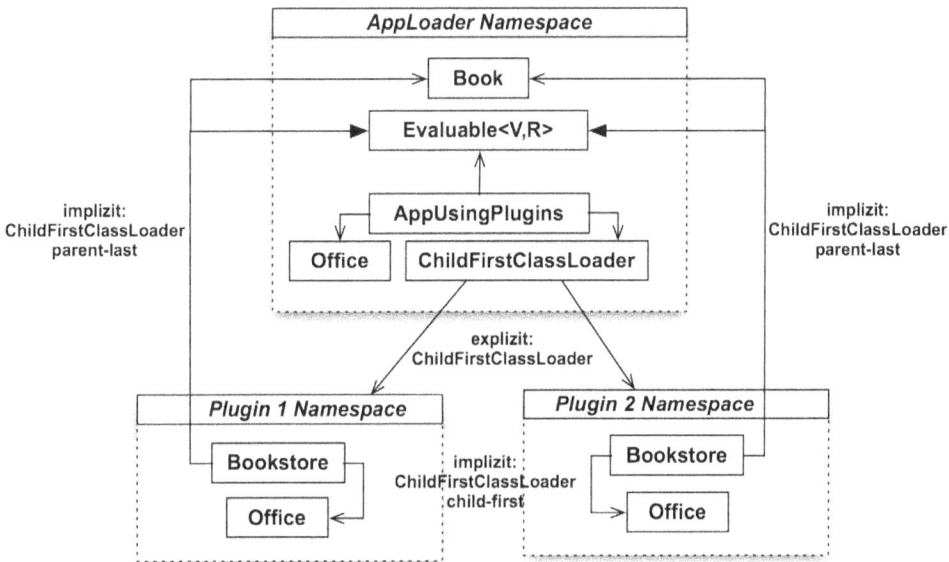

Abbildung 6: Integration zweier Plugins mit gleichen Klassen in AppUsingPlugins

Die Implementierungen der Applikations und Plugin-Klassen sind denkbar einfach gehalten, da nur die Wirkung des Loaders gezeigt werden soll. Zuerst die Klassen des App-Namensraums, wobei `Office` zur Unterscheidung sich jeweils anders meldet:

```
public class Office {
  @Override
  public String toString() {
     return "Office App";      // <--- Version für AppUsingPlugins
  // return "Office 1";        <---           für Plugin 1
  // return "Office 2";        <---           für Plugin 2
  }
}
// --- Zugriff auf Book von allen drei Namespaces!
```

```
public class Book {
  public final String author;
  public final String titel;

  public Book(String author, String titel) {
    this.author= author;
    this.titel= titel;
  }

  @Override
  public String toString() {
    return titel + " von " + author;
  }
}


// --- Plugin Interface, Zugriff von allen drei Namespaces!
public interface Evaluable<V,R> {
  R eval(V value);
}


// --- die Bookstore-Instanzen der beiden Plugins werden über Evaluable eingebunden!
public class AppUsingPlugins {
  public static void main(String... args) {
    System.out.println(new Office());              ⇨ Office App
    Book book= new Book("Goetz","Concurrency");
    Evaluable<Book,String> bEval= null;
    try {
      URL path= new URL("file:/users/friedrichesser/Test/dir1/");
      URLClassLoader ucl=
                  new ChildFirstClassLoader(new URL[]{path});
      bEval = (Evaluable<Book,String>)
              ucl.loadClass("kap05.cl.BookStore").newInstance();
      System.out.println(bEval.eval(book));
                  ⇨ Office 1: Concurrency von Goetz lieferbar!
      path= new URL("file:/users/friedrichesser/Test/dir2/");
      URLClassLoader uc2=
                  new ChildFirstClassLoader(new URL[]{path});
      bEval = (Evaluable<Book,String>)
              uc2.loadClass("kap05.cl.BookStore").newInstance();
      System.out.println(bEval.eval(book));
                  ⇨ Office 2: Concurrency von Goetz nicht lieferbar!
    } catch (Exception e) { }
  }
}
```

Die Ausgaben der Applikation werden sofort klar, wenn man die beiden leicht verschiedenen Versionen von `BookStore` in den Plugins sieht:

```
// --- Plugin 1: Greift auf eigene Klasse Office zu und meldet immer „lieferbar"
public class BookStore implements Evaluable<Book,String> {
  public String eval(Book book) {
    return new Office().toString()+ ": " + book.toString()
                                  + " lieferbar!";
  }
}
```

```
// --- Plugin 2: Greift auf eigene Klasse Office zu und meldet immer „nicht lieferbar"
public class BookStore implements Evaluable<Book,String> {
  public String eval(Book book) {
    return new Office().toString()+ ": " + book.toString()
                                  + " nicht lieferbar!";
  }
}
```

Der `URLClassLoader` kann – sofern normale `class` bzw. `jar` Dateien vorliegen – mit Hilfe einer sehr einfachen Anpassung der Methode `loadClass()` auf child-first geändert werden. Die Methode `findClass()` übernimmt weiterhin die Hauptaufgaben.

```
public class ChildFirstClassLoader extends URLClassLoader {

  // --- nur dieser Konstruktor wird benötigt!
  //     die anderen beiden Konstruktoren können ähnlich überschrieben werden
  public ChildFirstClassLoader(URL[] urls) {
    super(urls);
  }

  public Class<?> loadClass(String name)
                          throws ClassNotFoundException {
    Class loadedClass = findLoadedClass(name);  // bereits geladen?
    if (loadedClass == null) {                  // noch nicht geladen!
      try {
        loadedClass = findClass(name);          // zuerst selbst laden!
      } catch (ClassNotFoundException e) {
      }
      if (loadedClass == null)                  // Delegieren an Parent
        loadedClass = super.loadClass(name);
    }
    return loadedClass;
  }
}
```

PCL ist bei komplexen Frameworks im Enterprise-Bereich oder Web-Servern häufig anzutreffen, aber nicht ganz ungefährlich. Ein abschließendes Beispiel dazu, was der Einfachheit
halber nur eine Klasse Point benutzt:

```java
public class Point {
    public final int x;
    public final int y;

    public Point() {
        this(0,0);
    }

    public Point(int x, int y) {
        this.x= x;
        this.y= y;
    }

    @Override public boolean equals(Object o) {
        if (o!=null && o instanceof Point)
            return x ==((Point)o).x && y == ((Point)o).y;
        return false;
    }

    @Override public String toString() {
        return "["+ x+","+y+"]";
    }
}
```

Im folgenden main() wird eine Instanz der Klasse Point außerhalb des CLASSPATH erschaffen, um den Fehler offensichtlich zu machen. Die Fehlersuche kann aber durch implizites Laden von Point in einem anderen Namensraum zusätzlich erschwert werden.

```java
public class AppUsingCFL {
    public static void main(String... args) throws Exception {
        Point p= new Point();
        URL u= new URL("file:/users/friedrichesser/Test/dir0/");
        URLClassLoader ucl= new ChildFirstClassLoader(new URL[]{u});
        Object o = ucl.loadClass("kap05.cl.Point").newInstance();
        System.out.println(o.getClass());     ⇨ class kap05.cl.Point
        System.out.println(o);                ⇨ [0,0]
        System.out.println(p);                ⇨ [0,0]
        System.out.println(p.equals(o));      ⇨ false
    }
}
```

Die Ursache für die Ausgabe false liegt in den beiden inkompatiblen Typen Point!

5.1.9   Spezielle ClassLoader

Wie in den letzten Abschnitten zu sehen, ist der `URLClassLoader` flexibel und leicht anzupassen, d.h. als Basisklasse gut geeignet. Allerdings gibt es auch Klassenlader, die nicht
(nur) anhand URLs laden. Diese müssen dann direkt von `ClassLoader` abgeleitet werden,
sind also „von Grund auf" zu implementieren. Da es sich immer um Klassenlader mit sehr
speziellen Eigenschaften handelt, gibt es kein allgemeines Muster. Für ein eindrucksvolles
Beispiel ist sicherlich ein ClassLoader recht gut geeignet, der gegen viele Regeln „normaler"
ClassLoader verstößt. Er soll also weder parent-first, noch child-first implementieren, sondern irgend eine unkonventionelle Strategie, die ihn für einen Anwender ohne tieferes Wissen zu einem „unangenehmen" Lader werden lassen.

Dieser `NaughtyClassLoader` demonstriert auf möglichst einfache Weise, wie die Methoden `loadClass()` und `findClass()` die übliche ClassLoader-Architektur einfach ignorieren und als Resultat ein ungewöhnliches Verhalten zeigen. Zuerst der Code mit Kommentaren zu den Design-Entscheidungen. Anschließend ein Test des Verhaltens:

```java
public class NaughtyClassLoader extends ClassLoader {

    public NaughtyClassLoader() {
        // --- es gibt immer einen Parent, hier der Bootstrap-Loader!
        super(null);
    }

    // --- als Name wird der Verzeichnis/Package/Klassename ohne .class erwartet!
    protected synchronized Class<?> loadClass(String name,
                boolean resolve) throws ClassNotFoundException {

        // --- lässt man findLoadedClass() weg, reagiert die VM bei bereits geladenen
        //     Klassen mit einem „ ...java.lang.LinkageError: duplicate class definition... “
        //     es ist also immer ratsam, den voll-qualifizierten Typ vorab zu suchen!
        Class<?> c = findLoadedClass(name.substring(
                        name.lastIndexOf('/')+1,name.length()));
        if (c==null) {
            try {
                // --- findSystemClass() startet die Suche bei dem AppClassLoader. Will man
                //     beispielsweise nur das Laden von Klassen zulassen, die vom Bootstrap-
                //     Loader geladen werden, sollte man die Package-Namen vorab prüfen.
                if (name.startsWith("java.") ||
                    name.startsWith("sun.") || name.startsWith("javax."))
                    return findSystemClass(name);
            } catch (ClassNotFoundException e) { }
            // --- bisher nicht gefunden! Delegiert das Laden nun an findClass()
            c= findClass(name);
        }
```

```
      if (resolve)
        // --- Klasse mit Resolution (Erklärung erfolgt unten)!
        resolveClass(c);
      return c;
    }

  protected Class findClass(String name) throws
                                        ClassNotFoundException {
    FileInputStream fis= null;
    try {
      // --- Package in Unterverzeichnis umwandeln, class-Extension anhängen:
      //    Lesen der „rohen" Bytes
      fis= new FileInputStream(name.replace('.','/')+".class");
      byte[] cBytes= new byte[fis.available()];
      fis.read(cBytes);

      // --- muss nicht sein: aber hier bekommen alle geladenen Klassen
      //    volle Zugriffsrechte, unabhängig von der normalen Policy
      CodeSource myCs = new CodeSource(null,(Certificate[])null);
      PermissionCollection pc= Policy.getPolicy()
                                      .getPermissions(myCs);
      pc.add(new AllPermission());
      ProtectionDomain pd =
                    new ProtectionDomain(myCs,pc,this,null);

      // --- nun muss die VM-interne Methode defineClass() aufgerufen werden, die
      //    erst die Umwandlung in den internen Typ vornimmt!
      return defineClass(name.substring(name.lastIndexOf('/')+1,
                    name.length()),cBytes,0,cBytes.length,pd);
    } catch (Exception e) {
      throw new ClassNotFoundException(name);
    }

    // --- schließt auf jeden Fall den Stream. In Java nicht anders lösbar!
    finally {
      if (fis!=null)
        try {
          fis.close();
        } catch (Exception e) { }
    }
  }
}
```

Die Methode `defineClass()` ist zentral. Sie ist `native` und `final` in der VM verankert und erzeugt einen internen Java-Typ. Diese Phase wird insgesamt mit *Linking* bezeichnet.

Sie umfasst zuerst eine *Bytecode-Verifikation*, in der die VM den Bytecode auf *well-behaved* und *well-formed* überprüft. Dann folgt die *Präparations*-Phase, die den für die Datenstrukturen notwendigen Speicherplatz bereitstellt und die Felder je nach Typ mit den zugehörigen Null-Werten initialisiert. Das Linking kann mit einer *Resolutions*-Phase beendet werden, in der symbolisch referenzierte Typen durch direkte Referenzen ersetzt werden.

• Die Initialisierung der statischen Felder mit den Werten oder dem statischen Initialisierer gehören nicht zum Linken! Dies wird auch der Test zeigen.

Der Test lädt die Klasse `C1` mit dem `NaughtyClassLoader` und zusätzlich mit `forName()`. `C1` liegt deshalb im `CLASSPATH`.

```
package kap05.cl;

public class C1 {
  public final int i= (int)(Math.random()*10);

  // --- meldet sich bei der Initialisierung!
  static {
    System.out.println("C1 loaded");
  }

  @Override
  public String toString() {
    return Integer.toString(i);
  }
}
```

Der Test (der Einfachheit halber nur der Code in `main`):

```
Class<?> clazz= null;
Object o= null;
ClassLoader ncl= new NaughtyClassLoader();

try {
  // --- delegiert an den Bootstrap-Loader
  clazz= ncl.loadClass("java.util.Set");
  // --- C1 wird explizit aus dem CLASSPATH geladen!
  //     es erfolgt keine Meldung durch den statischen Initialisierer!
  clazz= ncl.loadClass(
      "/users/friedrichesser/CoreJava/build/classes/kap05.cl.C1");
  System.out.println(clazz.getClassLoader());
          kap05.cl.NaughtyClassLoader@10d81b
} catch (Exception e) {
  e.printStackTrace();
}
```

```
try {
    // --- vor Anlage einer Instanz wird der statische  Initialisierer ausgeführt!
    o= clazz.newInstance();                                    ⇨ C1 loaded
    System.out.println(o);                                     ⇨ 8

    // --- fornName(): lädt und initialisiert C1 mit dem AppClassLoader!
    clazz= Class.forName("kap05.cl.C1");                        ⇨ C1 loaded

    // --- der Cast erzeugt eine ClassCastException
    C1 c1= (C1)o;
} catch (Exception e) {
    e.printStackTrace();     ⇨ ...ClassCastException:
                               kap05.cl.C1 cannot be cast to kap05.cl.C1

}
```

Da NaughtyClassLoader keiner klaren Strategie folgt, können durchaus Klassen auch aus dem CLASSPATH mehrfach geladen werden. Sie führen dann zu einer ClassCastException mit unverständlichen Meldungen (siehe letztes Beispiel!). Allerdings zeigt der Code auch das Potential. Laden kann man beispielsweise aus Datenbanken mit und ohne Verschlüsselung, auf Basis von Source-Code mit dynamischer Compilierung und beliebigen anderen Quellen. Wichtig ist nur, dass mit defineClass() ein Byte-Array übergeben wird, dass eine class-Struktur hat. Überschreibt man findClass(), braucht man – wie in Naughty-ClassLoader – Zugriff auf die drei Basis-Loader. Mit den zwei Methoden findSystem-Class() und getSystemClassLoader() steht der AppClassLoader und somit auch der Extension- und Bootstrap-Loader immer im Zugriff.

5.1.10   Super-Packages und Module (Java 7)

Dieser Abschnitt sollte nicht beendet werden, ohne zumindest einen kurzen Ausblick auf die Zukunft, d.h. Java 7 alias *Dolphin* zu werfen. Anhand der letzten Abschnitte ist deutlich geworden, dass ClassLoader zwar flexible Lade-Techniken zur Verfügung stellen. Sie helfen aber nur bedingt beim Versions-Management und werden ungemein unangenehm, wenn man komplizierte Abhängigkeiten von Klassen und Packages abbilden muss. Betrachtet man alleine den Abhängigkeits-Graph von Packages zu Tomcat oder Jetty,[106] wird schnell klar, dass die bestehende ClassLoader-Architektur total überfordert ist. Doch das ist nicht das einzige Problem. Packages und das Deployment mittels jar-Dateien ist absolut unzureichend für die Welt der so genannte *Service Orientierte Architektur* (SOA).

Das Package Dilemma

Das Problem des Java Package-Konzepts ist die viel zu grobe Unterscheidung von package-private und public Klassen. Dies führt zu zwei Extrema in der Entwicklung eines Frameworks. Entweder enthält ein einziges Package alle Klassen, die zum Framework gehören.

---
[106] Siehe Literaturhinweise!

Das API für die externen Klienten besteht dann genau aus den `public` deklarierten Typen. Diese Lösung führt selbst beim Entwickler-Team zu großen Schwierigkeiten. Jeder Entwickler sieht die Klassen aller anderen und nur eine permanente Kommunikation aller Beteiligten verhindert unerlaubte Zugriffe. Kurz: Das ist das Ende jeder Team-Entwicklung!

Umgekehrt kann man das Framework anhand seiner logischen Subsysteme in Packages aufteilen. Alle internen Klassen eines Subsystems werden dann package-`private` und die Schnittstellen zu den anderen Subsystemen `public` deklariert. Das Problem ist nun innerhalb des Entwickler-Teams gelöst. Dafür handelt man sich ein größeres ein! Alle externen Klienten können nun nicht mehr zwischen dem öffentlichen Client-API und dem framework-inteten API unterscheiden. Denn alle Klassen sind ja `public`. Das führt zwangsläufig dazu, dass jeder Versuch, die Interna des Frameworks zu ändern bzw. fortzuentwickeln mit Fehlermeldungen von Klienten bestraft wird. Eine zufrieden stellende Lösung des Dilemmas wird unter dem Stichwort „Module mit Versions-Management" gehandelt.

OSGi Alliance

Die Entwickler-Teams großer Frameworks konnten nicht auf eine Sun Lösung innerhalb der Sprache Java warten. Deshalb gründeten sie bereits 1999 eine so genannte *OSGi Alliance*[107] und entwarfen ein „dynamic Module System for Java". Da Sun ebenfalls beteiligt ist, gab es hierzu auch später eine JSR 291 *Dynamic Component Support for Java SE*. Ohne ins Detail zu gehen, erlaubt die OSGi-Architektur die Definition von Abhängigkeits-Graphen, die sicherstellen, dass sich die Klassen und Interfaces entsprechend ihrer Abhängigkeiten referenzieren. Versions-Management sowie unerlaubte Zugriffe werden innerhalb des Modulsystems erkannt. Allerdings ist die Einbindung von Klassen und Packages, die nicht dem OSGi-Standard folgen, weiterhin problematisch. Es beruht auf Normen für das Deployment über `jar`-Dateien und die werden von den meisten nicht eingehalten.

JSR 277 und 294: Sprachanpassungen

Sun hat letztendlich reagiert. Es gibt zwei JSRs, die sich um einen einheitlichen Standard bemühen, der in die Sprache eingebettet werden soll. Dies ist das JSR 277 *Java Module System*, was Hand in Hand mit dem JSR 294 *Improved Modularity Support for the Java Programming Language* entwickelt wird. Die Expertengruppe, zugehörig zu JSR 277, steht nun allerdings vor dem besonderen Problem, dass ihre angestrebte Lösung sich mit OSGi überlappt, aber konzeptionell nicht deckt. JSR 277 behandelt – wie auch OSGi – das Deployment. Hierzu zählt insbesondere:

- Definition von Einheiten/Modulen
- Versions-Management
- Meta-Sprache zur Beschreibung der Strukturen

Genau das zählt auch zu den Zielen von OSGi (JSR 291), was zwangsläufig zu „politischen" Problemen innerhalb der Expertengruppe(n) führt. OSGi ist bereits seit Jahren auf dem

---

[107] Dieser Alliance gehören direkt ca. 30 Unternehmen an, beispielsweise IBM, BEA, Intel, Oracle oder deutsche Unternehmen wie Telekom und Siemens. Auch Eclipse richtet sich nach dem OSGi-Standard.

Markt und hat mit den Versionen 4.1 einen hohe Reife und Akzeptanz der Beteiligten er-
langt. Kommt nun eine inkompatible Lösung innerhalb der Java-Sprache, wird der Markt
sich mit Einführung von Java 7 zwangsläufig splitten. Für die Sun-Lösung spricht der Vorteil, direkt durch den Sprachkern unterstützt zu werden. Selbst das Class-Loading in der VM
wird an das Modul-Konzept angepasst. In der Sprache Java werden (voraussichtlich) mit
Hilfe der Kombination der beiden Schlüsselwörter `super package`[108] logische Einheiten
oberhalb der Packages definiert. Es gibt dazu bereits exemplarischen Code von Sun und
auch Details zur Implementierung.[109] Deployment-Module stehen zu den Super-Packages in
einem 1:N Verhältnis, d.h. Module können aus mehreren Super-Packages bestehen.[110]

Super-Package wie auch die Module erklären ihre gegenseitigen Abhängigkeiten bis hin zu
den passenden Versionen aufgrund von Import- und Export-Deklarationen. Im- und Export
werden von Restriktionen begleitet, die Versionen, Komponenten-Bildung und Frameworks
unterstützen. Dies wird nicht nur direkt in der Sprache, sondern auch flexibel durch entsprechende Annotationen unterstützt. Die Abhängigkeiten ergeben logisch gesehen einen gerich-
teten Abhängigkeits-Graphen (dependency graph).

Technisch gesehen wird jedem Modul ein eigener ClassLoader zugeordnet. Die Abhängigkeiten zwischen den ClassLoadern können aufgrund des Abhängigkeits-Graphen nicht mehr
nach dem parent-first Prinzip gelöst werden.[111] Mithin wird auch die VM geändert werden,
um die Abhängigkeiten in der richtigen Reihenfolge aufzulösen und zu prüfen. Das ist sicherlich ein entscheidendes Privileg gegenüber der OSGi-Lösung, die keine Super-Packages
kennt und ihre Abhängigkeiten in Manifest-Dateien ablegt. Beim Deployment werden
schließlich die JAR durch *JAM* (*JA*va *M*odule) Archiv-Dateien abgelöst. JAM wird durch
Kompression *Pack200* unterstützt, die für Java deutlich bessere Ergebnisse als `zip` erzielt.
Sie ist in JSR 200 *Network Transfer Format for Java Archives* spezifiziert. Analog zu `jar`
gibt es bereits den Prototyp eines `jam` Tools.

Exemparisches Beispiel

Um diesen theoretischen Ausblick zumindest mit einem kleinen Beispiel zu beenden, abschließend ein Super-Package, deklariert mit Hilfe des neuen Schlüsselwortes `super-`
`package`:[112]

---

[108]   Diese Kombination hat an sich nur den Charme, dass kein neues Schlüsselwort eingeführt werden muss.

[109]   u.a. gezeigt auf den Konferenzen in 2007.

[110]   Dies ist dann auch der direkte Zusammenhang zwischen JSR 277 und 294, wobei JSR 277 also eindeutig von
        der Spezifikation in JSR 294 abhängig ist (aber nicht vice versa).

[111]   Anstatt parent-first wird eine multiple-siblings Delegation eingeführt. Dies ist algorithmisch gesehen eine um-
        gekehrte Tiefen-Suche (Depth-first Search).

[112]   Das Beispiel ist leicht modifiziert um das Schlüsselwort `member` aus dem early Draft von JSR 277 übernom-
        men. Eine neue Spezifikation von JSR 9294 erfolgte November 2007.

```
@Version("1.0")
superpackage com.mycompany.webservice {

    // --- importierte Module:
    @VersionConstraint("1.0+")    // Versionen >= 1.0 und < 2.0
    import org.foo.xml;
    @VersionConstraint("2.0+")
    import org.foo.soap;

    // --- der public Teil: exportierte Klassen mit voll qualifiziertem Namen
    export x.y.z.ClassA;
    export x.y.z.InterfaceB;

    // --- die Modul-Member
    member x.y.z.ClassA;
    member x.y.z.InterfaceB;
    member x.y.z.ClassC;
    member x.y.z.*;
    // ...
}
```

5.2 Services – ein erster Überblick

In der Einführung des Kapitels wurde ein Service als ein allgemeiner Dienst definiert, der von Klassen – unabhängig von ihrer speziellen Funktionalität – in Anspruch genommen werden kann. Mit dieser Definition trifft man aber auch Sprach-Elemente. Wirklich relevante Services erkennt man somit daran, dass es eine rege Diskussion darüber gibt, die Services direkt in die Sprache zu integrieren. Das gilt auch für Persistenz oder XML. Im Abschnitt 5.3 soll deshalb die in Java 6 eingeführte Persistenz-Unterstützung mittels *JDBC 4* besprochen werden. JDBC 4 – die Version 4.0 von *Java Database Connectivity* – ist eine Middleware, die erst im Dezember 2006 verabschiedet wurde.[113]

In Abschnitt 5.4 wird ein allgemeiner Dienst speziell zum Laden von Services vorgestellt. Allen Diensten – nicht nur JDBC – ist gemein, dass sie geladen bzw. in die Applikation eingebunden werden müssen. Das explizite Einbinden eines Dienstes ist immer mühselig, wenn nicht sogar fehlerträchtig. Eine gute Lösung erkennt man daran, dass sie sich nahtlos – ohne großartige explizite Programmierung in der Applikation – einbinden lässt. Insbesondere sind Anpassungen an die Umgebung möglichst nicht in der Applikation selbst anzugeben. Das würde bedeuten, dass jede Änderung mit Programmanpassungen einher geht.

---

[113] Deshalb ist JDBC 4 bis Ende 2007 noch in keiner RDBMS vollständig umgesetzt.

Ein brauchbare Lösung sollte möglichst viel an die VM delegieren. In Java 6 wurde eine recht unscheinbare Klasse ServiceLoader eingeführt und gleichzeitig die jar-Datei um ein Verzeichnis erweitert. Sie vereinheitlicht den Ladevorgang von Services und automatisiert damit die Benutzung eines Services für die Applikation. Der ServiceLoader wird auch von JDBC 4 genutzt, setzt aber voraus, dass dies für die RDBMS auch implementiert wurde. Die ServiceLoader-Technik kann natürlich von jedem Service genutzt werden. Dazu hilft das Verständnis der ClassLoader.

5.3   Persistenz & JDBC 4

Größere Applikationen sind ohne Möglichkeiten der Speicherung von Daten kaum denkbar. Also steht zwangsläufig jedes Entwickler-Team vor der Frage, welche Art der Speicherung es nun wählen soll. Der Begriff *Persistenz* bedeutet bei einer OO-Sprache: Das dauerhafte Speichern von Objekt-Zuständen über einen Programmlauf bzw. Prozess hinweg. Der Zeitraum kann allerdings auch kurz sein, beispielsweise um Netzwerk-Kommunikation mittels *RMI (Remote Message Invocation)* zu ermöglichen. Die Anforderungen an Persistenz ist somit recht unterschiedlich. Ist die Dauer der Speicherung längerfristig, greifen die meisten Entwickler zu einer relationalen Lösung in Form einer RDBMS. Dazu wird zwangsläufig ein passender Treiber benötigt. Er bildet die Schnittstelle bzw. Middleware zwischen Java und der RDBMS und firmiert unter JDBC. Bevor eine der wesentlichen Neuerungen von Version 4 vorgestellt wird, sollen kurz die hauptsächlichen Alternativen bei der Persistenz vorgestellt werden.

5.3.1   Persistenz-Alternativen

Bei OO-Sprachen liegt die Betonung auf „Objekte". Eine RDBMS beruht dagegen auf einem relationalen mathematischen Modell, entwickelt in den 70er Jahren, bevor überhaupt OO-Sprachen kommerziell genutzt wurden. Diese Modell ist logischerweise weit entfernt vom objekt-orientierten. Ergo gibt es in der Praxis hauptsächlich zwei Alternativen, Objekt-Zustände zu speichern:

*   **Serialisierung**: Sprachen wie Java, .NET oder Ruby bieten einen eingebauten Persitenz-Mechanismus, meist als Serialisierung bezeichnet. Diese Art der Persistenz ist also fest in der Sprache verankert.

*   **ODBMS**: Objekt-orientierte Datenbanken können nicht nur einzelne Objekte, sondern analog zur Serialisierung rekursiv auch die enthaltenen Objekte bzw. geerbten Felder speichern. Sie sind optimal an das OO-Modell angepasst und meist sogar sprachunabhängig.

*   **RDBMS**: Die Daten werden in Form von relationalen Tabellen gespeichert. Mit Hilfe von so genannten *ORMs (Object Relational Mapping)* müssen die Zustände von Objekten auf die Daten, gespeichert in den Tabellen, abgebildet werden.

Jede dieser Alternativen hat Vor- und Nachteile. Die Serialisierung ist nur dann einfach, wenn ein oder wenige Objekte gespeichert werden oder um eine kurzfristige Inter-Prozess- oder Netzwerk-Kommunikation zu realisieren. Dabei müssen kompatible Versionen der Sprache sowie der beteiligten Klassen verwendet werden.[114] Werden mehrere Objekte vom selben Typ serialisiert, benötigt man zum Lesen irgendein Objekt-Ident zur Identifizierung. Handelt es sich um viele Objekte, benötigt man zusätzlich eine Form von Abfragesprache bzw. ein Query-API. Abgesehen davon gibt es keinerlei Schutz bei Concurrency. Gleichzeitige Zugriffe von mehreren Klienten auf persistente Objekte sind somit ebenfalls zu koordinieren. Dies schränkt die Serialisierung auf wenige Anwendungsfälle ein.

Eine ODBMS enthält neben der OODB-eigenen Art der Serialisierung natürlich Objekt-Idents, eine Abfragesprache und Concurrency-Mechanismen. Ihr Vorteil – neben der Performance – liegt bei Applikationen, die eine sehr komplexe Objektstruktur aufweisen. Die Daten (-Objekte) gehören speziell zu einer Applikation. Werden die Daten übergreifend von mehreren Applikationen mit verschiedenen Objekt-Strukturen genutzt, ist eine Speicherung einer speziellen Objekt-Struktur nicht opportun. ODBMS sind auch weniger geeignet für Daten, die quer über Applikations-Grenzen genutzt werden, die nur teilweise objekt-orientiert programmiert sind. Ein weiterer Nachteil besteht zusätzlich darin, dass es trotz langjähriger Bemühungen für ODBMS leider keinen einheitlichen Standard in der Abfragesprache gibt.[115]

5.3.2   Persistenz mittels einer RDBMS

Datenbanken auf Basis eines relationalen Model gibt es bereits seit den frühen 70er Jahren. Sie hatten bereits kommerziellen Erfolg, bevor sich OO-Sprachen in Unternehmen etabliert haben. Das relationale Modell wurde von Ted Codd entwickelt und von Chris Date „verkauft".[116] Die Erfolgsstory der RDBMS liegt aber weniger am klaren mathematischen Modell, als an der Abfragesprache SQL. SQL ist deklarativ und an sich unabhängig von einer RDBMS. Prinzipiell könnte es auch für andere Datenquellen genutzt werden, aber es ist natürlich zusammen mit RDBMS entworfen und verkauft worden. Die nachfolgende Abbildung 7 zeigt die logischen Zusammenhänge.

Der Entwurf einer RDBMS ist unabhängig von einer Programmiersprache. Dies hat einen angenehmen Seiteneffekt. Ändert man ein Programm und benötigt bereits vorhandene Daten, braucht die RDBMS nicht geändert zu werden. Erweitert man die RDBMS, bedeutet dies nicht unbedingt die Änderung der betroffenen Applikationen. Denn schwerwiegende Änderungen können eventuell im ORM abgefangen werden. Jede Programmiersprache benötigt allerdings zur RDBMS einen passenden Treiber.

---

[114] Auch in Java hat sich das Serialisierungs-Protokoll mit den Versionen geändert und ist nur aufwärts-kompatibel.

[115] Es gibt zwar eine OMG (Object Management Group) mit entsprechenden Standardisierungs-Vorschlägen, aber die sind nicht gerade erfolgreich zu nennen.

[116] Date's Bücher zu relationalen Datenbanken hatten Bibel-Charakter und waren der Standard, an dem Oracle & Co. gemessen wurden.

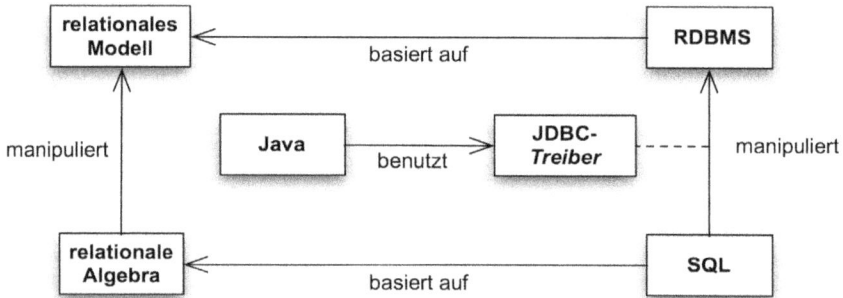

Abbildung 7 Persistenz in Java auf Basis einer RDBMS

RDBMS / SQL

Das relationale Modell bzw. die Algebra bildet die Basis einer RDBMS mit zugehöriger SQL. SQL wird unabhängig von DB-Herstellern standardisiert, wobei die aktuelle Version zur Zeit auf SQL-2003 hört. Keine der auf dem Markt befindlichen RDBMSs bietet eine volle Implementierung eines Standards. Selbst der vorherige Standard SQL-3 wurde noch nicht vollständig umgesetzt. Jede RDBMS – ob Open-Source oder kostenpflichtig – unterstützt also immer nur ein Subset, was bei den Marktführern Ende 2007 zwischen SQL-3 und SQL-2003 lag. Will man also hersteller-unabhängig bleiben, müsste man darauf achten, nur ein Subset von SQL zu verwenden, das alle implementieren.

An dieser Stelle übernimmt bei Java JDBC eine wichtige Rolle. JDBC definiert je nach Version einen eigenen Standard, der nicht deckungsgleich mit einer offiziellen SQL-Version ist. JDBC 4 vereint beispielsweise im eigenen „Standard" ein Subset von SQL-3 und SQL-2003. Dieser deckt sich wiederum nicht mit einem Subset einer bestimmten RDBMS. Also hat jeder der speziellen JDBC 4 Treiber die Aufgabe, das JDBC-SQL-Subset auf das eines RDBMS-Herstellers abzubilden. Selbst für die mit Java 6 ausgelieferte Datenbank Derby ist dies nicht vollständig. Fazit: Beschränkt man sich auf Java, reduziert sich die Frage nach SQL-Kompatibilität auf die Frage, welche Feature die JDBC-Treiber aller RDBMSs implementieren.

Im weiteren beschränken wir uns auf die Neuerungen in SQL-3 bzw. 2003, die in JDBC 4 eingeflossen sind. Zu den hauptsächlichen Neuerungen in SQL3 zählen wohl:

- neue Datentypen: Boolean, Erweiterung von Zeichensätzen, Aufzählungstypen.
- Typ-Konstrukte: strukturierte Attribute, Zeilen-Typen, Multi-Mengen, Listen.
- Abstrakte Datentypen: Wert/Objekt-ADTs.
- Sub-Typen und -Tabellen.

In SQL-2003 wurde XML als Datentyp aufgenommen, das bis dato recht umständlich in BLOBs oder CLOBs gespeichert wurde und sich damit jeder direkten Abfrage in SQL entzogen hatte.

Da eine RDBMS nur grundlegende Datentypen als Tabelleneinträge zulässt, die nicht deckungsgleich mit den primitiven Datentypen einer Programmiersprache wie Java sind, zahlt man für die Verwendung einer RDBMS einen hohen Preis für die Konvertierung. Will man sich von den Fragen nach SQL-Version und Typ-Konvertierungen befreien, kann man sicherlich eine Stufe höher einsteigen. Man delegiert die Anbindung an eine RDBMS einfach an ein ORM-Tool. Allgemein hat ein ORM die Aufgabe, den so genannten *object-relational impedance mismatch* zu überbrücken.

Nun hat man die Wahl! Die meist genutzten Tools in Java EE sind zur Zeit *Hibernate*, *JDO* (*Java Data Object*) oder das *Java Persistence* API. Die Frage, die man sich vorher stellen sollte, ist die, ob dieser Aufwand gerechtfertigt ist. ORM-Tools sind komplex und wollen konfiguriert werden. Sind die Persistenz-Anforderungen überschaubar, bietet JDBC 4 in Verbindung mit dem *DAO* (*Data Access Object*)-Pattern eine gute Alternative.[117] Hat man dann noch die Wahl einer konkreten RDBMS, sollte man die Entscheidung nach den Anforderungen der Applikation ausrichten. Wesentliche Eckpunkte sind hier embedded vs. prozessunabhängig, Bedarf an Speicherplatz, Größe des Treibers und Performanz.

Die Antwort von Sun bzw. Java 6 ist eindeutig und hört auf den Namen *Derby* alias *Java DB*. Als Open-Source besitzt Derby Transaktions-Management und kann embedded oder im Client/Server-Modus benutzt werden. Die jeweiligen Treiber haben einen kleinen Footprint, d.h. sehr geringen Bedarf an Speicherplatz. Das prädestiniert auch den Einsatz von Derby im unteren Bereich, bei PDAs oder Handys[118].

5.3.3   JDBC 4

Bei JDBC 4 handelt es sich um ein sehr umfangreiches API, was in dem zugehörigen JSR 221: *JDBC 4.0 API Specification* auf über 200 Seiten beschrieben wird. Wir beschränken uns im Folgenden nur auf die wesentlichen Neuerungen in Java 6 und legen insbesondere den Schwerpunkt auf die neuen Möglichkeiten im Bereich ORM. JDBC setzt Kenntnisse in RDMS und SQL voraus, die hier nicht vermittelt werden. Da SQL aber ein fester Bestandteil jeder Informatik-Ausbildung ist und die Objekt- und Datenstrukturen in den Beispielen schon aus Platzgründen recht einfach sind, reichen SQL-Grundlagen.[119]

Der Lebenszyklus eines RDBMS-Services kann in vier Phasen eingeteilt werden, die sich in JDBC-Methoden widerspiegeln. Zählen wir sie ohne große Erklärung auf.

---

[117] Eine Fliege erschlägt man bekanntlich nicht mit dem Hammer!

[118] Handy, ein wirklich merkwürdiges Wort für ein mobiles Telefon, das im Englischen cell phone oder mobile phone genannt wird (siehe auch http://en.wikipedia.org/wiki/Mobile_phone).

[119] Es gibt allerdings exzellente RDBMS-Bücher (siehe Literaturhinweis!).

- **Initialisierung**
  Laden eines passenden JDBC-Treibers und Verbindung aufbauen. Typisch: `Class.-forName()` und `DriverManager.getConnection()`.

- **Definition** (SQL)
  Definieren der Datenbank-Strukturen. Typisch: `CREATE TABLE`

- **Management** (SQL)
  Daten bearbeiten. Typisch: `statement.executeQuery()` oder `statement.executeUpdate()`.

- **Beenden**
  Beenden der Operation/Verbindung. Typisch: `statement.close()` und `connection.close()`.

Bis auf die erste und letzte Phase sind die beiden anderen optional.

5.3.4   Derby

Derby ist in Java geschrieben und ein Open Source Apache DB-Subprojekt. Um JDBC 4-konform zu sein, fehlen in der Version 10.3 u.a. noch der XML-Datentyp aus SQL-2003. Derby kann entweder *embedded* – im Prozess eingebettet – oder im *Client/Server-Modus* als externer Prozess laufen. Der Footprint ist mit ca. 2 MB für das `derby.jar` recht klein. Ansonsten ist Derby in der Netzwerk-Version multi-user und multi-threading, bietet Deadlock-Erkennung, Crash-Recovery und Backup & Restore. Für die nachfolgenden Beispiele wird der Einfachheit halber nur embedded Derby verwendet.

Liegt `derby.jar` im `CLASSPATH`, kann Derby wie folgt gestartet werden:

```
// --- forName() kann ab Java 6 weggelassen werden, das übernimmt der Service-Lader
Class.forName("org.apache.derby.jdbc.EmbeddedDriver");
```

```
// --- eine Pseudo-Anweisungen für eine einfache Verbindung:
Connection connection= DriverManager.getConnection(
    "jdbc:derby:<subsubprotocol:>optdbPathName;<attribute=value>opt");
```

In `forName()` erfolgt die Angabe des Treibers explizit. Das kann an den Service-Lader in Java 6 delegiert werden. Dazu verwendet die VM den `jar`-Modul, im Fall von Derby also `derby.jar`. Dieser enthält die Anweisungen, welcher Treiber wie gefunden und geladen werden soll.[120] Da der eigentliche Verbindungsaufbau Optionen wie Name der Datenbank, embedded vs. Client/Server oder auch Sicherheitsangaben enthalten kann, ist `getConnection()` weiterhin notwendig. Es gibt drei Varianten in JDBC 4:

- **getConnection(String url)**
  Verbindung zur Daten-Quelle (speziell RDBMS), wobei zusätzliche Angaben in Form von Attributen möglich sind (siehe oben!).

---

[120] Näheres hierzu im Abschnitt 5.4 unter `ServiceLoader`.

- **getConnection(String url, String user, String password)**
  Explizite Angabe von Benutzer und Passwort.

- **getConnection(String url, java.util.Properties prop)**
  Zusätzliche Angaben können mit Hilfe von `Properties` übergeben werden.

Ein URL für Derby startet also immer mit `"jdbc:derby:"`. Die Angabe `subsubprotocol` entfällt in der Regel und hat als Default den Wert `"directory"`. Die beiden anderen möglichen Werte `"classpath"` bzw. `"jar"` spezifizieren Read-Only-Datenbanken. Das folgende Programm zeigt exemplarisch alle oben angesprochenen vier Phasen in Form eines „Hallo Welt"-Datenbank:

```
package jdbc4;

import java.sql.*;

public class TestDerbyService {

  public static void main(String[] args) throws Exception {

    // --- symbolische Namen sind einfacher für Modifikationen:
    String URL=        "jdbc:derby:hwdb;create=true";
    String SQL_CREATE= "create table helloworld(hw varchar(50))";
    String SQL_DROP=   "drop table helloworld";
    String SQL_INSERT= "insert into helloworld values "+
                       "('hallo welt')";
    String SQL_SELECT= "select * from helloworld";

    // --- Verbindung nur mit URL und einem passenden Attribut
    //     derby.jar sollte im CLASSPATH liegen!
    Connection connection= DriverManager.getConnection(URL);
    Statement statement= connection.createStatement();
    statement.execute(SQL_CREATE);
    statement.execute(SQL_INSERT);

    // ---Select für „Hallo Welt" mit anschließender Konsolausgabe
    ResultSet resultSet = statement.executeQuery(SQL_SELECT);
    while(resultSet.next()) {
      System.out.println(resultSet.getString(1));
    }

    // --- besser wäre eine Einbettung in finally, aber dies reicht wohl für „Hallo Welt"
    resultSet.close();
    statement.execute(SQL_DROP);
    statement.close();
```

```
// --- nicht notwendig, da die Datenbank automatisch am Ende geschlossen wird
//     aber es zeigt ein Attribut zum individuellen Schließen der Datenbank hwdb.
//     Explizites Schließen löst immer eine SQLException aus.
try {
    DriverManager.getConnection(
                            "jdbc:derby:hwdb;shutdown=true");
} catch (SQLException e) {
    System.out.println(e);
⇨ java.sql.SQLTransientConnectionException:
      Die Datenbank 'hwdb' wird heruntergefahren.
}
}
}
```

Obwohl dieses Beispiel sicherlich amüsant ist, bemüht man keine RDBMS für die Persistenz von „Hallo Welt". Dafür zeigt es aber zumindest den recht einfachen Einsatz von Java DB.

5.3.5   Neue JDBC 4 Features

Zu den hauptsächlichen Neuerungen von JDBC 4 zählen:

- **Unterstützung eines automatische ROWID SQL-Typ**
  Ein *RowId* identifiziert eindeutig eine Zeile einer Tabelle. Sofern eine Datenbank Row-Id unterstützt, ist der Zugriff über RowIds sehr schnell. Allerdings können sie aufgrund von Operationen durchaus ihren Wert zur Laufzeit ändern. Deshalb ist die Benutzung von Primärschlüsseln zwar langsamer, aber dafür sicher und portabel.

- **Unterstützung von nationalen Zeichensätzen**
  Java kennt intern nur UTF-16. JDBC 4 erweitert die SQL-Typen CHAR, VARCHAR, LONG-VARCHAR und CLOB um die assoziierten Typen NCHAR, ..., NCLOB. Das N in NCHAR ist dann die Kurzform von NATIONAL CHARACTER. Die Codierung in den nationalen Code sowie die Konvertierung von/nach Java-Zeichen sollte transparent erfolgen, wird aber von den Datenbanken unterschiedlich implementiert.

- **Unterstützung von SQL XML**
  XML-Daten wurden in einer RDBMS sehr häufig als CLOB-Typ gespeichert. JDBC hat nun ein eigenes Interface SQLXML, dass das Speichern und Holen von XML-Daten wesentlich vereinfacht.

- **Verbesserte Handhabung von SQL-Exception**
  Die Ausnahmen vom Typ SQLException werden in zwei Kategorien unterteilt. Zu der Kategorie SQLNonTransientException gehören die Ausnahmen, die sich bei jedem Aufruf wiederholen, bis die Ursache behoben wird. Zu der zweiten Kategorie der SQL-TransientException gehören dann Ausnahmen, die bei erneutem Aufruf nicht unbe-

dingt wieder auftreten müssen. Dies gilt beispielsweise für ein „unglückliches" Timing
(`SQLTimeoutException`).

- **Typisierte DataSets und annotierte Queries**
  Mit Hilfe von Annotationen, Generics und Proxies ermöglichen Query-Interfaces mit
  Hilfe von `DataSet<T>` ein sehr einfaches ORM. Der Compiler übernimmt die Imple-
  mentierung des Query-Interfaces und die Rückgabe erfolgt als Liste von Objekten, deren
  Typ zum SQL-Kommando passen.

Zur Kommunikation von strukturierten Daten ist XML sehr wichtig, wird von Java jedoch
nicht direkt in der Sprache unterstützt. Deshalb wird Java 7 voraussichtlich um eine Syntax
zum Handling von XML erweitert werden. Ähnliche Probleme haben allerdings auch relationale Datenbanken. XML-Daten passen nicht in das relationale Schema, werden daher als
Typ `LONGVARCHAR`, `CLOB` oder `BLOB` gespeichert und lassen keine komfortablen Abfragen
zu. Hier hat JDBC 4 ein wenig nach gebessert und bietet eine neuen Typ `SQLXML`, der ein
einfacheres Arbeiten mit XML-Daten ermöglicht.

Abgesehen vom XML-Typ ist aus der Perspektive „Service & Komponenten" der letzte
Punkte von größtem Interesse. Es segelt unter dem Label *EoD* (*Ease of Development*). JDBC
4 erleichtert die Anbindung von Java-Objekte an SQL-Kommandos. Auch wenn dies nicht
explizit von Sun propagiert wird, können mittels EoD die Persistenz von einfachen Objekt-
Strukturen ohne Einsatz von ORM-Tools programmiert werden. Die Lösung ist recht ungewöhnlich und beruht auf nur zwei Interfaces, die zuerst vorgestellt werden.

5.3.6 Query, DataSet<T>, @Select und @Update

Daten in einer RDBMS werden mit Hilfe von DML-Kommandos manipuliert. Die vier
grundlegenden Operationen sind :

- – **SELECT**:   Lesen von Daten aus Tabellen.
- – **INSERT:**   Einfügen von Daten in Tabellen.
- – **UPDATE:**   Ändern von bereits existierenden Daten in Tabellen.
- – **DELETE**:   Löschen von Daten in Tabellen.

Zur Implementierung dieser Operationen steht seit Java 6 das Interface `BaseQuery` zur Verfügung. Obwohl kein Marker-Interface, bietet dieses Interface nur vier Methoden: Eine
`close()`-Methode, einen Getter `getWarnings()` für eine `SQLWarning` sowie zwei Methoden `isClosed()` und `clearWarnings()`. `BaseQuery` dient somit nur als Basis-Interface
ohne Funktionalität. Die produktiven Methoden werden vom Anwender in Interfaces mit
Hilfe von Annotationen deklariert, die von `BaseQuery` abgeleitet werden.

Die wichtigsten Regeln zu `BaseQuery` sind zusammengefasst in

▶ *Hinweis 5.9   Interfaces, abgeleitet von BaseQuery*

- Ein von `BaseQuery` abgeleitetes Interface deklariert Methoden mit beliebigen Namen. Die Anzahl und Typen der Parameter müssen allerdings zum zugehörigen SQL-Kommando passen.

- Ein SQL-`SELECT`-Kommando ist dabei in einer `@Select`-Annotation enthalten. Die zugehörige Methode muss dann ein Ergebnis vom Typ `DataSet<T>` haben, wobei `T` für einen Typ steht, der zum `SELECT`-Ergebnis passen muss.

- Die drei anderen SQL-Kommandos werden innerhalb einer `@Update`-Annotation aufgerufen. Die zugehörige Methode muss dann ein Ergebnis vom Typ `void`, `int` oder `Data-Set<AutoPrimaryKeyType>` haben. Das `DataSet` darf nur dann für `INSERT` benutzt werden, wenn der Primärschlüssel von der DB automatisch generiert wird.

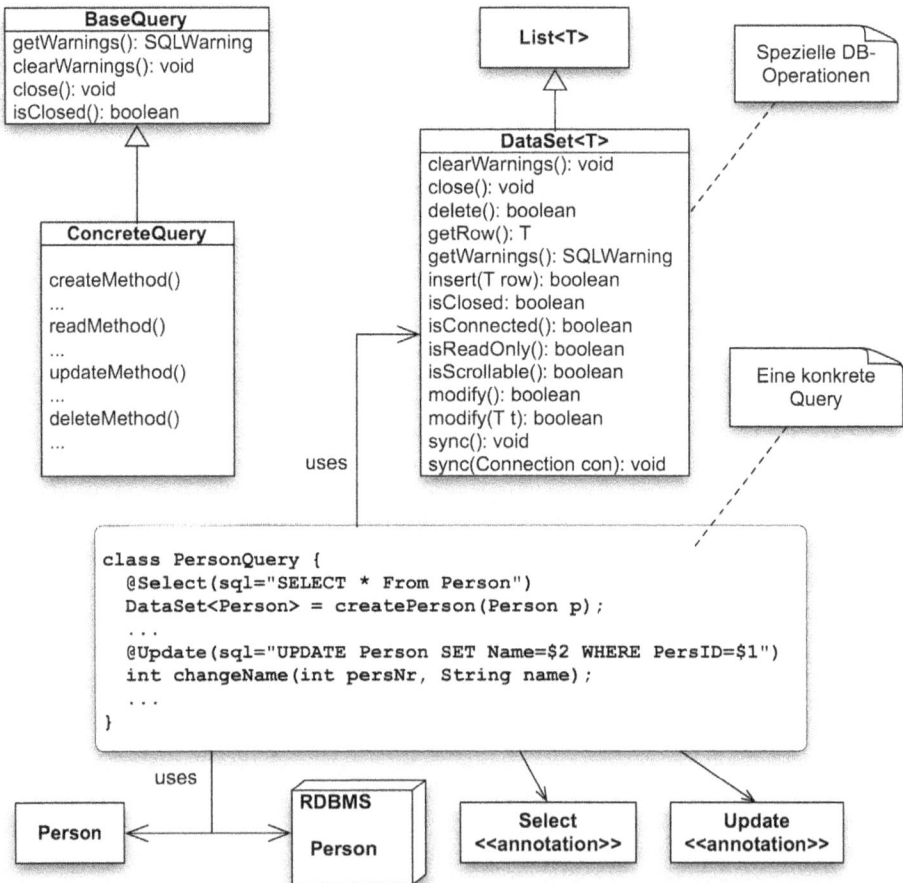

Abbildung 8: Ease of Development – Anbindung von Objekte an eine RDBMS

Einsatz von EoD

In Abbildung 8 werden die prinzipiellen Zusammenhänge dargestellt. Ein Klasse bzw. RDBMS-Tabelle Person ist ein einfaches Beispiel, um den typ-sicheren Einsatz einer konkreten Query, abgeleitet von BaseQuery, zu demonstrieren. Die Tabelle Person hat dazu eine Spalte vom Typ INTEGER und zwei vom Typ VARCHAR 30 sowie drei Einträge:

```
PERSNR         NAME       VORNAME
100010 Schmidt      Walter
100020 Maier        Ulrich
100030 Arendt       Luise
```

Die zugehörige Klasse Person ist bean-artig und wird aufgrund von sinnvollen Konventionen (siehe Hinweis 5.10) von der Query benutzt:

```java
public class Person {
   private int     persNr;
   private String name;
   private String vorname;

   public Person() { }

   public int     getPersNr()                { return persNr; }

   public void    setPersNr(int persNr)      { this.persNr= persNr; }

   public String getName()                   { return name;  }

   public void    setName(String name)       { this.name= name; }

   public String getVorname()                { return vorname; }

   public void    setVorname(String vname) { vorname= vname; }

   @Override public String toString() {
     return persNr+": "+name + ", "+ vorname;
   }

   @Override public boolean equals(Object o) {
     return o instanceof Person? persNr==((Person)o).persNr:false;
   }
}
```

Um eine direkte Verbindung zwischen Tabelle und Klasse Person im Programm herzustellen, wird eine konkrete Abfrage in Form eines PersonQuery-Interfaces benötigt.

```
public interface PersonQuery extends BaseQuery {

  @Select(sql="SELECT * FROM Person WHERE PersNr= ?1")
  DataSet<Person> read(int persNr);

  @Select(sql="SELECT * FROM Person")
  DataSet<Person> read();

  @Update(sql="UPDATE Person SET name= ?2 WHERE persNr= ?1")
  int update(long persNr, String name);
}
```

Das folgenden Testprogramm zeigt den Einsatz des `PersonQuery`-Interface:

```
public class TestQuery {
  public static void main(String... args) {
    try {
      String URL= "jdbc:derby:mydir/persDB";
      Connection con = DriverManager.getConnection(URL);

      PersonQuery pQuery= QueryObjectFactory.
                    createQueryObject(PersonQuery.class,con);
      // --- Alternative:
      //    PersonQuery pQuery= con.createQueryObject(PersonQuery.class);

      DataSet<Person> pSet= pQuery.read();
      for (Person p: pSet)               ⇨  100010: Schmidt, Walter
        System.out.println(p);              100020: Meier, Ulrich
                                            100030: Arendt, Luise
      pSet= pQuery.read(100030);
      System.out.println(pSet);          ⇨  [100030: Arendt, Luise]

      System.out.println(pQuery.update(100020, "Meier"));    ⇨  1
      pSet= pQuery.read();
      System.out.println(pSet);
  ⇨  [100010: Schmidt, Walter, 100020: Meier, Ulrich, 100030: Arendt, Luise]

      // --- Shutdown erzeugt SQLTransientConnectionException
      DriverManager.getConnection(
                    "jdbc:derby:myDir/persDB";shutdown=true");
    } catch (SQLException e) {
      System.out.println(e);
    }
  }
}
```

Der Aufruf der Methode `createQueryObject()` erzeugt mit Hilfe von Proxies (siehe Abschnitt 5.6) das vom Anwender deklarierte Query-Interface. Besonders flexibel ist hierbei die Verwendung der Utility-Klasse `QueryObjectFactory`.

```
static <T extends BaseQuery> T
        createDefaultQueryObject(Class<T> ifc, Connection con);
static <T extends BaseQuery> T
        createDefaultQueryObject(Class<T> ifc, DataSource ds);
static <T extends BaseQuery> T
        createQueryObject(Class<T> ifc, Connection con);
static <T extends BaseQuery> T
        createQueryObject(Class<T> ifc, DataSource ds);
```

Bei den ersten beiden Methoden wird die Default-Implementierung von Java SE benutzt, bei den letzten beiden die des speziellen JDBC-Treibers. Bei der Implementierung verwendeten die Sun-Ingenieure ein sehr beliebtes Design-Muster, das durch *RoR* (*Ruby on Rails*) berühmt wurde und was auch im EoD-Beispiel benutzt wird.

▶ *Hinweis 5.10 Convention over Configuration (CoC)*
   •   Nur die Aspekte einer Anwendung werden spezifiziert, die nicht aufgrund von Konventionen vom Programm ermittelt werden können.

Dieses Prinzip ist insbesondere im Umgang mit Datenbanken interessant und wurde extensiv in RoR benutzt. Hat eine Klasse bzw. ein Feld – bei Ignorieren von Groß-/Kleinschreiben – denselben Namen wie ein Tabelle bzw. eine Spalte, ist keine explizite Zuordnung notwendig. Felder und Spalten müssen allerdings im Typ kompatibel sein. Will man dagegen beispielsweise Felder auf Spalten abbilden, die unterschiedliche Namen haben, muss man dies spezifizieren. Werden bei einer SQL-Select-Abfrage mehr Spalten zurückgeliefert als in einem Daten-Objekt `T` von `DataSet<T>` benötigt werden, werden diese (bei der Konvention `allColumnsMapped=false`) einfach ignoriert.

Annotation @Select

Die Annotation `@Select` bietet neben der Angabe eines SQL-Kommandos weitere Elemente, die alle einen Default besitzen. Da ein Kommando mit dem Element `sql` und `value` gesetzt werden kann, muss man im Minimalfall nur die SQL-Anweisung angeben. Die Elemente haben folgende Bedeutung:

•   **sql** oder **value**
    Das `SELECT`-Kommando, das ausgeführt werden soll. Der Default ist: `""`
•   **allColumnsMapped**
    wenn `true`, muss zu jeder Spalte ein Feld im Objekt gehören. Ansonsten werden die überflüssigen Spalten ignoriert. Der Default ist: `true`

- **connect**

  wenn `true`, ist `DataSet` mit dem persistenten Speicher (DB) verbunden. Der Default ist: `true`

- **readOnly**

  wenn `true`, sind keine Änderung am `DataSet` möglich. Der Default ist: `true`

- **scrollable**

  wenn `true`, dann ist die `DataSet` vergleichbar mit einer `ResultSet` der Art `TYPE_SCROLL_INSENSITVE`, wenn `false` mit einer der Art `TYPE_FORWARD_ONLY`. Der Default ist: `false`

- **tableName**

  Sind `connected` und `readOnly` beide auf `false` gesetzt, so muss `tableName` für das Zurückschreiben einer `DatSet` gesetzt werden. Der Default ist: `""`

Annotation @Update

Diese Annotation hat nur drei Elemente, wobei wieder `sql` und `value` synonym sind.

- **sql** oder **value**

  Das SELECT-Kommando, das ausgeführt werden soll. Der Default ist: `""`

- **keys**

  Mit Hilfe der

  ```
  enum GeneratedKeys { NO_KEYS_RETURNED,
                       RETURNED_KEYS_DRIVER_DEFINED,
                       RETURNED_KEYS_COLUMNS_SPECIFIED }
  ```

  kann in `Update` das Element `keys` auf die ersten beiden `enum`-Konstanten gesetzt werden. Werden in der Datenbank automatisch Schlüssel (in ein oder mehreren Spalten) generiert und `keys= GeneratedKeys.RETURNED_KEYS_DRIVER_DEFINED` angegeben, so muss die zugehörige Methode ein `DataSet` zurückgeben, das einen passenden Schlüsseltyp enthält. Dieser Typ muss also die Instanz-Felder deklarieren, die zu den Schlüssel-Spalten gehören.

Design-Entscheidung: EoD vs. ORM

Bei der Benutzung dieses Mini-Frameworks gibt es zwei hauptsächliche Optionen, um Änderungen am Datenspeicher durchzuführen. Einerseits können mit Hilfe der `Update`-Annotation die SQL-Befehle INSERT, UPDATE und DELETE verwendet werden, andererseits können aber auch über eine `DataSet` mittels `insert()`, `delete()` oder `modify()` Änderungen persistent gemacht werden. Wählt man den ersten Weg, hat man entsprechend viele Methoden im Query-Interface aufzunehmen. Welchen Weg man wählt – `DataSet` oder Query – hängt von der Art der Anwendung ab.

Die Methoden in einem Query-Interface können nur Parameter enthalten, die sich direkt auf Spalten und entsprechende SQL-Typen abbilden lassen. In Java werden aber die Beziehungen von Klassen über Referenzen bzw. Instanz-Felder gelöst. Bevor man also Query-Interfaces einsetzen kann, müssen Objekt-Beziehungen auf 1:N oder gar N:M-Relationen abgebildet werden. Das ist keineswegs trivial! Es ist also eine Grenze zu ziehen. Für einfache Objekt-Modelle ist ein Query-Interface ideal, für komplexe OO-Modelle sollte man auch weiterhin auf EoD bzw. JDBC 4 Performanz verzichten und zu einem passenden ORM-Tool greifen.

5.4   Das DAO-Pattern am Beispiel

Neben dem oben vorgestellten Beispiel `PersonQuery` findet man weitere in den Sun-Dokumentationen der Interfaces. Interessant wird es dann, wenn man den normalen Pfad verlassen möchte, um das oben beschriebene Query-Framework mit einem generischen DAO-Pattern zu kombinieren. Die Aufgabe besteht also in einem kleinen ORM für Klassen auf Basis von EoD. Sicherlich gibt es generische DAO-Implementierungen. Sie beruhen aber auf ORMs á la Hibernate (mit/ohne Spring). Gerade Java DB ist aber angetreten, RDBMS-Dienste auch für kleine Devices bzw. begrenzte Ressourcen nutzbar zu machen. Also wird im Folgenden eine generische DAO-Implementierung auf Basis von EoD gezeigt. Die Aufgabe besteht darin, aufgrund eines minimalen APIs den Code-Aufwand gegenüber konventionell deutlich zu reduzieren. Zur Demonstration wählen wir zwei Entitäten, die in einer M:N-Verbindung stehen.

5.4.1   Beispiel Student-Kurs-Beziehung

Im Hochschulbereich gibt es eine M:N Beziehung zwischen Studenten und Kursen, die benotet werden. Je nach gültiger Prüfungsordnung ist diese Beziehung komplex. Es gibt Restriktionen für Teilnahmen und ein Verbot, bereits bestandene Kurse zu wiederholen. Nicht bestandene Kurse können dagegen nur zweimal wiederholt werden, wobei sogar Zeitschranken zur Wiederholung existieren. Wir vereinfachen diese Beziehung derart, dass zu jedem Student nur die endgültige Note zu jedem Kurse festgehalten wird. Die Noten liegen – abweichend von Schulnoten – zwischen 0 und 15 Punkten, wobei ab 5 Punkte der Kurs bestanden ist. Der Einfachheit halber sind die drei folgenden Klassen DAO-konform als normale Beans ohne Funktionalität implementiert. Zuerst die `Student`-Klasse:

```
public class Student {
   private int matrNr;
   private String name;

   public Student() {
   }

   // --- Getter & Setter
   public int    getMatrNr()           { return matrNr; }
   public void   setMatrNr(int matrNr) { this.matrNr= matrNr; }
```

```
public String getName()                  { return name; }
public void    setName(String name)  { this.name= name; }


@Override
public String toString() {
   return matrNr+": "+name;
}


@Override
public boolean equals(Object o) {
   return o instanceof Student? matrNr==((Student)o).matrNr
                               : false;

}
}
```

Die Klasse Kurs enthält neben einem Ident und Namen noch das Semester, in dem er statt-findet und die Anzahl von Wochenstunden im Semester.

```
public class Kurs {
   private String kursId;
   private String name;
   private int    semester;
   private int    sws;


   public Kurs() { }


// --- Getter & Setter
   public String getKursId()             { return kursId; }
   public void    setKursId(String verId) { this.kursId= verId; }
   public String getName()               { return name; }
   public void    setName(String name)    { this.name= name; }
   public int    getSemester()           { return semester; }
   public void    setSemester(int sem)    { semester= sem; }
   public int    getSws()                { return sws; }
   public void    setSws(int sws)         { this.sws= sws; }


   @Override
   public String toString() {
      return kursId+": " + name+", " + semester +", " + sws;
   }
   @Override
   public boolean equals(Object o) {
      return o instanceof Kurs? ((Kurs)o).equals(kursId):false;
   }
}
```

Die Klasse `Credit` realisiert die `M:N`-Verbindung zwischen `Student` und `Kurs`:

```java
public class Credit {
  private int matrNr;
  private String kursId;
  private int note;

  public Credit() {
  }

  // --- Getter & Setter
  public int    getMatrNr()            { return matrNr; }
  public void   setMatrNr(int matrNr)  { this.matrNr= matrNr; }
  public String getKursId()            { return kursId; }
  public void   setKursId(String verId) { this.kursId= verId; }
  public int    getNote()              { return note; }
  public void   setNote(int note)      { this.note= note; }

  @Override
  public String toString() {
    return matrNr+"-"+ kursId +": "+ note;
  }

  @Override
  public boolean equals(Object o) {
    return o!= null && o instanceof Credit ?
          ((Credit)o).matrNr== matrNr &&
          ((Credit)o).kursId.equals(kursId): false;
  }
}
```

Zu diesen drei Klassen werden in Derby korrespondierende Tabellen angelegt. Die Tabellen kann man entweder interaktiv über eine IDE/GUI wie Netbeans anlegen oder mit Hilfe einer SQL-Skript-Datei. Ein SQL-Skript ist sicherlich der klassische Weg:

```sql
-- DROP IF EXISTS TABLE wird in Derby nicht unterstützt, also:
DROP TABLE Credit;
DROP TABLE Kurs;
DROP TABLE Student;

CREATE TABLE Student (
  MatrNr   INTEGER PRIMARY KEY,
  Name     VARCHAR(30) NOT NULL
);
```

```
CREATE TABLE Kurs (
  KursId   VARCHAR(8) PRIMARY KEY,
  Name     VARCHAR(30),
  Semester INTEGER CONSTRAINT Semester_CK
           CHECK (Semester between 1 and 10),
  SWS      INTEGER
);

CREATE TABLE Credit (
  MatrNr     INTEGER REFERENCES Student ON DELETE CASCADE,
  KursId     VARCHAR(8) REFERENCES Veranstaltung,
  Note       NUMERIC(2,0) CONSTRAINT Note_CK
             CHECK (Note between 0 and 15),
  PRIMARY KEY (MatrNr, KursId)
);
```

Zu Derby existiert ein Interpreter `ij`, der SQL-Skripte im Terminal ausführen kann. Dazu muss zuerst eine Environment-Variable angelegt werden. Dann wird `ij` im Unterverzeichnis `/bin` der Derby-Datenbank aufgerufen. Bei den folgenden beiden Kommandos ist `.../` durch ein passendes Oberverzeichnis zu ersetzen (die Kommandos unter Windows sind entsprechend abzuändern).

```
> export DERBY_HOME= .../db-derby-10.3.1.4-bin
> cd .../db-derby-10.3.1.4-bin/bin
> ./ij
```

Nach erfolgreichem Aufruf meldet sich `ij` mit einer eigenen Kommandozeile. Zuerst stellt man analog zum `connect()` in Java die Verbindung zur Datenbank her:

```
ij > CONNECT 'jdbc:derby:.../uniDB;create=true';
```

Mit `ij> run 'uniDB.sql'` kann dann das o.a. SQL-Skript ausgeführt werden.[121]

5.4.2   DAO Design-Pattern

Ein Design auf Basis von *Data Access Object* gehört in Java EE zum Standard. Es kapselt die eigentliche Geschäftslogik von der speziellen Art der Umsetzung einer Objekt-Persistenz. Ein DAO wird in der Form eines Interfaces deklariert und enthält die *CRUD (Create–Read–Update–Delete)*-Operationen für Value- bzw. Daten-Transfer-Objekte. Mit der Trennung Value-Objekt, DAO-Interface und konkrete Implementierung DAOImpl bleiben die Objekte und die Business-Logik frei von speziellen Lösungen und Änderungen.

---

[121] Kommandos zu `ij` siehe: `http://db.apache.org/derby/docs/dev/tools/rtoolsijcomref25570.html#rtoolsijcomref25570`

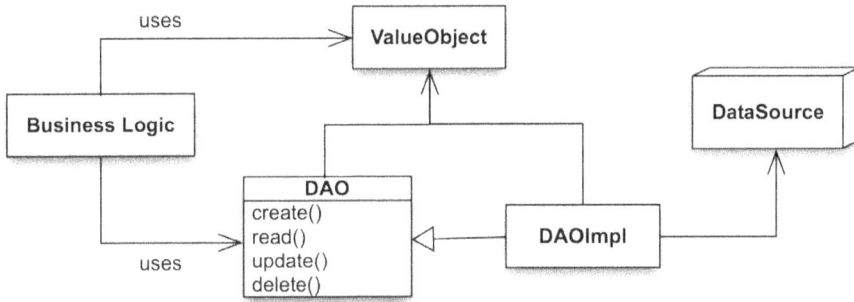

Abbildung 9: DAO-Design-Pattern

Das Pattern in dieser traditionellen Form hat einen wesentlichen Nachteil. Für jedes Value-Objekt muss ein separates DAO-Interface und eine Implementierung erstellt werden (siehe Abbildung 10).

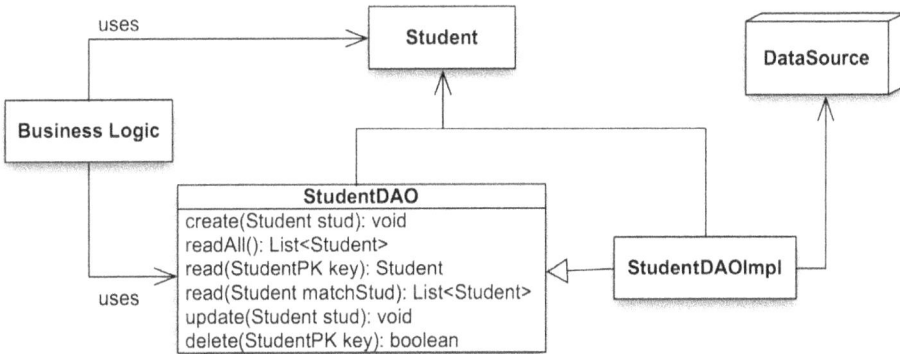

Abbildung 10: Konkretes DAO zu Student

Das führt dann zu leicht unterschiedlichen CRUD-Operationen (`boolean` vs. `void` bei der Rückgabe, Primärschlüssel vs. Match-Objekt), ganz abgesehen davon, dass der Code nicht DRY ist, denn er wiederholt sich prinzipiell für jedes konkrete `DAO`/`DAOImpl`-Paar.

5.4.3   Generisches DAO-Interface

Um diese Nachteile zu vermeiden, führen generische DAOs in der Regel zwei Typ-Parameter in ein `DAO`-Interface ein, so dass das generische `DAO` einheitlich von allen Value-Objekten benutzt werden kann. Das folgende Interface steht für eines der möglichen generischen CRUD-DAOs:

```
public interface GenericDAO<T, K extends Serializable> {
    // --- Das Objekt persistObject vom Typ T wird gespeichert.
    boolean create(T persistObject);

    // --- liefert zum Primärschlüssel das gespeicherte Objekt.
    T read(K pk);

    // --- liefert alle Objekte, die die gleichen Werte wie die Felder in matchObject haben.
    List<T> read(T matchObject);

    // --- liefert alle gespeicherten Objekte.
    List<T> read();

    // --- speichert die geänderten Werte in updateObject (implementations-abhängig!)
    void update(T updateObject);

    // --- liefert true, wenn ein Objekt mit diesem Primärschlüssel gelöscht wurde,
    //     ansonsten false.
    boolean delete(K key);

    // --- löscht alle Objekte, die die gleichen Werte wie die Felder in matchObject haben.
    //     true: es wurden Objekte gelöscht,  false: kein Treffer
    boolean delete(T matchObject);
}
```

Das Interface hat redundante Methoden, ist aber ein typisches Beispiel für generische Lösungen wie man sie im Netz findet. Sofern man will, kann man sich konkrete DAO-Interfaces nun sparen, hat aber weiterhin verschiedene Implementierungen zu programmieren:

```
public class StudentDAOImpl implements
                            GenericDAO<Student,Integer> {
    //...
}


public class CreditDAOImpl
        implements GenericDAO<Credit,CreditPrimaryKey> {
    //...
}
```

Der Code-Aufwand verringert sich mit dieser Lösung nur unwesentlich. Es kann sogar zu einem höherem Aufwand führen, da Primärschlüssel, die aus mehr als einem Feld bestehen, zu einer zusätzlichen Klasse – wie oben CreditPrimaryKey – führen. Genau an dieser Stelle gehen fortgeschrittene Lösungen zu einer generische DAO-Implementierung mit Hilfe von Hibernate mit/ohne Spring über. Nachfolgend wird eine flexible, performante Alternative nur auf Basis von EoD bzw. JDBC 4 vorgestellt.

5.4.4   EoD mit generischen DAO

Die folgende DAO-Implementierung verbindet alle bisher vorgestellter Techniken wie Generics, Reflexion und Annotationen mit JDBC 4. Der Code wurde so weit reduziert, dass er im Rahmen eines Abschnitts dargestellt werden kann. Auf „*nice-to-have*" Methoden wurde deshalb verzichtet. Auch ein expliziter Primärschlüssel – wie in `GenericDAO` dargestellt – ist nicht notwendig. Denn in jedem Objekt, das als Argument übergeben wird, ist der Primärschlüssel implizit enthalten. Um ihn zu finden, braucht man nur eine entsprechende Meta-Information wie `@PrimaryKey` einzuführen. Hier die „abgespeckte" Version:

```
// --- CRUD-Interface: Sinn der Methoden siehe GenericDAO oben
public interface GenDAO<T> {
   boolean create(T persistObject);

   List<T> read(T matchObject);
   List<T> read();

   // --- wird der Query-Methode daoMethodName zugeordnet (siehe unten!)
   List<T> read(String daoMethodName, T matchObject);

   void update(T matchObject);
   boolean delete(T matchObject);
}
```

Die Methode `read(K pk)` gibt es nicht mehr. Sie ist redundant, da man sie mit Methode `read(T matchObject)` emulieren kann. Als Argument übergibt man einfach ein `match-Object`, dass nur Werte für Felder enthält, die zum Primärschlüssel gehören.

Annotation GenDAO-Query-Mapping

Jedes Value-Objekt wird von einem Query-Interface begleitet. Da man `GenDAO` nur einmal für alle Arten von speziellen Queries wie `StudentQuery`, `KursQuery` und `CreditQuery` implementieren will, benötigt man eine Zuordnung. Jede `GenDAO`-Methode gehört zu einer Methode aus dem zugehörigen Query-Interface. Die Zuordnung erfolgt über eine Annotation mit vier vorgegebenen (String-) Werten:

```
@Retention(RetentionPolicy.RUNTIME)
@Target({ElementType.METHOD})
public @interface DAOMethod {
   // --- feste Zuordnung zu GenDAO haben die Werte:
   //   "read", "readAll", "update" und "createDelete"
   String value() default "read";
}
```

`DAOMethod("createDelete")` steht beispielsweise vor einer Query-Methode, die von `create()` und `delete()` im `GenDAO` benutzt wird. Wird anstatt der vier oben angegebenen Werte ein `String daoMethodName` benutzt, wird bei Aufruf von `read(String daoMethodName, T matchObject)` die Methode mit Annotation `@DAOMethod(daoMethodName)` aufgerufen. Das erhöht die Flexibilität und wird auch später am Beispiel demonstriert.

EoD: Queries zu konkreten Objekten

Nachfolgend werden zwei Queries zu `Student` und `Credit` angegeben. Die SQL-Strings sind selbsterklärend. Die Ergebnisse der Queries – mit Ausnahme von `update()` – werden in den zugehörigen `DataSets` zurückgegeben. Die Zuordnung der aktuellen Argumente der Methoden zu den SQL-Variablen ist sehr pragmatisch über `?1`, `?2`, etc. gelöst. Mittels der Angabe `readOnly= false` kann die `DataSet` für Änderungen benutzt werden, die in der Datenbank wirksam werden.

```java
public interface StudentQuery extends BaseQuery {
    @DAOMethod
    @Select(sql="SELECT * FROM Student WHERE MatrNr= 1")
    DataSet<Student> read(int matrNr);

    @DAOMethod("readAll")
    @Select(sql="SELECT * FROM Student")
    DataSet<Student> read();

    @DAOMethod("update")
    @Update(sql="UPDATE Student SET name= ?2 WHERE MatrNr= ?1")
    int update(long matrNr, String name);

    @DAOMethod("createDelete")
    @Select(sql="SELECT * FROM Student WHERE MatrNr= ?1",
            readOnly=false)
    DataSet<Student> find(int matrNr);
}

public interface CreditQuery extends BaseQuery {
    @DAOMethod
    @Select(sql="SELECT * FROM Credit "+
                "WHERE MatrNr= ?1 AND KursId=?2")
    DataSet<Credit> read(int matrNr,String kursId);

    @DAOMethod("readAll")
    @Select(sql="SELECT * FROM Credit")
    DataSet<Credit> read();

    @DAOMethod("readStudCredits")
```

```
@Select(sql="SELECT * FROM Credit WHERE MatrNr= ?1")
DataSet<Credit> read(int matrNr);

@DAOMethod("update")
@Update(sql="UPDATE Credit SET note= ?3 "+
            "WHERE MatrNr= ?1 AND KursId=?2")
int update(long matrNr, String kursId, int note);

@DAOMethod("createDelete")
@Select(sql="SELECT * FROM Credit " +
            "WHERE MatrNr= ?1 AND KursId=?2",readOnly=false)
DataSet<Credit> find(int matrNr,String kursId);
}
```

Mit `@DAOMethod("readStudCredits")` wird eine wichtige Abfrage in `CreditQuery` annotiert, die zu einem Studenten alle Kurse mit Note zeigt. Sie kann zusätzlich zu den Standard-CRUD-Methoden mittels der `GenDAO`-Methode `read("readStudCredits", student)` aufgerufen werden.

Implementierung GenDAOJdbc von GenDAO

Es fehlt noch die zentrale Klasse `GenDAOJdbc<T>`, die `GenDAO<T>` implementiert. Sie parametrisiert `T` nicht, sondern benutzt sie weiter. `GenDAOJdbc<T>` setzt Reflexion ein und benutzt dazu die Utility-Klasse `DAOJdbcUtil`. Diese enthält zwei statische Hilfsmethoden. Zuerst soll `GenDAOJdbc<T>` vorgestellt werden, die `DAOJdbcUtil` statisch importiert.

```
package dao;

import java.lang.reflect.*;
import java.sql.*;
import java.util.*;
import static dao.DAOJdbcUtil.*;

public class GenDAOJdbc<T> implements GenDAO<T> {
  public static boolean DEBUG= false;            // true: für Testzwecke!

  // --- die Elementwerte von @DAOMethod, die das Mapping auf die
  //     entsprechende GenDAO-Methode übernehmen
  //     (siehe oben: Annotation, Queries)
  public static final String CREATE=  "createDelete";
  public static final String DELETE=  "createDelete";
  public static final String READ=    "read";
  public static final String READALL= "readAll";
  public static final String UPDATE=  "update";
  // --- alle wichtigen Referenzen werden final deklariert!
```

```
private final Connection con;            // die JDBC-Verbindung
private final Class<?>  queryIFace;      // die Klasse des Queries
private final BaseQuery query;           // die query-Instanz selbst
private final Class<?>  objClazz;        // die Klasse des Value-Objekts
```

```
// --- daoMap ist eine Art Cache, der alle Informationen zum Mapping zwischen
//     GenDAO, der Query und dem Value-Objekt festhält!
//     der Key:   der Methodenname im GenDAO-Interface
//     der Value: SQL-Method/Value-Objekt-Feld
//                (siehe statische innere Klasse SQLMethod)
private final Map<String,SQLMethod> daoMap=
                                new HashMap<String,SQLMethod>();
```

```
// --- Diese Klasse ordnet den Parametern einer Methode des Query-Interfaces die
//     Felder des Value-Objekts zu, deren Werte als Argumente übergeben werden.
static private class SQLMethod {
  final Method method;
  final Field[] args;           // in der Reihenfolge der Parameter

  SQLMethod(Method m, Field[] f) {
    method= m; args= f;
  }

  // --- (nur) für Debugging-Zwecke nützlich
  @Override public String toString() {
    StringBuilder sb= new StringBuilder();
    for (Field f: args)
      sb.append(f.getName()).append(",");
    if (sb.length()>1)
      sb.setLength(sb.length()-1);
    return method.getName()+'('+sb.toString()+')';
  }
}
```

```
// --- eine interne Methode:
//     baut mit Hilfe der Methode  getSQLArgFields() aus DAOJdbcUtil die daoMap auf.
private void buildDAOMap() {
  // --- alle deklarierten Methoden
  Method[] mArr= queryIFace.getDeclaredMethods();
  String op;           // Operation
  String sql;          // SQL-Kommando
  DAOMethod crud;      // Annotation
```

```
// --- durchläuft alle Methoden der Query. Übergibt das SQL-Kommando aus
```

```
//    @DAOMethod zusammen mit der Value-Objekt-Klasse an  getSQLArgFields()
  for (Method m: mArr)
    if ((crud= m.getAnnotation(DAOMethod.class))!=null) {
      try {
        op= crud.value();
        sql= UPDATE.equalsIgnoreCase(op) ?
              m.getAnnotation(Update.class).sql():
              m.getAnnotation(Select.class).sql();
        if (DEBUG) System.out.println(op +": "+sql);
      } catch (Exception e) {
        throw new RuntimeException(e.getCause());   // zu einfach!
      }
      daoMap.put(op,
              new SQLMethod(m,getSQLArgFields(sql,objClazz)));
    }
  if (DEBUG)
    System.out.println(daoMap);
}


// --- ANMERKUNG:  Das Transaktions-Management wird innerhalb der
//    GenDAO-Implementierung durchgeführt. Das ist zwar einfach, aber
//    für komplexe Transaktionen nicht unbedingt ideal. Alternativ müsste
//    auch ein externes Transaktions-Management angeboten werden!
private void commit() {
  try {
    con.commit();
  } catch (Exception e) {
    throw new RuntimeException(e.getCause());
  }
}


// --- neben der JDBC-Verbindung werden die Class-Objekte zur Query und zum
//    Value-Objekt benötigt!
public GenDAOJdbc(Class<? extends BaseQuery> clazz,
                  Class<T> oClazz,
                  Connection con) throws SQLException {
  this.con= con;
  queryIFace= clazz;
  objClazz= oClazz;
  // --- zu QueryObjectFactory siehe auch das EoD-beispiel in Abschnitt 5.3.6
  query= QueryObjectFactory.createQueryObject(clazz,con);
  buildDAOMap();
}


// --- speichert das Value-Objekt  persistObject ab
```

```
public boolean create(T persistObject) {
  DataSet<T> ds= null;
  SQLMethod sql= daoMap.get(CREATE);        // holt Methode und Felder!

  try {
    ds= (DataSet<T>)sql.method.invoke(query,
         DAOJdbcUtil.getSQLArgs(sql.args,persistObject));
    if (ds.size()>0) {
      if (DEBUG) System.out.println(
                            "create: ds.size() "+ds.size());
      return false;
    }
    // --- sofern nicht vorhanden, einfügen!
    return ds.insert(persistObject);
  } catch (Exception e) {
    throw new RuntimeException(e.getCause());
  } finally {
    commit();
  }
}

// --- von allen public read()-Methoden genutzte Implementierung. Es können
//     null oder genau ein Value-Objekt als matchObjekt übergeben werden
private List<T> _read(String methodName, T... matchObject) {
  SQLMethod sql= daoMap.get(methodName);    // holt Methode und Felder!

  try {
    // --- 1. Fall: keine Parameter
    if (matchObject.length==0)
      return (List<T>)sql.method.invoke(query);

    // --- 2. Fall: von dem ersten Value-Objekt werden die Werte mit Hilfe
    //     der Methode getSQLArgs() aus DAOJdbcUtil an invoke() übergeben
    else
      return (List<T>)sql.method.invoke(query,
                       getSQLArgs(sql.args,matchObject[0]));
  } catch (Exception e) {
    throw new RuntimeException(e.getCause());
  }
}

public List<T> read(T matchObject) {
  return _read(READ,matchObject);
}
// --- Methoden-Name der zusätzlichen Query-Query
```

```java
  public List<T> read(String methodName, T matchObject) {
    return _read(methodName,matchObject);
  }

  public List<T> read() {
    return _read(READALL);
  }

// --- update() prüft selbst nicht auf Existenz des Value-Objekt  changedObject
//     (überlässt das dem SQL-Kommando!). Alternative: eigene Prüfung!
  public void update(T changedObject) {
    SQLMethod sql= daoMap.get(UPDATE); // holt Methode und Felder!
    try {
      sql.method.invoke(query,
                        getSQLArgs(sql.args,changedObject));
    } catch (Exception e) {
      throw new RuntimeException(e.getCause());
    } finally {
      commit();
    }
  }

// --- liefert true, sofern mindestens ein Value-Objekt mit den Werten in matchObjekt
//     existiert und gelöscht werden konnte.
  public boolean delete(T matchObject) {
    DataSet<T> ds= null;
    boolean del= false;
    SQLMethod sql= daoMap.get(DELETE);      // holt Methode und Felder!
    try {
      ds= (DataSet<T>)sql.method.invoke(query,
                            getSQLArgs(sql.args,matchObject));
      // --- iteriert über die gefundenen Objekte und löscht sie
      for (Iterator i= ds.iterator(); i.hasNext(); ) {
        i.next();
        del= ds.delete();
      }
    } catch (Exception e) {
      throw new RuntimeException(e.getCause());
    } finally {
      commit();
    }
    return del;
  }
}
```

Mit ca. `150` Zeilen Code ist die Klasse `GenDAOJdbc` zwar für die Darstellung in einem Buch an der oberen Grenze angekommen, aber die einzelnen Methoden sind kurz und übersichtlich. Es fehlen letztendlich noch die Utility-Klassen.

Utility-Klasse DAOJdbcUtil

Die beiden Methoden folgen dem so genannten CoC-Konzept (siehe Hinweis 5.10). Die Konvention lautet in diesem Fall: Die in einem SQL-Kommando referenzierten Spalten einer Tabelle müssen – bis auf Groß-/Kleinschreibung – gleich den Feldnamen im Value-Objekt sein. Gilt diese Konvention nicht, müsste eine Konfiguration, d.h. die Abbildung von Spalte auf Objekt-Feld, über eine zusätzliche Annotation erfolgen. Sicherlich gehört das zu einer flexiblen Lösung, ist aber leicht zu ergänzen.

```java
public class DAOJdbcUtil {

    // --- der reguläre Ausdruck ist sehr einfach gehalten und setzt ein „wohlgeformtes"
    //     SQL-Statement voraus, in dem Parameter-Verweise mittels ?## korrekt
    //     angegeben werden. Die 1. Gruppe des Regex enthält dann den Spaltennamen
    //     und die 2. Gruppe die Position des zugehörigen Parameters.
    public static final String ARGS_REGEX=
                            "(\\w+)\\s*=\\s*\\?(\\d+)";

    // --- keine Instanz erlaubt!
    private DAOJdbcUtil() {
    }

    // --- bestimmt die zum SQL-Kommando zugehörigen Felder des Value-Objekts
    public static Field[] getSQLArgFields(String sql,
                                          Class<?> dataClazz) {
        // --- Mapping zwischen Parameter-Nr. und Objekt-Feld
        Map<Integer,Field> argFields= new HashMap<Integer,Field>();

        Pattern p= Pattern.compile(ARGS_REGEX);
        Matcher ma= p.matcher(sql);
        while (ma.find())
          try {
            Integer argPos= Integer.parseInt(ma.group(2));
            if (argFields.get(argPos)==null) {
              Field[] fArr= dataClazz.getDeclaredFields();
              for (Field f: fArr)
                if (f.getName().equalsIgnoreCase(ma.group(1))) {
                  argFields.put(argPos,f);
                }
            }
          }
        }
```

```
      catch (Exception e) {
        throw new IllegalArgumentException(
               sql+'\n'+ARGS_REGEX+'\n'+e.getCause());
      }

    // --- Ausgabe als Array in Reihenfolge der Parameter-Nummern.
    Field[] fields= new Field[argFields.size()];
    for (int i=0; i< argFields.size(); i++)
      fields[i]= argFields.get(i+1);
    return fields;
  }

  // --- holt die Werte der Felder eines Value-Objekts
  public static Object[] getSQLArgs(Field[] fields, Object obj) {
    Object[] args= new Object[fields.length];
    try {
      for (int i= 0; i<fields.length; i++) {
        // --- auch die Werte von private deklarierten Feldern werden erfasst!
        fields[i].setAccessible(true);
        args[i]= fields[i].get(obj);
      }
    } catch (Exception e) {
      throw new IllegalArgumentException(e.getCause());
    }
    return args;
  }
}
```

Einsatz von GenDao am Beispiel

Bei Services bzw. Komponenten entscheidet die einfache Verwendung der Methoden über die Brauchbarkeit. Die GenDAO-Lösung sollte mit den JDBC 4 Queries gut harmonieren. Zum Test greifen wir auf die beiden Queries StudentQuery und CreditQuery (siehe Abschnitt EoD: Queries zu konkreten Objekten) zurück. Der Einfachheit halber enthalten die Tabellen Student, Kurs und Credit bereits folgende Einträge:

Student		Kurs			
MatrNr	Name	KursId	Name	Semester	SWS
100003	Meier	PR1	Programmieren 1	1	6
100004	Schmidt	PR2	Programmieren 2	2	3
100005	Schröder	AD	Algorithmen&Datenstrukturen	3	4

Credit		
MatrNr	KursId	Note
100003	PR1	11
100004	PR1	5
100005	PR1	4
100004	PR2	7

Abbildung 11: Tabelleneinträge für den Test von GenDAO

Die Tabelle Kurs ist zwar in Abbildung 11 dargestellt, wird aber in den Test nicht direkt einbezogen. Für eine Demonstration der Methoden aus GenDAO reichen die ersten beiden Tabellen. Als erstes werden nach Verbindungsaufbau zwei GenDAO-Instanzen studDAO und credDAO für Student bzw. Credit erschaffen (try-catch wurde weggelassen!):

```
Connection con;
GenDAO<Student> studDAO= null;
GenDAO<Credit>  credDAO= null;

String URL= "jdbc:derby:/Users/friedrichesser/service/uniDB";
con = DriverManager.getConnection(URL);
studDAO= new GenDAOJdbc<Student>(StudentQuery.class,
                                 Student.class,con);
credDAO= new GenDAOJdbc<Credit>(CreditQuery.class,
                                Credit.class,con);
```

Im folgenden Code werden alle DAO-Methoden anhand von studDAO demonstriert:

```
Student queryStud= new Student();
// --- lesen aller Einträge
System.out.println(studDAO.read());
                    ⇨ [100003: Meier, 100004: Schmidt, 100005: Schröder]

// --- lesen über den Primärschlüssel
queryStud.setMatrNr(100004);
System.out.println(studDAO.read(stud));     ⇨ [100004: Schmidt]

// --- Ändern eines Eintrags
queryStud.setMatrNr(100003);
queryStud.setName("Maier");
studDAO.update(queryStud);
System.out.println(studDAO.read());
                    ⇨ [100003: Maier, 100004: Schmidt, 100005: Schröder]
```

```
// --- Speichern eines neuen Eintrags
queryStud.setMatrNr(100010);
queryStud.setName("Lohmann");
studDAO.create(queryStud);
System.out.println(studDAO.read());
   ⤳ [100003: Maier, 100004: Schmidt, 100005: Schröder, 100010: Lohmann]

// --- Löschen eines Eintrags
studDAO.delete(queryStud);
System.out.println(studDAO.read());
   ⤳ [100003: Maier, 100004: Schmidt, 100005: Schröder]
```

Die Tabelle `Credit` stellt die relationale Beziehung zwischen `Student` zu `Kurs` her. Hier kommt die spezielle `read()`-Methode aus `GenDAOJdbc` zum Einsatz:

```
@DAOMethod("readStudCredits")
@Select(sql="SELECT * FROM Credit WHERE MatrNr= ?1")
DataSet<Credit> read(int matrNr);
```

Die Verbindung wird mittels `read("readStudCredits",queryCredit)` hergestellt:

```
Credit queryCredit= new Credit();
// --- Holt alle Credit-Instanzen
queryCredit.setMatrNr(100004);
List<Credit> cLst= credDAO.read("readStudCredits",queryCredit);
System.out.println(cLst);
   ⤳ [100004-PR1: 5, 100004-PR2: 7]
```

Dieser Test beruht auf der Abhängigkeit der Tabelle `Credit` von `Student`:

```
CREATE TABLE Credit (
   MatrNr INTEGER REFERENCES Student ON DELETE CASCADE,
   ...
);
```

Nach Löschen des Studenten mit Matrikel-Nummer `100003` enthält die `Credit`-Liste keinen zugehörigen Eintrag mehr:

```
System.out.println(credDAO.read());
   ⤳ [100003-PR1: 11, 100004-PR1: 5, 100005-PR1: 4, 100004-PR2: 7]
queryStud.setMatrNr(100003);
studDAO.delete(queryStud);
System.out.println(credDAO.read());
   ⤳ [100004-PR1: 5, 100005-PR1: 4, 100004-PR2: 7]
```

Embedded Datenbanken schließen

Ruft man in Derby eine Datenbank eingebettet in einem Prozess auf, wird über ein Lock sichergestellt, dass man exklusiven Zugriff hat. Dies wird über eine Lock-Datei im entsprechenden Verzeichnis sichergestellt. Um zu gewährleisten, dass nach Beendigung der (letzten) Verbindung die Datenbank explizit geschlossen wird, sollte der `DriverManager` mit `shutdown=true` aufgerufen werden. Das stellt sicher, dass die Lock-Datei entfernt wird. Der explizite Shutdown löst allerdings eine `SQLException` aus, die im Normalfall die erfolgreiche Beendigung mitteilt:

```
try {
   // --- shutdown=true beachten!
   DriverManager.getConnection("jdbc:derby:"+
                               "/Users/friedrichesser/service/"+
                               "uniDB;shutdown=true");
} catch (SQLException e) {
   System.out.println(e);
      ⇨ java.sql.SQLTransientConnectionException:  Die Datenbank
        '/Users/friedrichesser/service/uniDB' wird heruntergefahren.
}
```

Fazit

Der EoD-Service in JDBC 4 liefert Persistenz auf Basis einer RDBMS mit vergleichsweise geringem Aufwand. Ein hoffentlich bald beseitigtes Problem ist zur Zeit noch die unvollständige Implementierung des noch sehr jungen Standards. Viele neuen Features können nicht getestet werden, da sie nicht stabil implementiert sind. Dazu zählt auch die SQL/XML-Data Handling, da Derby den Typ `SQLXML` nicht unterstützt und mit einer Ausnahme `SQL-FeatureNotSupportedException` beantwortet.

5.5   Automatisches Laden von Services

Seit Java 6 gibt es einen neuen automatischen Mechanismus zum Laden von Services. Das API ist minimal und besteht aus einer `final` deklarierten Klasse ServiceLoader<S> , der als Parameter S – dem Service – ein Interface oder eine abstrakte Klasse übergeben wird. Anhand von Namens-Konventionen werden dann die zugehörigen Implementierungen zu dem Service im Unterverzeichnis `META-INF/services/` einer `jar`-Datei geladen. Entweder liegt die `jar`-Datei im `CLASSPATH` oder sie kann mittels ClassLoader von einer beliebigen Ressource geladen werden.

5.5.1   Klasse ServiceLoader

Stellen wir zuerst die Klasse `ServiceLoader` vor, da sie den Ausgangspunkt für den neuen Mechanismus darstellt. Sie besteht im wesentlichen aus drei Factory-Methoden, um die zu einem Service zugehörige Implementierung zu finden. Hier der relevante Ausschnitt aus dem Source-Code, mit entsprechenden Kommentaren zum besseren Verständnis:

```
// --- der Typ-Parameter S steht für den zu ladenden Service. Die zugehörigen
//     Implementierungen können mittels eines Iterators (foreach) durchlaufen werden.
public final class ServiceLoader<S> implements Iterable<S> {

    // --- in der jar-Datei muss im Unterverzeichnis PREFIX die Textdatei mit dem Service
    //     und der/den zugehörigen Implementierungs-Klasse(n) stehen.
    private static final String PREFIX = "META-INF/services/";

    // --- Klasse/Interface, die den Service repräsentiert.
    private Class<S> service;

    // --- ClassLoader, der die zugehörigen Implementierung lädt.
    private ClassLoader loader;

    // --- drei statische Factory-Methoden, die über unterschiedliche ClassLoader
    //     die Service-Implementierungen laden können:

    // --- 1. Explizite Angabe des Loaders
    public static <S> ServiceLoader<S> load (Class<S> service,
                                                ClassLoader loader);
    // --- 2. Laden mittels AppClassLoader
    public static <S> ServiceLoader<S> loadInstalled (
                                        Class<S> service);
    // --- 3. Laden mittels TCCL: Thread-Context-ClassLoader
    public static <S> ServiceLoader<S> load (Class<S> service);

    // --- leeren des Caches, erneutes Laden der Implementierungen
    public void reload();

    public Iterator<S> iterator();
}
```

Die Sun-Strategie ist denkbar einfach. Es werden die drei zur Zeit sinnvollen Möglichkeiten zum Finden von Klassen/Interfaces angeboten: über den TCCL, den Applikations-Lader oder mit Hilfe eines speziellen Klassenladers. Zusammen mit dem Factory-Pattern ist dies eine pragmatische Lösung.

Einsatz eines ServiceLoaders

Um zu einem Service automatisch eine passende Implementierung laden zu können, müssen natürlich gewisse Konventionen eingehalten werden, ohne die ein `ServiceLoader` die Implementierungen nicht finden würde. Zur Klarheit werden diese Regeln anhand eines Beispiels demonstriert.

Dazu definieren wir zuerst einen einfachen Service, den man für Benchmarks nutzen könnte: Das Messen der abgelaufenen Zeit. Entsprechende Klassen dazu findet man in unzähligen Varianten im Netz. Sie heißen häufig `StopWatch`, da sie eine Stoppuhr imitieren. Bündeln wir die Methoden zu einem Service und legen sie der Einfachheit halber in einem Package `service` ab (der Name des Package kann natürlich frei gewählt werden).

```
package service;

// --- eine Stoppuhr, die in Nano-, Milli- oder Sekunden messen kann.
public interface StopWatch {
    enum TimeUnit { NANO, MILLI, SECOND };

    // --- Rückgabe der Zeiteinheit der Messung
    TimeUnit resolution();

    // --- Start der Messung
    StopWatch start();

    // --- Ende der Messung, die abgelaufene Zeit zwischen dem Aufruf von start()
    //     und stop() wird gemessen und gespeichert. Sie kann mittels elapsedTime()
    //     abgerufen werden.
    StopWatch stop();

    // --- Dauer der Messung
    //     nach clear(), sofern start() nicht aufgerufen wurde: Rückgabe 0
    //     wenn start() aufgerufen wurde
    //         wenn stop() noch nicht aufgerufen wurde:
    //             Rückgabe der abgelaufenen Zeit seit dem Aufruf von start()
    //         ansonsten
    //             Rückgabe der abgelaufenen Zeit zwischen start(9 und stop()
    long elapsedTime();

    // --- Rücksetzen für erneute Messung
    StopWatch clear();
}
```

Das folgende Beispiel zeigt, wie der Service benutzt werden kann. Interessant ist dabei nicht der Einsatz, sondern die Art, wie eine konkrete Implementierung zu StopWatch geladen wird, ohne dass die Klasse oder der Ort der Ablage bekannt ist.

```
package service;

import java.util.ServiceLoader;
import static service.StopWatch.TimeUnit.*;

public class TestStopWatch {
  static void testMethod1() {
    try { Thread.sleep(2000); } catch (Exception e) { }
  }
  static void testMethod2() {
    try { Thread.sleep(1000); } catch (Exception e) { }
  }

  static StopWatch loadService(StopWatch.TimeUnit tu) {
    // --- mit Hilfe des App-Loaders wird im Classpath die jar-Datei gefunden, die
    //     eine passende Implementierung anbietet. Regeln siehe nächsten Abschnitt!
    ServiceLoader<StopWatch> sl=
                  ServiceLoader.load(StopWatch.class);
    for (StopWatch sw: sl) {
      System.out.println(sw);         // Ausgabe siehe unten!
      if (sw.resolution()== tu)       // Rückgabe, sofern die Zeiteinheit passt!
        return sw;
    }
    return null;                      // wird im Test nicht abgefangen!
  }

  public static void main(String... args) {
    StopWatch stopWatch= loadService(MILLI);
                        ⇨ service.impl1.stopwatch.StopWatchImpl@79c285
    stopWatch.start();
    testMethod1();
    System.out.println(stopWatch.elapsedTime());          ⇨ 2000

    stopWatch= loadService(SECOND);
                        ⇨ service.impl1.stopwatch.StopWatchImpl@9c26f5
                          service.impl2.stopwatch.StopWatchImpl2@608e05
    stopWatch.start();
    testMethod2();
    System.out.println(stopWatch.elapsedTime());          ⇨ 1
  }
}
```

Arbeitsweise des ServiceLoaders

In Sun-Parlance heißt eine Implementierung eines Service-Interfaces *Service-Provider* oder auch Provider-Klasse. Als Service sind neben Interfaces auch abstrakte Klasse möglich. Konkrete Klassen machen dagegen wenig Sinn! Nachfolgend die wesentlichen Regeln:

▶ *Hinweis 5.11 Regeln für den Service-Provider*

- Die Provider-Klasse muss einen No-Arg-Konstruktor enthalten.

- Der `ServiceLoader` verwendet nur `jar`-Dateien, die die folgenden drei Punkte erfüllen müssen:

    - Das Verzeichnis `METAINF` der `jar`-Datei enthält ein Unterverzeichnis `services`.

    - Im Unterverzeichnis `services` gibt es eine (Provider-Konfigurations-) Datei, wobei der Name der Datei der voll qualifizierte Namen des Service(-Interfaces) ist.

    - Die Konfigurations-Datei enthält pro Zeile den voll qualifizierten Namen einer Klasse, die den Service implementiert. (Zeilen-)Kommentare sind nach # erlaubt.

- Die Konfigurations-Datei sowie die Provider-Klassen müssen vom selben Klassenlader geladen werden können (der für den `ServiceLoader` gewählt wurde!).

Wie anhand der Ausgabe in `TestStopWatch` zu sehen ist, gibt es zwei Implementierungen: `StopWatchImpl` in Package `service.impl1` und `StopWatchImpl2` in Package `service.impl2`. Die Packages wurden verschieden gewählt, um die Unabhängigkeit der Implementierungen voneinander und vom `StopWatch`-Interface zu demonstrieren. Der Aufbau der `jar`-Datei zum Service `StopWatch` ist nach Hinweis 5.11 dann wie folgt:

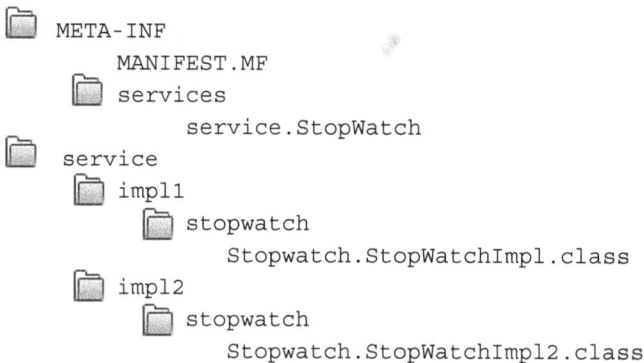

```
📁 META-INF
        MANIFEST.MF
    📁 services
            service.StopWatch
📁 service
    📁 impl1
        📁 stopwatch
                Stopwatch.StopWatchImpl.class
    📁 impl2
        📁 stopwatch
                Stopwatch.StopWatchImpl2.class
```

Die Textdatei `service.Stopwatch` enthält dann folgende zwei Zeilen:

```
service.impl1.stopwatch.StopWatchImpl
service.impl2.stopwatch.StopWatchImpl2
```

Nur zur Demonstration des `ServiceLoaders` gibt es zwei Implementierungen zu `Stop-`
`Watch`. Sie sind (leider) eine gutes Beispiel für WET.[122] Hier die zweite Implementierung:

```
package service.impl2.stopwatch;

import service.StopWatch;
import static service.StopWatch.TimeUnit.*;

public class StopWatchImpl2 implements StopWatch {
  private long startTime, stopTime;
  private boolean active;

  public StopWatchImpl2() {
    clear();
  }

  public TimeUnit resolution() {
    return SECOND;
  }

  public StopWatch start() {
    startTime= System.currentTimeMillis()/1000;
    active= true;
    return this;
  }

  public StopWatch stop() {
    stopTime= System.currentTimeMillis()/1000;
    active= false;
    return this;
  }

  public long elapsedTime() {
    return startTime==-1 ? 0 :
           (active ? System.currentTimeMillis()/1000 - startTime
                   : stopTime-startTime);
  }

  public StopWatch clear() {
    startTime= stopTime= -1;
    active = false;
    return this;
  }
}
```

---

[122] WET != DRY (Don't repeat yourself)

Beispiel Derby: Die Datei `derby.jar` enthält im Unterverzeichnis `META-INF/services` die Datei `java.sql.Driver` mit genau einem Eintrag:

```
org.apache.derby.jdbc.AutoloadedDriver
```

Im Unterverzeichnis `org/apache/derby/jdbc` in `derby.jar` findet man dann wie erwartet die Klasse `AutoloadedDriver.class`.

5.6   Dynamisches Proxy

Allgemein steht der Begriff *Proxy* für Stellvertreter, in englisch auch *Stub*, *Surrogate* oder einfach *Placeholder* genannt. Das zugehörige Design-Pattern beschreibt ein Proxy als eine Klasse, die als Interface für andere dient. In der einfachsten Form hat ein Proxy genau das Interface einer einzigen Klasse, an die es die Methoden-Aufrufe weiterleitet. Das erscheint auf den ersten Blick nicht sehr mächtig, fast trivial. Arbeitet man mit Interfaces und Factories, kennt man ohnehin häufig nicht die konkrete Implementierung hinter dem Interface. Also warum dann noch ein Proxy? Sieht man sich dann – beispielsweise bei Wikipedia[123] – die verschiedenen Einsatzarten von Proxies an, bekommt man schnell einen Eindruck von den universellen Einsatzmöglichkeiten.

Ein wesentlicher Grund, warum Proxies in diesem Kapitel vorgestellt werden, liegt darin, dass sie ideale Komponenten darstellen. Sie bieten Klienten Services an, aber verhindern sehr wirksam den Zugriff auf die Implementierung. Das unterscheidet sie von Interfaces. Proxies werden in Java 6 an vielen Stellen eingesetzt, neben RMI auch in JDBC 4 für die Query-Interfaces. Ein großer Vorteil der Proxies ist ihre dynamische Erschaffung zur Laufzeit. Denn sie werden nicht statisch vom Compiler auf Basis einer `java`-Datei erschaffen, die `class`-Objekte entstehen In-Memory. Auch wenn diese Technik nicht in Java 5/6 eingeführt wurde, wird sie hier innovativ benutzt. Deshalb liegt der Schwerpunkt nicht auf einer langen Erklärung des APIs. Es besteht ohnehin nur aus einer `Proxy`-Klasse mit einem zugehörigen Interface `InvocationHandler`. Viel interessanter sind Beispiele, die die verschiedenen Einsatzmöglichkeiten zeigen.

5.6.1   Proxy API

Ein `Proxy`-Objekt steht für ein oder mehrere Interfaces, deren Methoden die Klienten aufrufen können. Allerdings implementiert das `Proxy` diese Interfaces nicht selbst, sondern leitet jeden Methodenaufruf an eine Instanz weiter, die das Interface `InvocationHandler` implementieren muss. Dieses ruft dann die Zielmethoden des oder der Targets auf (siehe Abbildung 5.11).

---

[123] http://en.wikipedia.org/wiki/Proxy_pattern

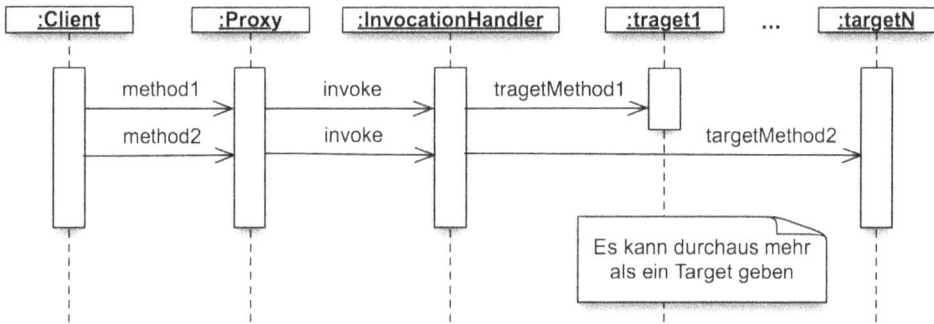

Abbildung 11: Folge der Aufrufe, beginnend mit Client-Proxy

Sieht man ein Proxy aus der Sicht von Komponenten, bietet es nach außen zu den Klienten ein oder mehrere Interfaces und leitet die Methoden-Aufrufe mit Hilfe eines `Invocation-Handlers` an die Target-Klassen weiter, die zu allen Methoden eine geeignete Implementierung anbieten (Abbildung 5.12).

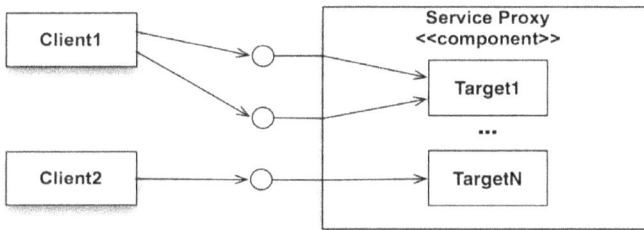

Abbildung 5.12 Komponentensicht eines Proxies

Die Targets gehören logisch gesehen zur Komponente. Sie stehen aber meistens als Top-Level-Klassen entweder `public` oder im package-`private` zur Verfügung. Die Instanzen der Target-Klassen sollten allerdings im `InvocationHandler` gekapselt werden und von außen nicht im Zugriff stehen.

Interface InvocationHandler

Betrachten wir als erstes das Interface

```
public interface InvocationHandler {
   public Object invoke(Object proxy, Method method,Object[] args)
                        throws Throwable;
}
```

Jedem `Proxy`-Objekt ist genau eine Instanz des `Invocationhandlers` zugeordnet. Das `Proxy` ruft bei einem Methodenaufruf dann `invoke()` auf und übergibt sich selbst als erstes Argument. Dann folgt die Methode und die Argumente, mit denen die Methode vom Klienten aufgerufen wurde. Primitive Typen werden – wie üblich im Reflection-API – als Instanzen der zugehörigen Wrapper-Klasse übergeben.

Im gesamten API von Java SE wurden Arrays als letzte Parameter durch Varargs ersetzt. Hier nicht! Über die Vor- und Nachteile könnte man streiten. Der Rückgabetyp `Object` steht für alle möglichen Typen, selbst multi-dimensionale Arrays. Bei Methoden von Interfaces, die primitive Typen zurückgeben, führt der Wert `null` zu einer `NullPointerException`. Da `Object` immer zum wahren Typ gecastet werden muss, wird ein falscher Rückgabetyp mit einer `ClassCastException` beantwortet. Da Interface-Methoden auch Ausnahmen deklarieren können, muss die ausführende Methode kompatible Ausnahmen deklarieren. Dies ist besonders wichtig, wenn die Interface-Methode eine checked Exception deklariert. Bei Fehlern wird eine `UndeclaredThrowableException` beim Aufruf ausgelöst.

Klasse Proxy

Die Klasse `Proxy` ist an sich eine Utility-Klasse, da sie neben einem `protected` deklarierten Konstruktor nur vier öffentliche statische Methoden anbietet:

```
public class Proxy implements java.io.Serializable {
    // --- wird in Verbindung mit getProxyClass() benötigt, um eine $Proxy#-Instanz
    //     zu erschaffen.
    protected Proxy(InvocationHandler h);

    // --- generiert die $Proxy#-Klasse dynamisch und liefert die zugehörige Class-Instanz
    public static Class<?> getProxyClass(ClassLoader loader,
                                Class<?>... interfaces)
                    throws IllegalArgumentException;

    // --- Verbindet die Klassen-Generierung mit der Erzeugung der Proxy-Instanz,
    //     die zurückgegeben wird
    public static Object newProxyInstance(ClassLoader loader,
                                    Class<?>[] interfaces,
                                    InvocationHandler h)
                    throws IllegalArgumentException;

    // --- true: Class-Instanz gehört zu einem Proxy, sonst false
    public static boolean isProxyClass(Class<?> cl);

    // --- liefert die zur Proxy-Instanz gehörige InvocationHandler-Instanz
    public static InvocationHandler getInvocationHandler(
                    Object proxy) throws IllegalArgumentException;
}
```

Die Klasse Proxy dient nicht dazu, vom Anwedner erweitert zu werden, sondern einzig von der VM. Nur die VM generiert mit Hilfe des Konstruktors (der mittels `super()` aufgerufen werden kann) zur Laufzeit entsprechende `Proxy`-Subklassen. Diese synthetisch erzeugten Subklassen haben dann die Namen `$Proxy0`, `$Proxy1`, etc. Zur Erzeugung einer Instanz dieser Subklassen benötigt die VM eine konkrete `InvocationHandler`-Instanz. Ein konkreter Aufruf eines Konstruktors der Klassen `$Proxy#` im Code ist natürlich ausgeschlossen. Diese Klassen existieren zur Compile-Zeit noch gar nicht. Das erledigen die beiden Factory-Methoden in `Proxy`.

Die erste `getProxyClass()` liefert nur die `Class`-Instanz zu einer `$Proxy#`-Klasse. Im zweiten Schritt können dann mittels Reflexion über den Konstruktor `Proxy`-Instanzen erschaffen werden. Die zweite Factory-Methode `newProxyInstance()` verbindet Generierung und Erzeugung einer Proxy-Instanz (als Singleton) und ist somit angenehmer zu benutzen. Die beiden letzten Methoden sind reine Getter.

Leider wurden nur für `getProxyClass()` nachträglich VarArgs eingeführt. Bei der meist benutzten Methode `newProxyInstance()` ist dagegen das Interface-Array nicht der letzte Parameter. Hier wäre es besser gewesen, die Methode `newProxyInstance()` einfach mit einer zusätzlichen „angenehmen" VarArgs-Version zu überladen.

▶ *Hinweis 5.12 Regeln zu Proxies*
* Ein Proxy kann nur (maximal `65535`) Interfaces repräsentieren.
* Die Interfaces müssen alle verschieden sein, d.h. dürfen nicht mehrfach aufgeführt werden.
* Mit Hilfe des übergebenen ClassLoaders müssen alle Interfaces geladen werden können.
* Nicht `public` erklärte Interfaces müssen aus dem selben Package wie das (Sub-) Proxy sein.
* Stimmen Methoden in zwei Interfaces in der (einfachen) Signatur überein, müssen sie auch in ihren Rückgabetypen übereinstimmen. Ein Proxy wählt beim Aufruf von Methoden, deren Signatur gleich ist, immer das erste Interface (im Array), das diese Methode enthält.
* Ein Proxy kann immer zu einem der aufgeführten Interfaces gecastet werden.
* Neben den Methoden der Interfaces werden auch die drei `Object`-Methoden `hashCode()`, `equals()` und `toString()` an den `InvocationHandler` übergeben.

Der letzte Punkt ist besonders für die Implementierung wichtig. Ein Proxy geht davon aus, dass diese drei `Object`-Methoden passend überschrieben werden. Abgesehen von diesen Regeln, zeigt das folgende Beispiel die Unabhängigkeit von Interfaces und Target-Klassen. Besondere Beachtung verdienen wiederum die primitiven Typen. Um das erste Beispiel übersichtlich zu gestalten, wird ein Interface und zwei Target-Klassen gewählt, die in keiner Typ-Beziehung zueinander stehen.

```
interface Function {
  void f();
  double f(double x);
  int f(int x);
}

class Target1 {
  public double g(double d) {
    return d*d;
  }
}

class Target2 {
  public int h(int i, int j) {
    return i*j;
  }
}
```

Die folgende Testklasse Test01 muss im selben Package wie Function liegen und verwendet die Methode Proxy.getProxyClass():

```
public class Test01 {
  public static void main(String[] args) {

    // --- InvocationHandler-Instanz über anonyme Klasse, Vorsicht, unvollständig!
    InvocationHandler funcIH = new InvocationHandler() {
      Target1 t1= new Target1();
      Target2 t2= new Target2();

      // --- die Identifizierung der Methoden ist nur auf Function ausgerichtet
      public Object invoke(Object proxy,Method m,Object[] args) {

        // --- Vorsicht Double.class bzw. Integer.class ist falsch!
        if (m.getReturnType() == double.class)
          return t1.g((Double)args[0]);
        else if (m.getReturnType() == int.class)
          return t2.h((Integer)args[0],(Integer)args[0]);
        else if (m.getReturnType() == void.class)
          return "Ignored";
        else   // unbekannte Methode, besser wäre Ausnahme, anstatt null
          return null;
      }
    };
```

```
Class pClazz = Proxy.getProxyClass(
                       Function.class.getClassLoader(),
                       Function.class);
Proxy proxy= null;

try {
  proxy= (Proxy)pClazz.getConstructor(
              InvocationHandler.class).newInstance(funcIH);

  System.out.println(proxy.getClass());  ⇨ class proxy.$Proxy0
  System.out.println(Proxy.isProxyClass(proxy.getClass()));
                                           ⇨ true
  System.out.println(funcIH==
     Proxy.getInvocationHandler(proxy));  ⇨ true

  Function function= (Function)proxy;

  System.out.println(function.f(2));      ⇨  4
  System.out.println(function.f(2.0));    ⇨  4.0
  System.out.println(function.f(2f));     ⇨  4.0
  System.out.println(function.f(2L));     ⇨  4.0

  function.f();
} catch (Exception e) {
  System.out.println(e);
}
```

Die Implementierung des InvocationHandlers im ersten Beispiel ist unvollständig! Sie missachtet die letzte Regel in Hinweis 5.12. Jeder der folgenden Aufrufe in main() würde zu unerwünschten Ergebnissen führen:

```
System.out.println(proxy.toString());     ⇨ null
System.out.println(proxy.hashCode());     ⇨ NullPointerException
System.out.println(
        proxy.equals(new Object()));      ⇨ NullPointerException
```

Der Aufruf dieser drei Object-Methoden wird vom InvocationHandler mit der Rückgabe von null beantwortet. Da die Rückgabe-Typen von hashCode() und equals() aber primitive Typen sind, führt dies zu einer NullPointerException (siehe hierzu auch den Abschnitt „Interface InvocationHandler" oben). Nach diesem Einführungsbeispiel folgen nun spezielle Anwendungen.

5.6.2   Proxies als Adapter

Das *Adapter-Pattern* bietet extern eine für die Klienten passende Schnittstelle und leitet intern die Methoden-Aufrufe an eine bestehende Klasse – den *Adaptee* – mit einer „unpassenden" Schnittstelle weiter. Ein Adapter hat vorwiegend zwei Aufgaben. Erstens reduziert es die Komplexität für den Klienten, der ansonsten auf zu viele Methoden bzw. Methoden mit unpassenden Namen in einer Klasse zurückgreifen müsste. Zweitens reduziert es Fehler, da es den Klienten davor schützt, falsche Methoden aufzurufen, die nicht zur Schnittstelle gehören.

Ein Gegenbeispiel: Stack

Ein Beispiel für einen misslungenen Adapter – sofern er als solches konzipiert wurde – findet man in der Java-Plattform. Ein wichtiger Container-Typ ist Stack. In der Plattform ist Stack kein Interface, sondern eine Klasse, die von Vector abgeleitet wurde:

```
public class Stack<E> extends Vector<E>
```

Die Intention dieser Ableitung besteht darin, dass Klienten nur die fünf in Stack definierten Operationen benutzen. Die werden dann intern auf passende Methoden in Vector abgebildet. Die Spezialisierung mittels extends bewirkt aber genau das Gegenteil! Nun stehen neben den fünf Stack-Operationen noch ca. weitere vierzig Vector-Operationen für den Klienten von Stack zur Verfügung. Die meisten sind irrelevant, einige zerstören sogar die Stack-Struktur. Wäre Stack keine Klasse, sondern eine Interface, so würden über eine Stack-Variable sicherlich nur Stack-Operationen wählbar sein. Allerdings ist dann

```
public Vector<E> implements Stack<E>
```

nicht möglich! Stack-Operationen wie push() und pop() existieren in Vector nicht. Stack und Vector sind logisch verschieden. Sicherlich kann man Vector zur Implementierung eines Stacks nutzen, aber keinesfalls durch die o.a. Typ-Beziehungen.

Simple Adapter: Interfaces als Proxies

Im Package java.util bzw. java.util.concurrent sind die Kollektions-Interfaces als Adapter konzipiert. Sie bilden eine uniforme Schnittstelle zu ansonsten unterschiedlichen Implementierungen. Ein Beispiel dafür ist die Klasse LinkedList. Die Interfaces Collection, List, Queue und Deque wirken als Adapter, die gleichermaßen die Klasse LinkedList als Implementierung nutzen. LinkedList kann je nach Anforderung vier verschiedene Rollen spielen, wovon aber jeweils nur eine sinnvoll ist! Der Klient darf also nach der Wahl eines dieser Typen keinen Cast zu einem anderen Interface oder LinkedList selbst machen, da dann eine Melange aus *Collection-List-Queue-Deque* entsteht.

Würden die vier Interfaces über genau ein Proxy angeboten, das intern LinkedList verwendet, wäre ein Cast zu LinkedList zwar ausgeschlossen, aber dem Klienten stände weiterhin offen, das Interface zu wechseln. Proxies schützen nur die Implementierung vor einem

Klienten-Zugriff. Eine Lösung besteht darin, jedes Interface genau durch ein Proxy zu realisieren. Mit Hilfe eines generischen Proxy-Adapters ist die Lösung sogar überraschend einfach:

```
public class SimpleProxyAdapter {
  private SimpleProxyAdapter() { }

  // --- asInterface() liefert ein Proxy, welches den Zugriff auf die Instanz obj nur als
  //     Interface I erlaubt. Dazu muss obj die Instanz einer Klasse sein, die das
  //     Interface I implementiert.
  public static <I> I asInterface(final I obj,
                                   Class<I> iFaceClazz) {
    // --- die generische Lösung stellt leider nicht sicher, dass die Class-Instanz
    //     des Interfaces übergeben wird, daher:
    if (!iFaceClazz.isInterface())
      throw new IllegalArgumentException("Interface notwendig");

    // --- mittels newProxyInstance() und einer anonymen Klasse kann sofort das
    //     Proxy-Objekt erstellt werden. In der Regel ist der ContextClassLoader der
    //     „beste" Klassenlader, sofern keine weiteren Informationen vorliegen.
    return (I)Proxy.newProxyInstance(
              Thread.currentThread().getContextClassLoader(),
              new Class<?>[] { iFaceClazz },
              new InvocationHandler() {
                public Object invoke(Object proxy,
                                      Method m, Object[] args)
                                      throws Throwable {
                  return m.invoke(obj,args);
                }
              });
  }
}
```

Der Test demonstriert die typ-sichere Proxy-Variante im Gegensatz zur typ-unsicheren Inter-
face-Variante anhand von LinkedList, verwendet als Queue:

```
Queue<String> queue=  new LinkedList<String>();

// --- Cast auf anderes Interface von LinkedList möglich
List<String> l= (List<String>) queue;

// --- Proxy-Variante
queue= SimpleProxyAdapter.asInterface(queue,Queue.class);
// --- Elemente am Ende der Queue hinzufügen
queue.add("1"); queue.add("2"); queue.add("3");
```

```
// --- diese add-Operation einer Liste zerstört die Queue, da sie am Kopf einfügt!
l.add(0,"4");
queue.poll();
System.out.println(queue);  ⇨ [1, 2, 3]
```

```
// --- ein Cast wie oben ist mit Proxy-Objekten nicht möglich!
l= (List<String>)queue;        ⇨ ClassCastException:
                                  $Proxy0 cannot be cast to java.util.List
```

Aufgrund der generischen Lösung benötigt man bei der Methode `asInterface()` keinen Cast nach `Queue`. Wird die Typ-Variable `I` allerdings durch aktuelle Typen wie `Linked-List` ersetzt, die selbst wieder generisch deklariert sind, ist die Prüfung dieser Typ-Parameter – im Beispiel `String` – nicht möglich. Deshalb erzeugt der Testcode beim Compilieren auch eine Warnung. Die letzte Anweisung zeigt einen kleinen, aber feinen Unterschied: Das Proxy lässt nur einen Zugriff über das angegebene Interface oder einem Supertyp zu:

```
CharSequence cs= asInterface("Welt",CharSequence.class);
```

```
// --- Collection ist Supertyp von List, also Zuweisung möglich!
Collection<String> col= asInterface(new ArrayList<String>(),
                                    List.class );
// --- möglich, aber ohne Nutzen, da Marker-Interface
RandomAccess ra= asInterface(new ArrayList<String>(),
                             RandomAccess.class );
```

Die direkte Verwendung von `asInterface()` setzt einen statischen Import voraus!

Adapter als Proxy

Das oben vorgestellt `SimpleProxyAdapter` trägt den Namen „simple" völlig zu Recht. Es setzt voraus, dass das Adaptee-Objekt bereits alle Methoden mit den vom Klienten benötigten Signaturen enthält und blendet nur die überflüssigen aus. Bei dem o.a. Beispiel `Linked-List` trifft dies ja auch genau zu. Aber der Blick auf ein Klassen-Diagramm zum Adapter-Pattern[124] belehrt einen schnell, dass ein Adapter Methoden mit Signaturen deklarieren muss, die zum Service passen. Die Aufrufe delegiert ein Adapter an die Methoden eines Adaptees, die aber durchaus andere Signaturen haben können. Nur im einfachsten Fall reicht eine Umbenennung der Methode. Es können aber durchaus auch die Signaturen in den Parametern oder in der Rückgabe nicht übereinstimmen. In Abbildung 13 wird beispielsweise Methode `aMethod1()` im Adapter mit Hilfe der Methode `method1()` im Adaptee implementiert.

---

[124] siehe Wikipedia: http://en.wikipedia.org/wiki/Adapter_pattern

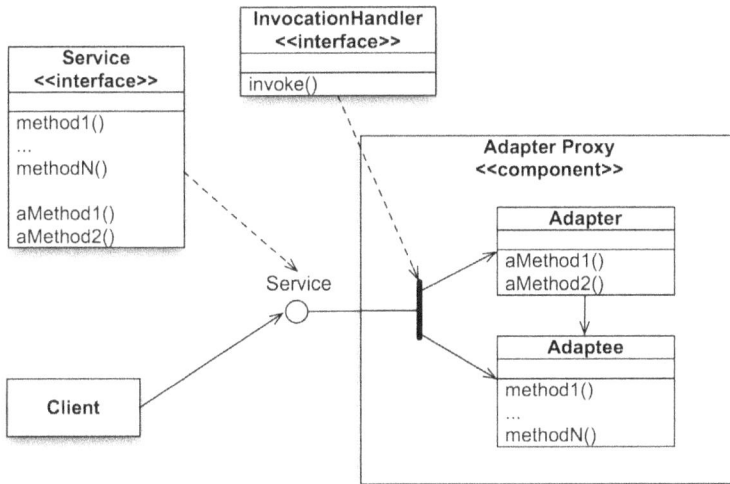

Abbildung 13: Proxy als Adapter

Im Proxy übernimmt der `InvocationHandler` das Dispatching der Service-Methoden. Sofern ein Service Felder bzw. Zustände speichern muss, sind diese (nur) in den Adaptee-Klassen zu finden. Gibt es mehr als ein Adaptee, verteilt sich eventuell der Zustand, der zu einem Service gehört, intern auf verschiedene Adaptee-Instanzen. Hierfür ein generisches, allgemein nutzbares Proxy zu erschaffen, ist dann alles andere als trivial.

Betrachten wir das einfache Beispiel `Stack`: Die Methode `push()` eines Stacks müsste intern auf eine Methode `add()` oder `insert()` abgebildet werden, sofern als Adaptee eine `List`-Instanz gewählt wird. Die Elemente des `Stacks` sind dann die der `List`-Instanz.

Setzt man ein Adapter-Pattern ohne Proxy manuell um, ist dies an sich nicht sehr anspruchsvoll. Der Nachteil dabei ist, dass für jede spezifische Lösung ein Adapter geschrieben werden muss. Das ist vor allem dann sehr mühselig, wenn der vom Klienten benötigte Service vom Adaptee nur in wenigen Methoden abweicht. Auch Methoden im Service mit gleicher Signatur müssen manuell vom Adapter an die des Adaptee delegiert werden. Das führt zu Anweisungen, die man gerne automatisch generieren lassen würde. Aber es geht auch einfacher, nämlich mittels Proxy.

Die folgende Proxy-Lösung ist erstaunlich kurz, obwohl das `equals()` in `Method` nicht benutzt werden kann, da es Klassenname und volle Signatur prüft. Da `Method` `final` deklariert ist, wird eine zusätzliche Hilfsklasse `MethodSignature`-Klasse definiert, in der `equals()` nur die einfache Signatur einer Methode ohne Klassennamen prüft.

```java
public class ProxyAdapter {

  private ProxyAdapter() {
  }

  // --- private deklarierte Klasse mit folgender Aufgabe:
  //     hält zu einer Instanz-Methode das Objekt fest, auf dem die Methode
  //     ausgeführt werden soll.
  private static class ObjMethod {
    final Object obj;
    final Method method;

    ObjMethod(Object obj, Method method) {
      this.obj= obj;
      this.method= method;
    }
  }

  // --- private deklarierte Klasse mit folgender Aufgabe:
  //     eine Instanz hält die (einfachen) Signaturen einer Methode fest,
  //     um die Gleichheit von Signaturen möglichst effizient zu überprüfen
  private static class MethodSignature {
    final String name;                  // referenziert direkt Name und
    final Class[] parameters;           // Parameter einer Method m

    public MethodSignature(Method m) {
      name= m.getName();
      parameters= m.getParameterTypes();
    }

    // --- prüft auf gleiche einfache Signaturen
    @Override
    public boolean equals(Object methodId) {
      // --- wird nur intern verwendet, daher kein Typ-Check notwendig
      MethodSignature mi = (MethodSignature) methodId;
      return name.equals(mi.name) &&
              Arrays.equals(parameters,mi.parameters);
    }

    @Override
    public int hashCode() {
      return name.hashCode();
    }
  }
}
```

```
// --- Typvariable I: Client-Interface. Parameter-Namen analog zum Adapter-Pattern
public static <I> I clientInterface(final Class<I> iFaceClazz,
                                    final Object adapterInstance,
                                    final Object... adaptees) {

    // ---erschafft Proxy mit InvocationHandler-Instanz mit Hilfe einer anonymen Klasse
    return (I)Proxy.newProxyInstance(
      Thread.currentThread().getContextClassLoader(),
      new Class[]{iFaceClazz},
      new InvocationHandler() {
        // --- key: einfache Signatur, value: Methode und zugehörige Instanz
        private Map<MethodSignature,ObjMethod> implMap=
                    new HashMap<MethodSignature,ObjMethod>();

        // --- Instanz-Initialisierer
        {
          // --- Speichern aller public deklarierten Methoden der Adaptees
          for(Object adap: adaptees)
            for (Method m: adap.getClass().getMethods())
              implMap.put(new MethodSignature(m),
                    new ObjMethod(adap,m));
          // --- Speichern aller deklarierten Methoden der Adapters
          for (Method m: adapterInstance.getClass()
                                    .getDeclaredMethods())
            implMap.put(new MethodSignature(m),
                    new ObjMethod(adapterInstance,m));
        }

        public Object invoke(Object proxy, Method method,
                            Object[] args) throws Throwable {
          try {
            // --- method des Client-Interface delegiert an Adaptee bzw. Adapter
            ObjMethod om=
                    implMap.get(new MethodSignature(method));
            if (om==null)
              throw new UnsupportedOperationException(
                "Methode "+method+ " wird nicht unterstützt!");
            return om.method.invoke(om.obj,args);
          } catch (InvocationTargetException e) {
            throw e.getTargetException();
          }
        }
      }
    );
  }
}
```

Methoden werden anhand ihrer einfachen Signatur in `implMap` eingefügt. Dadurch entsteht ein *Overriding-Effekt*: Existieren Methoden in verschiedenen Adaptee-Klassen mit gleicher Signatur, wird nur die der letzten Adaptee-Klasse in der `Map` gespeichert. Adapter-Methoden haben immer Vorrang, da sie zuletzt eingefügt werden und somit Adaptee-Methoden mit gleicher Signatur „überschreiben".

Da Kollektionen interface-basiert sind, kann man Proxy-Lösungen ohne großen Aufwand testen. Das `Stack`-`Vector`-Beispiel ist nicht gerade ideal, da `Stack` nichts mit `Vector` gemein hat. Anders sieht es mit einer Kollektion wie *Bag* aus. Eine Bag nennt man auch *Multi-Set*, da jedes Element mehrfach (ohne erkennbare Ordnung wie bei Listen) eingefügt werden kann. Ein `Bag`-Interface sucht man im Collection-Framework vergebens. Als Zwitter von `Set` und `List` ist es wohl zu unbedeutend. Führen wir es daher als Proxy ein:

```
interface Bag<E> extends Collection<E> {
   boolean add(E e, int numOfTimes);   // Element e numOfTimes einfügen.
   boolean removeAll(E e);             // alle Elemente e im Bag löschen.

   class DefaultImpl {
     public static <E> Bag<E> newInstance() {
       final List<Object> lst= new ArrayList<Object>();
       return (Bag<E>)clientInterface(Bag.class,
         // --- Adapter-Objekt: am einfachsten als anonyme Klasse von Object, da
         //     nur diese beiden Methoden in die implMap übernommen werden!
         new Object() {
           public <E> boolean add(E e, int num) {
             for (int i= 0; i<num; i++)
               lst.add(e);
             return true;
           }
           public <E> boolean removeAll(E e) {
             Iterator<?> i= lst.iterator();
             while (i.hasNext())
               if (i.next().equals(e))
                 i.remove();
             return true;
           }
         }
         ,lst);   // alle anderen Implementierung der Collection-Methoden aus List
     }
   }
}
```

Der Einfachheit halber wird die Default-Implementierung als innere Klasse des Interface `Bag` deklariert (die `class`-Dateien sind ohnehin unabhängig!). Das Client-Interface besteht aus allen `Collection`-Methoden mit zusätzlich zwei überladenen `Bag`-Methoden. Die anonyme Klasse ist äquivalent zu `BagAdapter extends Object { ... }`.

Ein kurzer Test des `Bag`-Apdapters:

```
Bag<Character> cBag= Bag.DefaultImpl.newInstance();
cBag.add('a');
cBag.add('b',3);
cBag.add('c',2);
System.out.println(cBag);                    ⇨ [a, b, b, b, c, c]


// --- die Bag-Version
cBag.removeAll('b');
// --- die Collection-Version mit Collection-Parameter
cBag.removeAll(Arrays.asList('a'));
System.out.println(cBag);                    ⇨ [c, c]
```

Eine äquivalente konventionelle Adapter-Lösung für `Bag` ist erheblich aufwändiger zu codieren, da jeder der `Collection`-Methoden in `Bag` deklariert und an die interne `List`-Instanz delegiert werden muss:

```
class Bag extends Collection {
  private List lst;
  ...
  int size() { return lst.size(); }
  boolean isEmpty() { return lst.isEmpty(); }
  ...
}
```

Der nun folgende Einsatz der Proxy-Technik ist deshalb so interessant, da er die Grenze zu AOP verwischt.

5.6.3   Das Decorator-Pattern

Dekorateure haben die gleiche Schnittstelle wie die Objekte, die sie einhüllen. Allerdings ändern sie das Verhalten der Original-Methoden ab. Genau das macht auch Vererbung. Somit sollte man die Vor- und Nachteile des Patterns für einen passenden Einsatz kennen.

Decorator vs. Vererbung

Vererbung geschieht statisch in einer festen Hierarchie vor der Compilierung. Gibt es nur wenige gut bekannte Variationen einer Basisklasse, ist es das Mittel der Wahl. Allerdings gibt es bei der Vererbungen manchmal ein Problem, auch unter dem Begriff *kombinatorische Explosion* bekannt. Ein Parade-Beispiel findet man bei den GUI-Komponenten. Bei GUIs definieren Basisklassen wie `Window` oder `Widget` eine Grundfunktionalität. Hinzu kommen dann Eigenschaften wie: modal/nicht modal, mit/ohne Rand, mit/ohne Menü, mit/ohne Icon-Leiste, Fenstergröße fix/veränderlich, scrolling/nicht scrolling, usw.

Ein Problem liegt darin, dass fast alle Kombinationen Sinn machen.[125] *Eclipse SWT* geht einen unorthodoxen *Non-OO*-Weg und speichert die spezielle Variante eines Widget als Bit-Set in einem `int`. Somit könnten vier Milliarden Varianten von Widgets existieren. Und genau hier liegt neben dem Vorteil auch der Nachteil jedes Dekorator-Pattern:

*   Jede Variante wird erst dynamisch zur Laufzeit gebildet (ein Vorteil!)
*   Der Compiler kann die ad-hoc Variante nicht prüfen.
*   Unsinnige Kombinationen führen somit zu fehlerhaftem Verhalten oder zu einem Laufzeitfehler (ein Nachteil!).[126]

Stellen wir kurz das Klassen-Diagramm zum Decorator-Pattern dar:

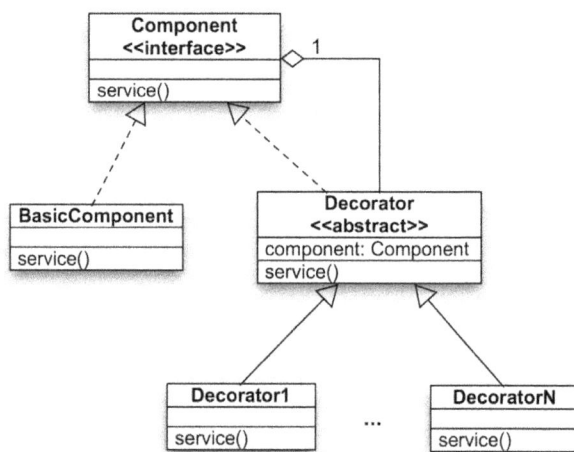

Abbildung 14: Das Decorator-Pattern

Zur Umsetzung des Pattern verwendet man meist Konstruktoren. Diese Technik ist vom IO-Framework wohl bekannt. Jeder kennt das Ineinander-Schachteln von Konstruktoren:

```
DataOutputStream dos= new DataOutputStream(zos=
                new ZipOutputStream(
                    new BufferedOutputStream(
                        new FileOutputStream(file))));
```

Jeder Decorator fügt zum Basis-Service eine zusätzliche Funktionalität hinzu, indem er vor, nach oder um eine Methode `service()` weiteren Code einfügt. Genau das ist auch eine wesentliche Aufgabe der aspekt-orientierten Programmierung: Die Injektion von Code vor oder nach dem Aufruf von Methoden.

---

[125]   Jeder Automobilbauer kennt das Problem. Nicht nur die Produktion von Variantteilen nach Kundenwunsch ist höchst aufwändig, sondern auch die Darstellung im Rechner, da eine Eingabe aller Varianten unmöglich ist.

[126]   Ein Decorator folgt dem Prinzip: „With freedom comes responsibility". Und genau damit haben dann u.a. auch die Automobilbauer zu kämpfen, da die meisten Varianten konstruktions-technisch verboten sind.

5.6.4 Proxy als Decorator

Frei nach dem Ingenieur-Prinzip „Warum das Rad neu erfinden, verbessern reicht auch!" sollte man das Netz nach Quellen von bereits publizierten Lösungen absuchen.

Auch für das Decorator-Pattern existieren bereits einige Lösungen auf Basis von dynamischen Proxies, die recht unterschiedlich sind.[127] Die meisten Publikationen zeigen nur Lösungen zu spezifischen Problemen – Logging ist da sehr beliebt. Die allgemeineren Lösungen kann man an dem zusätzlichen Aufwand – in Form von Interfaces und Klassen – unterscheiden, der notwendig ist, um die Dekoration auf Basis von Proxies zu implementieren. Eine häufig programmierte Variante besteht in einem `Interceptor`-Interface, das zumindest zwei Methoden wie `interceptBefore()` und `interceptAfter()` definiert. Diese Methoden dekorieren dann das `invoke()` der eigentlichen Target-Methode, werden also vorher/nachher ausgeführt und können ineinander geschachtelt werden. Die Lösung ist einfach. Sie hat aber neben dem Aufwand der Implementierung den Nachteil, dass nicht alle Dekorationsarten – unter anderem Synchronisation – damit abgedeckt werden können.

Betrachtet man die Abbildung 14 näher, erkennt man, dass das Decorator-Pattern rekursiv definiert ist. Die Anzahl der Decorator-Instanzen, die man ineinander schachtelt bzw. verkettet, hängt einzig von der Applikation ab.[128] Eine weitere Randbedingung besteht in der Benutzerfreundlichkeit. Eine bereits bekannte Technik, d.h. analog zur I/O-Dekoration, ist wesentlich einfacher einzusetzen als eine neue, unbekannte.

DecoratorHandler: Verkettete InvocationHandler

Ein „normaler" `Invocationhandler` setzt voraus, dass er die Methode vom Target aufruft. Die `InvocationHandler`-Implementierung sollte also so modifiziert werden, dass sie in der Lage ist, entweder das Target oder aber eine Instanz eines anderen `InvocationHandlers` aufzunehmen.

Damit möglichst wenig in einem individuellen Handler programmiert werden muss, verlagert man den von allen Handlern benötigten Code für die Verkettung in einen `abstract` deklarierten `DecoratorHandler`. Der kann dann komfortabel abgeleitet werden. Der `DecoratorHandler` enthält ein Feld für das Target und ein Feld für den Vorgänger in der `InvocationHandler`-Kette. Logisch gesehen, kann also nur eines der beiden Felder besetzt sein. Darüber hinaus enthält er den modifizierten Code für die `invoke()`-Methode und eine statische Methode zur einfachen Anlage eines Proxies.

Da die Lösung überraschend einfach ist, wurde der `DecoratorHandler` noch um eine bequeme Iteration mit Hilfe des Interfaces `Iterable` erweitert. Das erlaubt es, mit Hilfe einer for-each-Schleife durch die verketteten Proxy-Handler zu iterieren.

Eine zusätzliche Methode `getHandlerState()` wird dazu benutzt, um Zugriff auf den Zustand eines `InvocationHandler` zu bekommen. Dies lässt wiederum eine einfache Art der

---

[127] Siehe auch Literaturhinweise.

[128] Das hat Ähnlichkeit mit der Verkettung von Filtern (`FilterChain`) bei Servlets.

Kommunikation zwischen Handlern zu. Im folgenden Beispiel wird diese Art der Kommunikation anhand eines Konsol-Logging demonstriert.

```
public abstract class DecoratorHandler
        implements InvocationHandler, Iterable<DecoratorHandler> {

  // --- der erste Handler in der Kette enthält das Target
  protected Object target;

  // --- nachfolgende Handler haben einen Verweis auf den vorherigen Handler
  protected DecoratorHandler decoHandler;

  public DecoratorHandler(DecoratorHandler decoHandler) {
    this.decoHandler= decoHandler;
  }

  public DecoratorHandler(Object target) {
    this.target= target;
  }

  // --- dispatched entweder an invoke() des vorherigen Handlers oder an das Target
  public Object invoke(Object proxy, Method m, Object[] args) {
    try {
      if (target==null)
        return decoHandler.invoke(proxy,m,args);
      else
        return m.invoke(target,args);
    } catch (Throwable e) {
      // --- Umwandlung in eine Runtime-Exception. Das hat Vor- und Nachteile!
      Throwable t= e.getCause();
      throw new UnsupportedOperationException(
                      t==null?e.toString():t.toString());
    }
  }

  // --- Implementierung des Iterable:
  public Iterator<DecoratorHandler> iterator() {
    // --- anonyme Klasse ohne Implementierung von remove()
    return new Iterator<DecoratorHandler>() {
      // --- Übergabe der äußeren Instanz mittels this
      DecoratorHandler curDecoHandler= DecoratorHandler.this;

      public boolean hasNext() {
        return curDecoHandler.decoHandler!=null;
      }
```

```
      public DecoratorHandler next() {
        DecoratorHandler res= curDecoHandler.decoHandler;
        curDecoHandler= curDecoHandler.decoHandler;
        return res;
      }

      public void remove() {
        throw new UnsupportedOperationException("DecoHandler");
      }
    };
  }


  @Override
  public String toString() {
    return (decoHandler==null?"":decoHandler.getClass()
                                       .getSimpleName()) +
        (target==null?"":" target: "+target.getClass()
                                       .getSimpleName());
  }


  // --- terse true:  keine oder minimale Info,
  //          false: ausführliche Info:
  public Object getHandlerState(boolean terse) {
    // --- Default null: bedeutet „keine Information"
    return null;
  }


  public static <I> I getProxy(DecoratorHandler decoHandler,
                          Class<I>... clientInterface) {
    return (I)Proxy.newProxyInstance(
              Thread.currentThread().getContextClassLoader(),
              clientInterface,decoHandler);
  }
}
```

Mit nur ca. 70 Zeilen ist DecoratorHandler erstaunlich kompakt und erlaubt dennoch den Einsatz von Proxy-Dekorationen á la Java-IO. Stellen wir zuerst ein kleines Target vor:

```
interface Calc {
  // --- diese Methode berechnet den Durchschnitt der Argumente
  double average(double... values);
}
```

```
class CalcImpl implements Calc {
  public double average(double... values) {
    try {
      Thread.sleep(1000);   // simuliert eine „arbeitsreiche" Methode
      double sum= 0.0;
      for (double v: values)
        sum+=v;
      return sum/values.length;
    } catch (Exception e) {
      return Double.NaN;
    }
  }
}
```

Die drei folgenden Handler dekorieren `CalcImpl`. Sie sind minimal codiert, d.h. in den ersten beiden fehlt der Konstruktor für `target`, im letzten der für `DecoratorHandler`:

```
// --- Dieser Handler gibt alle Zustände der vorherigen Handler auf der Konsole aus!
class DecoConsoleLogging extends DecoratorHandler {
  public DecoConsoleLogging(DecoratorHandler decoHandler) {
    super(decoHandler);
  }

  @Override
  public Object invoke(Object proxy, Method m, Object[] args) {
    Object res= null;
    try {
      // --- super.invoke() delegiert an den DecoratorHandler
      res= super.invoke(proxy,m,args);
      // --- per Iterator: gibt die volle Zustands-Info der vorherigen Handler aus
      for (DecoratorHandler dh: this)
        System.out.println(dh.getHandlerState(false));
    } catch (Exception e) { }
    return res;
  }
}
```

```
// --- Dieser Handler stopped die Zeit für die Ausführung einer Methode
class DecoStopWatch extends DecoratorHandler {
  private long time;
  private Method curMethod;

  public DecoStopWatch(DecoratorHandler decoHandler) {
    super(decoHandler);
  }
```

```java
@Override
public Object invoke(Object proxy, Method m, Object[] args) {
  curMethod= m;
  time= System.currentTimeMillis();
  Object res= super.invoke(proxy,m,args);
  time= System.currentTimeMillis()-time;
  return res;
}

@Override public Object getHandlerState(boolean terse) {
  return Long.toString(time)+" ms" +(terse?"":
        " [DecoStopWatch: Method "+ curMethod.getName()+"]");
}
}


interface Filter<T> {
  // --- führt eine Filter-Operation auf Teinem target aus und gibt das Ergebnis zurück
  T doFilter(T target);
}


// --- Dieser Handler enthält ein Filter für  das erste Argument,
//    sofern es ein Array von double-Elementen ist.
class DecoArrayFilter extends DecoratorHandler {
  private Filter<double[]> dFilter;

  // --- 1. Handler in der Kette: arbeitet direkt mit dem target und einem Array-Filter
  public DecoArrayFilter(Object target,Filter<double[]> filter) {
    super(target);
    dFilter= filter;
  }

  @Override
  public Object invoke(Object proxy, Method m, Object[] args) {
    // --- nur das erste Argument wird gefiltert
    if (args.length==1 && args[0] instanceof double[])
      args[0]= dFilter.doFilter((double[])args[0]);
    Object res = super.invoke(proxy, m, args);
    return res;
  }

  @Override
  public Object getHandlerState(boolean terse) {
    return (terse?"":"[DecoArrayFilter "+dFilter+"]");
  }
}
```

Nur der letzte Handler ist speziell für das Target entwickelt. Im folgenden Test dekorieren alle drei eine Instanz von `CalcImpl`. Zuerst muss allerdings noch das Array-Filter erschaffen werden. Es soll die negativen Elemente des Arrays filtern:

```java
Filter<double[]> dArrFilter= new Filter<double[]>() {

    public double[] doFilter(double[] dArr) {
        double[] tmp= new double[dArr.length];
        int i=0;
        for (double d: dArr)
            if(d>=0)
                tmp[i++]=d;
        return Arrays.copyOfRange(tmp, 0, i);
    }

    @Override
    public String toString() {
        return "doFilter: element >=0.0";
    }
};
```

Der abschließende Test zeigt die große Verwandtschaft mit dem Decorator-Framework von Java-I/O :

```java
// --- Chaining der Handler im Proxy
Calc p1= (Calc)DecoratorHandler.getProxy(
            new DecoConsoleLogging(
              new DecoStopWatch(
                new DecoArrayFilter(new CalcImpl(),dArrFilter)
              )
            ),Calc.class);

System.out.println(
    p1.average(new double[] {1.,-10.,2.,-1.,3.}));

⇨ 1000 ms [DecoStopWatch: Method average]
   [DecoArrayFilter doFilter: element >=0.0]
   2.0
```

Das Ergebnis scheint zwar unspektakulär zu sein, aber das Decorator-Proxy ermöglicht die Injektion von Code in bestehende Klassen, ohne sie zu modifizieren. Diese Möglichkeit deckt bereits viele Anwendungen im Bereich AOP ab, und zwar ohne den normalen Java-Weg verlassen zu müssen. Denn allgemeine AOP-Lösungen erfordern normalerweise Erweiterungen zum Standard-Java. Das ist auch ein Grund, weshalb sie sich nur sehr schwer durchsetzen.

5.6.5 Duck Typing – in Java

Als letzter Punkt zu Proxies soll Duck-Typing angesprochen werden. Der Begriff ist eine Kurzform folgender Implikation:

„If it walks like a duck and talks like a duck, it must be a duck!".

Duck-Typing wurde erst durch die Sprache Ruby bekannt, die diesen Begriff für seine Art von struktureller Typisierung verwendet. Eine etwas vorsichtigere Version dieser Aussage dient als Grundlage für Duck-Typing mittels Proxy in Java:

„Es läuft und quakt wie eine Ente, es ist wohl eine Ente!"

Ohne in die Theorie weiter abzutauchen, zählt in einem strukturellen Typ-Systems bei der Benutzung eines Objekts – sinnbildlich die Ente – nicht der Typ bzw. das Interface, sondern einzig die Methoden, die es bietet. Stimmt eine der Objekt-Methoden mit der benötigten in der Signatur überein – ist das Objekt strukturell somit gleich dem erwarteten – wird die Methode ausgeführt. Warum kann das vorteilhaft sein? Nun, auch Java nutzt Duck-Typing, allerdings sehr eingeschränkt. Denn alle Methoden von `Object` können problemlos von jedem beliebigen Typ aufgerufen werden. Selbst Interfaces leiten sich von `Object` ab. In `System.out.println()` nutzt man daher ohne nachzudenken die Methode `toString()` für jedes Objekt. Möchte man dies für alle benutzerdefinierten Klassen nutzen, die beispielsweise eine Methode `getName()` anbieten, geht dies aber nicht:

```
void aMethod(Object arg) {
  System.out.println(arg.getName());
}
```

Das ist kein gültiger Java-Code, solange die Klasse, zu der `arg` gehört, kein Interface implementiert, das `getName()` enthält. Selbst dann muss eine Cast-Operation ausgeführt werden. Sicherlich kann man im Notfall immer noch auf Reflexion ausweichen. Aber das ist eine mühsame Art, den „Ruby Way" zu beschreiten.

Eine restriktive Art von Duck-Typing ist aber auch als „Java Way" möglich. Dazu benötigen wir ein passendes Interface, das die in Frage kommenden strukturellen Methoden enthält und beliebige Klassen, von denen wir annehmen, dass sie die „Ducks" sind. Sie enthalten also diese Methoden, ohne das Interface zu implementieren. Es fehlt dann nur noch eine Utility-Methode, die testet, ob die Klasse strukturell mit dem Interface übereinstimmt. Man kann diese Art von Duck-Typing sogar mittels *NONE*, *PARTIAL* oder *FULL* weiter klassifizieren. Bei *FULL* müssen alle Methoden des Interfaces in der Klasse sein. Das entspricht dann der normalen Semantik von `implements` in Java. Im Fall *PARTIAL* enthält die Klasse dagegen nicht alle Methoden des Interfaces. Das entspricht in Java wiederum einer `abstract` deklarierten Klasse, die das Interface nur partiell implementiert. *NONE* signalisiert als Extrem, dass die Klasse überhaupt keine Methode des Interfaces implementiert. Bildlich gesprochen ist es dann keine „Ente", da jedwede Eigenschaften fehlen.

Bei einer Proxy-Lösung müssen wir drei Methoden besonders behandeln, die nicht im Interface enthalten sein müssen, aber trotzdem an die Instanz der implementierenden Klasse weitergeleitet werden. Es sind `equals()`, `hashCode()` und `toString()`. Die Implementierung darf sie nicht bei der Klassifikation berücksichtigen, ansonsten gäbe es keinen Fall *NONE*.

Die nachfolgende Utility dient vor allem als Anregung für eigene Duck-Typing-Implementierungen.

```
public class DuckTyping {
  // --- wie oben besprochen!
  public enum Kind { NONE, PARTIAL, FULL }

  private DuckTyping() {
  }

  // --- diese Klasse ist das java-Gegenstück zu einem C-struct!
  //    ˙Sie die Art der Beziehung fest und
  //     ordnet einer Interface-Methode eine Methode zu, die sie implementiert
  public static class Info {
    public final Kind KIND;
    // --- Map enthält alle Interface-Methoden, die auch in der Klasse vorkommen
    //     key:   die Interface-Methode,
    //     value: die zugehörige Objekt-Methode
    //     Vorsicht: MRELATION ist zwar final, aber (leider) keine Konstante
    public final Map<Method,Method> MRELATION;

    private Info(Kind k, Map<Method,Method> mMap) {
      KIND= k;
      MRELATION= mMap;
    }
  }

  // --- liefert die Übereinstimmung zwischen der Klasse eines Objekts o
  //     und einem strukturellen Typ, übergeben als Interface structIFace
  public static Info getInfo(final Class<?> structIFace,
                             final Object o) {

    // --- die Methoden des Interfaces
    List<Method> mLst= new ArrayList<Method>(
                        Arrays.asList(structIFace.getMethods()));

    // --- die Methoden der zu untersuchenden Klasse, die zu o gehört
    final Method[] oMethods= o.getClass().getMethods();
    Kind kind;
```

```
    // --- geht davon aus, dass die drei Methoden nicht im Interface sind!
    //    fügt sie deshalb zu den Methoden des Interfaces hinzu
    try {
      mLst.add(Object.class.getMethod("toString"));
      mLst.add(Object.class.getMethod("hashCode"));
      mLst.add(Object.class.getMethod("equals",Object.class));
    } catch (Exception e) {
    }

    // --- Zuordnung der Methoden
    //    Key:   Methoden des Interfaces
    //    Value: Methoden der Klasse
    Map<Method,Method> mMap= new HashMap<Method,Method>();
    for (Method im: mLst)
      for (Method om: oMethods)
        if (im.getName().equals(om.getName()) &&
            Arrays.equals(im.getParameterTypes(),
                          om.getParameterTypes()))
          mMap.put(im,om);

    // --- Bestimmung der Art von Duck-Typing
    if (mMap.size()==3) // siehe Besprechung oben!
      kind= Kind.NONE;
    else if (mMap.size() < mLst.size())
      kind= Kind.PARTIAL;
    else
      kind= Kind.FULL;

    // --- liefert Art und Zuordnung: Info siehe oben!
    return new Info(kind,mMap);
  }

  // --- liefert ein Proxy, das als „Duck" verwendet werden kann.
  //    Nur sofern o dem Duck-Type FULL entspricht, können alle Methoden des
  //    strukturellen Interfaces aufgerufen werden.
  //
  //    Enthält o eine PARTIAL Implementierung, lösen die nicht vorhandenen
  //    Methoden eine UnsupportedOperationException aus.
  public static <I> I asType(final Class<I> structIFace,
                             final Object o) {
    // --- der InvocationHandler als anonyme Klasse
    return (I)Proxy.newProxyInstance (
      // --- in diesem Fall ist der Context-ClassLoader optimal
      Thread.currentThread().getContextClassLoader(),
```

```
    // --- der Duck-Type
    new Class[]{structIFace},
    // --- die anonyme Klassen-Implementierung
    new InvocationHandler() {
      // --- benutzt die Info zur Zuordnung in invoke()
      private Info info= getInfo(structIFace,o);

      public Object invoke(Object proxy,Method method,
                           Object[] args) {
        Method om= info.MRELATION.get(method);
        if (om==null)
          throw new UnsupportedOperationException(
              "Methode "+method+ " wird nicht unterstützt!");
        try {
          return om.invoke(o, args);
        } catch (Exception e) {
          if (e instanceof InvocationTargetException)
            throw new RuntimeException(e.getCause());
          throw new RuntimeException(e.getMessage());
        }
      }
    });
  }
}
```

Der folgende Test dient nur dazu, Stärken und Schwächen der oben angegebenen Lösung zu demonstrieren. Eine besondere Schwierigkeit ist die Behandlung der drei `Object`-Methoden. Insbesondere `equals()` und damit auch `hashCode()` können zu „Irritationen" führen. Das folgende Interface besteht nur aus zwei überladenen Methoden:

```
interface Duck {
  String t1();
  String t1(int i);
}
```

Im folgenden werden die Fälle PARTIAL und FULL getestet.

```
class DuckImplFull {                 // FULL
  public String t1() {
    return "DuckImplFull.t1";
  }

  public String t1(int i) {
    return Integer.toBinaryString(i);
  }
}
```

```
class DuckImplPartial {            // PARTIAL
  public String t1() {
    return "DuckImplPartial.t1";
  }
}
```

Beim Testcode wurde die Klasse und das umgebende `main()` weggelassen:

```
DuckTyping.Info info= DuckTyping.getInfo(Duck.class,
                                   new DuckImplFull());

System.out.println(info.KIND);              ⇨ FULL
```

```
// --- die folgende Ausgabe ist verkürzt:
//    es wurden die drei Object-Methoden weggelassen
System.out.println(info.MRELATION);
          ⇨ {... public abstract java.lang.String proxy.Duck.t1(int)=
                public java.lang.String proxy.DuckImplFull.t1(int),
                public abstract java.lang.String proxy.Duck.t1()=
                public java.lang.String proxy.DuckImplFull.t1() ... }
```

```
info= DuckTyping.getInfo(Duck.class,new DuckImplPartial());

System.out.println(info.KIND);              ⇨ PARTIAL
System.out.println(
  DuckTyping.asType(Duck.class,new DuckImplPartial()).t1());
                                   ⇨ DuckImplPartial.t1
```

```
Duck t= DuckTyping.asType(Duck.class,new DuckImplFull());

System.out.println(t.t1());                 ⇨ DuckImplFull.t1
System.out.println(t.t1(3));                ⇨ 11
System.out.println(t);                      ⇨ proxy.DuckImplFull@7590db
System.out.println(t.hashCode());           ⇨ 7704795
System.out.println(t.equals(t));            ⇨ false
```

Die letzte Ausgabe `false` zeigt, dass das Proxy nicht identisch zum Original-Objekt ist, eine Lösung, die gegen das „*Principle Of Least Surprise*" verstößt. Hier ist die Lösung also nicht optimal und müsste verbessert werden.

5.7 JMX – Java Management Extensions

Ein Kapitel über Services und Komponenten sollte nicht abgeschlossen werden, ohne auf *JMX* einzugehen. Die *Java Management Extensions* begleiten Java nun schon sehr lange und wurden in Java 6 noch einmal erweitert und als fester Service in die Plattform integriert. Da JMX recht umfangreich ist – es gibt Bücher, die ausschließlich JMX behandeln – sollen in diesem Abschnitt nur die Erweiterungen in Java 6 besprochen werden. Dadurch kann man sich im Wesentlichen auf die neuen MXBeans konzentrieren, die wesentlich flexibler als die Standard MBeans sind. Das soll an Beispielen demonstriert werden. Um das Monitoring und die Administration möglichst einfach zu gestalten, wird im weiteren der „generische" Klient *JConsole* verwendet. Er gehört standardmäßig zu Java 6 SE und liefert aufgrund seiner umfangreichen GUI-Schnittstelle einen sehr guten Einblick in die MBeans. Starten wir mit einem kurzen Überblick.

5.7.1 JMX-Überblick

Unter JMX-fähig bzw. -enabled versteht man Komponenten, die ein Interface anbieten, über das sie sich „von außen" beobachten oder „managen", d.h. anpassen und steuern lassen. Dazu benötigt JMX ein generisches API, das für alle Arten von Komponenten, die JMX-fähig programmiert werden, verwendet werden kann. JMX ist von der Konzeption her für lang laufende Applikationen bzw. Services prädestiniert und bietet eine besondere Art von Meta-Service. Vor allem im Bereich der so genannten 24x7-Services besteht die Anforderung, das Verhalten dieser lang laufenden Programme möglichst während ihrer Ausführung von außen beobachten und analysieren zu können. Sollten außergewöhnliche Zustände auftreten, wäre es weiterhin opportun, benachrichtigt zu werden. Um genau dieses bieten zu können, steht die JMX-Technologie auf drei Säulen (siehe Abbildung 15):

- **Instrumentation-Level**
  Ein Java-Objekt muss eine so genannte JMX-manageable Ressource sein. Dazu muss ein `MBean` – das *Managed Bean* – mit einem zughörigen Interface erschaffen werden. Das Interface erlaubt es, das Objekt von außen zu beobachten (*Monitoring*). Ein prominenter Vertreter eines instrumentierten Objekts ist die JVM selbst. Die VM lässt sich beispielsweise von außen über JConsole beobachten. Web-Server wie Tomcat bzw. JBoss gehören auch dazu und sind (unterschiedlich stark) instrumentiert.

- **Agent- bzw. MBean-Server-Level**
  Nach der Erschaffung eines `MBeans` benötigt man einen `MBeanServer`, in dem das `MBean` registriert oder auch entfernt werden kann. Mit der Java 6 Plattform wird ein Standard-`MBeanServer` ausgeliefert. Ein Server bildet die zentrale Komponente eines lokalen *JMX-Agent*, der den MBeanServer instanziert und kontrolliert. Zu den weiteren Aufgaben eine Agenten gehören u.a. auch das Laden der MBeans und Server-Konnektoren. Diese erlauben den Zugriff von Klienten aus anderen JVMs bzw. Applikationen.

- **Distributed Services-Level**

  Auf JMX-Agenten kann man auch außerhalb der JVM, in der sie laufen, zugreifen. Hat man einen (remote-fähigen) JMX-Agenten, kann man mit einem JMX-Klient wie beispielsweise JConsole lokal oder von anderen Maschinen auf den Server zugreifen. Besondere Arten von Konnektoren sind die so genannten Protokoll-Adapter, die es zulassen, dass auch Klienten auf MBeans zugreifen können, die nicht JMX-fähig (*-aware*) sind.

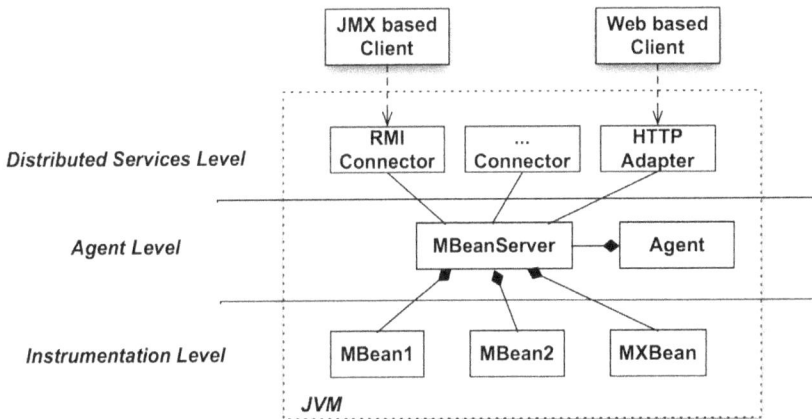

Abbildung 15: Architektur zu JMX

Stellen wir kurz die verschiedenen Arten von MBeans vor, wobei wir allerdings nur die beiden Arten Standard MBean bzw. MXBean weiter verfolgen werden.

5.7.2   Arten von MBeans

JMX unterscheidet zur Zeit fünf verschiedene Typen von managed Beans:

- *Standard* MBean
- *Dynamic*, *Model* und *Open* MBean
- *MXBean*

Die einfachsten sind die Standard MBeans. Allerdings sind sie nicht sehr flexibel. In der zweiten Gruppe kommen Erweiterungen hinzu, die aber mit zusätzlichem Code-Aufwand bezahlt werden. Deshalb wurde in Java 6 ein weiterer Typ MXBean eingeführt, der auch aufgrund von Annotationen mit geringem Aufwand programmiert werden kann. Allen Typen von MBeans ist gemeinsam, dass sie besondere Dienste anbieten sollen. Stellen wir kurz die gemeinsamen Merkmale vor.

Bei allen MBeans unterscheidet man Attribute, Operationen und Benachrichtigungen:

- **Attribute**
  Wie bei Beans üblich werden Attribute in der Form von `getX()` bzw. `isX()` zum Lesen
  und `setX(oneArg)` zum Schreiben angeboten. Overloading bei Settern ist verboten, für
  ein `boolean` Attribut x zusätzlich neben `getX()` noch ein `isX()` anzubieten ebenfalls.

- **Operationen**
  Alle Methoden im Interface, die nicht zu Attributen gehören, sind Operationen. Auch
  hier sollte Overloading nicht verwendet werden.

- **Benachrichtigungen**
  Von MBeans können Nachrichten mit Hilfe eines besonderen *Notifikations-Mechanismus* verschickt werden.

5.7.3   Standard MBean

Zu jeder Standard MBean-Klasse gehört ein Interface mit gleichem Namen, aber mit dem
Zusatz (Präfix) `MBean`. Das wird auch als Management-Schnittstelle bezeichnet:

Klasse: `MyService` Interface: `MServiceMBean`

Die Klasse eines MBeans muss mindestens einen `public` deklarierten Konstruktor enthalten. MBeans werden mit Hilfe von Instanzen der Klasse `ObjectName` in einem `MBeans-Server` registriert. `ObjectName`-Instanzen wirken wie Primärschlüssel in Datenbanken, d.h.
identifizieren genau einem MBean und können somit im MBeanServer nicht doppelt vorkommen. Dem Konstruktor von `ObjectName` wird dazu ein String der Form:

```
DomainName:prop1=value1, prop2=value2, ...
```

übergeben, der eindeutig sein muss. Domain-Name wie auch die Paare „Eigenschaft=Wert"
sind jedoch optional. Im folgenden Beispiel wird eine sehr einfache Standard MBean angelegt und von einem Agenten dem MBeanServer übergeben. Das Interface `HeatControlSystemMBean` beschreibt dazu ein Heizungssystem, bei dem man die gewünschte Tag- und
Nachttemperatur wählen sowie zusätzlich die aktuelle Temperatur abfragen kann.

```
public interface HeatControlSystemMBean {
    // --- die MBean-Attribute, zuerst die Getter
    double getRoomTemperature();
    double getNightTempLevel();
    double getDayTempLevel();

    // --- die Raumtemperatur kommt vom Sensor und soll deshalb keinen Setter erhalten
    void    setNightTempLevel(double temperature);
    void    setDayTempLevel(double temperature);
    // --- die MBean-Operationen
```

```
      void resetToDefaultLevel();
  }
```

Die Implementierung entspricht einem üblichen Bean:

```
  public class HeatControlSystem
               implements HeatControlSystemMBean {

    public final double NIGHT_TEMP_LEVEL= 17.0;
    public final double DAY_TEMP_LEVEL=   22.0;

    private double nightTempLevel= NIGHT_TEMP_LEVEL;
    private double dayTempLevel=   DAY_TEMP_LEVEL;

    // --- liefert einen zufälligen Wert aus Intervall [14.5;24.5]
    public double getRoomTemperature() {
      return (nightTempLevel+dayTempLevel)/2 +
             Math.signum(Math.random()-0.5)  *
             Math.random()*(dayTempLevel-nightTempLevel);
    }

    public double getNightTempLevel() {
      return nightTempLevel;
    }

    public double getDayTempLevel()   {
      return dayTempLevel;
    }

    public void setNightTempLevel(double temperature) {
      nightTempLevel= temperature;
    }

    public void setDayTempLevel(double temperature) {
      dayTempLevel= temperature;
    }

    public void resetToDefaultLevel() {
      nightTempLevel= NIGHT_TEMP_LEVEL;
      dayTempLevel=   DAY_TEMP_LEVEL;
    }
  }
```

Der Agent startet im Konstruktor den MBeanServer der Plattform. Dann legt er eine Instanz des HeatControlSystem an und registiert diese Instanz beim MBeanServer unter

"hcs:type=HeatControlSystem". Der HeatControlAgent läuft dann so lange, bis im
main() eine Taste zum Abbruch gegeben wird.

```
package jmx.hcs;

import java.lang.management.ManagementFactory;
import javax.management.MBeanServer;
import javax.management.ObjectName;

// --- Eine Instanz von HeatControlSystem wird vom Agent gestartet und gesteuert
public class HeatControlAgent {
  private MBeanServer server= null;

  // --- der Konstruktor übernimmt Start des Servers und Registrierung des MBeans
  public HeatControlAgent() {
    server= ManagementFactory.getPlatformMBeanServer();

    HeatControlSystemMBean hcsBean= new HeatControlSystem();
    ObjectName hcsName= null;

    try {
      hcsName = new ObjectName("hcs:type=HeatControlSystem");
      server.registerMBean(hcsBean, hcsName);
    } catch(Exception e) {
      throw new UnsupportedOperationException(e.getMessage());
    }
  }

  public static void main(String argv[]) {
    HeatControlAgent hcsAgent = new HeatControlAgent();
    System.out.println("Agent gestartet... Ende mit [TASTE]");
    try {
      System.in.read();
    } catch (Exception e) {
    }
  }
}
```

Es fehlt nun noch ein Klient, der das Heizungssystem kontrollieren möchte. Dazu verwenden wir JConsole, welches als Programm zur Java 6 SE gehört. Der Start erfolgt beispielsweise von einer Mac OS X-Konsole mit dem Befehl:

```
/System/Library/Frameworks/JavaVM.framework/Versions/1.6/Home/bin/jconsole
```

JConsole kann auch mittels Plugin's erweitert werden, hier demonstriert mit einem Plugin
topthreads.jar zur erweiterten Thread-Anzeige:

```
jconsole -pluginpath /users/friedrichesser/desktop/topthreads.jar
```

Im Connection-Fenster von JConsole kann man dann den `HeatControlAgent`, der vorher gestartet wurde, aufrufen (Abbildung 16).

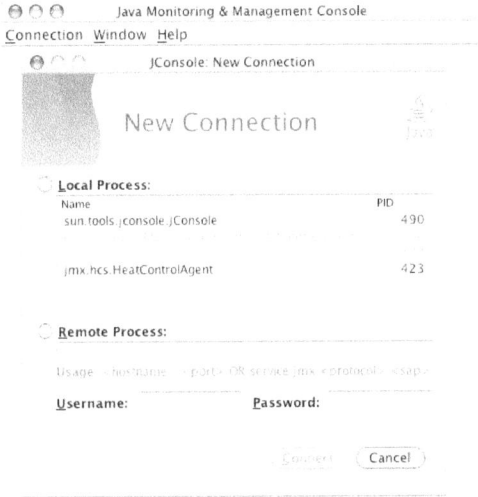

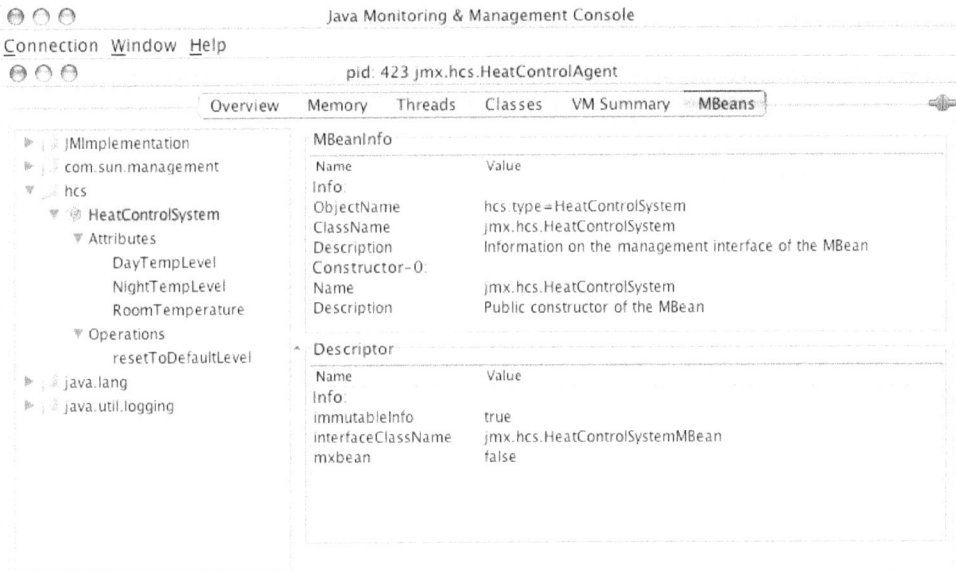

Abbildung 16: JConsole mit Auswahl und Anzeige des HeatControlAgent

Wählt man den Unterpunkt „Attributes" werden die Werte der Attribute angezeigt. Sofern Setter definiert sind, können diese auch geändert werden (Abbildung 17). Bei jedem

Drücken des Refresh-Buttons werden die Werte mittels der Getter erneut gelesen, d.h. das Attribut RoomTemperature ändert seinen Wert (siehe Implementierung).

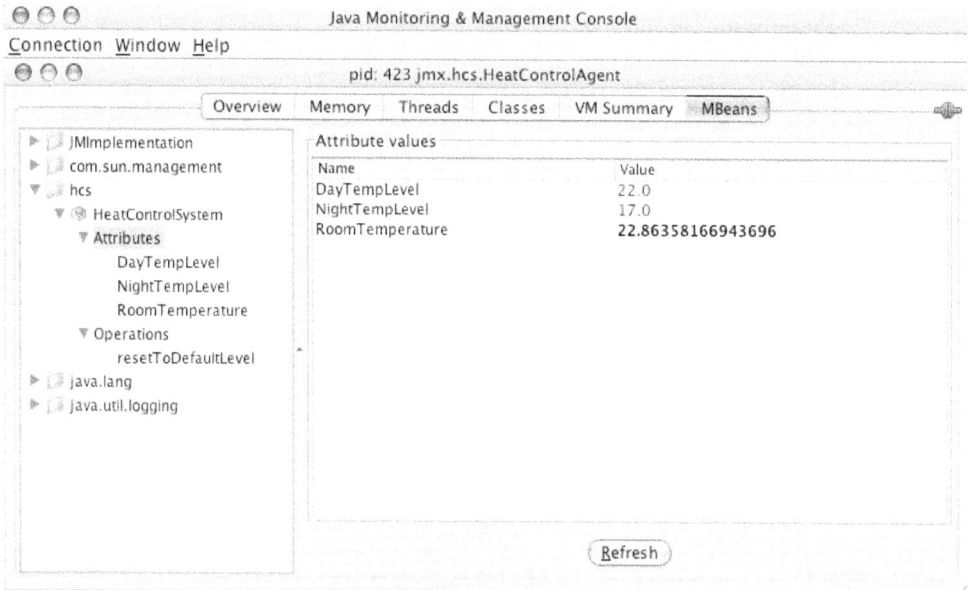

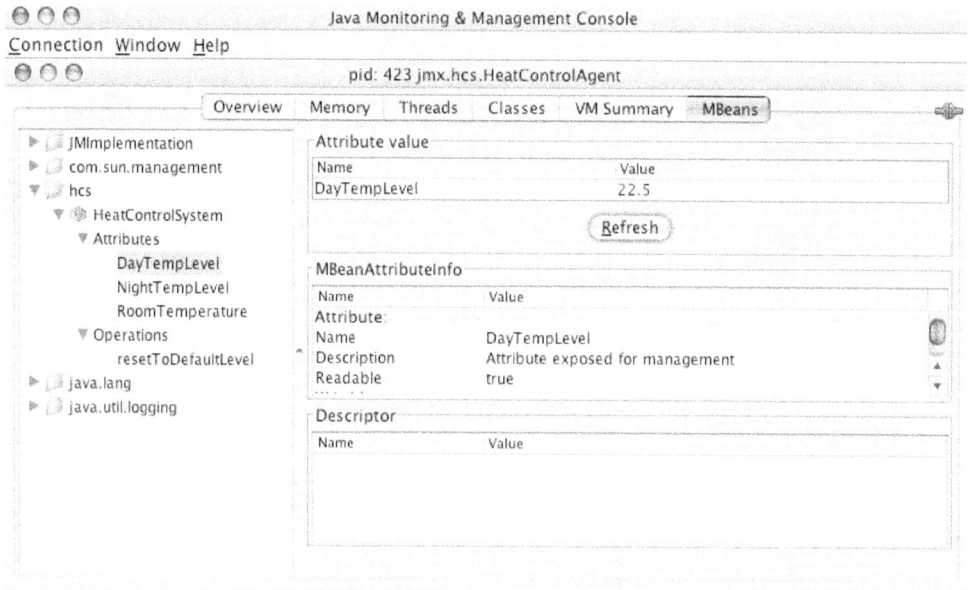

Abbildung 17: Attribute in JConsole anzeigen und ändern

Die Operationen können angewählt und ausgeführt werden (Abbildung 18).

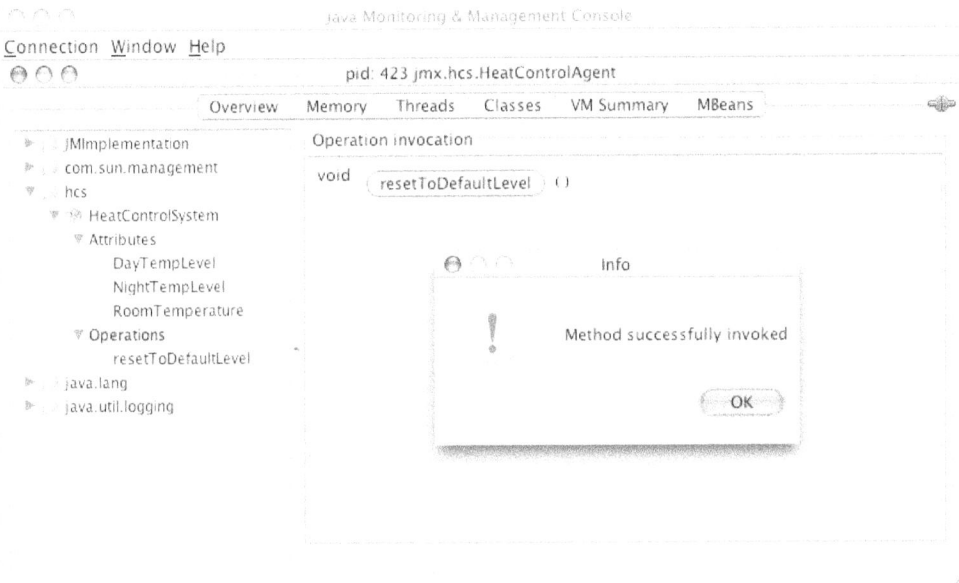

Abbildung 18: Operationen in JConsole anzeigen und ausführen.

Wie man sieht, wird auch das `java.lang`-Package aufgeführt. Wählt man es an, stellt man fest, dass noch weitere umfangreiche Informationen aufgrund von JMX-fähigen Klassen in der Plattform zur Verfügung stehen. Unter „java.lang.Memory" steht unter anderem nicht nur Speicher-Informationen bzw. die Operation `gc()` zur Verfügung, sondern auch ein Benachrichtigungs-Dienst. Dies führt zum nächsten Punkt.

MBean Benachrichtigungen

Das in JMX eingebaute Benachrichtigungs-System beruht auf speziellen Ereignissen, die Instanzen von `Notification` sind. Die Klasse `javax.management.Notification` ist von `java.util.EventObject` abgeleitet. Diese Ereignisse werden von einem `NotificationEmitter` an die `NotificationListener`s übergeben. Da `NotificationEmitter` ein Interface ist, leitet man einen „Emitter" – sofern das möglich ist – von der Klasse `NotificationBroadcasterSupport` ab, die das Interface geeignet implementiert. Dann sendet man mittels `sendNotification(Notification notification)` Benachrichtigungen an die Listener.

JConsole ist auch ein `NotificationListener`. Somit braucht man im letzten Beispiel nur die Klasse `HeatControlSystem` um einen Benachrichtigungs-Dienst zu erweitern. Agent und Interface können ohne Änderung übernommen werden. Beispielsweise können wir die Methode `getRoomTemperature()` um einen Nachrichten-Dienst erweitern.

```
public class HeatControlSystem
```

```
                    extends NotificationBroadcasterSupport
                    implements HeatControlSystemMBean {
public final    double NIGHT_TEMP_LEVEL= 17.0;
public final    double DAY_TEMP_LEVEL=   22.0;
private double nightTempLevel= NIGHT_TEMP_LEVEL;
private double dayTempLevel=   DAY_TEMP_LEVEL;
private int     seqNum;                  // laufende Nummer der Notifikationen

public double getRoomTemperature() {
   // --- zufälliger Temperaturwert, gerundet auf eine Stelle hinter Dezimalpunkt
   double roomTemp= Math.round(
                   ((nightTempLevel+dayTempLevel)/2 +
                   Math.signum(Math.random()-0.5) *
                   Math.random()*
                   (dayTempLevel-nightTempLevel))*10.)/10.;

   Notification notification= new Notification(   // --- Notification
      "jmx.hcs.heatControlSystem",                //    String-Typ
      this,                                       //    die Source
      ++seqNum,                                   //    Nummer
      System.currentTimeMillis(),                 //    Sendedatum
      "Raumtemperatur: " +roomTemp);              //    Mitteilung
   sendNotification(notification);
   return roomTemp;
}
// --- Rest wie im letzten Beispiel
}
```

In der JConsole, kann man sich nun zur „Notification" anmelden (Abbildung 19).

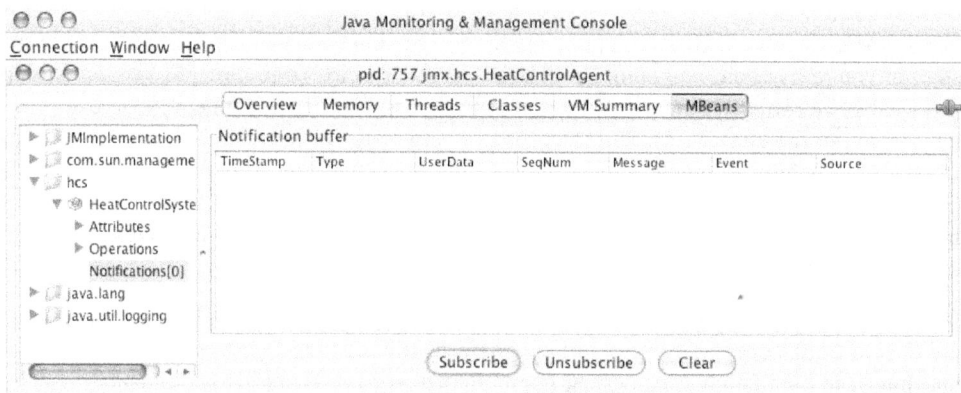

Abbildung 19: Anmeldung zur Notifikation in JConsole

Wird nun auf das Attribut `RoomTemperature` ein „Refresh" ausgeführt, löst dies eine Benachrichtigung aus, die unter „Notification" (siehe Abbildung 20) angezeigt wird.

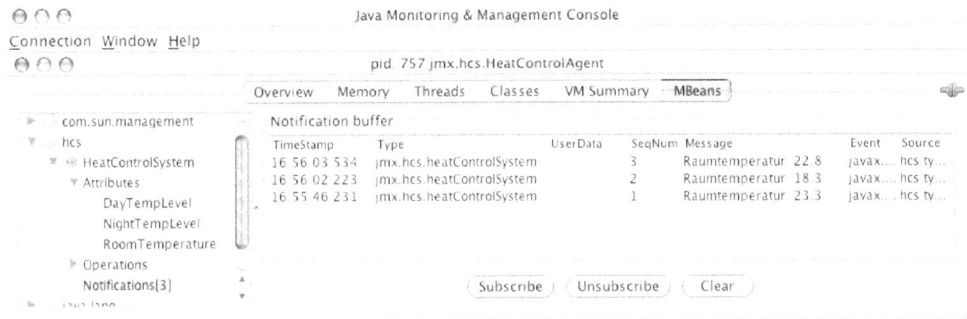

Abbildung 20: Anzeige der Benachrichtigungen in JConsole

5.7.4 MXBeans

Die in Java 6 eingeführten MXBeans haben viele Gemeinsamkeiten mit Standard MBeans. Aber insbesondere durch den Einsatz von Annotationen ist die Namensgebung bei weitem nicht so restriktiv. Zusätzlich gibt es eine Lösung für Getter, die nicht nur einfache Daten primitive Typen oder Typ `String`, sondern auch komplexe liefern können. Ein MXBean hat ein assoziiertes Interface, dessen Namen mit `"MXBean"` endet. Allerdings kann die zugehörige Klasse einen anderen Namen als das Interface (ohne `"MXBean"`) haben. Die MXBean-Variante des Heizungssystem könnte also auch wie folgt deklariert werden:

```
public interfaces HeatControlSystemMXBean { ... }

public class HeatControlSystemImpl
        implements HeatControlSystemMXBean { ... }
```

Annotationen @MXBean, @DescriptorKey

Will man die Restriktion `"MXBean"` am Ende des Interface-Namens ebenfalls umgehen, kann ein Interface mit beliebigem Namen mit Hilfe der Annotation `@MXBean` als solches gekennzeichnet werden. Da über ein einfaches Interface keine wichtigen Informationen zu Attributen oder Operationen vermittelt werden können, kann ein MXBean-Interface mit Hilfe einer Annotation `@DescriptorKey` um beliebige Angaben erweitert werden. Die Angaben müssen dazu nur in eigene Annotationen verpackt werden, deren Elemente wieder mit einem `@DecriptorKey` annotiert werden müssen. Diese geben dann an, was der Wert des Elements bedeutet. Am Beispiel Heizungssystem: Zu dem MXBean `HeatControlSystem` möchte man eine Version angeben sowie eine allgemeine Information hinzufügen, die den Einsatz beschreibt. Zusätzlich sollen zu den Attributen noch die jeweiligen Maßeinheiten angegeben werden.

Man legt somit folgende drei Annotationen an:

```
@Documented
@Target(ElementType.TYPE)
@Retention(RetentionPolicy.RUNTIME)
public @interface Version {
  // --- Bedeutung von value(), wird in jconsole unter Descriptor-Info angezeigt
  @DescriptorKey("Version")
  double value() default 1.0;
}


@Documented
@Target(ElementType.TYPE)
@Retention(RetentionPolicy.RUNTIME)
public @interface Info {
  @DescriptorKey("Information")
  String value();
}


@Documented
@Target(ElementType.METHOD)
@Retention(RetentionPolicy.RUNTIME)
public @interface Unit {
  @DescriptorKey("Angaben in Einheit")
  String value();
}
```

Das MXBean-Interface kann dann wie folgt deklariert werden:

```
@MXBean
@Info("System zur Kontrolle der Heizung")
@Version
public interface HeatControlSystem {
  interface Environment {
    double getRoomTemperature();
    double getOutDoorTemperature();
  }

  Environment getEnvironment();
  @Unit("° C") double getNightTempLevel();
  @Unit("° C") double getDayTempLevel();
  @Unit("° C") void   setNightTempLevel(double temperature);
  @Unit("° C") void   setDayTempLevel(double temperature);

  void resetToDefaultLevel();
}
```

Interessant an dieser neuen Variante ist das eingebettete Interface Environment, das mehrere Attribute zusammenfasst. Die Gruppierung von Attributen – angeboten als neuer Typ – ist beispielsweise vorteilhaft für Werte, die logisch zusammengehören und somit auch gemeinsam erfasst werden müssen. Mit unabhängigen Gettern lässt sich das schlecht koordinieren. Diese Art der Lösung läuft allerdings direkt in ein Problem. Wie sollen generischen Klienten[129] wie JConsole die Interna von Typen wie Environment mitgeteilt werden, so dass sie die Werte passend darstellen können?

Ein Lösung auf Basis der Standard MBeans ist ausgeschlossen und führt in JConsole nur zu der Wert-Angabe Unavailable.[130] Ein MXBean löst dieses Dilemma mit Hilfe eines Interfaces CompositeData und einer zugehörigen Klasse CompositeDataSupport. Eine Instanz vom Typ Environment wird dann auf eine Instanz von CompositeDataSupport abgebildet. Die Klasse kann man sich als eine Art Map vorstellen. Sie enthält Items vom Typ String (Attribute) mit zugehörigen Werten vom Typ Object. Diese Klasse wird auch als *Open Data Class* bezeichnet (Abbildung 21).

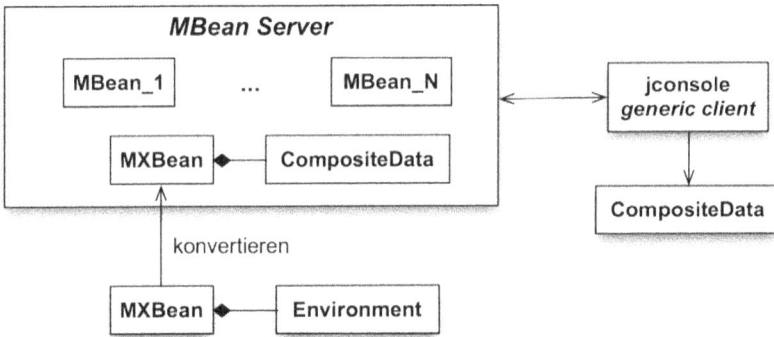

Abbildung 21: Konvertierung und Einbettung von komplexen Rückgabetypen von Getter in den Server

Damit ist auch ein generischer Klient wie JConsole in der Lage, die gekapselten Attribute darzustellen. In JConsole braucht man dazu nur CompositeDataSupport anzuwählen und die in CompositeData gekapselten Attribute und Werte können angezeigt werden (siehe hierzu Abbildung 22). Einem speziellen nicht-generischen Klienten stehen mit Hilfe von Proxies zwei Wege offen, an die in CompositeData gekapselten Attribute zu kommen. Bei beiden Wegen werden dazu die neuen statischen Methoden newMXBeanProxy() der Klasse JMX verwendet. Eine der beiden Zugriffsarten wird auch im folgenden Code demonstriert.

Am Beispiel Environment wird nachfolgend die Art vorgestellt, wie die Daten in der GUI von JConsole angezeigt werden (Abbildung 22).

---

[129] Der Ausdruck „generischer Klient" beschreibt einen Klient, der alle MBeans beobachten kann.

[130] Auf eine Demonstration wird verzichtet!

Abbildung 22: Anzeige der Attribute einer Instanz von CompositeDataSupport

Die Anzeige der in den drei Annotationen `@Info`, `@Version` und `@Unit` verpackten Beschreibungen erfolgt in JConsole, dann im „Descriptor"-Fenster (siehe Abbildung 23).

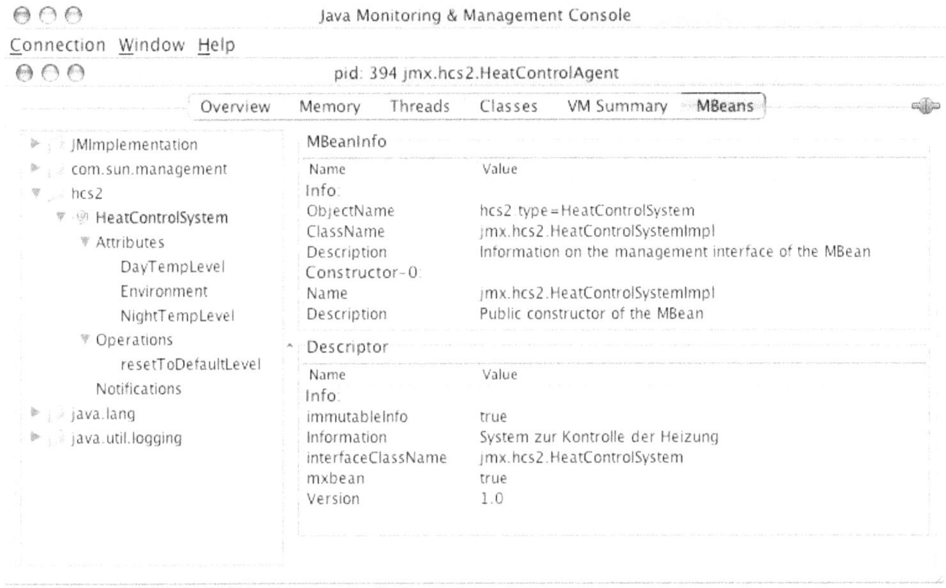

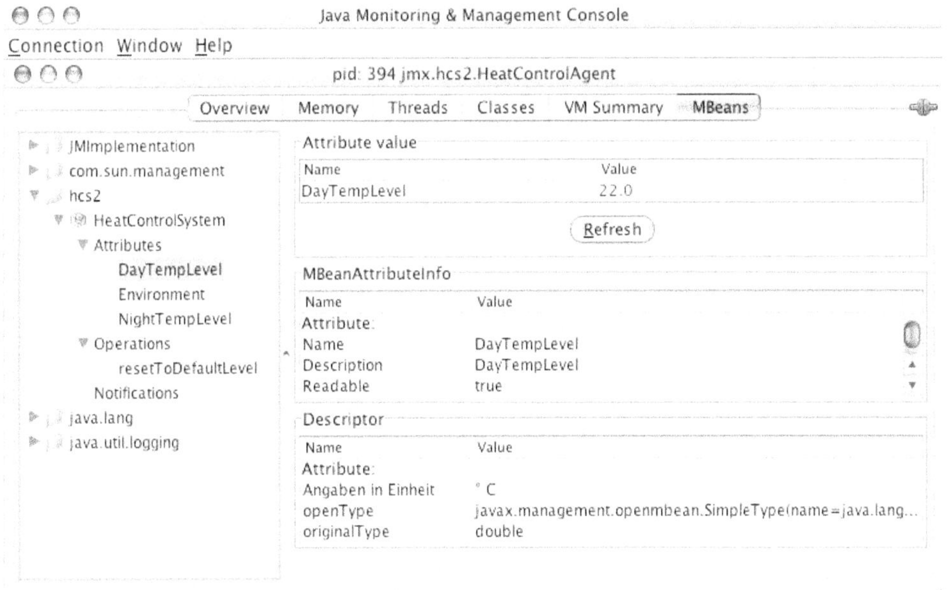

Abbildung 23: Anzeige zusätzlicher Informationen mit Hilfe der Annotation @DescriptorKey

Die Implementierung `HeatControlSystemImpl` ist mit Ausnahme der Member-Klasse `Environment` doch recht ähnlich zu der der letzten Klasse `HeatControlSystem`. Nahezu identisch ist die dann folgende Klasse `HeatControlAgent`, bei der einfach auf die `main()` des letzten Agenten verwiesen wird.

```
public class HeatControlSystemImpl
                extends NotificationBroadcasterSupport
                implements HeatControlSystem {

    public final double NIGHT_TEMP_LEVEL= 17.0;
    public final double DAY_TEMP_LEVEL=   22.0;

    private double nightTempLevel= NIGHT_TEMP_LEVEL;
    private double dayTempLevel=   DAY_TEMP_LEVEL;
    private int    seqNum;

    // --- erlaubt den wechselseitigen Zugriff auf die private Member
    private EnvironmentImpl environment= new EnvironmentImpl();

    // --- die Member-Klasse kapselt jeweils zusammengehörige Werte und
    //     erlaubt nur den äußeren Zugriff auf die Attribute RoomTemperature und
    //     OutDoorTemperature
    public class EnvironmentImpl implements Environment {
      private double roomTemp;
      private double outDoorTemp;

      private double readSensor(double rangeMin, double rangeMax) {
        return Math.round(((rangeMin+rangeMax)/2 +
                Math.signum(Math.random()-0.5) *
                Math.random()*(rangeMax-rangeMin))*10.)/10.;
      }

      private void getCurrentTemp() {
        outDoorTemp= readSensor(0,10);
        roomTemp=    readSensor(nightTempLevel, dayTempLevel);
      }

      public double getRoomTemperature() {
        return roomTemp;
      }

      public double getOutDoorTemperature() {
        return outDoorTemp;
      }
    }
```

```java
// --- die Notifikation fasst nun Innen- und Außentemperatur zusammen
public Environment getEnvironment() {
  environment.getCurrentTemp();
  Notification notification= new Notification(
                  "jmx.hcs.heatControlSystem",
                  this,++seqNum,System.currentTimeMillis(),
                  "Raum: " +environment.roomTemp +
                  " Aussen: " +environment.outDoorTemp);
  sendNotification(notification);
  return environment;
}

public double getNightTempLevel() { return nightTempLevel; }
public double getDayTempLevel()   { return dayTempLevel; }

public void setNightTempLevel(double t) { nightTempLevel= t; }
public void setDayTempLevel   (double t) { dayTempLevel= t;   }

public void resetToDefaultLevel() {
  nightTempLevel= NIGHT_TEMP_LEVEL;
  dayTempLevel=   DAY_TEMP_LEVEL;
  seqNum= 0;
}
}

// --- Der HeatControlAgent ist nahezu identisch zu dem im letzten Beispiel
public class HeatControlAgent {
  private MBeanServer server= null;

  public HeatControlAgent() {
    server= ManagementFactory.getPlatformMBeanServer();
    HeatControlSystem hcsBean = new HeatControlSystemImpl();
    ObjectName hcsName = null;
    try {
      hcsName = new ObjectName("hcs2:type=HeatControlSystem");
      server.registerMBean(hcsBean, hcsName);
    } catch(Exception e) {
      throw new UnsupportedOperationException(e.getMessage());
    }
  }

  public static void main(String argv[]) throws Exception {
    //... identisch zum main() des Agenten im letzten Beispiel
  }
}
```

Zur Vervollständigung des Monitoring in JConsole fehlt noch die geänderte Notifikation (Abbildung 24).

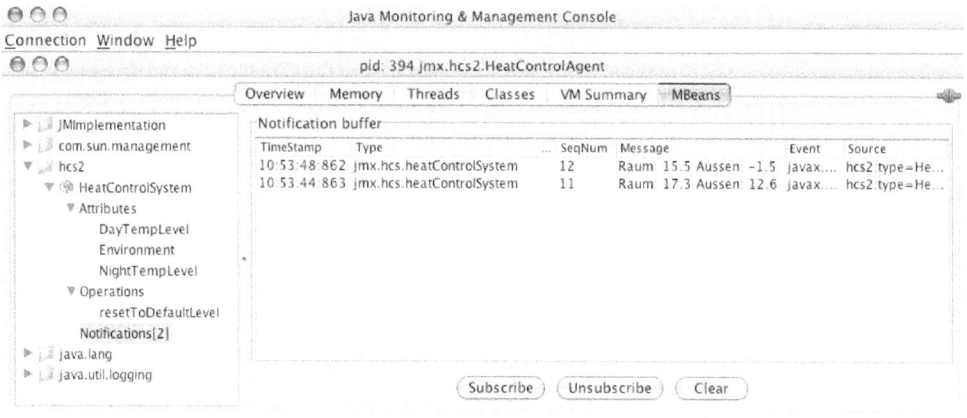

Java Monitoring & Management Console

Connection Window Help

pid: 394 jmx.hcs2.HeatControlAgent

Overview   Memory   Threads   Classes   VM Summary   MBeans

- JMImplementation
- com.sun.management
- hcs2
  - HeatControlSystem
    - Attributes
        DayTempLevel
        Environment
        NightTempLevel
    - Operations
        resetToDefaultLevel
      Notifications[2]
- java.lang
- java.util.logging

Notification buffer

TimeStamp	Type	...	SeqNum	Message	Event	Source
10:53:48:862	jmx.hcs.heatControlSystem		12	Raum: 15.5 Aussen: -1.5	javax....	hcs2:type=He...
10:53:44:863	jmx.hcs.heatControlSystem		11	Raum: 17.3 Aussen: 12.6	javax....	hcs2:type=He...

(Subscribe)   (Unsubscribe)   (Clear)

Abbildung 24: Zusammenfassung von zwei Attributen in der Benachrichtigung

5.8   Fazit

Der Schwerpunkt der vorgestellten Techniken liegt deutlich auf *Core*. Allen in diesem Kapitel vorgestellten Techniken ist eines gemeinsam: sie konzentrieren sich auf Standard Edition 6 der Java Plattform.

Die Technik der Klassenlader fällt zwar scheinbar in die Kategorie „alt", aber angesichts der Super-Packages in Java 7 ist diese Technik (wieder) wichtig. ClassLoader kann man nur so lange ignorieren, wie man nur die drei vorhandenen Standard-ClassLoader implizit benutzt. Führt das zu Problemen, ist ein profundes Wissen der Architektur und des APIs unentbehrlich. Persistenz ist ein sehr wichtiger Service. JDBC 4 vereinfacht das Mapping von Objekten in die relationale Welt. Da Java DB alias Derby nun in der Standard Edition enthalten ist, wurde ein kleines generisches DAO mit Hilfe von EoD vorgestellt, das für einfache Anwendungen nicht auf Hibernate & Co. zurückgreifen muss.

Und Proxies? Eingeführt in Java 1.3, stellen sich Proxies immer mehr als ein unentbehrliches Werkzeug heraus, um viele Limitierungen, die mit Java verbunden sind, umgehen zu können. Echte Komponenten-Techniken sind ohne Proxies schwer zu realisieren. Proxies erlauben u.a. eine beschränkte Art von AOP oder das „Mix-in" von Klassen, die gemeinsam ein odere mehrere Interfaces implementieren. Sie bieten darüber hinaus Schutz vor unerlaubten Zugriffen von Klienten. Prominente Beispiele hierfür sind JDBC 4, RMI und JMX. Gerade die EoD-Technik in JDBC 4 zeigt eindrucksvoll, wie Proxies mit Annotationen verbunden werden können. Das führt erneut zu Annotationen, die nahezu alle neueren APIs durchdringen. Auf einem einfachen Konzept beruhend, haben Annotationen neben Generics gerade XML in vielen Bereichen verdrängt und vereinfachen viele APIs. Ein eindrucksvolles Beispiel ist hier JMX mit den MXBeans.

In diesem Kapitel wurde XML nicht angesprochen. Sicherlich gehört Kommunikation via XML zum Core. Aber das neue Streaming API für XML – kurz *StAX* – ist für sich alleine noch kein wirklich aufregender Services. Es ersetzt nur SAX oder DOM in einigen Anwendungen. Um XML wirklich gerecht zu werden – dies beinhaltet dann auch SQLXML, *JAXB* (Java Architektur für XML-Binding) und Web-Services – benötigt man zumindest ein weiteres Kapitel.

5.9 Referenzen

- Saraswat, Vijay (1997) *Java is not type-safe.*
  AT&T Research, Florham Park, USA
  `http://citeseer.ist.psu.edu/saraswat97java.html`
- Bracha, G. , Liang, S. (1998) *Dynamic class loading in the Java virtual machine.*
  Proceedings of the 13th ACM Conference on Object-Oriented Programming, Systems, Languages and Applications, pages 36--44, Vancouver, Canada
- Strnisa, R. , Sewell p., Parkinson, M. (2007) *The Java Module System: Core Design and Semantic Definition*
  OOPSLA'07, October 21–25, 2007, Montreal, Quebec, Canada.
- Anderson, Anne, (2002) *Java Access Control Mechanisms*
  Sun, Palo Alto, CA, USA, SMLI TR-2002-108
  `http://research.sun.com/techrep/2002/smli_tr-2002-108.pdf`
- JSR 291: *Dynamic Component Support for Java SE (aka OSGi 4.1)*
  `http://www.jcp.org/en/jsr/detail?id=291`
- Kriens, Peter (2007) *JSR 294 SuperPackages.*
  `http://www.osgi.org/blog/2007/11/jsr-294-superpackages.html`
- JSR 294: *Improved Modularity Support in the Java Programming Language.*
  `http://jcp.org/en/jsr/detail?id=294`
- JSR 277: *Java Module System.*
  `http://jcp.org/en/jsr/detail?id=277`
- Normington, Glyn (2007) *Comparison of JSR 277 and JSR 291 features.*
  `http://underlap.blogspot.com/2007/06/comparison-of-jsr-277-and-jsr-291.html`
- JSR 221: JDBC 4.0 API Specification
  `http://jcp.org/en/jsr/detail?id=221`
- Apache Organisation (2007) *Derby Project.*
  `http://db.apache.org/derby/`

- Sun (2007) *Java DB Developer's Guide.*
  http://developers.sun.com/docs/javadb/10.3.1.4/devguide/

- Acharya, Sharad (2007) *What's New in JDBC 4.0?*
  http://today.java.net/pub/a/today/2007/04/10/whats-new-in-jdbc-40.html

- Smith, D. , Leung, D. (2005) *The Next Impedance Mismatch- Mapping Java
  Technology-based Objects and Enterprise JavaBeans components to XML.*
  JavaOne Converence Dec '05, Antwerp, Belgium, Session 3035

- Sullivan, Sean (2003) *Advanced DAO programming.*
  IBM DeveloperWorks
  http://www.ibm.com/developerworks/java/library/j-dao/

- Roy, Srijeeb (2006) *Generically chain dynamic proxies.*
  JavaWorld Online
  http://www.javaworld.com/javaworld/jw-01-2006/jw-0130-proxy.html

- Forman, I. R., Forman, N. (2004) *Java Reflection in Action.*
  Manning Publications Co., ISBN: 1932394184

- Kreger, H., Harold, W., Williamson, L. (2003) *Java and JMX: Building Manageable
  Systems*
  Addison-Wesley Professional, ISBN: 0672324083

- McManus, E., Heiss, J.J. (2006) *MXBeans in Java SE 6: Bundling Values Without Spe-
  cial JMX Client Configurations*
  Sun Developer Network (SDN)
  http://java.sun.com/developer/technicalArticles/J2SE/mxbeans/

6 Compiler & Scripting Techniken

In Java 6 gibt es erstmalig ein API für die Compilierung von Sourcen während der Programm-Ausführung. Es erlaubt
  – die Übergabe von Sourcen aus diversen Quelle.
  – die Ausgabe nach diversen Zielen (Datenbank/Speicher...).
  – die direkte Übernahme von Compiler-Meldungen.
Um Skript-Sprachen wie JavaScript, JRuby oder JavaFX in Java-Programme einbetten zu können, gibt es ein Scripting-API, das es erlaubt,
  – aus JavaSkripts aufrufen zu können
  – die Java Plattform innerhalb der Skripts zu nutzen
  – wechselseitig auf Daten bzw. Objekte zugreifen zu können.

Der Einsatz des Compiler-APIs ist sicherlich auf einen engen Kreis von Programmierern beschränkt. Das liegt vor allem an den „exotischen" Anwendungen, die einen In-Memory-Compiler benötigen. Traditionell gehören hierzu die IDEs, speziell ihre Editor-Komponenten. Während ein Entwickler seinen Code schreibt, erwartet er eine nebenläufige Übersetzung, wobei die Diagnose des Compilers direkt verarbeitet und an den passenden Stellen angezeigt werden soll. Die erste Java-IDE, die dieses perfekt beherrschte, war Eclipse. Dies war genau deshalb möglich, weil sie einen eigenen Compiler integriert hat. Die konkurrierende Netbeans IDE benutzt ab der Version 6 nun das Compiler-API und hat damit ähnliche Möglichkeiten. Ein weiteres wichtiges Einsatzgebiet sind DSLs (*Domain-Specific-Languages*). Sie sind per Definition kleine, auf ihre Aufgabe – ihre Domain – abgestimmte Mini-Sprachen.[131] Eine gute Integration in Java bzw. einem IDE benötigt dann neben zugehörigen Bibliotheks-Klassen auch ein Compiler-API.

Das Scripting-API findet zur Zeit ein immer größer werdendes Einsatzgebiet. Sicherlich ist es noch in einem jungen Stadium der Entwicklung. Das Framework ist überschaubar, geradezu minimalistisch. Deshalb wird es von Kritikern gerne als eine Art *Proof of Concept* angesehen. Der Vorteil dieses Ansatzes ist aber, dass nahezu jede Sprache, insbesondere die oben angesprochenen DSLs, ohne großen Aufwand mit Java kommunizieren können. Sieht man alleine die Liste von über 25 Sprachen,[132] für die bereits eine Skripting-API-Implementierung existiert, war der Einstieg richtig. Dynamische Programmiersprachen wie JavaScript oder Ruby benötigen dagegen deutlich mehr als das „magere" Scripting API. Das wird dann auch am Ende dieses Kapitels anhand von Beispielen demonstriert.

---

[131] Ohne den Anspruch zu erheben, Turing Complete zu sein.

[132] Siehe `https://scripting.dev.java.net/`

6.1 Das Compiler-API

Mit `javac` stand immer schon ein Compiler bereit, den man auch innerhalb eines Programms als eigenständigen Prozess ausführen konnte. Allerdings reagiert `javac` als Programm autonom. Der Input der Sourcen wird vom Dateisystem erwartet und als Output wird dann eine `class`-Datei erzeugt. Das reicht zwar für einen Aufruf über die Kommandozeile oder für ein Batch-Tool à la Ant, erlaubt aber keine echte Einbettung in ein Programm. Für eine wirksame Integration benötigt man die volle Kontrolle über den Input, Output und die Diagnose des Compilers. Will man neue Sprachkonstrukte in Java einbauen, muss man sogar direkt auf den Syntax-Baum des Compilers zugreifen. Hier will das Compiler-API einen Standard-Integration auch für andere Open-Source Compiler wie beispielsweise Apache oder eventuell auch Eclipse anbieten.

6.1.1 Javac Mimikry

Starten wir mit der programmatischen Nachahmung von `javac` in einem Programm. Selbst diese Art des Einsatzes hat durchaus Vorteile vor einem vergleichbaren Aufruf von `javac`. Man denke nur an die Performance. Es fällt nicht nur die Zeitverzögerung durch Laden und Start des `javac`-Prozesses weg, sondern – weitaus wichtiger – auch der Umweg über das Dateisystem. Denn in der Regel verwendet man einen In-Process-Compiler dann, wenn die Sourcen im Code vorhanden sind und eine compilierte Einheit auch ohne Umwege über eine `class`-Datei ausgeführt werden soll. Ein kleiner Nachteil besteht jedoch darin, dass zur Programmausführung das Client-JRE nicht ausreicht. Man benötigt schon das JDK. Bilden wir als erstes den expliziten Aufruf von `javac` programmatisch ab. Die zu übersetzende Source wird einfach als Argument in `main()` übergeben:

```
package compiler_api;
import javax.tools.*;

public class JavacTest {
  public static void main(String... args) {
    Tool javac = ToolProvider.getSystemJavaCompiler();
    // --- Nur dazu da, die Übergabe der Java-Datei in args zu zeigen!
    for (String arg: args)
      System.out.println(arg);
                    ⇨ /users/friedrichesser/desktop/HelloCompAPI.java

    // -- Die ersten drei Parameter sind: InputStream in, OutputStream out, err
    //    Bedeutung der drei null's: System.in, System.out, System.err
    System.out.println(javac.run(null,null,null,args));    ⇨ 0
  }
}
```

Mit der Klasse `ToolProvider` beginnt der Einstieg in das Standard-Compiler-API von Sun. Die Klasse kennt nur zwei statische Methoden

```
public static JavaCompiler getSystemJavaCompiler();
public static ClassLoader  getSystemToolClassLoader();
```

Die erste Methode liefert ein Interface `JavaCompiler` – ein Sub-Interface von `Tool` – und die zweite den Klassenlader zum `tools`-Package. Das Interface `Tool` ist an sich nur für einfache Aufgaben gedacht, da es ebenfalls nur zwei Methoden anbietet:

```
Set<SourceVersion> getSourceVersions();
int run(InputStream in,  OutputStream out, OutputStream err,
        String... arguments);
```

Die erste Methode liefert alle vom Compiler-Tool unterstützten Versionen und die zweite ist ein Ersatz für die Konsole-Eingabe, d.h. die Angaben die hinter `javac` erfolgen (siehe Beispiel). Dabei können mit den ersten drei Parametern die Standard-In/Output Kanäle umgeleitet werden. Betrachtet man die Optionen von `javac`:

```
javac [ -bootclasspath bootclasspath ]
      [ -classpath classpath ] [ -sourcepath sourcepath ]
      [ -d directory ] [ -deprecation ] [ -encoding encoding ]
      [ -extdirs directories ]
      [ -g | -g:none | -g:keyword-list ] [ -Joption ]
      [ -nowarn ] [ -O ] [ -target version ] [ -verbose ] [ -X ]
      [ -Xstdout filename ] [ sourcefiles ] [ @files ]
```

ist dieses zweite Beispiel näher am realen Einsatz von `javac`:

```
String aPath=
            "/Users/friedrichesser/CoreK6Comp/src/compiler_api/";
String sPath= "/Users/friedrichesser/CoreK6Comp/src/";
String cPath= "/Users/friedrichesser/CoreK6Comp/build/classes/";
String source1= "CompilerTest1.java";
String source2= "CompilerTest2.java";

JavaCompiler compiler = ToolProvider.getSystemJavaCompiler();
int res= compiler.run(null,null,System.out,
                    "-verbose",
                    "-classpath", cPath,
                    "-sourcepath", sPath,
                    "-d", cPath,
                     aPath+source1 /* , aPath+source2 */ );
System.out.println(res==0?"ok!":"Fehler beim Compilieren");
```

In den Optionen dürfen keine Leerstellen verwendet werden. Somit ist im `run()`-Aufruf eine Options-Direktive vom zugehörigen Optionswert getrennt anzugeben.

Die Option -sourcepath wird in diesem Beispiel ebenfalls benötigt, da in Compiler-
Test1 die Klasse CompilerTest2 referenziert und mit Hilfe von -sourcepath die java-
Datei gefunden werden kann. Hier noch die Source zu CompilerTest1:

```
package compiler_api;

public class CompilerTest1 {
  public static void main(String... args) {
    System.out.println("CompilerTest1");

    // --- CompilerTest2.java wird über -sourcepath gefunden
    CompilerTest2.main();
  }
}
```

Die explizit zu compilierenden Klassen – hier nur eine Source CompilerTest1.java –
müssen so angegeben werden, dass sie vom Compiler im Dateisystem gefunden werden können. Im zweiten Beispiel oben wird das durch die absolute Pfadangabe aPath erreicht. Die
Option -d gibt im run()-Aufruf oben das Verzeichnis an, in das der Compiler dann die
class-Dateien schreibt. Es stimmt im Beispiel mit dem in -classpath angegebenen Verzeichnis überein.

6.1.2   Überblick über das Package javax.tools

Die einfache Nachbildung von javac im Programm wird nicht unbedingt das Haupteinsatz-
gebiet des Compiler API sein. Wesentlich nützlicher ist dieses API für Tools bzw. IDEs wie
Netbeans oder Eclipse. Die Sourcen liegen dann nicht in Form von Dateien vor, sondern entstehen interaktiv in einem Source-Code-Editor. Dieser kann dann den Code als Typ String
oder CharSequence übergeben. Die Fehler in den Sourcen sollten vom Compiler direkt
im Editor angezeigt werden. Das JSR 199 – *Java Programming Language Compiler API* –
bietet dazu eine Interface-Hierarchie mit insgesamt 16 Interfaces, sechs Klassen und drei
Enumerationen. Ob dieser Aufwand wirklich berechtigt ist, wagen einige Kritiker zu be-
zweifeln.[133] Denn abgesehen von dem trivialen Tool-Beispiel muss man sich erst einmal
einen Überblick über die Architektur verschaffen.

Wie oben vorgestellt, liefert die Klasse ToolProvider mit Hilfe der statischen Methode
getSystemJavaCompiler() eine Instanz zur Implementierung des Interfaces JavaCom-
piler. Das Interface benötigt zur eigentlichen Compilierung einen JavaFileManager für
alle möglichen Ein- und Ausgaben. Das Wort File steht dabei nicht nur für eine Datei, sondern für jede Art von Input/Output-Daten. Die Getter von JavaFileManger liefern für den
Input/Output Instanzen von FileObject oder vom Sub-Interface JavaFileObject. Ein
JavaFileObject identifiziert seinen Inhalt mit Hilfe einer Enumeration JavaFileObjec-
t.Kind. Da JavaFileManager noch keine Iteratoren anbietet, werden diese in einem Sub-
Interface StandardJavaFileManager mittels Getter hinzugefügt.

---

[133] Ein Einstieg in die Diskussion bietet u.a. http://www.sigs.de/blog/js/?p=7

Um nicht den Überblick zu verlieren, ist der Zusammenhang in Abbildung 6.1 skizziert (die Darstellung ist nur an UML angelehnt!)

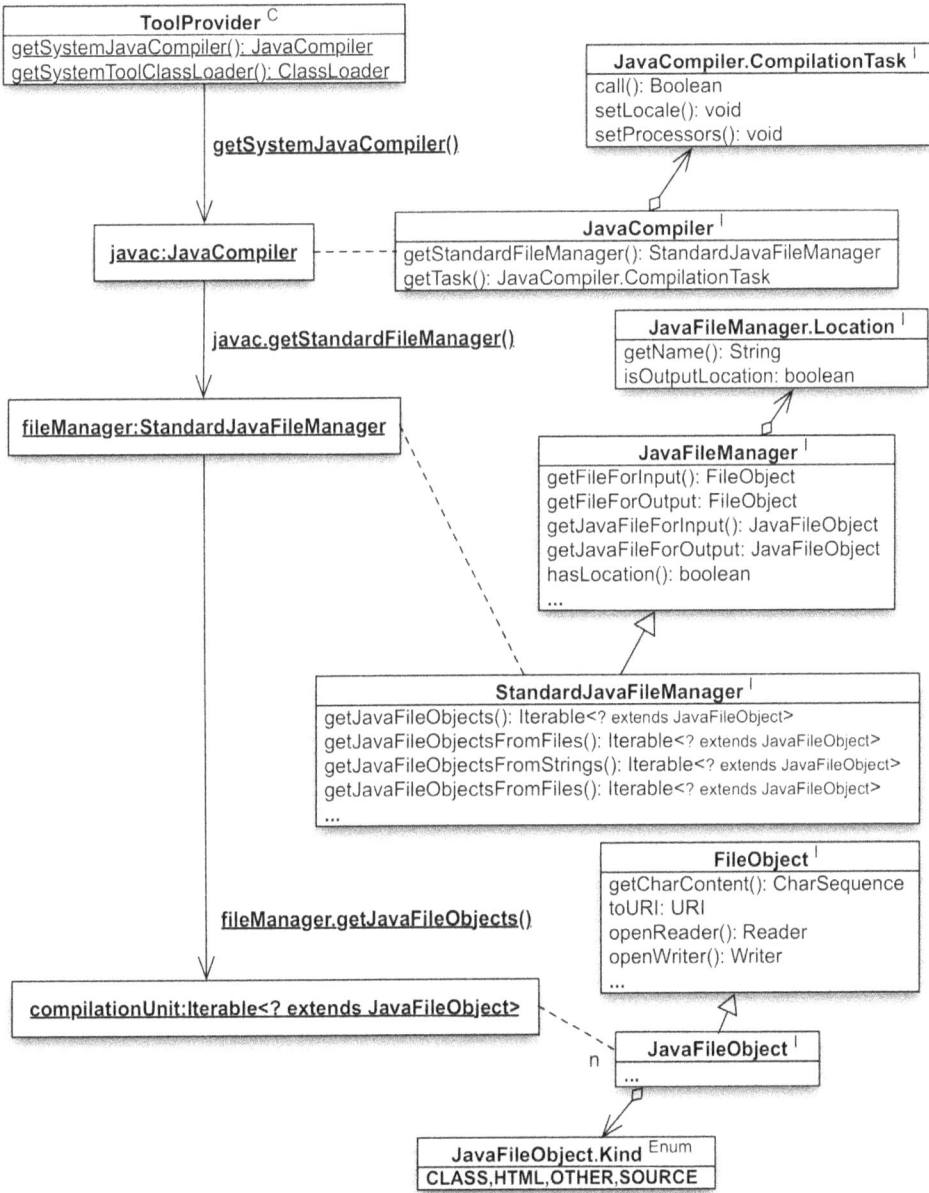

Abbildung 6.1: Methoden und Klassen, die vor dem Compilieren mit CompilationTask.call() benutzt werden.

Anhand der Abbildung 6.1 erkennt man, dass vor der eigentlichen Compilierung mittels `CompilationTask.call()` einige Interfaces angesprochen werden müssen. Die Darstellung enthält allerdings noch keine Einzelheiten zur Übernahme der Fehlermeldungen, da diese optional sind. Fehlermeldungen werden in Form von `Diagnostic`-Instanzen vom Compiler übergeben. Dazu muss man der `JavaCompiler`-Instanz in der Methode

```
getStandardFileManager(
    DiagnosticListener<? super JavaFileObject> diagnosticListener,
    Locale locale, Charset charset)
```

einen entsprechenden Listener übergeben (siehe Abbildung 6.2). Als weitere Argumente können eine Lokalisierung und ein Zeichensatz übergeben werden. In `javax.tools` gibt es eine Klasse `DiagnosticCollector`, die das Interface `DiagnosticListener` implementiert. Diese Klasse ist an sich höchst merkwürdig, da sie zusätzlich zur ersten Interface-Methode noch noch eine zweite wichtige Methode anbietet:

```
void report(Diagnostic<? extends S> diagnostic);
List<Diagnostic<? extends S>> getDiagnostics();
```

Das Interface ist somit nutzlos, da man die letzte Methode nur direkt über `DiagnosticCollector` ansprechen kann (was auch die JavaDoc-Code-Fragmente bestätigen!).

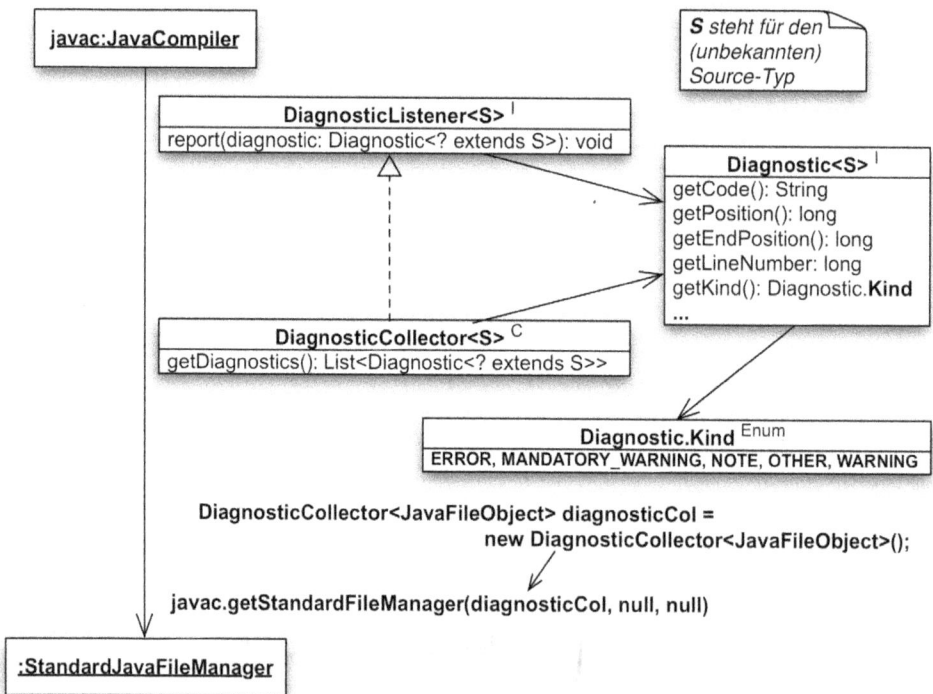

Abbildung 6.2: Diagnose-Mitteilungen des Compilers

6.0.1 Compilierung mit Fehlern und Diagnose

Nach Vorstellung der wesentliche Elemente des Package `javax.tools` soll nun anhand von Anwendungsfällen die Benutzung des Frameworks vorgestellt werden, die sukzessive komplexere Einsätze zeigen. Im ersten Beispiel wird ein `DiagnosticListener` – hier als anonyme Klasse – implementiert. Dazu wird eine Java-Source mit Fehlern compiliert:

```
public class JavacTest2 {
  public static void main(String... args) {
    // --- der Einfachheit halber sind Verzeichnis und Source-Datei fix!
    String path=
          "/users/friedrichesser/CoreK6Comp/src/compiler_api/";
    JavaCompiler compiler = ToolProvider.getSystemJavaCompiler();

    DiagnosticListener<JavaFileObject> diagListener=
      new DiagnosticListener<JavaFileObject>() {
        public void report(
              Diagnostic<? extends JavaFileObject> diagnostic) {
          // --- Methoden in der alphabetischen Reihenfolge des JavaDocs
          System.out.println(
          "Code: "            + diagnostic.getCode()   +"\n"+
          "ColumnNumber: "    + diagnostic.getColumnNumber()+"\n"+
          "EndPosition: "     + diagnostic.getEndPosition()+"\n"+
          "Kind: "            + diagnostic.getKind()   +"\n"+
          "LineNumber: "      + diagnostic.getLineNumber()+"\n"+
          "Message: "         + diagnostic.getMessage(null)+"\n"+
          "Position: "        + diagnostic.getPosition()  +"\n"+
          "Source: "          + diagnostic.getSource()  +"\n"+
          "StartPosition: " + diagnostic.getStartPosition()+"\n");
        }
      };
    StandardJavaFileManager fileManager=
        compiler.getStandardFileManager(diagListener,null,null);
    Iterable<? extends JavaFileObject> javaFileObjects=
      fileManager.getJavaFileObjects(path+"CompilerTest3.java");
    // --- eine weitere Möglichkeit wäre ein Iterable mit Hilfe eine Liste:
    //     fileManager.getJavaFileObjectsFromStrings(
                                  Arrays.asList(path + "CompilerTest3.java"));

    if(compiler.getTask(null,fileManager,diagListener,
                    null, null,javaFileObjects).call())
      System.out.println("BUILD ist erfolgreich!");
  }
}
```

`JavacTest2` wird mit fehlerhaftem Code in einer Source-Datei `CompilerTest3` getestet. Der erste Fehler besteht in einer unbekannten Methode `foo()` in Zeile 5:

```
 1:    package compiler_api;
 2:
 3:    public class CompilerTest3 {
 4:      public void foo1 () {
 5:        foo();
 6:      }
 7:
 8:    //  public void foo2()
 9:    //
10:    //  }
11:    }
```

Mit dem IDE *Netbeans* übersetzt, führt dies zu folgender Fehlermeldung (wobei ... / für einen ersten Teil des Pfads steht, der hier nicht relevant ist):

```
.../compiler_api/CompilerTest3.java:5: cannot find symbol
symbol  : method foo()
location: class compiler_api.CompilerTest3
    foo();
1 error
```

`JavacTest2` führt zu übereinstimmenden Fehlermeldungen:

```
Code: compiler.err.cant.resolve.location
ColumnNumber: 5
EndPosition: 85
Kind: ERROR
LineNumber: 5
Message: .../CompilerTest3.java:5: cannot find symbol
symbol  : method foo()
location: class compiler_api.CompilerTest3
Position: 82
Source: .../src/compiler_api/CompilerTest3.java
StartPosition: 82
```

Interessant ist die Hinzunahme der Methode `foo2()`, bei der die geöffnete geschweifte Klammer in Zeile 8 fehlt. Der Compiler meldet zwar zwei Fehler, aber leider in den Zeilen 8 und 11:

```
LineNumber: 8
Message: .../compiler_api/CompilerTest3.java:8: ';' expected
...
LineNumber: 11
Message: ...CompilerTest3.java:11: class,interface,or enum expected
```

6.0.2   Setzen der Pfade mit StandardLocation

Die Klasse `JavacTest2` im letzten Beispiel des Abschnitts 6.1.3 testet nur eine fehlerhafte
Source. Aber wie kann der Pfad für die `class`-Datei gesetzt werden, wenn der Code korrekt
übersetzt wird? Hierzu gibt es im Package `javax.tools` ein Interface `Location`, eingebettet im Interfaces `JavaFileManager`, zu dem es eine Implementierung in Form einer Enumeration gibt. Hier der Ausschnitt (nur) mit den Konstanten:

```
public enum StandardLocation implements JavaFileManager.Location{
    // --- Location (Pfad) für neue class-Dateien
    CLASS_OUTPUT,
    // --- Location für neue source-Dateien.
    SOURCE_OUTPUT,
    // --- Location für die Suche nach class-Dateien.
    CLASS_PATH,
    // --- Location für die Suche nach (vorhandenen) source-Dateien
    SOURCE_PATH,
    // --- Location für die Suche nach annotation-Prozessoren
    ANNOTATION_PROCESSOR_PATH,
    // --- Location für die Suche nach Plattform-Klassen (boot class path)
    PLATFORM_CLASS_PATH;
}
```

Um nun beispielsweise den Pfad für die Ausgabe von `class`-Dateien zu setzen, nachfolgend
die drei entscheidenden Methoden, verpackt in einen kleinen Test `JavacTest3`:

```
...
import static javax.tools.StandardLocation.*;   // Import der Konstanten

public class JavacTest3 {
    public static void main(String... args) {
        JavaCompiler compiler = ToolProvider.getSystemJavaCompiler();
        StandardJavaFileManager fileManager=
                    compiler.getStandardFileManager(null,null,null);
        System.out.println(
            fileManager.hasLocation(CLASS_OUTPUT));              ⇨ false

        try {
            // --- Setzen des Pfads für CLASS_OUTPUT
            fileManager.setLocation(CLASS_OUTPUT,
            Arrays.asList(new File(
                    "/users/friedrichesser/CoreK6Comp/build/classes")));
        } catch (Exception e) {
        }
```

```
    System.out.println(fileManager.getLocation(CLASS_OUTPUT));
                      ⇨ /users/friedrichesser/CoreK6Comp/build/classes
  }
}
```

6.0.3   DiagnosticCollector und String-Source

Gehen wir nun einen weiteren Schritt in Richtung *Generierung – Compilierung – Ausführung* von Java-Klassen zur Laufzeit. Im folgenden Beispiel wird anstatt eines `Diagnostic-Listeners` ein `DiagnosticCollector` verwendet. Dieser liefert „sehr schöne" Fehlermeldungen. Statt eine Source-Datei wird weiterhin ein `String` mit dem zu compilierenden Java-Code verwendet. Allerdings benötigt man hierzu eine spezielle Implementierung zum Interface `JavaFileObject`, die indirekt in `compiler.getTask()` übergeben wird. Da `JavaFileObject` ein recht umfangreiches Interface ist, gibt es im Package `javax.tools` eine teil-implementierte Klasse `SimpleJavaFileObject`, die – obwohl nicht `abstract` deklariert – als Grundlage für Implementierungen von `JavaFileObject` gedacht ist. Der Übersicht halber ist hier das Package inklusive der Imports mit angegeben:

```
package compiler_api;

import java.net.*;
import java.util.*;
import javax.tools.*;

public class StringJavaFileObject extends SimpleJavaFileObject {
  private final String source;
  // --- Design-Entscheidung: Damit die checked Exception im Anwendungs-Code
  //     nicht mittels try-catch abgefangen werden muss, wird eine Factory-Methode
  //     newInstance() verwendet!
  private StringJavaFileObject(String className, String source)
                                       throws URISyntaxException {
    // --- Kind.SOURCE.extension bzw. ".java" ist für public Klassen notwendig!
    super(new URI(className+Kind.SOURCE.extension),Kind.SOURCE);
    this.source= source;
  }

  public static JavaFileObject newInstance(String className,
                                       String source) {
    try {
      return new StringJavaFileObject(className,source);
    } catch (Exception e) {
      return null;
    }
  }
}
```

```
    @Override
    public CharSequence getCharContent(
                                boolean ignoreEncodingErrors) {
        return source;
    }
}
```

`StringJavaFileObject` kapselt zusammen mit dem Namen auch die Source zur Klasse.
Im `JavacTest4` wird ein `String` mit der `HelloWorld`-Source compiliert und die `class`-
Datei im lokalen Verzeichnis – repräsentiert durch die Property `"user.dir"` – und an-
schließend in ein Verzeichnis gespeichert, das die IDE Netbeans bevorzugt:

```
public class JavacTest4 {
    public static void main(String... args) {
        String className= "HelloWorld";
        String classPath= "/users/friedrichesser/CoreK6Comp" +
                        "/build/classes/compiler_api";

        // --- Hier der Source-Code als String
        String source=
            "class " +className+ " {\n" +
            "  public static void main(String... args) {\n" +
            "    System.out.println(\"Hallo Welt!\");\n" +
            "  }\n" +
            "}\n";

        JavaCompiler compiler= ToolProvider.getSystemJavaCompiler();

        // --- Einsatz des DiagnosticCollectors
        DiagnosticCollector<JavaFileObject> diagCollector=
                        new DiagnosticCollector<JavaFileObject>();
        StandardJavaFileManager fileManager=
            compiler.getStandardFileManager(diagCollector,null,null);
        JavaFileObject fileObject= StringJavaFileObject.
                                newInstance(className,source);
        Iterable<? extends JavaFileObject> javaFileObjects=
                                Arrays.asList(fileObject);

        // --- compiliert und zuerst gespeichert in: user.dir dann im o.a. classPath
        if(compiler.getTask(null,fileManager,null,
                        null, null,javaFileObjects).call()) {
            System.out.println(className+".class geschrieben nach: " +
                            System.getProperty("user.dir"));
```

```
      try {
         fileManager.setLocation(CLASS_OUTPUT,
                            Arrays.asList(new File(classPath)));
      } catch (IOException e) { System.out.println(e); }
      compiler.getTask(null,fileManager,null,
                    null, null,javaFileObjects).call();
      System.out.println(className+".class geschrieben nach: "+
                    classPath);
   }
   else
      for(Diagnostic<? extends JavaFileObject> d:
                            diagCollector.getDiagnostics())
         System.out.println(d);
   }
}
```

In diesem Fall ist die Ausgabe der beiden Pfade in `System.out.println()` unwichtig. Interessant ist dagegen die Darstellung von Fehlern in der Source mittels des `Diagnostic-Collectors`. Ändert man die Source wie folgt ab, so dass hinter `className` die geschweifte Klammer und hinter `String` nur zwei Punkte stehen

```
String source=
         "class " +className+ " \n" +
         " public static void main(String.. args) {\n" +
         "    System.out.println(\"Hallo Welt!\");\n" +
         " }\n" +
         "}\n";
```

werden die Fehler aufgrund der letzten `for`-Schleife in `JavacTest4` auf der Konsole wie folgt ausgegeben:

```
HelloWorld:1: '{' expected
class HelloWorld
            ^

HelloWorld:2: malformed floating point literal
         public static void main(String.. args) {
                                      ^

2 errors
```

Die Ausgabe ist verschieden zu den Fehlermeldungen der Methoden im `Diagnostic`-Interface (siehe hierzu `JavacTest2`).

6.0.4   Der mühsame Weg zur In-Memory Class

Bis dato hielt sich der programmatische Aufwand in Grenzen, auch wenn die Zusammenhänge nicht unbedingt intuitiv sind. Das ändert sich, wenn man das Compiler-API dazu nutzen möchte, direkt im Programm auf die Class-Instanz – unter Umgehung einer **class**-Datei – zuzugreifen. Das Ergebnis des Compilier-Vorgangs soll mithin ein Class-Objekt zu der als String übergebenen Source sein. Im folgenden wird ein Weg beschritten, der mit minimalem Aufwand das angestrebte Ziel erreicht. Es benötigt nur eine Klasse InMemoryCompiler, die allerdings neben der Klasse StringJavaFileObject (siehe Abschnitt 6.1.5) auf drei weitere innere Klassen zurückgreifen muss (siehe Abbildung 6.3).

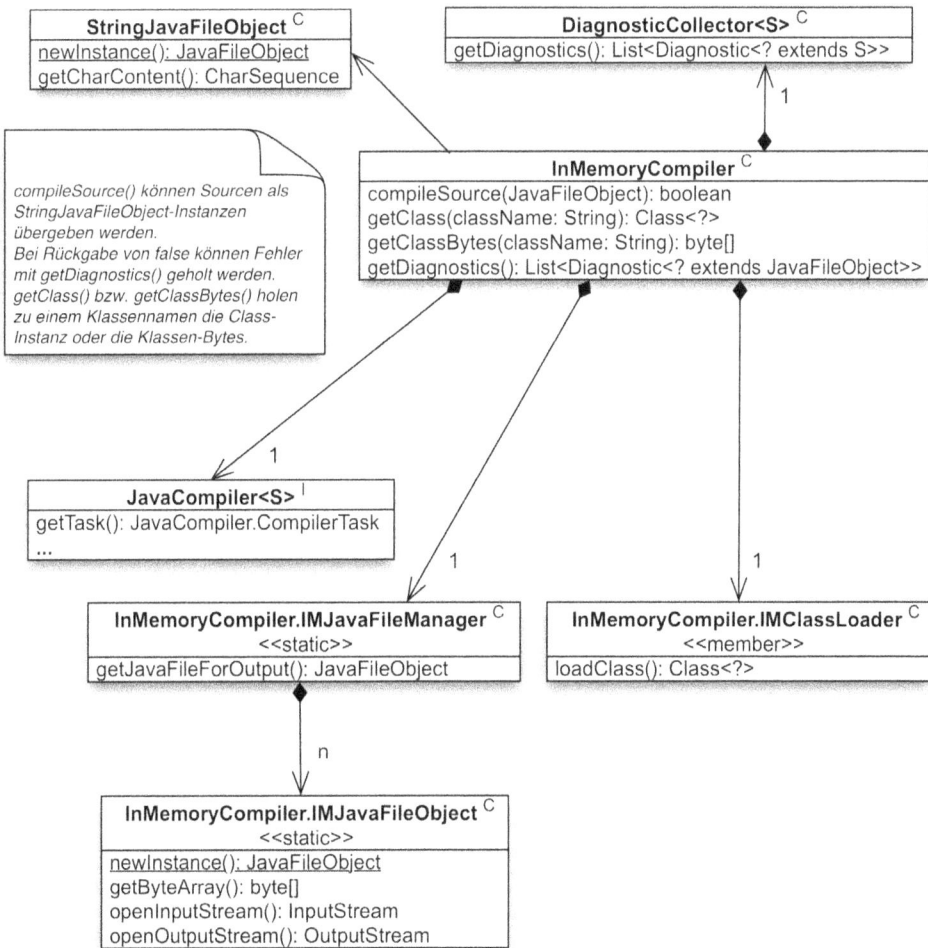

Abbildung 6.3: Klasse InMemoryCompiler mit direkt benutzen Klassen

Alternativen zu dieser Lösung

Bevor man sich „in die Arbeit stürzt", ist man (als Ingenieur) immer gute beraten, zuerst nach vorhandenen Lösungen zu suchen. Nach kurzer Suche trifft man auf den häufig benutzten embedded Java Compiler *Janino*.[134] Das API ist sehr kompakt und hat den Vorteil, dass nicht die gesamte Java 6 Standard Edition auf der Zielmaschine installiert sein muss, sondern nur JRE. Denn Janino setzt nicht auf dem Java 6 Compiler API auf. Der entscheidende Nachteil von Janino ist aber die Beschränkung auf Java bis zur Version 1.4 (Stand Ende 2007).

In der Community *java.net* findet man mit ein wenig mehr Suchaufwand dann ein Projekt `privateer` unter `Projects>javatools>javatools-incubator`, welches auf dem Java 6 Compiler-API aufbaut und auch eine In-Memory-Compilierung anbietet. Der Code-Aufwand hierfür ist erheblich und zeigt die Komplexität dieser an sich einfach erscheinenden Aufgabe. Dafür bietet es sicherlich mehr Flexibilität. Die nachfolgende Lösung hat dagegen den Charme, dass sie aufgrund ihrer Überschaubarkeit einen Einblick in die Technik vermittelt.

Klasse InMemoryCompiler

Die Klasse `InMemoryCompiler` benutzt drei innere Klassen zur Arbeit. Der Hauptgrund dieser liegt darin, dass äußere sowie innere Klassen einen wechselseitigen Zugriff auf ihre `private` deklarierten Felder zulassen.

```
package compiler_api;

import java.util.*;
import java.io.*;
import java.net.*;
import javax.tools.*;
import javax.tools.JavaCompiler.CompilationTask;
import javax.tools.JavaFileObject.Kind;

public class InMemoryCompiler {

    // --- jeweils ein Feld der benutzen Klassen/Interfaces,
    //     siehe hierzu auch Abbildung 6.3
    private JavaCompiler compiler;
    private DiagnosticCollector<JavaFileObject> diagCollector;
    private IMJavaFileManager<StandardJavaFileManager>
                                                mjFileManager;
    private ClassLoader classLoader;
```

---

[134] Siehe http://www.janino.net/.

```
// --- 1. statische innere Klasse -----------------------------------------------------------------
//    IMJavaFileObject: Ein in-memory JavaFileObject,
//    implementiert mit Hilfe eines ByteArrayOutputStream
public static class IMJavaFileObject
                    extends SimpleJavaFileObject {
  private ByteArrayOutputStream baos;

  private IMJavaFileObject(String className, Kind kind)
                                  throws URISyntaxException {
    super(new URI(className),kind);
  }

  public static JavaFileObject newInstance(String className,
                                            Kind kind) {
    try {
      return new IMJavaFileObject(className,kind);
    } catch (Exception e) {
      return null;
    }
  }

  // --- OutputStream/InputStream zum In-Memory-Schreiben und -Lesen
  @Override
  public InputStream openInputStream() {
    return new ByteArrayInputStream(baos.toByteArray());
  }

  @Override
  public OutputStream openOutputStream()  {
    return baos= new ByteArrayOutputStream();
  }

  // --- liefert die Bytes der class-Datei, sofern vorhanden
  public byte[] getByteArray() {
    if (baos!=null)
      return baos.toByteArray();
    return new byte[0];
  }
}
```

```java
// --- 2. statische innere Klasse -----------------------------------------------
//    IMJavaFileManager: Ein in-memory FileManager,
//    speichert die JavaFileObjects in einer Map, mit Klassenname als Schlüssel.
 public static class
                    IMJavaFileManager<M extends JavaFileManager>
                    extends ForwardingJavaFileManager<M> {

   private final Map<String,JavaFileObject> jfoMap;

   public IMJavaFileManager(M fileManager) {
     super(fileManager);
     jfoMap= new HashMap<String,JavaFileObject>();
   }

// --- liefert dem Compiler ein JavaFileObject zur Ausgabe der class-Datei Bytes. Das
//    JavaFileObject wird vorher in der Map unter dem Klassennamen gespeichert.
   @Override
   public JavaFileObject getJavaFileForOutput(Location location,
               String className, Kind kind, FileObject sibling) {
     try {
       JavaFileObject jfo=
                   IMJavaFileObject.newInstance(className,kind);
       jfoMap.put(className,jfo);
       return jfo;
     }
     catch(Exception e) {
       return null;
     }
   }
 }

// --- 3. innere Member-Klasse --------------------------------------------------
//    IMClassLoader: Sehr einfacher Klassenlader,
//    Hat als Default den ContextClassLoader als Parent-Loader
//    Als Member-Klasse hat sie Zugriff auf die Instanz-Methode
//    getClassBytes() der äußeren InMemoryCompiler-Instanz
 public class IMClassLoader extends ClassLoader {

   public IMClassLoader() {
     super(Thread.currentThread().getContextClassLoader());
   }

   public IMClassLoader(ClassLoader parent) {
     super(parent);
   }
```

```java
// --- holt mit Hilfe des Klassennamens über die Instanz-Methode aus der Map
//     die class-Datei Bytes, und übergibt sie defineClass()
@Override
protected Class<?> findClass(String name)
                                throws ClassNotFoundException {
  byte[] clArr= getClassBytes(name);
  if (clArr.length==0)
     throw new ClassNotFoundException(name);

  Class clazz = defineClass(name,clArr,0,clArr.length);
  if (clazz == null)
     throw new ClassNotFoundException(name);
  return clazz;
  }
}


// --- InMemoryCompiler ---------------------------------------------------------


// --- 1. Konstruktor:
//     Übernimmt den übergegebenen ClassLoader als Parent und legt die Felder an:
//     JavaCompiler, DiagnosticCollector, IMFileManager, IMClassLoader
public InMemoryCompiler(ClassLoader parent) {
  compiler= ToolProvider.getSystemJavaCompiler();
  if (compiler==null)
     throw new UnsupportedOperationException(
                 "javax.tools: Compiler nicht gefunden");

  diagCollector= new DiagnosticCollector<JavaFileObject>();

  StandardJavaFileManager fileManager=
     compiler.getStandardFileManager(diagCollector,null,null);

  mjFileManager= new IMJavaFileManager
                        <StandardJavaFileManager>(fileManager);
  if (parent==null)
     classLoader= new IMClassLoader();
  else
     classLoader= new IMClassLoader(parent);
  }

// --- 2. Konstruktor: delegiert nur an ersten!
public InMemoryCompiler() {
  this(null);
  }
```

```
// --- diese Methode akzeptiert nur Implementierungen zum Interface
//    JavaFileObject, die mittels getCharContent() die Java-Source als
//    CharSequence zurückgeben können. Rückgabe von:
//    true: Compilierung erfolgreich!
//    false: Fehler bei der Compilierung. Sie können mittels getDiagnostics()
//                                    anschließend analysiert werden!
public boolean compileSource(JavaFileObject source) {
  CompilationTask compTask=
    compiler.getTask(null,mjFileManager,diagCollector,
                       null,null,Arrays.asList(source));
  return compTask.call();
}


// --- nur nach compileSource() aufzurufen, wenn diese Methode false liefert!
public List<Diagnostic<? extends JavaFileObject>>
                                    getDiagnostics() {
  return diagCollector.getDiagnostics();
}


// --- greift direkt auf die Map des FileManagers mjFileManager zu
public byte[] getClassBytes(String className) {
  if (mjFileManager.jfoMap.containsKey(className))
    return ((IMJavaFileObject)mjFileManager.
            jfoMap.get(className)).getByteArray();
  return new byte[0];
}


// --- liefert die Class-Instanz zur Klasse className
public Class<?> getClass(String className) {
  if (mjFileManager.jfoMap.containsKey(className))
    try {
      return classLoader.loadClass(className);
    } catch (ClassNotFoundException e) {
    }
  return null;
}


}
```

Der Code der Klasse `InMemoryCompiler` basiert auf zwei Design-Entscheidungen: Erstens werden alle checked Exceptions in Runtime-Exceptions oder in den Wert `null` transformiert. Das macht den Einsatz der Klasse `InMemoryCompiler` einfacher, aber nicht unbedingt sicherer. Zweitens werden keinerlei Prüfungen der übergebenen Klassennamen – auch in Verbindung mit den Sourcen – vorgenommen. Das kann sehr leicht zu Inkonsistenzen führen. Aber es hat den Vorteil, den Code überschaubar zu halten.

Es fehlt noch ein abschließender Test, der den Einsatz des `InMemoryCompilers` demons-
triert. Dazu werden zwei leicht unterschiedliche Sourcen compiliert. Beide enthalten eine
Klasse mit einer `main()`, die per Reflexion ausgeführt wird. Der Code ist nicht unbedingt
DRY, zeigt jedoch den einfachen Einsatz:

```java
import java.util.*;
import javax.tools.*;

public class JavacTest5 {
  public static void main(String... args) {
    // --- 1. Source:
    String className= "SayHelloTo";
    String source=
      "public class " + className + " {\n" +
      "  public static void main(String... args) {\n" +
      "    System.out.println(\"Hallo \"+args[0]);\n" +
      "  }\n" +
      "}\n";
    InMemoryCompiler mCompiler= new InMemoryCompiler();

    System.out.println(mCompiler.compileSource(
      StringJavaFileObject.newInstance(className,source)));
                                                         ⇨ true
    // --- hat keine Wirkung, da fehlerfreie Source!
    for(Diagnostic<? extends JavaFileObject>
        d: mCompiler.getDiagnostics())
      System.out.println(d);

    System.out.println(
      mCompiler.getClassBytes(className).length);       ⇨ 610

    Class<?> clazz= mCompiler.getClass(className);
    if (clazz!= null) {
      System.out.println(
        Arrays.toString(clazz.getDeclaredMethods()));
            ⇨ [public static void SayHelloTo.main(java.lang.String[])]
      try {
        clazz.getDeclaredMethods()[0]
          .invoke(null,new Object[]{new String[]{"Compiler"}});
            ⇨ Hallo Compiler
      } catch (Exception e) {
        System.out.println(e);
      }
    }
  }
```

```
// --- 2. Source: Wird direkt mit Hilfe von newInstance() als StringJavaFileObject
//                 dem Compiler übergeben!
System.out.println(mCompiler.compileSource(
    StringJavaFileObject.newInstance("Foo",
        "public class Foo {\n" +
        "    public static void main(String... args) {\n" +
        "        System.out.println(args[0]);\n" +
        "    }\n" +
        "}\n")));
⇨ true


clazz= mCompiler.getClass("Foo");
if (clazz!= null) {
    System.out.println(
        Arrays.toString(clazz.getDeclaredMethods()));
⇨ [public static void Foo.main(java.lang.String[])]
    try {
        clazz.getDeclaredMethods()[0]
            .invoke(null,
                    new Object[] {
                        new String[]{"Aufruf von Foo"}
                    });
⇨ Aufruf von Foo
    } catch (Exception e) {
        System.out.println(e);
    }
    }
    }
}
```

Anmerkungen zum Compiler-API

Das Compiler-API ist – in Bezug auf seine Aufgabe – zu komplex geraten. Es muss sich mit bereits bestehenden Open-Source APIs wie beispielsweise Janino messen. Ein besonderes Problem liegt u.a. darin, dass es nicht im normalen Java 6 JRE enthalten ist. Programme, die das Compiler-API zur Zeit nutzen, sind auf eine voll installierte Java 6 Standard Edition angewiesen. Eine In-Memory-Compilierung ist zwar eine Standard-Aufgabe, die vom Compiler-API aber nur unzureichend unterstützt wird. Allerdings bringt In-Memory-Compilierung auch erhebliche Nachteile mit sich, da alle Klassen, die erst zur Laufzeit von einem Klassenlader geladen werden, nur mittels Reflexion direkt benutzt werden können. Sofern die generierten Klassen also bei der In-Memory-Compilierung nicht zu einem Interface gecastet werden können, führt die Verwendung zu recht unschönem und unsicherem Code. Der Rest des Codes hat dann Ähnlichkeit mit Skript-Code in Java und leitet somit zum nächsten Thema über!

6.1   Das Scripting API

Scripting ist ein Begriff, der gerne mit dynamischen Sprachen verwendet bzw. verwechselt wird. Anhänger von Ruby, Python & Co. hören ihn deshalb nicht so gerne, da mit der Bezeichnung Skript eine eher unvollständige Sprache verbunden ist, in der man schnell andere Programme und Komponenten miteinander verbinden kann. Klassisch ist hier die Unix *Shell*. Ein weiterer Vertreter ist *AppleScript* für Mac OS X. Echte Scriting Sprachen sind speziell für gewisse Aufgaben entworfen worden, beispielsweise für Microsoft Excel (*VB*), Web-Browser (*Tcl*) oder numerische Berechnungen (*MATHLAB*).

Daneben gibt es allerdings noch eine zweite Spezies, die dynamischen Sprachen. Sie sind vollwertige Programmiersprachen, haben nur mit den Skript-Sprachen einige wesentliche Eigenschaft gemeinsam: Sie sind aufgrund von fehlenden Typ-Deklarationen einfach zu verwenden und die Programme können ohne vorherige Compilierung ausgeführt werden, kurz sie werden interpretiert. Allerdings ist der letzte Punkt nicht unbedingt zwingend, den wie *JRuby* zeigt, kann durchaus eine Compilierung in Byte-Code wie bei Java erfolgen. Deshalb bleibt als einziges hartes Kriterium die Kennzeichnung der dynamischen Typisierung.

6.1.1   Dynamisch vs. Statisch vs. Funktional

Im Gegensatz zu *statisch* typisierten Sprachen fehlen bei dynamischen Sprachen die Typ-Angaben bei Variablen. Die Typen sind nur an die Werte gebunden, wodurch jede Variable zur Laufzeit verschiedene Werte bzw. Typen referenzieren kann. Obwohl also durchaus (stark) typisiert, werden bei dynamischen Sprachen Typ-Fehler grundsätzlich erst zur Laufzeit erkannt. Ein Compiler – selbst wenn er involviert ist – kann Typ-Verletzungen nicht erkennen. Auf der Haben-Seite steht dagegen die deutliche Reduktion des Zeitaufwands bei der Entwicklung. Präzise Angaben zum Typ sind unwichtig und der Code wird kürzer. Ergänzt wird dies zur Laufzeit noch durch den Mechanismus, der unter Duck-Typing bekannt ist: Bei dem Aufruf einer Methoden muss nicht der Typ, zu dem sie gehört, sondern die Struktur der Methode übereinstimmen.

Von Anhängern dynamischer Sprachen wird gerne auf fortgeschrittene Konzepte wie Closures, High-Order Funktionen oder dynamische Anpassung von Klassen verwiesen. Aber sie sind kein Privileg dynamischer Sprachen. Der Begriff *funktional*, der mit nahezu allen dynamischen Sprachen verbunden wird, stört da eher. Denn das Gegenteil von funktionalem ist der *imperative Stil* der Programmierung, und der wird von den weitaus meisten statischen wie auch dynamischen Sprachen gepflegt. Erst wenn die imperativen Konstrukte fehlen bzw. nicht verwendet werden und man alle Seiteneffekte im Code vermeidet, ist man auf der funktionalen Seite. Die Sprachen, die funktionalen Stil wirklich fordern, sind (mit Ausnahme der Ursprache Lisp) vor allem *Erlang* oder *Haskell*. Bei Sprachen wie Ruby, Python oder Smalltalk werden als Eigenschaften gleichzeitig imperativ wie funktional angeführt. Das ist aber ein Widerspruch in sich. Gemeint ist wohl, dass man sie funktional verwenden kann. Aber das gilt genauso gut auch für Sprachen wie C, Java oder C#.

6.1.2   API Überblick

Nach dieser eher theoretischen Einleitung nun zur praktischen Seite. Im Folgenden wird nicht mehr zwischen den beiden Begriffen „Scripting" und „dynamisch" unterschieden. In Java 6 wurde erstmals das *JSR-223 – Scripting for the Java Platform –* in einem Package `javax.script` realisiert. Es besteht aus jeweils nur sechs Interfaces und Klassen (inklusive der Ausnahme `ScriptException`).

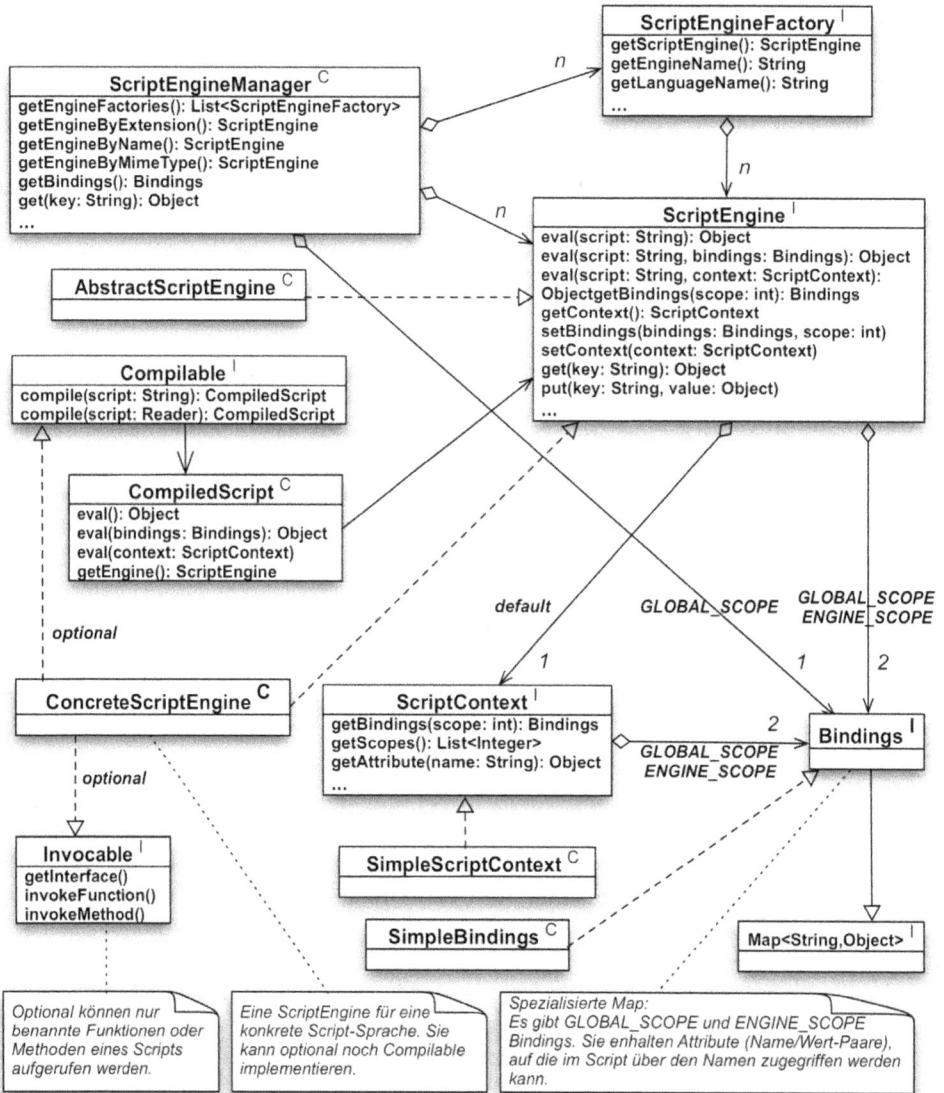

ScriptEngineFactory I
- getScriptEngine(): ScriptEngine
- getEngineName(): String
- getLanguageName(): String
- ...

ScriptEngineManager C
- getEngineFactories(): List<ScriptEngineFactory>
- getEngineByExtension(): ScriptEngine
- getEngineByName(): ScriptEngine
- getEngineByMimeType(): ScriptEngine
- getBindings(): Bindings
- get(key: String): Object
- ...

ScriptEngine I
- eval(script: String): Object
- eval(script: String, bindings: Bindings): Object
- eval(script: String, context: ScriptContext): ObjectgetBindings(scope: int): Bindings
- getContext(): ScriptContext
- setBindings(bindings: Bindings, scope: int)
- setContext(context: ScriptContext)
- get(key: String): Object
- put(key: String, value: Object)
- ...

AbstractScriptEngine C

Compilable I
- compile(script: String): CompiledScript
- compile(script: Reader): CompiledScript

CompiledScript C
- eval(): Object
- eval(bindings: Bindings): Object
- eval(context: ScriptContext)
- getEngine(): ScriptEngine

optional

ConcreteScriptEngine C

optional

Invocable I
- getInterface()
- invokeFunction()
- invokeMethod()

default   GLOBAL_SCOPE   GLOBAL_SCOPE
                                  ENGINE_SCOPE

ScriptContext I
- getBindings(scope: int): Bindings
- getScopes(): List<Integer>
- getAttribute(name: String): Object
- ...

GLOBAL_SCOPE
ENGINE_SCOPE

Bindings I

SimpleScriptContext C

SimpleBindings C

Map<String,Object> I

Optional können nur benannte Funktionen oder Methoden eines Scripts aufgerufen werden.

Eine ScriptEngine für eine konkrete Script-Sprache. Sie kann optional noch Compilable implementieren.

Spezialisierte Map: Es gibt GLOBAL_SCOPE und ENGINE_SCOPE Bindings. Sie enthalten Attribute (Name/Wert-Paare), auf die im Script über den Namen zugegriffen werden kann.

Abbildung 6.4: Zusammenhänge der Interfaces und Klassen im Scripting API

Das Design des Frameworks erinnert an ein Open-Source Projekt *Bean Scripting Framework*, das seinerzeit von IBM initiiert und dann von der Apache Organisation übernommen wurde. Es erlaubt die Interaktion zwischen Skripts und Java-Programmen zur Laufzeit. Das API ist insofern minimalistisch, dass es nur essentielle Methoden für die Einbindung von dynamischen Sprachen in eine Java-Laufzeit-Umgebung zur Verfügung stellt. Einige wünschenswerten Methoden werden in optionale Interfaces ausgelagert. Der folgende kurze Überblick orientiert sich an der Abbildung 6.4.

Obligatorische Interfaces

Ausgangspunkt ist immer der `ScriptManager`. Es erlaubt den Zugriff auf eine Liste aller `ScriptFactorys` . Entweder direkt über den Namen oder indirekt über die Factory erhält man eine konkrete Engine, die das Interface `ScriptEngine` implementiert. Die wichtigste Methode dieses Interfaces ist `eval()`. Sie ist überladen und führt zur Laufzeit eines Java-Programms einen Skript-Source aus, der als `String` oder über einen `Reader` übergeben wird. Konkrete Vorgaben zur Implementierung bzw. Ausführung des Skripts gibt es nicht!

Für die Interaktion zwischen äußerem Java-Programm und Skript benötigt man irgend eine allgemein definierte Form des Datenaustauschs. Dieser wird mit Hilfe der beiden Interfaces `ScriptContext` und `Bindings` hergestellt. Das Kontext-Interface hat die Aufgabe, zwischen globalen Variablen – auch Attribute genannt – und Variablen zu unterscheiden, die nur zu einer bestimmten Engine gehören. Globale Variablen können somit von allen Skript-Engines benutzt werden. Die Engine-Variablen sind für den Austausch von Werten zwischen dem Java-Programm und einer speziellen Engine gedacht. Mit Hilfe der beiden int-Konstanten `GLOBAL_SCOPE` und `ENGINE_SCOPE` werden diese beiden Attribut-Gruppen unterschieden. Sie werden in einer zugehörigen `Binding`-Instanz abgelegt. Das Interface `Binding` ist nur eine spezialisierte `Map`, die über eine Attribut-Namen Zugriff auf den Wert einer Variablen erlaubt. Eine wichtige Aufgabe des Bindings ist die Vermittlung zwischen den Java-Typen der Attribute und den zugehörigen Typen der Skript-Sprache. Damit ist aber schon der Teil des APIs beschrieben, der von allen Skript-Engines – in der Abbildung 6.4 mit `ConcreteScriptEngine` benannt – implementiert werden muss.

Optionale Interfaces

Es gibt noch zwei optionale Interfaces, die von `ConcreteScriptEngine` implementiert werden können. Ist der Skript-Interpreter in ein *Front-* und ein *Back-End* unterteilt, übersetzt im Front-End ein Parser den Skript-Code in einen internen bzw. *intermediate* Code. Dieser wird dann vom Back-End ausgeführt. Wird das Interface `Compilable` implementiert, kann der Parser explizit ausgeführt und von der eigentlichen Ausführung separiert werden. Das hat den Vorteil, dass die wiederholte Ausführung eines Skripts wesentlich beschleunigt wird. Hierzu muss zuerst `compile()` aufgerufen werden. Anschließend kann mit Hilfe der speziellen `eval()`-Methoden aus `CompiledScript` das Skript mehrfach ausgeführt werden. Das Interface `Invocable` bietet darüber hinaus die Möglichkeit, einzelne Funktionen oder Methoden – sofern die Skript-Sprache objekt-orientiert ist – in einem Skript über ein zugehöriges Java-Interface auszuführen, das sie beschreibt.

6.1.3 Eingebundene Skript-Sprachen

Standardmäßig ist in Java 6 nur die Rhino-ScriptEngine installiert. Für die folgenden Beispiele wurden noch zusätzlich die sehr aktuellen Skript-Sprachen JRuby und JavaFX installiert. Hierzu die erste Demonstration (Ausgabe auf der folgenden Seite!):

```java
public static void main(String... args) throws ScriptException {
    ScriptEngineManager manager= new ScriptEngineManager ();
    List<ScriptEngineFactory> sefLst= manager.getEngineFactories();
    int i= 1;

    for(ScriptEngineFactory factory: sefLst) {
        System.out.println(i++ +". Engine-Name:         "+
                        factory.getEngineName());
        System.out.println("Engine-Version:        "+
                        factory.getEngineVersion());
        System.out.print  ("Zugehoerige Extensions: ");
        List<String> extensions = factory.getExtensions();
        for(String extension: extensions)
          System.out.print(extension+" ");
        System.out.println();
        System.out.println("Programmier-Sprache:    "+
                        factory.getLanguageName());
        System.out.println("Sprach-Version:        "+
                        factory.getLanguageVersion());
        System.out.print  ("Zugehoerige MIME-Typen: ");
        List<String> mimetypes = factory.getMimeTypes();
        for(String mimetype: mimetypes)
          System.out.print(mimetype+" ");
        System.out.println();
        System.out.print  ("Zugehoerige Kurznamen:  ");
        List<String> shortnames = factory.getNames();
        for(String shortname: shortnames)
            System.out.print(shortname+" ");
        System.out.println("\n--------------------------");
    }
    ScriptEngine jsEngine =   manager.getEngineByName("js");
    ScriptEngine rhinoEngine= sefLst.get(3).getScriptEngine();
    System.out.println(jsEngine);
    System.out.println(rhinoEngine);
    System.out.println(jsEngine==rhinoEngine);
}
```

Die Ausgabe zeigt, dass die Rhino-Factory verschiedene Engine-Instanzen erzeugt:

```
1. Engine-Name:        JavaFXEngine
Engine-Version:        0.1a
Zugehoerige Extensions: fx
Programmier-Sprache:   FX
Sprach-Version:        0.1
Zugehoerige MIME-Typen:
Zugehoerige Kurznamen: FX
--------------------------
2. Engine-Name:        Mozilla Rhino
Engine-Version:        1.6 release 2
Zugehoerige Extensions: ejs
Programmier-Sprache:   EmbeddedECMAScript
Sprach-Version:        1.6
Zugehoerige MIME-Typen: application/embeddedjavascript
                       text/embeddedjavascript
Zugehoerige Kurznamen: ejs EmbeddedJavaScript embeddedjavascript
--------------------------
3. Engine-Name:        jruby
Engine-Version:        1.0
Zugehoerige Extensions: rb
Programmier-Sprache:   ruby
Sprach-Version:        1.8.4
Zugehoerige MIME-Typen:
Zugehoerige Kurznamen: jruby ruby
--------------------------
4. Engine-Name:        Mozilla Rhino
Engine-Version:        1.6R7
Zugehoerige Extensions: js
Programmier-Sprache:   ECMAScript
Sprach-Version:        1.6
Zugehoerige MIME-Typen: application/javascript application/ecmascript
                       text/javascript text/ecmascript
Zugehoerige Kurznamen: rhino-nonjdk js rhino JavaScript javascript
                       ECMAScript ecmascript
--------------------------
com.sun.phobos.script.javascript.RhinoScriptEngine@18fb1f7
com.sun.phobos.script.javascript.RhinoScriptEngine@ed0338
false
```

Bei Mime-Typen und Kurznamen wurde die Ausgabe wenn nötig passend umgebrochen. Da standardmäßig nur die in Java geschriebene Rhino-Variante von JavaScript zur Verfügung steht, ist sicherlich noch die Installation einer ScriptEngine interessant.

6.1.4   Einbinden von Skript-Sprachen

Auf der Projekt-Seite im *java.net*[135] wurden Ende 2007 bereits mehr als 25 Skript-Sprachen für das JSR 223 APIs aufgelistet. Da nur JavaScript mit Java 6 ausgeliefert wird, hängt die Wahl weiterer Sprachen davon ab, welche Aufgabe man nicht mittels Java lösen möchte. Wir beschränken uns in diesem Abschnitt auf die beiden wichtigen Sprachen JRuby und JavaFX. Die letztere wird von Sun seit 2007 gegen *Flash* und *Silverlight* positioniert.

VM-Einbindung von JavaScript, JRuby & JavaFX

Die VM lädt die Skript-Engines mit Hilfe der Klasse `ServiceLoader`. Es muss somit im Klassenpfad eine `jar`-Datei geben, die im Verzeichnis `METAINF/services` eine Textdatei mit dem voll qualifizierten Namen `javax.script.ScriptEngineFactory` enthält.[136] In dieser Textdatei steht pro Zeile eine zugehörige Implementierung zum Factory-Interface. Für JavaScript ist das die `jar`-Datei `js-engine.jar` mit den beiden Zeilen

```
com.sun.phobos.script.javascript.RhinoScriptEngineFactory
com.sun.phobos.script.javascript.EmbeddedRhinoScriptEngineFactory
```

in der o.a. Textdatei. Sie verweisen auf die beiden zugehörigen Implementierungen zum Interface. Im Fall JRuby ist es `jar`-Datei `jruby-engine.jar` mit dem Eintrag:

```
com.sun.script.jruby.JRubyScriptEngineFactory
```

und im Fall JavaFX ist es `javafxrt.jar` mit dem Textdatei-Eintrag:

```
net.java.javafx.jsr223.JavaFXScriptEngineFactory
```

Neben den o.a. `jar`-Dateien müssen abhängig von der Engine noch folgende Verzeichnisse bzw. `jar`-Dateien im Zugriff stehen. Für

- **JavaScript**:
  ```
  .../javascript/
  .../javascript/bin/
  .../javascript/lib/js.jar
  ```
- **JRuby**:
  ```
  .../jruby/
  .../jruby/lib/asm-2.2.3.jar
  .../jruby/lib/jruby.jar
  ```
- **JavaFX**:
  ```
  .../lib/javafxrt.jar
  .../lib/Filters.jar
  .../lib/swing-layout.jar
  ```

---

[135]   https://scripting.dev.java.net/

[136]   Siehe 5. Kapitel Hinweis 5.11.

6.1.5 Ausführung von Skripts aus Java

Aufgrund des JSR 223 ist die Art, wie Skripts verschiedener Sprachen von Java aus aufgerufen werden, recht einheitlich. Um nicht zu sehr von der Eigenart einer Skript-Sprache abhängig zu werden, sind die Skript-Beispiele sehr einfach gehalten. Es geht in erster Linie um die Java-Seite, speziell um die verschiedenen Kommunikations-Möglichkeiten von Java aus gesehen. Ob und was mit Hilfe von Skripts sinnvoll zu lösen ist, ist hier nicht die Frage. Starten wir mit den verschiedenen Varianten der Ausführung und beschränken wir uns dabei auf die Sprachen JavaScript oder JRuby (zuerst mit Schwerpunkt JRuby).

Factory & eval(String)

Das folgende Beispiel zeigt in erster Linie die Ausführung von `eval()`. Allerdings wird auch der Einsatz von Attributen und der Vorrang des `ENGINE_SCOPE` vor dem `GLOBAL_SCOPE` demonstriert. Da jede Engine auch ihre zugehörige Factory kennt, werden aus der Factory noch zwei „ungewöhnliche" Methoden `getOutputStatement()` und `getProgram()` vorgestellt.

```java
import java.util.*;
import javax.script.*;
import static javax.script.ScriptContext.*; // für Zugriff auf Konstante

public class ScriptTest02 {
  public static void main(String... args)
                    throws ScriptException {
    ScriptEngineManager seMgr = new ScriptEngineManager ();
    ScriptEngine jsEng= seMgr.getEngineByName("js");
    ScriptEngine rubyEng= seMgr.getEngineByName("jruby");

    ScriptEngineFactory rubyFac= rubyEng.getFactory();
    String s= "Hallo Welt ";

    // --- gibt in der jeweiligen Script-Sprache eine Anweisung aus,
    //     mit der der String s ausgegeben werden kann.
    String rHelloWorld= rubyFac.getOutputStatement(s);

    System.out.println(rHelloWorld);          ⇥ print('Hallo Welt ')
    rubyEng.eval(rHelloWorld);                ⇥ Hallo Welt
    // --- die Ruby-Konsol-Anweisung ist in diesem Fall
    //     auch für JavaScript gültig. Somit:
    jsEng.eval(rHelloWorld);                  ⇥ Hallo Welt

    // --- auf die Hilfe von getOutputStream() sollte man nicht angewiesen sein!
    rubyEng.eval("STDOUT.print 'Hallo ' 'Welt\n'"); ⇥ Hallo Welt
```

```
// --- Anlage von zwei Variable im GLOBAL_SCOPE
seMgr.put("args", new Object[] {"Hallo ","Welt"});
// --- „Umwandlung" von drei Ruby-Anweisungen in ein Ruby-Programm
//    es verwendet aufgrund der globalen Variable $args die Variablen aus Java
String rProg= rubyFac.getProgram("print 'Argumente: '",
                                  "$args.each{|a| print a}",
                                  "print '\n'");
System.out.println(rProg);      ⇨  print 'Argumente: ';
                                   $args.each{|a| print a};
                                   print '
                                   ';
rubyEng.eval(rProg);            ⇨  Argumente: Hallo Welt


// --- Deklaration von zwei Variablen mit gleichen Namen im ENGINE_SCOPE
rubyEng.put("args", new Object[] {123,456,"\n"});

// --- Die gleiche Ausgabe, aber mit zwei getrennten eval()
rubyEng.eval("print 'Argumente: '");
rubyEng.eval("$args.each{|a| print a}");   ⇨  Argumente: 123456

// --- explizite Angabe des zugehörigen Bindings
rubyEng.eval(rProg, rubyEng.getBindings(GLOBAL_SCOPE));
                                ⇨  Argumente: Hallo Welt
  }
}
```

ScriptContext, Scope & Bindings

Die Zusammenhänge der drei Begriffe Kontext, Scope/Bereich und Bindung sind etwas verwirrend. Auf oberster Ebene steht der Kontext, vertreten durch das Interface `ScriptCon-`
`text` bzw. die Klasse `SimpleScriptContext`. Zusammen mit einer `ScriptEngine` wird
von der Factory ein so genannter *Default-Context* erschaffen. In jedem Kontext existieren
zwei voneinander unabhängige Bereiche, der so genannte `GLOBAL_SCOPE` und der
`ENGINE_SCOPE`. Der `GLOBAL_SCOPE` nimmt Attribute – Schlüssel/Werte-Paare – auf, die
für alle von einem `ScriptEngineManager` erschaffenen `ScriptEngines` im Zugriff stehen. Die Attribute im Bereich `ENGINE_SCOPE` stehen dagegen nur der jeweiligen `Scrip-`
`tEngine` zur Verfügung. Die Attribute werden in einer `Map<String,Object>` abgelegt,
die als `Bindings` deklariert wird. Jeder Scope hat also eine `Bindings`.

`ScriptEngineManager` und `ScriptEngine` enthalten gleichermaßen zwei Methoden
`get()` und `put()`, um Attribute zu lesen und zu schreiben. Der Unterschied besteht darin,
dass der Manager (nur) den `GLOBAL_SCOPE` und die Engine den `LOCAL_SCOPE` benutzt.

Bis zu diesem Punkt ist der Kontext-Mechanismus fix. Zur Flexibilität tragen nun weitere
Methoden in den drei Interfaces bei. Im `ScriptEngineManager` existiert neben einem Getter ein Setter `setBindings()`, der die Attribute-Map des `GLOBAL_SCOPE` austauscht. In der

`ScriptEngine` und in `ScriptContext` existieren neben entsprechenden Gettern zwei Setter mit Namen `setBindigs()` mit den gleichen Aufgaben. Sie erlauben den Austausch der Bindings für den `GLOBAL_SCOPE` und dem `ENGINE_SCOPE`, die zum Default-Kontext gehören. Somit verbleibt nur noch eine Methode `setContext()` in der Engine, die den zugehörigen Default-Kontext wechseln kann. Dazu benötigt man dann aber eine Implementierung von `ScriptContext`, die in Form von `SimpleScriptContext` mit einem No-Arg-Konstruktor im API zur Verfügung steht.

Wem das alles zu umständlich ist, da er temporär nur für einen Aufruf von `eval()` Kontext oder Bindung wechseln möchte, der kann dies mit den entsprechenden `eval()`-Methoden machen, die optional als zweites Argument ein `ScriptContext` oder `Bindings` akzeptieren. Dies wirkt dann nur für diesen Aufruf.

Wie das o.a. Beispiel zeigt, gewinnt bei gleichen Attribut-Namen in beiden Bereichen immer der `ENGINE_SCOPE`. Er hat Vorrang gegenüber globalen Variablen. Sofern dies alles immer noch nicht flexibel genug ist, kann `ScriptContext` erweitert werden, beispielsweise um mehr als zwei Bereiche. Ob das opportun ist, soll hier nicht weiter diskutiert werden.

Engine-Optionen, eval()

Das folgende JRuby-Beispiel zeigt neben der `Reader`-Variante von `eval()` eine weitere wichtige Eigenschaft, Zustände über mehrere `eval()`-Aufrufe zu bewahren. Dies ist eine optionale Eigenschaft, die nicht von jeder Script-Engine implementiert werden muss. Schreiben wir dazu ein kleines Ruby-Script in eine Datei `rtest01.rb`:

```
print $max,"\n"              # Anzeige der globalen Variable
def fib(n)
  i,j= 1,1
  while i<=n
    yield i                  # führt den assoziierten Block mit i aus
    i,j=j,i+j
  end
end
fib($max) { |f| print f," " }   # hier ein assoziierter Block
```

Das dazu gehörige Java-Programm gibt zuerst das Threading-Verhalten der Engine aus und führt danach zwei `eval()` Operationen aus:

```
public class ScriptTest03 {
  public static void main(String... args) throws Exception {
    ScriptEngineManager seMgr = new ScriptEngineManager ();
    ScriptEngine rubyEng = seMgr.getEngineByName("jruby");

    System.out.println(rubyEng.getFactory()
                  .getParameter("THREADING"));  ⇨ MULTITHREADED

    // --- Wert-Eintrag für die globale Variable im Ruby-Script
```

```
rubyEng.put("max",100);
// --- Ausführen des oben angegebenen Scripts
rubyEng.eval(new FileReader("rtest01.rb"));
                                ⇨ 100
                                ⇨ 1 1 2 3 5 8 13 21 34 55 89
System.out.println();
// --- erneuter Aufruf von fib(),
//     eine gloable Variable in Ruby wird durch Prefix $ identifiziert
rubyEng.eval(
  "fib($max) { |f| print f,\" \" }" ⇨ 1 1 2 3 5 8 13 21 34 55 89
  );
}
}
```

Sicherlich ist das Verhalten einer Engine bei paralleler Ausführung von Scripts in verschiedenen Threads nicht uninteressant. Es gibt vier mögliche Verhalten, die als Strings zurückgeliefert werden:

- `null`   Die Engine ist selbst nicht thread-sicher und kann nicht von mehr als einer Thread parallel benutzt werden.

- `MULTITHREADED`   Die Engine ist selbst thread-sicher, aber die Ausführungen der Skripts sind nicht voneinander isoliert, was zu unangenehmen Seiteneffekten führen kann.

- `THREAD-ISOLATED` Die Skripts sind zusätzlich zu den Eigenschaften von `MULTI-THREADED` voneinander isolierte, die Werte der Variablen sind quasi thread-lokal.

- `STATELESS`   Zusätzlich zu den Eigenschaften von `THREAD-ISOLATED` wer den alle die Einträge in den Bindings nicht geändert, sie sind quasi immutable.

Die JRuby-Engine ist somit zwar thread-sicher, aber die typischen Probleme wie beispielsweise *Race-Conditions* beim Threading bleiben im Verantwortungsbereich des Programmierers. Dafür zeigt die Ausführungen von mehr als einer `eval()`-Methode, dass die JRuby-Engine durchaus den Code und die Zustände der Variablen erhält. Im letzten `eval()`-Aufruf kann somit auf Methoden (oder Werte) zurückgegriffen werden, die im ersten verwendet werden. Vorsicht ist bei den im Java-Code in den `Bindings` definierten globalen Variablen geboten. Abhängig von der Script-Sprache müssen sie eventuell bei der Verwendung im Script selbst angepasst werden. In diesem Fall wird aus `max` in Ruby `$max`, da eine „$" in Ruby eine globale Variable identifiziert.

Das Fibonacci-Beispiel oben zeigt recht schön einen besonderen Vorteil von Ruby gegenüber Java: Die Verwendung von Blocks mittels `yield` in der Umgebung einer Methode. In Java ist dies mit Hilfe von anonymen Klassen nur mühsam nachvollziehbar.

6.1.6   Aufruf von Funktionen aus Java

Im letzten Beispiel wurde zwar gezielt eine Funktion aus einem Skript aufgerufen, allerdings ist dies bei näherer Betrachtung aus der Sicht von Java unbefriedigend. Das liegt daran, dass man in `eval()` Script-Code als `String` übergeben muss. Dieser kann erst zur Laufzeit auf Korrektheit geprüft werden. Darüber hinaus können Ergebnisse von Skript-Funktionen teilweise schwierig in korrespondierende Java-Typen konvertiert werden. Es gilt halt der Grundsatz: „*When in Java do as the Javanese do!*", übersetzt als

Hinweis 6.1   *Code-Melange – ein Anti-Pattern*

* Die Vermischung von Java- und Skript-Code führt zu schwer wartbaren Programmen. Das ist eine Erfahrung aus der (früheren) Programmierung von Web-Auftritten, bei der eine bunte Vermischung von HTML und Skripten regelmäßig zu Chaos führte.

* Für die Java-Seite bedeutet dies, Funktionen und Methoden in den Skript-Programmen möglichst über eine Java-*Invoke* oder – besser noch – über ein Interface aufzurufen. Die Abhängigkeit von einer speziellen Skript-Sprache sollte möglichst gering sein.

Die Relevanz soll an einem einfachen JavaScript-Beispiel demonstriert werden. Dazu werden zwei Varianten von Array-Funktionen in einer Datei `TestArrFunc.js` definiert:

```
// --- Liefert die ersten num Elemente des Arrays arr analog zu Arrays.toString()
function arrayToString(arr, num) {
  if (num <= 0)
    return "[]";

  var i;
  var res= "";
  for (i= 0; i < num; i++) {
    res= res + ", " + arr[i];
  }
  return "["+res.substring(2,res.length)+"]";
}


// --- Liefert die ersten num Elemente des Arrays arr als (Sub-) Array
function subArray(arr, num) {
  var i;
  var res= [];
  if (num <= 0)
    return res;
  for (i= 0; i < num; i++) {
    res.push(arr.shift());
  }
  return res;
}
```

Diese Funktionen können nun in einem Java-Programm in unterschiedlicher Weise aufgerufen werden. Erzeugen wir wie gewohnt eine Engine und führen die beiden o.a. Funktionen in Datei `TestArrFunc.js` aus:

```
ScriptEngineManager seMgr = new ScriptEngineManager ();
ScriptEngine jsEng = seMgr.getEngineByName("js");
// --- ".../" steht für ein passendes Verzeichnis
jsEng.eval(new FileReader(".../TestArrFunc.js"));
```

Beide Methoden können aufgrund von `eval()` nun aufgerufen werden, erzeugen aber selbst keine Ausgabe. Nun vergleichen wir die unterschiedlichen Arten des Aufrufs dieser beiden Methoden.

1. Variante   Verwendung einer Variable `oArr`, die beim Aufruf aus Java benutzt wird.

```
jsEng.put("oArr", new Object[] {"Hallo","Welt",1,1.1});

// --- Überprüfung und Ausgabe zum Vergleich mit arrayToString()
System.out.println(Arrays.toString((Object[])jsEng.get("oArr")));
                                        ⇨ [Hallo, Welt, 1, 1.1]
// --- direkte Ausgabe des Aufrufs
System.out.println(
    jsEng.eval("arrayToString(oArr,4)"));   ⇨ [Hallo, Welt, 1, 1.1]

// --- Zuweisung zu einem String s ist natürlich auch möglich
String s= (String)jsEng.eval("arrayToString(oArr,4)");
```

2. Variante   Direkte Anlage des Arrays in JavaScript.

```
System.out.println(jsEng.eval(
    "arrayToString(new Array(\"Hallo\",\"Welt\",1,1.1),4)"));
```

Der Aufruf ist sicherlich elegant und kurz. Aber auf der Negativseite steht nun die Abhängigkeit von JavaScript. Die Syntax zur Anlage des Arrays lässt keine andere Skript-Sprache zu. Rufen wir nun beide Varianten für die zweite Methode auf:

```
jsEng.put("oArr", new Object[] {"Hallo","Welt",1,1.1});
System.out.println(jsEng.eval("subArray(oArr,4)"));
         ⇨ org.mozilla.javascript.NativeArray@15e83f9
System.out.println(jsEng.eval(
    "subArray(new Array(\"Hallo\",\"Welt\",1,1.1),4)"));
         ⇨ org.mozilla.javascript.NativeArray@1ccce3c
Object[] subArr= (Object[])jsEng.eval("subArray(oArr,4)");
         ⇨ Exception in ... ClassCastException
```

Das ist nicht das Ergebnis, das man sich erhofft hat. Die erste Frage ist sicherlich nach dem *Warum*?

6.1.7   Das Invocable Interface

Das Problem beim Ergebnis der Methode `subArray()` liegt in den zu unterschiedlichen Typ-Systemen von Java und Skript-Sprachen, hier speziell JavaScript.[137] Prinzipiell hat man nun zwei Möglichkeiten. Man

- schreibt in Java gezielt nur Code für eine Skript-Sprache,
- folgt Hinweis 2.1 und wechselt die Strategie.

Da die meisten Skript-Sprachen das optionale Interface `Invocable` im Scripting-API implementieren, sollte man besser die Strategie wechseln und den Skript-Code möglichst kapseln. Das ist nicht nur einfach, sondern führt auch zu elegantem Java-Code. `Invocable` bietet nur wenige wichtige Methoden:

```
<T> T getInterface(Class<T> iClass)
```

Diese Methode liefert zu `Class`-Instanz des Interfaces `T` eine Proxy-Implementierung, die auf den Funktionen im Skript-Code basiert, die vorher kompiliert bzw. per `eval()` ausgeführt wurden. Das setzt voraus, dass es zu den Interfaces-Methoden namensgleiche Methoden im Skript gibt, die mit denen im Interface angegebenen Argumenten ausgeführt werden können. Das heißt nicht unbedingt, dass die Signatur der Methoden übereinstimmen muss. Beispielsweise erkennt JavaScript seine Funktionen am Namen, wobei jede Funktion mit beliebig vielen Argumenten aufgerufen werden kann. Die Parameter sind also nur ein *Short-Cut*.[138] Gibt es überhaupt keine übereinstimmende Funktionen, ist das Ergebnis von `getInterface()` schlicht `null`. Ansonsten kann man über das Proxy vom Typ `T` die Funktionen aufrufen, die gefunden wurden. Wählt man eine Methode, zu der es keine korrespondierende Skript-Funktion gibt, wird eine Ausnahme mit einer entsprechenden Mitteilung ausgelöst.

Ist die Skript-Sprache objekt-orientiert, gibt es nicht unbedingt (nur) gobale Funktionen. Somit existiert eine weitere `getInterface()`-Methode, die als ersten Parameter das Skript-Objekt enthält, dessen Methoden in einem Interface `T` gekapselt werden sollen:

```
<T> T getInterface(Object thiz, Class<T> iClass)
```

Über `Invocable` kann natürlich auch ohne Interface eine globale Skript-Funktion oder eine Methode eines speziellen Skript-Objekts aufgerufen werden:

```
Object invokeFunction(String name, Object... args)

Object invokeMethod(Object thiz, String name, Object... args)
```

Aber diese Art des Aufrufs hat die gleiche Schwäche wie die oben verwendete `eval()`-Methode, wie das folgende Beispiel zeigen wird.

---

[137] Arrays in JavaScript sind äußerst dynamische Gebilde., die u.a. auch Eigenschaften von Java-Listen haben.

[138] Das `i`-te Argumente kann im Code per `arguments[i-1]` angesprochen werden. Somit gibt es in JavaScript auch kein Overloading.

6.1.8   Invocable an Beispielen

Wählen wir wieder das Beispiel subArray() aus Abschnitt 6.2.8. Wie gezeigt, verhält sich die Funktion bei direktem Aufruf nicht java-konform. Ergo definieren wir zuerst ein Wrapper-Interface FunctionUtil in Java, das eine Methode mit gleichem Namen enthält:

```
interface FunctionUtil {
    String    arrayToString(Object[] oArr, int num);
    Object[]  subArray(Object[] oArr, int num);
    String    noScriptFunction();
}
```

Nun verwenden wir das Interface Invocable zum Aufruf der Methode:

```
ScriptEngineManager seMgr = new ScriptEngineManager ();
ScriptEngine jsEng = seMgr.getEngineByName("js");
jsEng.eval(new FileReader(".../TestArrFunc.js"));
Invocable jsInvoke= (Invocable)jsEng;
Object[] oArr= {"Hallo","Welt",1,1.1};

// --- wie bei eval() wird ein Ergebnis als Instanz der Klasse NativeArray geliefert
System.out.println(jsInvoke.invokeFunction("subArray",oArr,3));
                      ⇨ org.mozilla.javascript.NativeArray@1f4689e
// --- erst wenn man die Methoden des Interfaces verwendet,
//    ist das Ergebnis java-konform.
FunctionUtil funcUtil= jsInvoke.getInterface(FunctionUtil.class);
System.out.println(Arrays.toString(funcUtil.subArray(oArr,3)));
                      ⇨ [Hallo, Welt, 1]

// --- die Ausführung erfolgt durch die JavaScript-Methode,  die auch Ergebnisse
//     im Fall von fehlerhaften oberen Grenzen wie 5 liefert.
Object[] subArr= funcUtil.subArray(oArr,5);
System.out.println(Arrays.toString(subArr));
                      ⇨ [Hallo, Welt, 1, 1.1, undefined]

// --- das nicht vorhandene Element wird durch einen String "undefined" ersetzt
String s= (String)subArr[4];
System.out.println(s);

// --- Löst eine NoSuchMethod Exception aus, da es diese Methode im Skript nicht gibt!
s= funcUtil.noScriptFunction();
```

In JavaScript wird für einen nicht existierenden Wert einer Variablen ein Objekt Undefined mit der String-Repräsentation "undefined" geliefert. Ein String-Literal "undefined" bietet da nur eine Analogie in Java.

Aufruf von Methoden eines Objekts

Die beiden objekt-orientierten Methoden von `Invocable` setzen voraus, dass die Skript-Sprache in irgendeiner Form auch objekt-orientiert ist. JavaScript kennt keine Klassen, zu denen man Instanzen anlegt. Objekte mit Feldern bzw. Eigenschaften und Methoden baut man dynamisch aus Prototypen. Die beiden zentralen Konstrukte sind `function` und `prototype`. Sie erlauben Konstruktoren, die die Objekt-Felder initialisieren und die Anlage zugehöriger Methoden. Es gibt recht gute Einführungen zu JavaScript im Netz (siehe Referenzen). Nachfolgend ein einfaches Beispiel, abgelegt in Datei `TestObjects.js`:

```
// --- Konstruktor
function Student(matNr, name) {
   this.matNr= matNr;
   this.name= name;
}


// --- Anlage zweier Getter
Student.prototype.getMatNr = function() {
   return this.matNr;
}
Student.prototype.getName = function() {
   return this.name;
}


// --- eine Instanz zu Student
var student= new Student(123456,"Schultz");
```

Nun zur Verwendung der `Invocable`-Methoden in Java:

```
// --- eine dynamische Wahl der Script-Engine passend zur Extension:
ScriptEngineManager seMgr = new ScriptEngineManager();
ScriptEngine jsEng = seMgr.getEngineByExtension("js");
jsEng.eval(new FileReader(".../TestObjects.js"));
Invocable jsInvoke= (Invocable)jsEng;


// --- Zugriff auf das Student-Objekt über die Binding
System.out.println(
   jsInvoke.invokeMethod(jsEng.get("student"),"getMatNr")+": "+
   jsInvoke.invokeMethod(jsEng.get("student"),"getName"));
                                              ⇨ 123456: Schultz
// --- Setzt ein passendes Interface Student voraus (siehe folgende Seite)
Student student=
    jsInvoke.getInterface(jsEng.get("student"),Student.class);
System.out.println(
   student.getMatNr() +": "+ student.getName()); ⇨ 123456: Schultz
```

Hier nun abschließend noch das zum Java-Code zugehörige Interface:

```
interface Student {
    int getMatNr();
    String getName();
}
```

Die Wahl der passenden Script-Engine wird im letzten Beispiel der VM überlassen. Dies ist bei Skript-Dateien flexibler. Dann kann man auch die Skript-Sprachen wechseln, ohne Anpassungen im Code vornehmen zu müssen.

6.1.9 Das Compilable Interface

Wie bereits `Invocable` ist auch das Interface `Compilable` optional für eine Scripting-Engine. Die Implementierung dieses Interfaces hat die Aufgabe, bei wiederholter Ausführung von Skripten ein erneutes Parsen und die Erstellung von Zwischencode zu verhindern. Das setzt voraus, dass es auch ein Front- und Back-End gibt. Das Interface `Compilable` enthält im Prinzip nur eine Methode `compile()`, allerdings in zwei Varianten:

```
CompiledScript compile(Reader script);

CompiledScript compile(String script);
```

Die Methode überführt den übergebenen Skript-Code wenn möglich in einen intermediären Code und stellt ihn als `CompiledScript` zur Verfügung. Dieser Zwischen-Code wird dann im weiteren ausgeführt, was in der Regel zu einer besseren Performance führt. Ob dies wirklich so ist, hängt sicherlich stark von der Skript-Sprache und ihrer Implementierung ab. Der nachfolgende Code experimentiert ein wenig mit JavaScript, ohne den Anspruch zu erheben, repräsentativ zu sein. Aber er gibt zumindest einen Eindruck.

```
public class ScriptTest06 {
    public static void main(String... args) throws Exception {
        ScriptEngineManager seMgr = new ScriptEngineManager();
        // --- die zweite Engine benutzt das Compilable-Interface
        ScriptEngine jsEng1= seMgr.getEngineByName("js");
        ScriptEngine jsEng2= seMgr.getEngineByName("js");

        // --- JavaScript: zwei Methoden, die anschließend mehrfach ausgeführt werden!
        String jsScript =
          "function root(number) {return Math.sqrt(number);};\n"+
          "function isLeap(year) {\n"+
          "return (!(year&3) && year%100 || !(year%400)) && true;\n"+
          "};\n"+
          "for (i= 0; i < 1000; i++) { root(i); }\n"+
          "for (i= 1900; i < 2001; i++) {"+
          "  isLeap(i); }\n";
```

```
// --- Anzahl der Ausführungen im Test, long-Arrays halten Zeiten fest
int num= 4;
long[] t1= new long[num];
long[] t2= new long[num];

for (int i= 0; i<num; i++) {
  t1[i]= System.currentTimeMillis();
  // --- normale Ausführung des Skripts
  jsEng1.eval(jsScript);
  t1[i]= System.currentTimeMillis()-t1[i];
}

// --- Compilieren und Zeit festhalten
long t= System.currentTimeMillis();
CompiledScript cs= ((Compilable)jsEng2).compile(jsScript);
t= System.currentTimeMillis()-t;

for (int i= 0; i<num; i++) {
  t2[i]= System.currentTimeMillis();
  // --- Ausführen des compilierten Skripts
  cs.eval();
  t2[i]= System.currentTimeMillis()-t2[i];
}

// --- Vergleich der Zeiten in Milli-Sekunden
System.out.println(Arrays.toString(t1)); ⇨ [47, 39, 35, 30]
System.out.println(
        Arrays.toString(t2)+" + "+t); ⇨ [22, 13, 12, 17] + 7

Invocable jsInvoke= (Invocable)jsEng1;
t= System.currentTimeMillis();
for (int i= 0; i<100; i++)
  jsInvoke.invokeFunction("root",10);
System.out.println(System.currentTimeMillis()-t);   ⇨ 335

jsInvoke= (Invocable)jsEng2;

t= System.currentTimeMillis();
for (int i= 0; i<100; i++)
  jsInvoke.invokeFunction("root",10);
System.out.println(System.currentTimeMillis()-t);   ⇨ 221
  }
}
```

Das Ergebnis ist nicht repräsentativ, da die Art des Skript-Codes in Verbindung mit der Anzahl der Ausführungen starken Einfluss auf die Ausführungszeiten hat.

6.1.10   Java aus Skript-Sicht

Das Scripting-API ermöglicht es, aus Java-Programmen einheitlich auf jede Art von Skript-
Code zuzugreifen. Die eleganteste Art des Zugriffs ist aus Java-Sicht ein Interface – implementiert durch ein Proxy – das Funktionen und Methoden der jeweiligen Skript-Sprache
transparent kapselt. Das ist allerdings nur die eine Blickrichtung. Sie reicht nur so lange aus,
wie der Skript-Code ein in sich isolierter Service ist. Die Bindings übernehmen dann den
Austausch der Argumente und Ergebnisse.

Bindings sind der erste Schritt zu einer zweiseitigen Sichtbarkeit, neudeutsch *two-way Visi-
bility*. Java bietet nicht nur eine VM, sondern eine mächtige Plattform mit vielen Klassen
und Methoden. Darüber hinaus ist häufig eine enge Integration des Skript-Service mit der
Java-Applikation notwendig. Es kann durchaus erforderlich sein, Klassen und Interfaces im
Skript-Code zu erweitern bzw. zu implementieren. Dies kann nicht durch ein java-seitiges
API standardisiert werden. Denn die Art der Integration von Java ist sicherlich abhängig von
der jeweiligen Skript-Sprache. Somit beschränkt sich die nun folgende Besprechung auf die
beiden wichtigen Skript-Sprachen JavaScript und JRuby. Da JavaScript weder Klassen noch
Interfaces kennt, sondern – als *prototypal inheritance* – OO mittels Funktions-Objekten und
Prototypen realisiert, gibt es keine triviale Anbindung an das Java-Typ-System. Ruby beruht
dagegen wie auch Java auf Klassen, allerdings ohne einen Typ Interface zu kennen. Ruby
hat dafür Mixins[139], die eine elegante Art der Mehrfachvererbung (ohne deren Nachteile!)
darstellen.

Die folgende Besprechung beschränkt sich ausschließlich auf die Integration von Java innerhalb von JavaScript bzw. JRuby und setzt somit Kenntnisse in den beiden Sprachen voraus.
Der Skript-Code wird – wie bereits in den vorherigen Beispielen – so einfach gehalten, dass
er intuitiv verstanden werden kann.[140]

6.1.11   JavaScript Anbindung an Java

JavaScript kennt keine Namespaces in Form von Packages oder Modulen. Die erste Aufgabe
besteht somit darin, die Java-Packages, Klassen und Interfaces einzubinden. Dazu bietet JavaScript eine vordefinierte Variable `Packages`, mit der man jedes (im Klassenpfad liegende) Package einbinden kann. Daneben gibt es noch spezielle Variablen `java`, `javax` oder
`sun` für die Standard-Bibliotheken `java.*`, `javax.*` bzw. `sun.*`. Die Anweisungen `im-
portPackage()` und `importClass()` erlauben den einfachen Zugriff auf ein Package,
Klasse oder Interface:

---

[139]   Für einen Vergleich von Java und Ruby siehe `http://wiki.ruby-portal.de/Ruby_vs._Java`

[140]   Es gibt auch recht gute JavaScript- bzw. JRuby-Tutorials im Netz (siehe auch Referenzen!).

```
importPackage(javax.swing);
importClass(java.util.GregorianCalendar);

var MyClass = Packages.my_package.MyClass;
var myClass = new MyClass();
```

Der Nachteil von `importPackage()` besteht darin, dass der globale Namensraum mit den Namen von Java-Klassen „überschwemmt" wird. Um dies zu verhindern, gibt es daher einen JavaScript-Konstruktor `JavaImporter`, dem beliebig viele Packages und Klassen übergeben werden können. Dies erlaubt es, einen Namensraum mittels `with` zu erzeugen, was für GUI-Einsätze besonders attraktiv ist:

```
var JavaGui = JavaImporter(javax.swing,
                           java.awt.Rectangle,
                           java.awt.Dimension);
// ...

with (JavaGui) {
  var frame = new JFrame("JavaScript");
  frame.setSize(new Dimension(200,100));
  // ...
}
```

Die Anlage von Java-Objekten mittels `new` ist in JavaScript analog zu Java.

Java-Arrays

An sich besteht keine direkte Notwendigkeit, native Java-Arrays in JavaScript anzulegen. Die Arrays von JavaScript können an Java-Methoden übergeben werden, die als Argument ein Java-Array erwarten. Die Konvertierung geschieht automatisch:

```
var util= new JavaImporter(java.util);
with (util) {
  var jsArray= new Array("ein","Script","Array")
  print(Arrays.asList(jsArray));              ⟿ [ein, Script, Array]
}
```

Sofern man aber aus bestimmten Gründen Java-Arrays anlegen muss, bleibt nur der Weg über Reflexion:

```
var util= new JavaImporter(java.util, java.lang);
with (util) {
  var sArray= java.lang.reflect.Array.
                  newInstance(new String("").getClass(),3);
```

```
    sArray[0] = "ein";
    sArray[1] = "Java";
    sArray[2] = "Array";

    print(Arrays.asList(sArray));                    ⇨ [ein, Java, Array]
}
```

Der Zugriff auf die Array-Elemente ist wie gewohnt.

Interfaces-Implementierungen

Wie schon eingangs erwähnt, gibt es in JavaScript kein echtes Äquivalent zur klassen-basierten Vererbung. Aber das ist an sich nicht unbedingt ungewöhnlich. Allgemein gilt nämlich der

Hinweis 6.2 Sprach-Projektion

- Eine Übersetzung oder Abbildung von einer Programmier-Sprache in eine andere ist eine Art von *Projektion*, mit der ein Verlust der ursprünglichen Semantik verbunden ist.

- Im Fall der Einbindung von Java in JavaScript kollidiert die klassen-basierte mit der *prototype-delegation* basierten Semantik.[141]

Ein sehr einfaches Beispiel ist die Projektion von numerischen Typen in Java auf den Number-Typ in JavaScript. Jeder ganzzahlige Wert über 2147483647 wird automatisch in eine (8 Byte) Double umgewandelt, was bei numerischen Operationen sehr unangenehm sein kann. Legt man beispielsweise in Java eine globale Long-Variable an

```
    Long l = 1234567890123456789L;
    jsEng.put("lint",l);                    // jsEng ist eine ScriptEngine
```

und gibt sie in JavaScript aus

```
    print(lint);    ⇨ 1234567890123456800
```

so erkennt man die implizite Umwandlung, auch wenn der Dezimalpunkt fehlt. In Bezug auf Vererbung existiert in Rhino ein JavaAdapter-Objekt

```
    JavaAdapter(javaClass, [javaClass,...] javascriptObject)
```

Das soll eine Brücke schaffen, die die Typ-Hierarchie von Java auf JavaScript übertragen soll. Dazu kann dem Konstruktor JavaAdapter als erstes Argumente eine Java-Klasse übergeben werden, gefolgt von beliebig viele Java-Interfaces. Dies simuliert ein extends mit nachfolgendem implements bei der Deklarartion von Java-Klassen. Das letzte Argument ist eine passende JavaScript-Implementierung bzw. Erweiterung dazu.

---

[141] Sie hierzu auch http://en.wikipedia.org/wiki/Prototype-based_programming

Aus „Kostengründen" wurde dies so nicht im aktuellen Java 6-Scripting API übernommen.[142] Es bleibt aber eine abgespeckte Version mit genau zwei Argumenten:

```
JavaAdapter(javaInterface, jsImplementation)
```

Sie kann dazu benutzt werden, ein Script-Objekt zur erschaffen, das genau ein Java-Interface mit Hilfe des zweiten Arguments implementiert. In vielen Fällen stört diese Restriktion nicht. Als Parade-Beispiel kann man das Interface `java.lang.Runnable` wählen. Es werden zwei Varianten der JavaScript-Implementierung dazu gezeigt. Zuerst die elegante Variante, danach die konventionelle.

```
new java.lang.Thread(
    new JavaAdapter(java.lang.Runnable,
                    {
                        run: function() {
                            print("Aufruf non run()\n")
                        }
                    })
).start();                  ⇨ Aufruf non run()
```

Zugegeben, der Code sieht kompakt aus. Dafür zeigt er allerdings auch das „funktionale Potential" von JavaScript. Das Interface `Runnable` wird mittels JavaScript-Code implementiert. Der Konstruktor `new JavaAdapter()` erschafft dann ein Skript-Objekt, das aus Java-Sicht vom Typ `Runnable` ist. Deshalb kann es an den `Thread`-Konstruktor übergeben werden, der letztendlich `run()` ausführt. Hier eine weitere recht verständliche Variante.

```
competence= {
    skills: new Array("Java","Ruby","JavaScript"),

    getSkills: function() { return this.skills; },

    // --- die entscheidende Methode für Runnable
    run: function() {
        var num= this.skills.length;
        for (i= 0; i<num; i++)
            print(this.skills[i]+" ");
    }
};


new java.lang.Thread(new JavaAdapter(java.lang.Runnable,
                                competence)).start();
                            ⇨ Java Ruby JavaScript
new java.lang.Thread(competence).start(); ⇨
```

Ohne `JavaAdapter` ergibt die letzte Anweisung keine Ausgabe und auch keinen Laufzeitfehler (zumindest unter der Java 6-Version zu Mac OS X).

---

[142] Siehe hierzu auch http://java.sun.com/javase/6/webnotes/index.html#scripting.

Overloading

Wie bereits angesprochen, unterscheidet JavaScript die Methoden nur anhand ihres Namens.
Da Java-Klassen und -Interfaces überladene Methoden enthalten können, kann dies zu Lauf-
zeitfehlern führen. Das ist dann der Fall, wenn die Wahl der Methode aufgrund des verwendeten Algorithmus nicht eindeutig ist.[143] Anhand von zwei Beispielen soll die korrekte Wahl
einer überladenen Methode mit einer, die nicht möglich ist, verglichen werden. Anschließend wird gezeigt, wie man auch dieses Problem beseitigen kann.

Die erste JavaScript-Anweisung listet alle in `System.out` gefundenen `println()`-Metho-
den auf, die zweite `println()`-Anweisung trifft dann eine korrekte Wahl:

```
print(java.lang.System.out.println);  ⇨ function println() {/*
                                           void println(long)
                                           void println(int)
                                           ...
                                           void println(double)
                                           void println(float)
                                           */}

java.lang.System.out.println(1.0);    ⇨ 1.0
```

Die nächste Ausgabe hat ein ähnliches Problem, kann sich aber für keine überladene `to-`
`String()`-Methode entscheiden, was sie durch einen Laufzeitfehler anzeigt:

```
  var jsArray= new Array("1","2","3");

  print(java.util.Arrays.toString(jsArray));
1 ⇨ Exception ...: The choice of Java constructor toString matching
2     JavaScript argument types (object) is ambiguous;
3     candidate constructors are:
4     class java.lang.String toString(boolean[])
5     class java.lang.String toString(double[])
6     class java.lang.String toString(java.lang.Object[])
      ...
      class java.lang.String toString(byte[])
```

Die Fehler-Ausgabe wurde deshalb ausgedruckt, weil sie die Lösung des Problems enthält.
In JavaScript sind Objekte – dazu zählt natürlich auch `System.out` oder `util.Arrays` –
sogenannte *assoziative Arrays*.[144] Die Fehlerausgabe zeigt den identifizierenden `String`,
den man zur Anwahl der korrekten überladenen Methode benötigt. Besonders klar wird dies,
wenn man `java.util.Arrays` wie in der nachfolgenden ersten Anweisung als JavaScript-
Variable behandelt. In der zweiten Anweisung wird mittels des identifizierenden `Strings`

---

[143] Das Phänomen ist nicht unbekannt, da es auch bei generischen Java-Methoden auftreten kann.

[144] Auch als Dictionaries bzw. Maps. bekannt (siehe auch: `http://en.wikipedia.org/wiki/Associa-`
`tive_array`).

aus der Zeile 6 der letzten Fehlermeldung die korrekte Java-Methode ausgewählt. Nun ist man in der Lage, die überladene Methode anzuwählen:

```
var arr= new Array("1","2","3");

var toString= java.util.Arrays;
print(toString["toString(java.lang.Object[])"](arr)); ⇨ [1, 2, 3]
```

Diese Art der Auswahl sollte man natürlich nur als Rettungsanker ansehen.

Java-Exceptions in JavaScript

Die Behandlung von Ausnahmen, die in Java aufgetreten sind, müssen in JavaScript geeignet behandelt werden. JavaScript kennt ebenfalls wie Java das `try-catch` Konstrukt, aber Ausnahmen in JavaScript sind üblicherweise `Error`-Objekte, die eine Java-`Exception` kapseln können. Mit Hilfe der Property `javaException`, die die Rhino-Implementierung für die Anbindung an Java bereitstellt, kann die genaue Ursache des Laufzeitfehlers im Java-Code ermittelt werden. Hier ein kleines Beispiel:

```
try {
  var x = new java.lang.Integer("hallo");
  println(x);
} catch (e) {
  var exc = e.javaException;
  if (exc instanceof java.lang.RuntimeException) {
    exc.printStackTrace();
    ⇨ java.lang.NumberFormatException: For input string: "hallo"
       ...
  } else  {
    println("Ops");
  }
}
```

6.1.12   JRuby Anbindung an Java

Im Gegensatz zu JavaScript ist Ruby zwar ebenfalls klassenbasiert, aber doch sehr unterschiedlich von der Java-Sprache. Ruby kennt beispielsweise keine Interfaces, die in Java extensiv verwendet werden. Dafür kennt es wiederum Module und Mixins. Java benutzt Overloading und mehrere Konstruktoren, Ruby kann dagegen ohne `getX()` und `setX()` auf Eigenschaften (Properties) von Klassen zugreifen. Die Liste der Unterschiede ist lang. Im weiteren sollen die wichtigsten Punkte besprochen werden.

Zugriff auf Java

Die übliche Art, in Ruby Dateien einzubinden ist mittels `load` oder `require`, wobei das letztere bevorzugt wird. Neben `require` gibt es noch weitere Möglichkeiten, gezielt von JRuby auf Java, Packages oder Klassen zuzugreifen. Hier eine Zusammenstellung der wichtigsten:

```ruby
require 'java'
# alternativ:
# include Java


import java.util.System


# direkter Zugriff auf System
puts System.currentTimeMillis()         ⇨ 1202663955325


# nur im Modul: Zugriff mittels include_class auf Date
module JavaLang
  include_class "java.util.Date"
  puts Date.new()                       ⇨ Sun Feb 10 18:19:15 CET 2008
end


# außerhalb über Konstanten-Notation ::
d= JavaLang::Date.new
puts d


include_class("java.util.HashSet")
# alternativ:
# import java.util.HashSet


set= HashSet.new
set.add("1")
set.add(1.23)
puts set                                ⇨ [1.23, 1]

module JSystem
  # Zugriff auf Package
  include_package 'java.lang'

  sb= StringBuffer.new
  sb.append("StringBuffer")
  puts sb
end


puts JSystem::System.currentTimeMillis()
```

Eine weitere Möglichkeit besteht darin, die Java-Typen auf Ruby-Konstanten abzubilden. Hier einmal ein Swing-Beispiel, das ein Dialogfenster öffnet

```
JOptionPane.showConfirmDialog(null, "Mitteilung","Dialog",
                              JOptionPane.CLOSED_OPTION,
                              JOptionPane.ERROR_MESSAGE);
```

und die Umsetzung in Ruby-Code – Datei rtest04.rb – (mit Hilfe von nil und ::)

```
JOptionPane= javax.swing.JOptionPane
JOptionPane.showConfirmDialog(nil, "Mitteilung","Dialog",
                              JOptionPane::CLOSED_OPTION,
                              JOptionPane::ERROR_MESSAGE);
```

Der Aufruf aus einem Java-Programm ist dann mit drei Anweisungen erledigt:

```
public class RubyTest01 {
  public static void main(String... args) throws Exception {
    ScriptEngineManager seMgr = new ScriptEngineManager ();
    ScriptEngine rubyEng = seMgr.getEngineByName("jruby");
    rubyEng.eval(new FileReader("…/rtest04.rb"));
  }
}
```

Da in Ruby ebenfalls Klassen wie Thread oder String existieren, ist es keine gute Idee, die gleichnamigen Klassen aus Java zu importieren. Es entstehen dann Namenskonflikte, die bei der Ausführung zum Programmabbruch führen können. Eine einfache Art der Lösung besteht in der Umbenennung, hier der Java-Klasse String in JString:

```
# keine gute Idee:
# import java.lang.String

# besser:
include_class('java.lang.String')  {|package,clazz| "J#{clazz}" }
# alternativ:
# include_class ("java.lang.String") {|pkg,clazz| "J"+clazz }

puts JString.new("Java-String")
```

Java Klassen und Interfaces in JRuby

Klassen und Interfaces aus Java können in Ruby erweitert oder implementiert werden. Um dies zu demonstrieren, benötigen wir ein (einfaches) Interface mit einer Implementierung:

```java
package corek6script;   // Package von Shape und Circle

public interface Shape {
   int getBaseX();
   int getBaseY();
   double area();
}

public class Circle {
   private int baseX;
   private int baseY;
   private int radius;

   public Circle(int baseX, int baseY, int radius) {
      this.baseX= baseX;
      this.baseY= baseY;
      this.radius= radius;
   }

   public int getBaseX() {
      return baseX;
   }
   public int getBaseY() {
      return baseY;
   }

   public double area() {
      return Math.PI * radius *radius;
   }
}
```

In JRuby – Datei `rtest05.rb` – soll als erstes die Klasse `Circle` erweitert werden:

```ruby
include Java
include_class "corek6script.Circle"

# Klasse RCircle überschreibt die Methode area() und fügt eine neue Methode hinzu
class RCircle < Circle
   def area()
      return java.lang.Math.floor(super)
   end
```

```
    def area_to_s()
       return "Area: " + area().to_s()
    end
 end

 c= RCircle.new(1,2,3)
 puts c.area                              ⇨ 28.0
 puts c.area_to_s                         ⇨ Area: 28.0
```

Aus Java kann die Ruby-Klasse RCircle ebenfalls benutzt werden:

```
 public class RubyTest02 {
    public static void main(String... args) throws Exception {
       ScriptEngineManager seMgr = new ScriptEngineManager ();
       ScriptEngine rubyEng = seMgr.getEngineByName("jruby");

       rubyEng.eval(new FileReader(
                   "/users/friedrichesser/RubyApp1/lib/rtest05.rb"));

       Circle c= (Circle)rubyEng.eval("RCircle.new(3,2,1)");

       System.out.println(c.area());          ⇨ 3.0
    }
 }
```

Allerdings ist mit dem Cast nach Circle die Methode area_to_s() nicht sichtbar. Die
Klasse RCircle kann von Java nicht direkt benutzt werden. Ein Cast nach RCircle würde
zu einer Ausnahme führen. Im folgenden wird noch das Interface Shape als Ruby-Klasse
implementiert. Dabei ist zu beachten, dass hierzu das Schlüsselwort include verwendet
wird:

```
 class RandomShape
       include Shape
    def getBaseX()
       return java.lang.Math.random()*10
    end

    def getBaseY()
       return java.lang.Math.random()*10
    end

    def area()
       return java.lang.Math.random()*100
    end
 end
```

Die obere Java-Testklasse `RubyTest02` kann dann um folgende Anweisungen ergänzt werden:

```
Shape s= (Shape)rubyEng.eval("RandomShape.new()");

System.out.println(s.getBaseX());              ⇨ 7
System.out.println(s.getBaseY());              ⇨ 3
System.out.println(s.area());                  ⇨ 15.84893328526954
```

JRuby Exceptions

Werden im Ruby-Script Ausnahmen ausgelöst, können diese als `javax.script.Scrip-tException` abgefangen werden. Ein trivialer Ruby-Code (in Datei `rtest06.rb`)

```
def foo()
  raise "Fehler in JRuby"
end
```

aufgerufen im Java-Code:

```
ScriptEngineManager seMgr = new ScriptEngineManager ();
ScriptEngine rubyEng = seMgr.getEngineByName("jruby");
rubyEng.eval(new FileReader("../rtest06.rb"));

try {
  rubyEng.eval("foo()");
} catch (ScriptException e) {
  System.out.println(e);
}
```

zeigt dies. Wobei die Meldung `"Fehler in JRuby"` leider nicht übertragen wird, selbst wenn man den Fehler mittels `e.printStackTrace()` zurückverfolgen möchte.

6.1.13   JavaFX Anbindung an Java

JavaFX ist eine sehr junge Skript-Sprache, die Sun erst 2007 auf der JavaOne-Konferenz vorgestellt hat. Sie entstand aus einem Projekt mit Namen *F3* – ein Akronym für *Form Follows Function* – und ist im Bereich der anspruchsvollen GUI-Programmierung angesiedelt. Sie ist deklarativ und überraschenderweise statisch typisiert. Das ist sicherlich ungewöhnlich für eine Skript-Sprache. Das Ziel, das Sun mit JavaFX verfolgt, ist sehr ambitioniert, vielleicht sogar ein wenig zu hoch aufgehängt. Denn nach Aussage von Sun tritt JavaFX gegen Konkurrenten wie Flash, Open Laszlo, Microsoft WPF/XAML, Mozilla XUL und AJAX/DHMTL an, und zwar mit dem Anspruch, besser zu sein.

Zur Zeit kämpft die Sprache weniger mit dem Hype als mit ihrem (Prototyp-)Status. Es sind zwar schon einige Tutorials und graphische Beispiele verfügbar, seit Anfang 2008 sogar begleitet von den ersten Fachbücher, aber etabliert hat sich JavaFX in der Java-Gemeinde noch nicht. Die Kommentare sind bestenfalls verhalten positiv. Aus der Perspektive des Scripting-APIs stellt man verwundert fest, dass es hierzu so gut wie keine detaillierte Dokumentation gibt, allenfalls Hinweise. Bei java.net findet man weder auf der Hauptseite zum Scripting-API, noch auf der Hauptseite der JavaFX Community eine ausreichend dokumentierte Anbindung. Aber ein Zusammenspiel von Java und JavaFX über das API ist durchaus möglich, wie nachfolgend demonstriert wird. Das Beispiel wurde dem *Tech Days Hands-on Labs 2008*, das seit Anfang 2008 Online verfügbar ist, entnommen. Es musste aber leicht abgeändert werden, da der ++ Operator nicht wie erwartet funktionierte (zumindest unter Java 6 auf MAC OS X 10.4). Die Anzahl der Klicks wurde nicht korrekt hochgezählt. Ansonsten wurden die Größen und Meldungen geändert und die Konsole für zusätzliche Aufgaben eingefügt. Der Code zeigt übrigens deutlich den deklarativen Charakter der Sprache:

```
package javafx;

import javafx.ui.*;
import java.lang.System;

class ButtonClickModel {
  attribute numClicks: Integer;
}

var model = new ButtonClickModel();

var win = Frame {
  width: 300
  height: 150
  content: GridPanel {
    border: EmptyBorder {
      top: 30
      left: 30
      bottom: 30
      right: 30
    }
    rows: 2
    columns: 1
    vgap: 10
    cells:
    [Button {
        text: "Klick mich an"
        mnemonic: K

        action: operation() {
          model.numClicks= model.numClicks +1;
          System.out.println(model.numClicks);
```

```
        }
      },
    Label {
        text: bind "Anzahl Klicks: {model.numClicks}"
    }]
  }
  visible: true
};
```

Wird das Skript in Datei `fxTest01.fx` abgelegt, erfolgt der Aufruf dann wie gewohnt:

```
public class FXTest01 {
    public static void main(String[] args) throws Exception {
        ScriptEngineManager manager = new ScriptEngineManager();
        ScriptEngine engine = manager.getEngineByExtension("fx");

        engine.eval(new FileReader(".../fxTest01.fx"));
    }
}
```

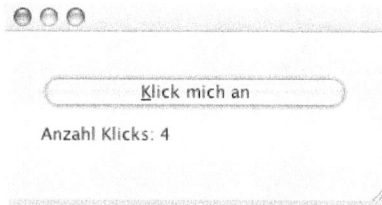

Für Syntax und Semantik wird wie schon bereits bei JavaScript und JRuby auf entsprechende Literatur und Tutorials verwiesen (siehe Referenzen).

6.2   Fazit

Das Compiler-API wurde wohl zur Unterstützung von IDEs wie NetBeans entwickelt. Es hebt sich aufgrund seines komplexen Designs hervor. Beschränkt man sich auf einfache Aufgaben, ist man davon unberührt. Das ändert sich aber schnell, wenn man es für dynamische Lösungen beim Laden oder zur Laufzeit einsetzen will. Es hat eher den Touch einer akademischen Arbeit mit dem Ziel, möglichst viele Pattern einzubringen. Trotzdem, es ist nutzbar und man kann es durchaus in ein praktikables API einhüllen.

Das Scripting-API ist dagegen aufgrund seiner Schlichtheit ein wirklich gelungenes Framework. Es wurde sehr gut von der Java-Gemeinde angenommen, was die vielen Scripting-Engines unschwer belegen. Die Tür ist also weit offen, um die Java-Plattform von vielen dynamischen Sprachen aus zu nutzen und – besser noch – in Java-Applikationen einzubinden.

6.3   Referenzen

- Thomas, D., Fowler, C., Hunt, A. (2004) *Programming Ruby*
  The Pragmatic Bookshelf, Raleigh USA, second Edition, ISBN: 0-9745140-5-5

- Resig, John (2006) *Pro JavaScript Techniques*
  Apress, USA, ISBN: 1-59059-727-3

- Weaver, James L. (2007) *JavaFX Script: Dynamic Java Scripting for Rich Internet/*
  Client-side Applications
  Apress , USA ISBN: 1-59059-945-4

- JSR 199: *Java Compiler API*
  `http://jcp.org/en/jsr/detail?id=199`

- JSR 223: *Scripting for the Java Platform*
  `http://jcp.org/en/jsr/detail?id=223`

- java.net: *Project Home Page Scripting-API*
  `https://scripting.dev.java.net/`

- java.net: *JavaFX Community*
  `https://openjfx.dev.java.net/`

- Sun (2008) *Introduction to JavaFX Programming, LAB-7281*
  `http://developers.sun.com/learning/javaoneonline/j1lab.jsp?`
  `lab=LAB-7281&yr=2008&track=1`

- ECMAScript Language Specification (1999) *Standard ECMS-262 3rd Edition*
  `http://www.ecma-international.org/publications/files/ECMA-ST/`
  `Ecma-262.pdf`

- Frishberg, Ryan (2001) *JavaScript Object-Oriented Programming*
  `http://www.sitepoint.com/article/oriented-programming-1`

- Crockford, Douglas (2006) *Classical Inheritance in JavaScript*
  `http://www.crockford.com/javascript/inheritance.html`

Index

A

AccessibleObject............................176
   setAccessible()........................179
Adapter................................356, 358
Agent-Level.................................376
AnnotatedElement.........................241
Annotation.....................................
   allgemeine Standards.................233
   AnnotatedElement....................241
   Annotations-Klassen.................254
   Attributwerte.........................222
   Decorator-Style.......................267
   defect-related.........................235
   Deklaration...........................219
   Einsatz................................216
   ElementKind..........................263
   Event-based Programmierung.........226
   Evolution.............................240
   Generics..............................223
   Hallo-Welt Prozessor.................261
   Implementierung......................254
   Interaktion............................234
   JSR 250: Common Annotations.......233
   Kollisionen...........................234
   Komposition..........................225
   Marker-Annotation...................219
   Meta-Annotationen...................227
   Mirrors...............................259
   normale/komplexe....................219
   null...................................223
   Prozessor gen. Validierung...........269
   Prozessor-Restriktionen..............267
   Prozessoren...........................259
   Prozessoren-Compiler................262
   Restriktionen.........................221

   Runtime-Auswertung................243
   Subtyp................................222
   TypeKind.............................264
   Übergabe von Array-Werten..........218
   ValidationHandler....................248
   Validierungen.........................246
   vs. Kommentare......................215
   vs. Konfiguration.....................276
   Wiederholungen......................224
   Zirkuläre Referenzen.................222
   @Constraint..........................247
   @Deprecated.........................216
   @Documented........................228
   @Generated...........................238
   @GuardedBy....................220, 235
   @Immutable.....................220, 235
   @Inherited............................229
   @InjectionComplete..................240
   @Interned............................236
   @NonEmpty..........................236
   @NonNegative........................236
   @NonNull............................236
   @NonThreadSafe......................235
   @NotThreadSafe......................220
   @Nullable............................236
   @Override............................216
   @PostConstruct.......................239
   @PreDestroy..........................239
   @ReadOnly...........................236
   @Resource............................239
   @Resources...........................239
   @Retention...........................230
   @Stateless............................235
   @SuppressWarnings..................217

Annotation..
    @Tainted..236
    @Target...231
    @ThreadSafe..................................220, 235
    @Validate..248
    @Writable...236
Anonyme Klassen.....................................
    enum..134
Anti-Pattern..
    Generics..61
    Interface für Konstante..............................4
    Scripting-API.......................................425
Apt...154,258
Argumente...
    Varargs..10
Array...
    arraycopy()...29
    ArrayStoreException...............................78
    copyOf()..29
    copyOfRange()..30
    Invarianz...77
    mit Wildcards..141
    Reflection-API............................156,188
    typ-unsicher..78
    Typ-Variable...118
    typsicher, generische Klassen..................138
    vs. generische Liste.................................75
Array-Kopien...29
ArrayStoreException....................................78
asLifoQueue()..36
ASM...154
asSubClass()..159
Autoboxing..12

B

BaseQuery..322
BCEL...154
Bindings..417, 422
Bivarianz..94
BLOB..317
Blocking..34
BlockingDeque...32
BlockingQueue...32
Bounded Container......................................34
Bounds...69

    Suchstrategien..90
Bridge-Methode.......................................187
Bytecode...
    Type-Erasure..82

C

call by value..9
Capture...106
CAS..41
Cast..
    Typ-Variable..93
cast()...159
child-first 302
Class-Instanz...156
    AccessibleObject....................................176
    asSubClass()..159
    cast()...159
    Constructor..181
    Einschränkungen....................................157
    Field..178
    forName()...158
    generische Methoden..............................199
    getClass()..158
    Getter für Felder....................................170
    Getter für Klassen..................................166
    Getter für Konstruktoren.........................174
    Getter für Methoden...............................172
    Getter Klassen-Beziehung.......................167
    Getter statische Methoden.......................174
    getX()...165
    isX()...162
    Member...176
    Method..184
    Modifier...176
Class-Literal..158
Class-Token...115
ClassLoader....................................151, 280
    child-first 302
    class..282
    Current Namespace.................................285
    Delegation...283
    Ex-/implizites Laden...............................293
    Hierarchie..283
    inkompatible Typen................................294
    Lazy-Loading & Initializing....................291

ClassLoader.......................................

    Nachteile Parent-First..............................286

    NaughtyClassLoader..................................307

    Parent-First Strategie.................................284

    Permission...286

    Restriktion für Versionen...........................296

    SecureClassLoader.....................................286

    spezieller..307

    Struktur...282

    TCCL..298

    Thread-Context-ClassLoader....................297

    URLClassLoader..289

    Versions-Management.................................293

    Versionswechsel zur Laufzeit....................295

CLOB..317

clone()..88

Cloneable..139

Collection-API...

    asLifoQueue()...36

    checkedX()..145

    Erweiterungen Java 6.................................32

    newSetFromMap().....................................36

    Thread-sichere..37

Compare-And-Set...41

compare()..48

compare()...

    Collection..43

compare(To)..45

Compilable...430

CompiledScript...417

Compiler..

    BCEL, ASM, Javassist..............................154

    grant codeBase..287

    Intercession...154

    javax.lang.model..154

    javax.tools...398

    -Djava.security.manager............................287

    -verbose..152

Compiler-API..396

    Ablauf...398

    Diagnose...401

    DiagnosticCollector...................................404

    DiagnosticListeners...................................404

    Fehler...401

    In-Memory Class.......................................407

    InMemoryCompiler....................................408

    JavaFileObject...404

    SimpleJavaFileObject.................................404

    StandardLocation.......................................403

Compiler-Warnungen.......................................84

Concurrent...

    Collection..35

ConcurrentHashMap...55

ConcurrentMap...33, 55

ConcurrentNavigableMap..............................33, 55

ConcurrentSkipListSet......................................53

ConcurrentStack...38

    Implementierung.......................................42

Console-I/O...17

Constraints...64

Constructor..181

    generische Methoden.................................199

    Type-Variable, VarArgs.............................185

Contravarianz...94

CopyOnWrite...56

CopyOnWriteArrayList......................................56

copySign()..27

Covariant Return...107

Covariant Parameter..109

Covarianz..94, 187

    Bridge-Methode..187

Current Namespace...285

D

DAO..

    GenDAO...335

    GenDAOJdbc...335

    Utility DAOJdbcUtil...................................340

    Pattern..327, 330

    generisch...331

DataSet...321

Decorator-Pattern......................................14, 363

Decorator-Style...267

Deep-Copy...88

Deque..32, 38, 40

    BlockingDeque..32

Derby...318

    schließen...344

Dezimal-Binär-Konvertierung...........................20

Dezimalzahlen..20

DiagnosticCollector..404
DiagnosticListeners...404
Distributed Services-Level...............................377
DRY...225
Duck-Typing...371
Dynamic MBean...377
Dynamisches Proxy..350

E

Ease of Development (siehe EoD)..................321
ElementKind..263
enum...
   Anonyme Klassen.....................................134
   EnumMap..129
   EnumSet..129
   Klassen..128
Enumeration...2
   Anonyme Klassen.....................................134
   Besonderheiten...128
   C/C++..2
   enum...2
   EnumMap..129
   EnumSet..129
   generische Klasse....................................126
   ordinal..3
   switch...3
   valueOf...3
EnumMap...129
EnumSet..129
EoD..321
   generisches DAO.....................................333
   Query...334
   vs. ORM...326
equals()..45, 48
   Collection...43
Erasure..81
eval()..423
Event-based Programming....................................
   Annotationen...226

F

Factory...
   dynamisch...142
   ServiceLoader...345
   & Decorator Style....................................269

Factory-Pattern..
   enum..136
Field...178, 196
File...15
Floating Point...
   copySign()..27
   Gleichheit, Ungleichheit.............................21
   IEEE 754..19
   Konstante...24
   MAX_VALUE...28
   MIN_NORMAL..28
   nextAfter()..25
   nextUp(),..25
   Regeln..24
   scalb()..27
   ulp()...25
Floating-Point...19
for-each Schleife...8
forName()...158

G

Genauigkeit..
   Floating Point..22
GenericArrayType..202
GenericDeclaration..196
Generics..
   catch...85
   extends...85
   fehlerhafte Konstrukte...............................86
   Grundlagen...61
   in Annotationen.......................................223
   instanceof...84
   Laufzeit-Info..195
   new..84
   Restriktionen...84
   static..85
   Typ-Einschränkungen.................................88
   unerlaubte Ausdrücke.................................84
   vs. Object...65
   vs. Reflexion..150
Generische Methoden..71
   in Klassen..74
Generische Sichtweise...60
Generischer Typ..67
getClass()...158

grant codeBase................................287

H

hashCode()..45
    Collection................................43

I

I/O-Methoden....................................14
IEEE 754..
    Floating Point...........................19
Implementierung.................................
    Typ..7
In-Memory Class..............................407
Inferenz...73
Infinity...21
Inkompatible Typen..........................294
instanceof..84
Instrumentation-Level.......................376
Intercession....................................154
Interfaces..
    vs. Klasse................................5
Invariante...
    Floating Point...........................28
Invarianz...77
    Prinzip...................................78
Invocable.............................417, 427
InvocationHandler...........................351

J

Java Management Extensions.............376
javac mit Optionen...........................397
JavaFileObject.................................404
JavaFX.....................................418, 420
    Anbindung an Java....................442
JavaScript......................................420
    Anbindung...............................432
    Interfaces-Implementierung...........434
    Java-Arrays.............................433
    Java-Exceptions........................437
    Zugriff auf Java........................438
Javassist...154
javax.lang.model.............................154
javax.tools.....................................398
JConsole...381

JDBC 4..................................314, 317
    BaseQuery...............................322
    DataSet...................................321
    Ease of Development...................321
    Features..................................320
    Query.....................................321
    ROWID....................................320
    XML.......................................320
    @Select............................321, 325
    @Update...........................321, 326
JMX...376
    Agent-Level.............................376
    Distributed Services-Level...........377
    Dynamic MBean........................377
    HeatControlAgent.....................391
    HeatControlSystem....................386
    HeatControlSystemImpl..............390
    Instrumentation-Level................376
    JConsole..................................381
    MBean.....................................378
    MBean Benachrichtigungen..........383
    MBean-Server-Level...................376
    MBeanServer.............................376
    MXBean...........................377, 385
    Open MBean.............................377
    Standard MBean.........................377
    @DescriptorKey.........................385
    @MXBean.................................385
JRuby....................................418, 420
    Anbindung an Java.....................437
    Exceptions...............................442
    Java Klassen/Interfaces..............440
JSR 200: Network Transfer Format.............312
JSR 221: JDBC 4.0 API Specification...........317
JSR 250: Common Annotations.............214, 233
JSR 269: Pluggable Annotation....................258
JSR 277: Java Module System....................311
JSR 294: Improved Modularity....................311
JSR 305: Annotations............................214
JSR-223: Scripting for the Java...............416
JUnit...246

K

KISS..63

Komposition..
   bei Annotationen....................................225

L

Latent Typing..63
Linker-Loader...150
List..32

M

Map...33
   ConcurrentMap......................................33
   ConcurrentNavigableMap........................33
   NavigableMap..33
   SortedMap...33
Marker-Annotation......................................219
MAX_VALUE..28
MBean...378
   Benachrichtigungen...............................383
MBean-Server-Level....................................376
MBeanServer..376
Member...156, 176
Meta-Annotationen......................................227
METAINF...
   ServiceLoader.......................................348
Method..184
   generische Methoden.............................199
   Type-Variable, VarArgs.........................185
Methoden...
   generisch...71
MIN_NORMAL..28
Mirror..
   Annotationen..259
Model-Framework.......................................154
Modifier..156, 176
Module in Java 7...310
Monitoring...152
Mustang-Features..
   I/O-Methoden..14
   Überblick..13
MXBean..377, 385

N

Namespace..280
   statisch vs. dynamisch...........................281

NaN..21
Navigable..35
NavigableMap..33, 50
NavigableSet...49
newSetFromMap()..36
nextAfter()..25
nextUp()..25
Nominales Typ-System.................................63

O

Object..
   vs. Wildcard...98
Open MBean...377
Ordering...
   Collection...35
ordinal()...
   Enumeration...3
Ordnung...
   total...22
ORM..326
OSGi Alliance...311
Overloading..
   Signatur...113
Overriding..
   covariant Return...................................107
   covariant Parameter..............................109

P

Pack200..312
ParameterizedType.......................................202
Parent-First...284
   Nachteile...286
Pattern...
   Adapter...356
   Anti-Pattern..4
   DAO-Pattern..................................327, 330
   Decorator-Pattern.............................14, 363
   Decorator-Style....................................267
   Factory & Decorator Style......................269
   Factory-Pattern....................................136
   generisches DAO-Pattern.......................331
Permission..286
Persistenz...314
   RDBMS...315
POJO...214

Präzision..
   Floating Point.................................20
Primitive Typen..................................
   Widening.....................................192
Primordial Thread.............................298
Proxy..350
   Adapter...............................356, 358
   Decorator....................................365
   DecoratorHandler.......................365
   Duck-Typing...............................371
   InvocationHandler.......................351
   Klasse..352
   Regeln.......................................353
ProxyAdapter...................................360
Prozessoren......................................
   Annotation..................................262
   Restriktionen..............................267

Q

Queue...32, 38
Queue..
   BlockingQueue.............................32

R

raw Type..80
Raw Type..
   vs. Wildcard...............................137
RDBMS...315
   Derby..318
   SQL..316
Reelle Zahlen....................................
   Floating Point..............................19
Reflexion..
   AnnotatedElement........................241
   Array..................................156, 188
   Aufgaben....................................153
   Field..196
   GenericArrayType........................202
   GenericDeclaration......................196
   generisches API...........................194
   Intercession................................154
   Klassen-Modell...........................155
   Member......................................156
   Modifier.....................................156
   ParameterizedType......................202

   Type..196
   TypeVariable..............................196
   vs. Generics...............................150
   WildcardType.............................202
Reifying..83
Restriktionen......................................84
Retrofitting..7

S

scalb()..27
ScriptContext............................417, 422
ScriptEngine.....................................417
ScriptFactory....................................417
Scripting-API....................................415
   Anti-Pattern...............................425
   Bindings...............................417, 422
   Compilable.................................430
   CompiledScript...........................417
   Default-Context..........................422
   dynamisch/statisch/funktional.........415
   eval()..................................421, 423
   GLOBAL_SCOPE.......................422
   Invocable..............................417, 427
   JavaFX................................418, 420
   JavaScript..................................420
   JavaScript Anbindung...................432
   JavaScript Overloading.................436
   JRuby.................................418, 420
   JSR-223: Scripting for the Java........416
   Klassen & Interfaces.....................416
   MULTITHREADED....................424
   Scope..422
   ScriptContext.........................417, 422
   ScriptEngine...............................417
   ScriptFactory..............................417
   ScriptManager.............................417
   Skript-Sprachen..........................418
   STATELESS...............................424
   THREAD-ISOLATED..................424
ScriptManager...................................417
SecureClassLoader.............................286
Self-Type...................................120,123
   Tree-Strukturen..........................121
Self-Type-Idiom................................114
Service Orientierten Architektur (SOA)............5

ServiceLoader...........................314, 345
   METAINF............................348
   Service-Provider Regeln......................348
Set...32
   NavigableSet...........................32
   SortedSet..............................32
Shallow-Copy..................................88
Signatur...
   Overloading..........................113
SimpleJavaFileObject.......................404
Singleton....................................136
SOA.......................................5, 310
SortedMap....................................33
SQL...316
   BLOB................................317
   CLOB................................317
Standard MBean.............................377
static..
   Generics..............................85
   statischer Import..........................4
Statischer Import...............................4
Strukturelles Typ-System....................64
Subtyp...
   primitiven Typen........................72
Super-Packages..............................310
Super-Type-Token...........................206
   Limitationen..........................208
switch..
   Enumeration.............................3
System..
   arraycopy()............................29

T

TCCL...298
TestNG......................................246
THC..117
Thread-Context-ClassLoader (TCCL)...........297
Tree-Strukturen..............................121
Typ..6
   Einschränkungen...................68, 88
   Implementierung.........................7
   Inferenz..............................73
   Interface vs. Klasse.....................6
   latent 63
   Literal................................115

nominal..63
Parameter......................................66
parametrisierter Typ...........................67
primitiven Typen, SubTyp.......................72
raw Type.......................................80
reifying.......................................83
strukturell....................................64
Type-Erasure...................................81
Widening......................................192
Typ-Sicherheit..................................
   Array.................................77
Typ-Variable....................................
   Array................................118
   Bounds................................69
   einfach...............................65
   mehrfache Verwendung..................91
Type-Interface..................................
   Cast (Reflexion)......................198
   Class-Instanz.........................204
   Reflexion.............................196
Type-Token...................................114
TypeDefs.....................................142
TypeKind.....................................264
Typesafe Heterogenous Container..............117
TypeVariable.................................196

U

ulp()......................................25, 26
Unboxing......................................12
URLClassLoader..............................289

V

ValidationHandler............................248
Validierung...................................252
   Prozessor gen. Validierung...........269
   Prozessor-generierte.................269
Validierungen................................246
valueOf()..
   Enumeration.............................3
Vararg...10

W

WET......................................253,349

Wildcard...94
    Bivarianz..94
    Capture 106
    Contravarianz..94
    Covarianz..94
    Eigenschaften..95
    Eigenschaften, ungebunden..............................97
    extends..100
    Fnden aktueller Typen..................................104
    gebunden...100
    in Arrays..141
    super..102
    vs. Object...98
    vs. raw Type...137
    vs. Typ-Variable.................................95, 140
WildcardType Interface...................................202
Wrapper...
    Collection...37

X
XML...
    JDBC 4...320

@
@Constraint...247
@Deprecated...216
@DescriptorKey..385
@Documented...228
@Generated..238
@GuardedBy..220, 235
@Immutable..220, 235
@Inherited..229
@InjectionComplete..240
@Interned...236
@MXBean...385
@NonEmpty...236
@NonNegative..236
@NonNull..236
@NonThreadSafe..235
@NotThreadSafe..220
@Nullable...236
@Override...216
@PostConstruct..239
@PreDestroy...239
@ReadOnly...236

@Resource...239
@Resources..239
@Retention..230
@Select...321, 325
@Stateless..235
@SuppressWarnings...217
@Tainted..236
@Target...231
@ThreadSafe...220, 235
@Update...321, 326
@Validate...248
@Writable...236